Otto Christian Gaedechens

Hamburgische Münzen und Medaillen

Die Ergänzung des in den Jahren 1741 bis 1753 erschienenen

Langermannschen Hamburgischen Münz- und Medaillen-Vergnügens

EHV
HISTORY

Otto Christian Gaedechens

Hamburgische Münzen und Medaillen

Die Ergänzung des in den Jahren 1741 bis 1753 erschienenen Langermannschen Hamburgischen Münz- und Medaillen-Vergnügens

ISBN/EAN: 9783955641054

Auflage: 1

Erscheinungsjahr: 2013

Erscheinungsort: Bremen, Deutschland

EHV
HISTORY

HAMBURGISCHE
MÜNZEN UND MEDAILLEN.

Herausgegeben

von einem Ausschusse des Vereins für Hamburgische Geschichte

und redigirt

von

O. C. Gaedechens

HAMBURG 1854.

Gedruckt bei Joh. Aug. Meissner, Eines Hochedlen und Hochweisen Raths Buchdrucker.

I.

Hamburgische

geschichtliche Denkmünzen.

Einleitung.

Indem wir nun beginnen, die zweite Abtheilung unsers Werkes dem Druck zu übergeben, welche die älteren Münzen und Medaillen umfassen soll, die sich im *Langermann* nicht befinden, müssen wir im Voraus bekennen, dass die Arbeit weit voluminöser werden wird, als wir anfänglich vermutheten. Die Zahl der noch zu beschreibenden Stücke fällt weit grösser aus, als irgend einer von uns es gemuthmaasset. *Langermann's* Fleiss und Scharfsicht schien uns alles aufgespürt zu haben, was an Hamburger Münzen und Medaillen existirte; jedoch fanden sich bei genauer Durchsicht des mit *H.* unterzeichneten Vorberichtes des Herausgebers (siehe unten die Anmerkung *) Andeutungen, dass *Langermann* aller-

---

*) In den Hamburgischen Berichten von Gelehrten Sachen 26stes Stück vom 30. März 1753 steht eine belobende Recension bei der Vollendung des *Langermann's*chen Münzwerks (4 Alphabete und 4 Bogen für 3 Ducaten) in der es unter anderm heisst:

„Der Verfasser Herr Dr. *Joh. Paul Langermann*, welcher aus Bescheidenheit seinen Namen nicht beisetzen wollen, ob er gleich nicht unbekannt bleiben konnte, hat den völligen Abdruck dieses Werkes nicht erlebt, indem er vor Anfertigung des 80sten Stückes, mit dem er doch selbst den Schluss dieses Bandes machen wollte, viel zu frühzeitig, nemlich im 36sten Jahr seines Alters verstorben ist. Sein Tod macht uns freilich die Hoffnung zu Schanden noch andere gelehrte Schriften, die er auszufertigen Willens war, von ihm zu sehen; doch ist diesem Werke dadurch kein Abbruch geschehen; denn der Herr Doctor *Christian Hartmann*, desselben vertrauter Freund, der von der Absicht des Verfassers am besten unterrichtet war, hat aus den hinterlassenen Handschriften alles hinzugethan, was einmal dazu bestimmt gewesen und das Fehlende ergänzet. Vielleicht werden manche von uns wünschen, dass derselbe auch künftig einmal die Fortsetzung dieses angenehmen und sehr brauchbaren Werkes übernehmen und die noch rückständig gebliebenen und auf's Neue an's Licht kommende Münzen und Medaillen in einem neuen Bande nach gleicher Methode beschreiben möge u. s. w.“

Das erste Erscheinen dieses Werkes wurde in No. 79 der nemlichen Zeitschrift, am 10. October 1741 angekündigt und dabei gesagt, dass im Anfange desselben Monats das erste Heft erschienen sey; der Rathsbuchdrucker *Piscator* gebe es bogenweise, den Bogen zu vier Schillingen heraus.

1 *

dings noch manches Stück gekannt, welches er nicht angegeben, weil er es sich zum Princip gemacht, „keine andere Münzen und Medaillen vorzustellen, als die er von den Originalstücken abzeichnen lassen und wenn er in Ermangelung derselben sich einiger schon davon gemachten Abdrücke bedienen musste, so geschah dieses nicht eher, als bis er sich aus gedruckten Münzcatalogen oder Münzwerken zur Genüge überzeugt, dass solche wirklich vorhanden." Der gedachte Herausgeber fügt dann noch hinzu: „Ich kann aber auch die Versicherung geben, dass der wohlselige Herr Verfasser noch einige mehrere Stücke gekannt habe, deren er entweder ohne viele Bemühung nicht wieder hat habhaft werden können, oder die von geringem Werthe sind oder auch die er nicht allen gleich angenehm zu seyn bemerket und bei anderen sonst ein Bedenken gehabt solche seiner Sammlung einzuverleiben," weshalb er seinem Werke auch nicht den Titel eines Hamburgischen Münz- und Medaillen-Cabinets gegeben, sondern selbiges mit der Aufschrift eines Münz- und Medaillen-Vergnügens versehen. Besonders scheint die Furcht irgend jemanden Anstoss zu geben oder zu beleidigen, eine bei den Schriftstellern damaliger Zeit häufig vorkommende und unter den damaligen Verhältnissen auch wohl anzurathende Vorsicht, ihn geleitet zu haben. Aus diesem Grunde mag er denn auch wohl so manche uns vorgekommene satyrische Medaille weggelassen und nicht gewagt haben aufzuführen, aus Furcht irgend einer hochstehenden Person zu missfallen, die wir jedoch, nachdem ein Jahrhundert seitdem verflossen und ganz veränderte Verhältnisse und Ansichten obwalten, jetzt kein Bedenken tragen zu geben.

Wir halten übrigens den von *Langermann* in der Ankündigung seines Werkes aufgestellten Grundsatz fest:

„sowohl die, welche man Current-Münzen, als Gedächtnissmünzen zu nennen pflegt, wenn sie nur entweder in Hamburg gepräget oder doch nur Hamburgische Begebenheiten vorstellig machten"

aufzuführen. Der Kostenpunkt nöthigte uns jedoch, da die nicht reich dotirte Casse des Vereins durch die erste Abtheilung unserer Arbeit schon sehr in Anspruch genommen worden, auch manche Ausarbeitungen in anderen Fächern auf Unterstützung rechnen, um zum Druck zu gelangen, mit der Zahl der Platten möglichst sparsam umzugehen und uns bei weniger interessanten oder nur wenig abweichenden Stücken, mit der einfachen Beschreibung zu begnügen.

Wir gedenken zuvörderst ein Heft Medaillen und zwar die geschichtlichen zu geben, wozu hinreichender Stoff vorliegt und dann das nächste oder neunte Heft folgendermaassen einzutheilen:

1) Die medaillenförmigen Portugaleser und zwar die sogenannten vermeintlichen oder Privatportugaleser; die von öffentlichen Behörden ausgegangenen befinden sich vollständig im *Langermann*.

2) Die Jubelmedaillen.

3) Die Medaillen auf denkwürdige Personen.

4) Varia oder Allerley.

Das zehnte und letzte Heft würde dann die Münzen umfassen, und zwar vorzugsweise diejenigen älterer Zeit, welchen bisher wenig Aufmerksamkeit geschenkt worden, und wir dächten demselben folgende Eintheilung zu geben:

1) Goldmünzen,
    a. Portugaleser in Münzenform.
    b. Goldgulden.
    c. Ducaten, doppelte und einfache.
    d. Halbe und Viertel Ducaten.

2) Die medaillenförmigen Thaler.

3) Thaler, ganze und halbe.

4) Courantmünzen,
    Viertel Thaler.
    Achtschillingsstücke.
    Vierschillingsstücke.
    Doppelschillinge.

5) Scheidemünze,
    Wittenpfennige und dergleichen.
    Schillinge.
    Sechslinge.
    Dreilinge.

6) Bracteaten oder Hohlmünzen.

7) **Varia.** Darunter:

Die von den Hamburgern während des Besitzes von Emden daselbst geschlagenen Münzen.

Etwanige in Gemeinschaft mit anderen Städten (Lübeck, Lüneburg, Wismar) geschlagene Münzen.

Die Dänischen Huldigungsmünzen.

General-Register über die zweite Abtheilung des Werkes.

Etwaiger Nachtrag.

Das gegenwärtige erste Heft wird inzwischen nur folgende Stücke enthalten:

I. *Hamburgische geschichtliche Denkmünzen vor Anno 1753,*
welche im *Langermann* fehlen:

No. 1. Denkmünze auf den Cometen des Winters 1680/81.

„ 2. Erinnerungsmünze an die Entsetzung Wiens im Jahr 1683.

„ 3. Satyrische Medaille auf die Belagerung der Sternschanze im Jahr 1686.

„ 4. Angebliche Gedächtnissmünze auf die überstandenen Differenzen mit Dänemark, Ao. 1691.

„ 5. Satyrische Medaille auf die Pietisten, Ao. 1693.

„ 6. Satyrische Medaille auf die Theuerung und den Kornwucher im Jahr 1696, gemeiniglich der Kornjude benannt.

„ 7. Satyrische Medaille auf den Pastor *Joh. Fried. Mayer* und die durch ihn herbeigeführten bürgerlichen Unruhen, im Jahr 1700.

„ 8. Andere satyrische Medaille auf denselben u. s. w.

„ 9. Dritte „ „ „ „ „

„ 10. Vierte „ „ „ „ „

„ 11. Fünfte „ „ „ „ „

„ 12. Sechste „ „ „ „ „

„ 13. Satyrische Medaille auf Pastor *Crumbholtz.*

„ 14. Satyrische Medaille auf die *Crumbholtz*'schen Unruhen.

„ 15. Satyrische Medaille aus der Zeit der Kaiserl. Kommission, Ao. 1708.

„ 16. Medaille auf die gefürchtete Contagion, von Ao. 1709.

„ 17. Klippenförmige Medaille auf die sich immer mehr nähernde Contagion, von Ao. 1711.

No. 18. Kleine Denkmünze auf die Contagion, von Ao. 1712.

„ 19. Viereckigte Medaille auf den Ausmarsch der Kreistruppen, Ao. 1712.

„ 20. Denkmünze auf die überstandene Contagion, vom Jahr 1713.

„ 21. Viereckigte kleine Denkmünze auf die Contagion, von Ao. 1713.

„ 22. Denkmünze auf das Aufhören der Contagion, Ao. 1714.

„ 23. Denkmünze auf die Feier der Geburt des Erzherzogs *Leopold,* begangen in Hamburg am 15. Juny 1716.

„ 24. Saubere Klippe auf die grossen Wasserfluthen am 25. December 1717 und 25. Februar 1718.

„ 25. Denkmünze auf das an Getraide und Baumfrüchten gesegnete Jahr 1723.

„ 26. Satyrische Medaille bei Gelegenheit der durch Dänemark im Jahr 1736 erzwungenen Aufhebung der Hamb. Courant-Bank.

„ 27. Denkmünze auf das trübe Jahr 1740.

„ 28. Kleine Denkmünze auf den Cometen des Jahres 1744.

„ 29. Medaille auf die Legung des Grundsteins zur grossen St. Michaelis Kirche, Ao. 1751.

„ 30. Denkmünze auf den zwischen Hamburg und Algier abgeschlossenen Handels-Tractat im Jahr 1751.

„ 31. Denkmünze auf das wegen des Friedens mit Algier erfolgte Spanische Handelsverbot, sowie auf die hohe Wassersfluth von Ao. 1751.

II. *In Hamburg geprägte Medaillen auf fremde Verhältnisse, und solche, welche indirecte auf Hamburg Bezug haben.*

No. 32. Medaille auf die im Jahr 1701 zu Hamburg glücklich zu Stande gebrachten Successionstractate zwischen den Herzögen von Mecklenburg-Schwerin und Strelitz.

„ 33. Satyrische in Hamburg geschlagene Medaille auf den Sieg des Schwedischen Generals *Steenbock* über die Dänen am 10. März 1710 und das dadurch befreiete Schonen.

„ 34. In Hamburg geschlagene Medaille auf die Kaiserinn *Maria Theresia.*

„ 35. Denkmünze, in Hamburg geschlagen auf die Krönung Kaisers *Carl VII.*

„ 36. In Hamburg geprägte Medaille auf die Vermählung des Kronprinzen *Adolph Friedrich* von Schweden mit der Prinzessin *Louise Ulrike* von Preussen, Ao. 1744.

No. 37. In Hamburg geprägte Medaille auf die Thronbesteigung des Königs *Friedrich V.* von Dänemark im Jahr 1746.

„ 38. In Hamburg geprägte Medaille auf die Wiederverheirathung des Königs *Friedrich V.* von Dänemark im Jahr 1752.

III. *Medaillen, die Nachbarstadt Altona betreffend.*

„ 39. Grosse Denkmünze auf die Verbrennung Altona's durch den Schwedischen General *Steenbock* am 20. Mai 1713.

„ 40. Denkmünze auf die Stiftung des Altonaischen Gymnasiums im Jahr 1738.

„ 41. Denkmünze auf die Einweihung desselben im Jahr 1744.

„ 42. Medaillon, welches die Stadt Altona im Jahr 1814 zu Ehren des Grafen *Blücher-Altona* schlagen liess.

„ 43. Medaillon zur Feier der goldenen Hochzeit des Grafen *Blücher-Altona,* Ao. 1844.

„ 44. Denkmünze auf den Bau der Altona-Kieler (König Christian VIII. Ostsee-) Eisenbahn im Jahr 1848.

№ 1.

DENKMÜNZE
auf den Cometen des Winters 1680/81.

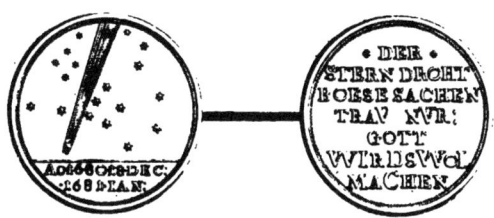

Avers: Ein Comet mit einem langen Schweife, von vielen andern Sternen umgeben. Im Abschnitt steht: Ao. 1680. 18. DEC: 1681. JAN: die Zeit andeutend, in welcher er hier zu sehen war.

Revers: Inschrift in 7 Zeilen: DER — STERN DROHT — BOESE SACHEN — TRAV nVr: — GOTT — WIrDs WoL — MACHEN. Die in dieser Inschrift enthaltenen grossen Lateinischen Buchstaben bilden zusammengezählt die Jahrszahl 1681.

Gewicht in Silber ⅛ Loth.

Sievert hatte diese Medaille in seinem Verzeichniss P. 15 sub No. 2 beschrieben. Sie befindet sich jetzt im Cabinet des Herrn *J. P. L. Bartels,* nach dessen Exemplar die obige Zeichnung genommen und haben wir das Gewicht von ⅛ Loth richtig befunden.

Von Manchem ist diese Medaille für eine Schlesische gehalten worden, indem *J. C. Kundmann* dieselbe in seinen „Heimsuchungen Gottes in Zorn und Gnade über das Herzogthum Schlesien, in Münzen, Leipzig u. a.“ 4°. Pag. 13 Tab. I. No. 4 als solche aufführt und abbildet; jedoch weicht dieselbe von der obigen ab, insbesondere durch den doppelten Rand; auch zeigt sich mehrfache Verschiedenheit in der Stellung der Sterne. Möglicherweise ist in Hamburg eine Copie ausgeprägt worden, wie solches in damaliger Zeit mehrfach geschehen.

Dieser grosse von *Newton* beobachtete Comet soll 44 Jahre vor Christi Geburt bei *Caesar's* Leichenfeier bei Tage sichtbar gewesen, in den Jahren 531 und 1106 abermals erschienen und im Jahr 2255 wieder zu erwarten seyn.

№ 2.

ERINNERUNGSMÜNZE
an die Befreiung Wiens Anno 1683.

Avers: Der doppelte auf beiden Köpfen gekrönte Reichsadler, mit deren einem er
nach dem strahlenden Auge Gottes hinauf, mit dem andern aber in die Tiefe
hinunter sieht, hält in seinen Krallen Scepter und Schwert nebst Weltkugel,
auf der die Stadt Wien zu sehen ist. Umher steht: SUB UMBRA ALARU (m)
TUARU (m) (Unter dem Schatten deiner Flügel). Um das Dreieck des Auges
Gottes steht in den Strahlen: COLLIGIT AUXILII RADIOS (Er vereinigt die
Strahlen der Hülfe). Unten verbirgt sich der abnehmende Mond (die Türkei
andeutend) hinter den Wolken. Dabei: VICTAM (que) REDEGIT IN UMBRAS
(und trieb den Besiegten in die Schatten zurück). Umschrift: IMPERY
MURUM AUSTRIACO INTERPONIT IN ORBE (Er zieht eine Mauer des
Reichs im österreichischen Staate).

Revers: Umschrift: 1683 — DIE 14 JULII — VIENNA AUSTRIÆ — A — TURCIS
OBSESSA. — SED — PROTECTORE ALTISSIMO. — In der Mitte steht:
LEOP (oldo) I. IMP (eratore) — INDUSTRIA ET CONSILIO — REGIS
POLONIÆ — JOAN (nis) III. — PRÆSENTIA ET VALIDO — AUXILIO.
Zur Rechten: IN PERSO (nis) SUCC (urrentium) — ELECT (orum) — BAVA
(riae) SAXON (iae) — ET IMPERE SUB — SIDIO — COM (ite) CAPLIERS
— DEPUT (ationi) PRÆSI — DENTE. Zur Linken: DUCE LOTHA —

RINGO — CÆS(areo) LOC(um) TEN(ente) — GRLI^{SO} — GENER COM(ite) — STARNBERG — URB(is) COMEN(dante). Unten: VIENNENSIUM DENIQ(ue) UNIVERSITATIS SENATUS — OFFICIALIUM CIVIUM AC INCOLARUM — CONCORDI OBSEQUIO AB OBSIDIONE — PROFLIGATO HOSTE EODEM ANNO — DIE 12 SEPT. LIBERATA. Bis hieher ist diese Medaille ganz gleich mit dem von *Madai* beschriebenen Thaler No. 43. Dann folgen aber die Worte: MONETA AD EXEMPLAR VIENNENSE — HAMBURGI RECUSA IN GRATA(m) — REI MEMÒRIAM. — H. L. (Am 14. Juli 1683 wurde Wien in Oesterreich von den Türken belagert, aber unter dem allerhöchsten Schutze des Kaisers *Leopold I.*, durch That und Rath des Königs von Polen, *Johann's III.*, durch die Gegenwart und die kräftige Hülfe der persönlich herbeieilenden Kurfürsten von Baiern und Sachsen und durch die Reichstruppen unter dem Hofkriegsraths-Präsidenten Grafen *Capliers*, dem Kaiserlichen General-Feldmarschall-Lieutenant Herzog von Lothringen und dem Stadtcommandanten Grafen *Starnberg (Stahremberg)*, endlich durch die einmüthige Hingebung der Universität, des Stadtrathes, der Beamten, der Bürger und Einwohner von der Belagerung befreit am 12. September, nachdem der Feind an demselben Tage in die Flucht geschlagen war. Zum dankbaren Andenken an die Thatsache nach dem Wiener Muster in Hamburg neugeprägte Münze. —)

Sievert hat diese in seinem Verzeichniss P. 15 No. 1 beschrieben und giebt das Gewicht mit 4⅜ Loth an; im zweiten Theil des *Balemann*'schen Katalogs 1780 P. 337 No. 22 kommt sie gleichfalls vor, jedoch nur zum Gewicht von 3¼¼ Loth, und es ist folgende unverständige Bemerkung hinzugefügt:

„Diese Medaille findet sich nicht beim *Langermann;* ist aber wahrscheinlich auf die Hamb. Belagerung von 1686 geschlagen und als ein Paralell-Numus in Absicht des gleichen Schicksals Wiens anzusehen; wo aber und auf wessen Befehl solche verfertigt worden, ist hier der Ort nicht zu untersuchen."

Die Chiffer H. L. kündigt den Hamburgischen Münzmeister *Hermann Lüders* an, welcher von Anno 1675 bis 1692 im Amte war. Ein Exemplar befindet sich jetzt im Cabinet des Herrn Archivarius *Lappenberg*, so wie in demjenigen des Herrn *J. P. L. Bartels*.

№ 3.

SATYRISCHE MEDAILLE
auf die Belagerung der Sternschanze Anno 1686.

In dem Werke: „Briefe über Hamburg" Leipzig 1794. 8° steht P. 57 folgender Satz, bei Gelegenheit der Belagerung der Sternschanze 1686:

> „Ein Hamburger Kaufmann liess auf diese Begebenheit eine Münze in Holland prägen, mit der Inschrift in Holländischer Sprache: Der König von Dännemark ist vor der Stadt Hamburg gewesen; was er da ausgericht, ist auf der anderen Seite zu lesen, und auf der anderen Seite stand nichts."

Ob diese Medaille wirklich existirt hat, lassen wir dahingestellt; sie befindet sich in keinem hiesigen Münz-Cabinet; auch finden wir ihrer in keinem Hamburger Münz-Catalog erwähnt. Vielleicht ist es nur eine Nachahmung oder Verwechselung mit der Spottmünze, die 1645 auf den unglücklichen Feldzug des Kaiserlichen Generals *Gallas* geschlagen worden seyn soll, worauf es hiess: „Der *Gallas* ist in Holstein gewesen u. s. w."

№ 4.

ANGEBLICHE GEDÄCHTNISSMÜNZE
auf die überstandenen Differenzen mit Dänemark Anno 1691.

A v e r s: An einem Palmbaum hängen zwei Schilder; in dem ersten derselben steht: DANORUM FORTIBUS AUSIS (Durch der Dänen starke Wagnisse), in dem anderen: VIRIBUS UNITIS (Durch vereinte Kräfte).

R e v e r s: Eine weibliche Figur hält in der rechten Hand einen kleinen Siegesengel, der ihr einen Kranz aufsetzen will, in der linken eine Harfe. Umschrift: RELEVATA (erhoben [entsetzt]). Im Abschnitt steht: ANT. MEIBUS 1691.

Sievert beschreibt diese Medaille vorstehendermaassen P. 28 sub No. 44, sagt, dass sie in Silber 1¾ Loth wöge und fügt dann folgende Bemerkung hinzu:

„Diese Medaille wird sonst gewöhnlich unter die Dänischen gerechnet und auf die Begebenheit bezogen, als König *Christian V.* von Dänemark dem Könige *Wilhelm III.* von England 7000 Mann Hülfstruppen schickte. Mithin soll diese Medaille die 1691 geschehene Bezwingung Irlands zum Vorwurf haben. Vide Olig. Jacobaei Mus. Regio. Tab. 23 No. 50 S. 104. Man hält daher auch auf dem Reverse die Harfe in der linken Hand des Frauenzimmers für die Irländische Harfe und die Zierrathen an beiden Seiten der Umschrift für Schottische Disteln. Allein 1) hat der Medailleur *Ant. Meibus* gerade zu dieser Zeit verschiedene Hamburgische Schaustücke sowohl in Gold als Silber verfertigt; 2) die Harfe kömmt auch auf dem 1688 auf das beruhigte Hamburg geprägten Bankportugaleser vor, *) und 3) die für Schottische Disteln gehaltenen Zierrathen sind gewöhnliche, auf den derzeitigen Medaillen des *Anton Meibus* beim Anfange und Ende der Umschriften vorkommende. Man sehe dessen Hamb. Bankportugaleser und Medaillen von 1690 und 1695,**) und eben solche Zierrathen hat auch der Medailleur *Joh. Reteke* auf vielen seiner derzeitigen Hamburgischen Portugaleser angebracht. Daher wird man keinen Zweifel übrig behalten, dass dieses Stück auf die in Hamburg durch vereinigte Hülfe auswärtiger Mächte überstandenen Unruhen mit Dänemark abziele, mithin unfehlbar zu den Hamburgischen Medaillen gehöre."

---

*) Langermann 33, 4.

**) Langermann 28, 2 und 34, 2.

Sievert scheint seine Ansicht auf diejenige des Syndicus *Klefeker* begründet zu haben, welcher im 12ten Bande seiner Hamburgischen Gesetze und Verfassungen in dem Abschnitte der Münzverfassungen Pag. 383 diese Medaille unter den Hamburgischen aufführt und der Beschreibung derselben noch Folgendes hinzufügt:

„Dieses Stück ist in der Graf *Lynar*'schen Sammlung .on Münzen und Medaillen, so vor einigen Jahren allhier in Hamburg öffentlich verkauft wurde, im Cataloge mit den Worten: „„Auf die überstandenen Unruhen mit Dänemark,"" unter den Hamburgischen Medaillen namhaft charakterisiret worden."

Dann lässet *Klefeker* dieselben Gründe folgen, die *Sievert* wie oben aufführt, und schliesst mit folgendem Satz: — „und mithin durch die Worte im ersten Schildlein und das Siegeszeichen in der rechten Hand, die Befreiung von den äusserlichen Unruhen und erfolgte Harmonie in der Stadt Hamburg angedeutet werden sollte; hinfolglich dieses Stück unfehlbar mit zu den Hamburgischen Medaillen gehöre."

Wir können die Meinung beider Herren jedoch nicht theilen, sondern halten die in Frage stehende Medaille unbedingt für eine Dänische. Sie ist beschrieben und abgebildet in den Danske Medailler og Mynter pag. 554 und *Christian V.* Tab. XXIX. No. 1. Ihr Gewicht in Gold ist daselbst angegeben mit 13½ Ducat, in Silber 2 Loth 1½ Quentin, und wird auch dort auf die Eroberung Limeriks durch die vereinten Kräfte der Truppen des Königs *William III.* und der Dänen und die dadurch erfolgte Unterwerfung Irlands bezogen. Es scheint uns daher nicht dem geringsten Zweifel zu unterliegen, dass diese Deutung die richtige ist. *Sievert's* Auslegung ist grammatisch auch gar nicht zu rechtfertigen; denn wie wollte man sagen: Hamburg erhoben durch die tapferen Wagnisse der Dänen mit vereinten Kräften? Sollte Hamburg etwa erhoben sein von der Dänen Wagnissen durch vereinte Kräfte, so müsste es jedenfalls heissen: a Danorum u. s. w.

№ 5.

SATYRISCHE MEDAILLE
auf die Pietisten. Anno 1693.

Avers: Ein dickbäuchiger nackter Junge, mit Pfauenfedern um das Haupt, hält in der rechten Hand eine Schelle und mit der linken einen Beutel hinter dem Rücken. Vor ihm steht ein Mann mit verbundenen Augen, der über einen Stein stolpert. Unter dem Mantel trägt er eine Bibel. Umschrift: DER REINE LEHRER OHNE GOTTES FURCHT. DER UNBESONNENE PIETIST.

Revers: Inschrift in 14 Zeilen: GALATH. V. 14. 15. ALLE GESEZ — WERDEN IN EINEM — WORT ERFÜLLET. IN DEM — LIBE DEINEN NECHSTEN — ALS DICH SELBST. SO IHR — EUCH ABER UNTER EIN — ANDER BEISSET UND — FRESSET SO SEHET — ZU DAS IHR NICHT — UNTER EINANDER — VERZEHRET — WERDET. — 1693.

Diese Medaille soll zur Zeit der *Mayer* und *Horbius*'schen Unruhen hieselbst geschlagen worden seyn. *Sievert* beschreibt sie P. 27 sub No. 40, und sagt, dass sie ⅞ Loth wiegt. Ein gut conservirtes Exemplar, von dem die Abbildung genommen, befindet sich im Cabinet der Bank und wiegt 1⅛ Loth.

№ 6.

SATYRISCHE MEDAILLE

auf die Theuerung und den Kornwucher, Anno 1696, gemeiniglich der Kornjude benannt.

Avers: Ein Jude, welcher ganz krummgebückt einen schweren Sack Korn auf dem Rücken trägt; ein darauf sitzendes Teufelchen kratzet den Sack entzwei, so dass das Korn hinausläuft. Darüber stehet: DU KORNJUDE. Im Abschnitte: THEURE ZEIT. 1694.

Revers: Ein aufgelehntes Scheffelmaass, in dessen innerer Seite geschrieben stehet: WER KORN INHAELT DEM FLUCHEN DIE LEUTHE, und an der äusseren Seite: ABER SEGEN KÖMT ÜBER DEN, SO ES VERKAUFFT. Im Abschnitt ist zu lesen: SPRÜCH: SALOMON XI v. 26, woraus dieser Spruch genommen ist.

Diese Medaille wird häufig zu den Hamburgischen gerechnet und kam z. B. unter denselben vor im *Claussen*'schen Münzcabinet P. IV. pag. 92 sub No. 967, so wie in *Michael Richeys* pag. 38 sub No. 101, 1¾ Loth schwer; sie befindet sich jedoch in keinem der jetzt noch existirenden Münz-Cabinette und ist uns nie zu Gesicht gekommen, weshalb wir auch keine Abbildung davon haben liefern können. Auch möchten wir nicht bestimmt behaupten, dass sie in Hamburg entstanden, indem *J. C. Kundmann* in seinen „Heimsuchungen Gottes in Zorn und Gnade über das Herzogthum Schlesien in Münzen," Leipzig u. a. 4° Pag. 37 diese Denkmünze beschreibt und abbildet und sagt, dass sie sowohl als der Pendant von 1695 auf die wohlfeile Zeit, auf der der Kornjude sich an einem Baum erhenkt, in Schlesien geschlagen worden; möglich jedoch, dass man sie in Hamburg nachgeprägt habe.

№ 7.

SATYRISCHE MEDAILLE

auf den Pastor Johann Friedrich Mayer, Anno 1700, und die durch ihn herbeigeführten bürgerlichen Unruhen.

Avers: Zur Rechten ein Gebäude, worunter CURIA, und zur Linken eine Kirche, unter der ECCLESIA steht. Zwischen beiden schwebt eine zweigeschwänzte Teufelslarve mit einem Schlangenhaupt und darauf gesetztem sonderlichen Hut. Sie hält in der rechten Hand ein blosses Schwert und in der linken eine Pech-fackel. Unter ihr steht ein dreithürmiges Casteel und darunter: MAYERUS. Umschrift: QUID NON CAPPA TEGIT. (Was deckt nicht die Priesterkappe?)

Revers: Ein à la Romaine gekleideter, gekrönter Mann, auf dessen Brust der gekrönte Reichsadler zu sehen, legt mit der rechten Hand ein Joch auf einen Ochsen, der auf Römische Fasces tritt; mit der linken hält er solchen an einen über den Hörnern gebundenen Strick: Ex. MDC.C. (1700.) Umschrift: SUBDERE COLLA JUGO DISCE — ET NON TEMMERE (statt temnere) DIVOS (Lerne den Nacken beugen unter das Joch und nicht die Götter missachten).

Von dieser Medaille kam ein zinnernes Exemplar in der *Bademann*'schen Sammlung vor. Siehe den Catalog derselben, 2ter Theil P. 342 No. 34, verkauft im October 1780. In *Michael Richeys* Catalog findet sie sich in Zinn, P. 35 sub No. 70.

In den jetzt existirenden Cabinetten haben wir kein Exemplar finden können und daher die Abbildung unterlassen müssen.

№ 8.

ANDERE SATYRISCHE MEDAILLE
auf den Pastor Johann Friedrich Mayer u. s. w.

Avers: Ein Priester, unter dessen Rock ein Wolf hervorguckt. Umschrift: PELLE
SUB AGNINA LATITAT MENS SAEPE LUPINA. Im Abschnitt: HIC
NIGER EST HUNC TU ROMANE CAVETO. (Unter dem Schaaffelle steckt
oft ein Wolfssinn verborgen. — Das ist ein schwarzer, vor dem, o Römer,
hüte dich!)

Revers: Ein mit einem Schaafspelz bekleideter Wolf: O VULPES QUID FUGIS ME
QUIS SUM VIDESNE. (O Fuchs, warum fliehest du mich? Siehst du
nicht, wer ich bin?) Vor ihm ein fliehender Fuchs: NOVI TE, FUGIO TE,
QUIA ES NEQUAM IN CUTE. (Ich kenne dich, ich fliehe dich, weil du
ein Bösewicht in der Haut.) Die Umschrift: FIDE SED CUI VIDE. (Trau,
schau, wem.)

Von dieser Medaille kam ein silbernes Exemplar, 2 Loth schwer, sub No. 652
in der Auction des Zehnpfennings-Beamten *Ahlers* am 25. Aug. 1755 vor. Im *Richeys'schen*
Catalogo findet sie sich Pag. 35 sub No. 68. Es befindet sich jetzt im Cabinet des
Herrn Archivarius *Lappenberg*.

№ 9.

DRITTE SATYRISCHE MEDAILLE
auf den Pastor Johann Friedrich Mayer u. s. w.

Avers: Sieben Männer mit Aexten und Sturmbalken sind im Begriff, ein ansehnliches Haus (Rathhaus?) zu spoliren; daneben ein Priester auf der Kanzel im Schaafpelz, Schlangen aus seinem Munde und aus den Händen fahrend. Im Abschnitt steht: AUFRUR, AUFRUR.

Revers: Ein Priester im Habit (Dr. *Mayer*) sitzt vor einem Tische; in einem auf letzterem liegenden Buche lieset man die Worte: SOLI DEO GLORIA (Gott allein die Ehre!); in der Umschrift steht dagegen: GEFAHR VAN DER RELIGION, und im Abschnitt: IN HAMBORGH.

Diese Medaille kam in einer Münz-Auction des Auctionarius *Hinr. Rademin,* am 8. Dec. 1755, unter No. 107 vor und wog in Silber ½ Loth. Im *Richey*'schen Catalog ist sie Pag. 35 sub No. 66 beschrieben. Herr *J. P. L. Bartels* besitzt ein Exemplar in Silber, 2¼ Loth schwer.

№ 10.

VIERTE SATYRISCHE MEDAILLE
auf den Pastor Johann Friedrich Mayer u. s. w.

Avers: Ein laufender Wolf, mit einem Schaaffelle behängt, wird von einem Hunde verfolgt und vom Schaafstalle abgetrieben. Umschrift: HÜTET EUCH, INWENDIG SEIND SIE REISENDE WÖLFE. Im Abschnitt: TRAWE, ABER SIEHE WOHL ZU WEM.

Revers: Dr. *Mayer* auf der Kanzel im Schaafpelz; aus Mund und Händen fahren ihm Schlangen; vor ihm ein Haufen Leute, welche mit Sturmbalken und Aexten gegen ein ansehliches Haus anlaufen. Im Abschnitt stehet: AUFRUR, AUFRUR. (Wie oben No. 9.)

Von dieser Medaille kam ein kleineres Exemplar (No. 81) in einer Münz-Auction am 2. Juni 1766 vor und wurde mit 4 ℔ 2 β bezahlt. In *Richeys* Catalog kam sie Pag. 35 No. 67 vor, so wie im *Claussen*'schen Pag. 101 sub No. 1082.

№ 11.

FÜNFTE SATYRISCHE MEDAILLE

auf den Pastor Johann Friedrich Mayer u. s. w.

Avers: *Mayer's* Bildniss im Priesterhabit, mit der Umschrift: D. J. F. MAYER. R. SUEC. CONSIL. S. L. PROF. ET ECCL. HAMB. PAST. (Königl. schwedischer Rath, der Heil. Schrift Professor und der Hamburgischen Kirche Pastor.) Unten die Jahrszahl 1694 ganz klein unter der Schulter.

Revers: Ein Mann im Priesterhabit, welcher mit einer Sense Unkraut mähet; hinter ihm steht der Teufel mit Schlangen in der Hand. Umschrift: SÄEMAN IM FLEISCH, MAYER IN UNGERECHTIGKEIT. Im Abschnitt steht: REST (ituta) AUCT(oritas) SENAT(us) SUPPR(essis) IN URBE SEDITIOSIS AUCT(ore) MAYERO HAMBURGI. (Wiederhergestelltes Ansehen des Senates, nachdem in der Stadt die Aufrührer, unter *Mayer's* Anführung, unterdrückt worden.)

Diese Medaille kam unter No. 106 in einer Münz-Auction des Auctionarius *Hinr. Rademin* am 8. Dec. 1755 vor und wog in Silber 3 Loth. Im *Claussen*'schen Catalog findet sie sich Pag. 101 sub No. 1080. In *Goeze's* Catalog Pag. 308 sub No. 3066, in Silber $3\frac{1}{16}$ Loth schwer, bezahlt mit 9 ℳ 8 ß.

Obige Abbildung ist von dem Exemplar im Besitz des Herrn Archivarius *Lappenberg* genommen; auch besitzet Herr *Bartels* einen Abguss in schlechtem Metall.

№ 12.

SECHSTE SATYRISCHE MEDAILLE

auf den Pastor Johann Friedrich Mayer u. s. w.

Avers: Der vor dem Wolf im Schaaffell fliehende Fuchs, anscheinend derselbe Stempel wie bei No. 8. FIDE SED CUI VIDE.

Revers: Inschrift: WER DA TRAUET EINEM WOLFF AUF GRÜNER HEID
EINEN JUDEN BEI SEINEM EID
EINEN BÖSEN PFAFFEN UND RABULISTEN BEI IHREM GEWISSEN
DER WIRD VON ALLEN VIREN BESCHISSEN.

Diese Medaille befindet sich in keinem der jetzt noch existirenden Hamburgischen Münzcabinette und ist sie uns niemals zu Gesicht gekommen. Sie ist jedoch beschrieben im Numophylacium Molano-Boehmerianum, Celle 1745, im 4ten Band Pag. 428 No. 16. In *Goeze's* Catalog ein zinnernes Exemplar Pag. 329 No. 27.

Wir haben nun sechs dieser so selten vorkommenden Medaillen auf diesen eben so unruhigen als gelehrten Mann gegeben, der durch seine Umtriebe die Stadt Hamburg in namenlose Verwirrung brachte und den innern Frieden derselben in hohem Grade erschütterte; ausserdem hat *Langermann* noch zwei aufgeführt und beschrieben, und zwar:

Eine von 1694 im 16ten Stück No. 1 Pag. 122.

Avers: *Mayer's* Bildniss en profil.

Revers: Eine auf einem Postamente stehende nackte weibliche Figur, welche mit der Rechten eine Ruthe oder ein Flammenschwert schwingt, in der anderen aber ein Schild mit *Luther's* Bildniss hält. Neben derselben ergreifen zwei Männer mit Büchern und Federn und drei andere mit hohen Hüten die Flucht. Umschrift: CRESCIT TRIPLICATIS GLORIA CURIS. (Bei verdreifachten Sorgen wächst der Ruhm.) Unten steht: VOX POPULI, VOX DEI. (Volkesstimme, Gottesstimme.)

Die andere ohne Jahrszahl in demselben Stück No. 2 Pag. 122.

Avers: *Mayer's* Bildniss in Profil, rechts sehend.

Revers: Zwischen Klippen, durch Gewitterwolken und von zahllosen Pfeilen verfolgt, schwingt sich ein Adler zur Sonne empor. Umschrift: PER TELA PER IGNES. (Durch Pfeile, durch Feuer.)

Langermann fügt noch die Bemerkung hinzu: „Sonst sind uns noch mehrere Münzen auf denselben vorgekommen, weil solche aber zum Theil nur zinnerne oder bleierne Abdrücke gewesen, so haben wir Bedenken getragen, sie diesem Werke einzuverleiben. Alle unsere Bemühungen, eine Spur aufzufinden, wo diese ansehnliche Medaillenzahl entstanden und wer dieselben angefertigt, sind vergeblich gewesen; die bei den meisten sehr saubere Arbeit stimmt nicht mit der Manier der damals hier in diesem Fach wirkenden Künstler; man sollte eher denken, dass irgend ein Nürnberger sie geliefert, oder auch, dass sie in Holland entstanden, das damals in so innigem Verkehr mit Hamburg stand und lebhaften Antheil an Allem nahm, was hier vorging, namentlich an den geistlichen Wirren."

Noch einige historische Notizen über den ärgerlichen Predigerstreit hinzuzufügen, halten wir für überflüssig, denn alle unsere Chroniken sind damit überfüllt und die in der damaligen Zeit erschienenen Streitschriften steigen in der Zahl auf mehrere Hunderte und beurkunden eine Schreibseligkeit, die von der jetzigen schreiblustigen Generation noch bei Weitem nicht erreicht worden. Wir begnügen uns daher, einige biographische Notizen über *Joh. Fried. Mayer* herzusetzen, und verweisen im Uebrigen auf *Stelzner*, 4ter Band, und Dr. *Reinholdt* und Dr. *Bärmann* Hamburgische Chronik, Hamburg 1820, 2ter Band Pag. 370 u. flg.

Anno 1650 den 6. December wurde *Mayer* in Leipzig geboren.
* 1668 ward er, nur 18 Jahr alt, Magister.
" 1672 Sonnabendprediger in Leipzig.
" 1674 Pastor und Superintendent zu Leissnig bei Meissen.
" 1679 wurde er in derselben Würde nach Grimma berufen.
" 1684 Professor der Theologie und Praepositus der Schlosskirche zu Wittenberg.
" 1686 Hauptpastor zu St. Jacobi in Hamburg.
" 1688 Lehrer der Theologie an der Universität Kiel.
" 1690 Professor daselbst und Herzogl. Holsteinischer Kirchenrath.
" 1691 Königl. Schwedischer Oberkirchenrath für die Deutschen Länder.
" 1701 als Königl. Schwedischer Superintendent über Schwedisch Pommern nach Greifswald berufen.
" 1701 den 15. Mai von der St. Jacobi-Gemeine in Hamburg Abschied genommen.
" 1712 den 30. März, 61 Jahr alt, in Stettin gestorben.

№ 13.

SATYRISCHE MEDAILLE
auf Pastor Crumbholtz.

Von der Medaille auf Pastor *Crumbholtz* mit dem Eimbeckschen Hause, welche *Langermann* im 16ten Stück No. 3 beschreibt, befindet sich auf der Stadt-Bibliothek ein zinnernes Exemplar, welches von dem abgebildeten abweicht. Die Hauptseite ist nur unwesentlich verschieden; allein auf der Kehrseite finden sich mehrere Abweichungen. Auf dem Dache des Hauses stehen nur die beiden Buchstaben E. H.; die darauf folgenden beiden Wörter: ANDRE KERKER, fehlen. Der Schornstein raucht nicht und an beiden Seiten des Gebäudes sind Zierrathen angebracht, die wie Leuchtenarme aussehen.

№ 14.

SATYRISCHE MEDAILLE
auf die Crumbholtzischen Unruhen Anno 1708.

Avers: Eine Glocke ohne Klöpfel an einem zwischen zween Streben befestigten Balken mit Hebel.

Revers: Inschrift in 4 Zeilen: ES — FEHLT IHR — IN DER — MITTEN.

Gewicht in Silber ⅜ Loth.

Befindet sich im Münzcabinet der Stadt-Bibliothek; ist jedoch nicht geprägt, sondern in Umrissen in eine runde, vermuthlich vergoldet gewesene Silberplatte eingravirt oder vielmehr eingebeizt.

№ 15.

SATYRISCHE MEDAILLE
angeblich aus der Zeit der Kaiserlichen Commission.

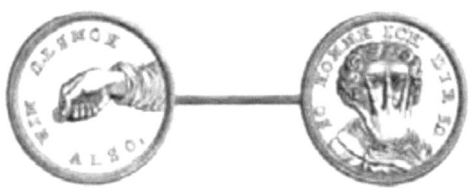

Avers: Eine hohle Hand mit Gelde; Umschrift: **KOMSTU MIR ALSO.**

Revers: Ein Brustbild, welches die Hand vor's Gesicht hält und durch die Finger siehet; Umschrift: **SO KOMME ICH DIR SO.**

Diese Medaille, welche gewöhnlich unter die Hamburgischen gerechnet wird, soll Anno 1708 zur Zeit der Kaiserlichen Commission geschlagen seyn; sie wiegt in Silber ⅜ Loth.

Im Catalog der berühmten 1779 in Hamburg verkauften *Holtzmann*'schen modernen Münzsammlung kommt unter den Hamburgern Pag. 228 sub No. 63a bei den goldnen Münzen die obige Medaille vor, im Gewicht von einem Ducaten, und folgt gleich darauf sub No. 63b als Pendant zu der vorigen bekannten und ungefähr gleichbedeutenden:

No. 63b. Goldne Münze à 1 Ducat.

Avers: Eine ausgestreckte mit Gold gefüllte Hand, nebst einem darüber liegenden Zettel, mit der Aufschrift: **KOMSTU MIR ALSO.** Die Umschrift lautet: **DU SOLLST NICHT GESCHENK NEHMEN. IM 2. B. MOS. 23, 8.**

Revers: Ein Gesicht sieht durch fünf auseinander gebreitete Finger; zwischen dem Gesicht und der Hand ein Zettel mit der Aufschrift: **SO KOM ICH DIR SO.** Umschrift: **DENN GESCHENKE MACHEN DIE SEHENDEN BLIND.**

Uns ist diese letztere nie vorgekommen; die erstgenannte befindet sich in Silber im Cabinet des Herrn *Johannes Amsinck*, so wie auch in demjenigen des Herrn Archivarius *Lappenberg*.

№ 16.

MEDAILLE
auf die gefürchtete Contagion, Anno 1709.

Avers: Ein Patient liegt auf einem Bette, neben ihm ein Prediger, ein Arzt und ein Wundarzt. Im Abschnitt die Jahrszahl 1709. Die Umschrift lautet: DIE STRAFF WIHR WOHL VERDIENET HAN, SOLCHS MUS BEKENNEN JEDERMAN. NIEMAND DARFF SICH AUSSCHLIESSEN.

Revers: Ein Engel gräbt mit einem Grabscheit ein Grab. Umschrift: DRUM LEGE DOCH DIE SÜNDE AB. SONST GRAB ICH EILENT DIR EIN GRAB.

Von dieser Medaille kam ein silbernes Exemplar, $\frac{1}{1}$ Loth schwer, in der im Februar 1784 stattgefundenen Verkaufung des Münzcabinets von *Cornelius Jacob Berenberg* vor. Sie ist im Catalog Pag. 416 sub No. 484 beschrieben. Ein zweites ebendaselbst vorkommendes sonst ganz gleiches Exemplar wog über 1 Loth und beide wurden unter die Hamburgischen rangirt. Aller Nachforschungen ungeachtet ist uns diese Medaille niemals zu Gesicht gekommen, weshalb es uns auch nicht möglich gewesen sie abbilden zu lassen. Auch *Michael Richey* besass dieselbe, und wurde sie in dem Catalog seines Cabinets, Pag. 39 sub No. 110, das Gewicht mit $\frac{3}{4}$ Loth, aufgeführt. Auch kam sie in der *Goeze*'schen Sammlung vor Pag. 295 sub No. 1997.

Eine pestilenzialische Seuche, welche im Anfange des 18ten Jahrhunderts in den Morgenländern ihren Anfang genommen, breitete sich über Ungarn und Polen, nach Deutschland und einem grossen Theile des nördlichen Europa's aus. Im Jahre 1710 wüthete sie furchtbar in der Stadt Danzig, welches den Senat bewog, auch für Hamburg Vorsichts- und Absperrungs-Maassregeln anzuordnen. In den Jahren 1710 und 1711 verheerte die Seuche Polen, Schlesien, Preussen, Cur- und Liefland, Vorpommern und Schweden, so wie auch Dänemark, wobei Copenhagen sehr litt. Anno 1712 rückte die Krankheit von allen Seiten näher und die Vorsichts-Maassregeln, von den benachbarten Regierungen und selbst vom Kaiser lebhaft angeregt, wurden immer dringender und ängstlicher, zur nicht geringen Beeinträchtigung des Handelsverkehrs, der mit den inficirten Gegenden ganz abgebrochen werden musste. Am 30. September 1712 verbreitete sich das Gerücht, die Seuche sei in der Neustadt in einem kleinen Gange, Gerken's Hof genannt, in der Böhmenstrasse ausgebrochen, und binnen wenigen Tagen seyen daselbst 5 Personen gestorben; in derselben Woche starben noch 5 Personen in demselben Gange und auf dem Hamburger Berge verschied eine Frau mit 3 Töchtern. Der Rath ordnete nun eine Reihe energischer Maassregeln an, liess ein Quarantaine-Haus erbauen, um diejenigen aufzunehmen, die mit Verstorbenen in einer und derselben Wohnung gelebt, und auf dem Felde vor dem Pesthofe ein Lazareth für diejenigen, welche mit der Krankheit befielen; auch wurde in der Nähe der Sternschanze ein eigner Pestkirchhof angelegt. Jedoch machte die Krankheit keine weitere Fortschritte, bis im Juni 1713 sich die warme Witterung einstellte, wo dann hin und wieder in der Stadt in einigen Häusern 4 bis 5 Personen starben. Nun fand der König von Dänemark sich bewogen, ganz plötzlich und unvermuthet die Stadt durch mehrere Regimenter einschliessen zu lassen, um allen Verkehr mit derselben zu verhindern, und dehnte sich dieser Cordon von der Elbe vor Altona bis nach Billwärder aus. Die Holsteinischen Bauern, welche Lebensmittel zur Stadt zu bringen beabsichtigten, durften nur bis an diesen Cordon fahren, wo ihnen dieselben dann abgenommen und abgekauft wurden, so dass die Stadt immer reichlich versorgt blieb. Von Braunschweig-Lüneburgischer Seite war Militair auf dem Grasbrook aufgestellt, um die Communication mit dem linken Elbufer zu verhindern. Als jedoch am 7. September Rath und Bürgerschaft beschlossen, noch 1000 Mann Soldaten anzunehmen, um ihrerseits die Posten desto kräftiger zu verstärken, so fanden die Dänen sich bewogen, ihre Postirung bei Hamm und Horn zurückzuziehen und auf das Damm- und Millernthor einzuschränken, was eben so überflüssig war, da in Altona die Seuche verhältniss-

№ 17.

KLIPPENFÖRMIGE MEDAILLE

auf die sich immer mehr nähernde Contagion, Anno 1711.

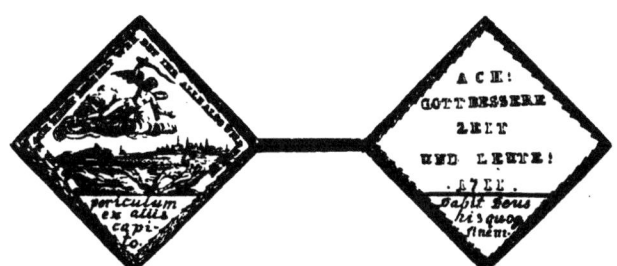

Avers: Ueber einer Stadt und einem mit Leichen bedeckten Felde schwebt ein Engel mit einem flammenden Schwerte. Die Umschrift lautet: SO IHR EUCH NICHT BESSERT WERDET IHR ALLE ALSO UMBKOMEN. Im Abschnitt steht in 4 Zeilen: PERICULUM — EX ALIIS — CAPI — TO. (Nimm an Anderen ein Beispiel.)

Revers: Inschrift in 4 Zeilen: ACH! — GOTT BESSERE — ZEIT — UND LEUTE! 1711. Im Abschnitt steht: DABIT DEUS — HIS QUOQ (ue) — FINEM. (Gott wird auch diesem ein Ende schenken.)

Wenngleich diese, in Silber ½ Loth wiegende Medaille mehrfach unter die Hamburgischen rangirt worden, so findet sich doch kein Nachweis, dass sie in Hamburg geschlagen ist.

Sievert führt sie Pag. 28 sub No. 45 an; giebt aber das Gewicht mit ¼ Loth an. Herr *J. P. L. Bartels* besitzt ein Exemplar, welches auch ¼ Loth wiegt.

---

mässig viel ärger wüthete als in Hamburg. Ausserhalb der Stadt wurde überhaupt die daselbst herrschende Sterblichkeit in hohem Grade übertrieben; der Senat verordnete daher, dass wöchentlich in den Zeitungen bekannt gemacht werden solle, wie viele Personen in der verflossenen Woche gestorben, womit am 27. August der Anfang gemacht wurde; diese öffentlichen Bekanntmachungen ergaben folgendes Resultat:

August,	31ste Woche,	149 Personen,		Octbr.	42ste Woche,	618 Personen.
„	32 „	„ 200 „		„	43 „ „	445 „
„	33 „	„ 232 „		Novbr.	44 „ „	385 „
„	34 „	„ 280 „		„	45 „ „	292 „
„	35 „	„ 262 „		„	46 „ „	275 „
Septbr.	36 „	„ 387 „		„	47 „ „	156 „
„	37 „	„ 615 „		„	48 „ „	167 „
„	38 „	„ 698 „		Decbr.	49 „ „	170 „
„	39 „	„ 744 „		„	50 „ „	116 „
Octbr.	40 „	„ 687 „		„	51 „ „	103 „
„	41 „	„ 608 „		„	52 „ „	82 „

In den Lazarethen starben 2597 Personen.

4 ·

№ 18.

KLEINE DENKMÜNZE
auf die Contagion, Anno 1712.

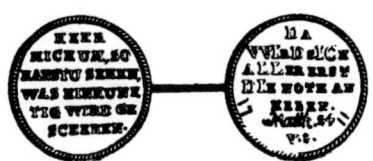

Avers: Inschrift von 6 Zeilen: KEHR — MICH UM, SO — KANSTU SEHEN, — WAS HINKÜNF — TIG WIRD GE — SCHEHEN.

Revers: Siebenzeilige Inschrift: DA — WIrD sICh — aLLerErst — DIe noth an — heben. MATTH. 24. V. 8. Getheilt an beiden Seiten die Jahrszahl 17 — 11 eingravirt, während in den grossen Lateinischen Buchstaben der Inschrift die Zahl 1713 enthalten ist.

Sievert beschreibt diese kleine Medaille Pag. 27 sub No. 40 und sagt, dass sie in Silber ¼ Loth wöge. Uns ist nur ein Exemplar in Kupfer zu Gesicht gekommen, von dem auch die obige Abbildung genommen.

Mit Jahrsschluss wurden diese Bekanntmachungen geschlossen und ergaben im Laufe der 22 Wochen ein Total-Resultat der Sterblichkeit von 7094 Personen. Im ganzen Jahre stieg dieselbe auf 10956 Menschen, wobei zu bemerken, dass meist die unteren Classen davon betroffen wurden, indem aus dem Senat, dem Predigtamt und den verschiedenen bürgerlichen Collegien Niemand davon hinweggerafft wurde. In anderen grossen Städten, als z. B. in Danzig und Copenhagen, war die Sterblichkeit in den vorhergehenden Jahren viel grösser gewesen.

Anno 1712 waren in Hamburg gestorben 4124, mithin kann man wohl Anno 1713 auf Rechnung der Pest bringen circa 7000 Menschen. Anno 1711 hatte die Sterblichkeit sogar nur 2618 Personen betragen. (Siehe *Langermann* Pag. 252.)

Mit dem Schlusse des Jahres 1713 hatte das Sterben so ziemlich nachgelassen; man unterliess daher die fernere Publicirung der Listen und am Neujahrstage 1714 wurde in allen Kirchen ein Dankgebet für das Aufhören der Pest verlesen.

Als nun alle Spuren der Krankheit verschwunden waren, ordnete der Senat zum 22. März ein feierliches Dankfest an, wobei die benachbarten Regierungen sich jedoch nicht beruhigen wollten, sondern noch Commissionen von Aerzten und Officieren nach Hamburg sandten, um sich von dem Stande der Sachen durch den Augenschein zu überzeugen, und erst nachdem diese die beruhigendsten Berichte abgestattet, wurde am 26. April die Postirung aufgehoben und die Communication wieder freigegeben. (*Langermann* Pag. 252 u. f.)

Ueber die Beschaffenheit der Krankheit selbst geben unsere Chronikschreiber indess wenige oder gar keine Auskunft; was wir darüber wissen, verdanken wir einer kleinen Dissertation eines Doctors *Joh. Franz Beerwinkel*, welche diese Pest in wissenschaftlich-medicinischer Hinsicht beleuchtet. Sie führt den Titel: „Excerpta quaedam ex observatis in nupera peste Hamburgensi, Jenae 1714" 4°, und ist um so interessanter, da der Autor selbst als Pestdoctor angestellt war, daher ohne Zweifel eine bedeutende Anzahl Fälle beobachtet haben muss. Nach seinen Angaben bleibt kein Zweifel, dass diese einen grossen Theil von Europa verheerende Seuche eine förmliche Bubonen-Pest gewesen. Er beschreibt sie folgendermaassen:

№ 19.

VIERECKIGTE MEDAILLE

auf den Ausmarsch der Kreistruppen, Anno 1712.

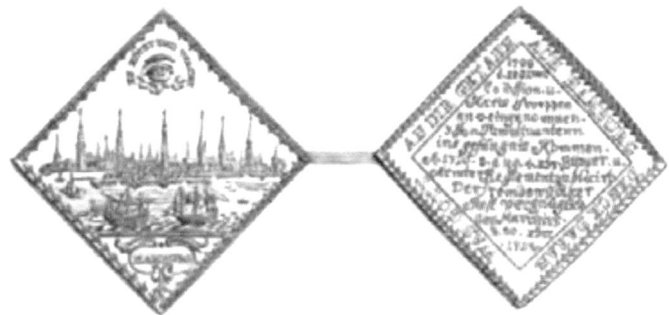

Avers: Die Stadt Hamburg im Prospect, bestrahlt vom Auge der göttlichen Vorsehung, das von den Worten: ES HÜTET UND WACHT, umgeben ist. Darunter in einer Cartouche steht: HAMBURG.

Revers: Inschrift: 1708 — D. 19. 31 MAI — COM̄SSION U. — KREIS TROUPPEN — AN U. EINGENOMMEN. — 3 JUN. TUMULTUANTENN — INS GE-FÄNGNIS KOMMEN. — A. 1710. 8. AUG. 4. XBR. BÜRGER U. — AEMTER REGLEMENT PUBLICIRT. — DER FREMDEN VÖLKER — REST VERGNÜGLICH — AUS MARCHIRT. — D. 20. XBR. — 1712. Die diese Inschrift umgebende Schrift lautet: ACH HAMBURG DENCK DARAN WAS GOTT AN DIR GETAHN.

Ein kupfernes Exemplar dieser Medaille kam in dem 1780 verkauften 2ten Theil des *Balemann*'schen Münzcabinets vor und ist im Catalog Pag. 345 sub No. 43 beschrieben. Der Avers dieser Medaille ist derjenigen von 1708, welche *Langermann* im 20sten Stück Pag. 154 abbildet und beschreibt, ganz gleich; nur die Inschrift des Reverses ist verändert, nämlich von dem Worte „EINGENOMMEN" an. Auch die Umschrift ist etwas verändert, nämlich in „WAS GOTT AN DIR GETAHN" statt „WAS GOTT DIS JAHR GETAHN." Das Exemplar, von dem die obige Abbildung genommen, befindet sich im Cabinet des Herrn Archivarius *Lappenberg* und wiegt in Silber 1 Loth.

Die Krankheit begann in der Regel mit einem starken Anfall von Frost und Hitze, auf welche sogleich grosse Abgeschlagenheit, Praecordial-Angst, heftiger Kopfschmerz, Schlaflosigkeit u. s. w. folgte. Mitunter waren die Fieber-Symptome nur gering, dagegen spürten die Kranken gleich Anfangs Schmerzen in den Weichen oder unter den Achseln und es schwollen hier die Drüsen, ohne jedoch die Kranken an der Verrichtung der häuslichen Geschäfte zu verhindern oder sie an

№ 20.

DENKMÜNZE
auf die überstandene Contagion, Anno 1713.

Avers: Ein Engel mit der Friedenspalme schwebt über der Stadt Hamburg und ruft ihr die Worte der Umschrift zu: SIEHE ICH VERKÜNDIGE EUCH GROSSE FREUDE. Im Abschnitt steht: ZUM ENDE VOM 1713 JAHR DA PEST UND KRIEG AM ENDE WAR.

Revers: Siebenzeilige Inschrift: NIMM — DIESES HIER ZUM — ANGEDENCKEN — WER WEIS OB ÜBERS — JAHR — WIR UNS DES GLEICHEN — SCHENCKEN.

Sievert bemerkt: auf dieser Medaille sey das Unpassende der Medaille von 1712, welche *Langermann* im 71sten Stück No. 2 Pag. 562 beschreibt, verbessert worden. Auf letzterer lautete die Schrift in der Exergue: ZUM ENDE VOM 1712 JAHR DA PEST UND KRIEG UNS NAHE WAR, und stimmt schlecht zu der Ueberschrift: SIEHE ICH VERKÜNDIGE EUCH GROSSE FREUDE.

Er giebt das Gewicht in Silber mit 1½ Loth an, welches wir richtig befunden haben; da dieser Stempel jedoch von dem im *Langermann* abgebildeten nur darin abweicht, dass in der Inschrift der Cartouche des Averses die Worte „UNS NAHE WAR" in „AM ENDE WAR" und die Jahrszahl 1712 in 1713 umgeändert worden, so haben wir geglaubt, die Platte sparen zu dürfen; möglicherweise ist dazu ein und derselbe Stempel benutzt worden.

---

das Bett zu fesseln. Bei noch anderen zeigten sich 2 bis 3 Tage lang gelinde Fieber-Symptome als Vorboten; dann trat Eingenommenheit des Kopfes, grosse Mattigkeit hinzu, welche nöthigte das Bett zu hüten, und jetzt wurden sogleich alle Symptome heftiger und die Krankheit brach vollends aus. Bei vollblütigen robusten Individuen erreichte sie in der Regel einen höheren Grad und wurde leichter tödtlich. Bald erschienen gleich Anfangs Bubonen, bald erst nach einigen Tagen; das frühe Auftreten derselben galt für ein günstiges Zeichen. In den leichteren Fällen waren die Bubonen das einzige Symptom der Erkrankung und es fehlte sogar alles Fieber. Carbunkeln pflegten nur die heftigeren Grade der Krankheit zu begleiten. Traten die Bubonen zurück, so war entweder ein schneller Tod die Folge oder es traten die Symptome eines putriden Fiebers mit zahlreichen Petechien ein, wobei die Entkräftung und Angst den höchsten Grad erreichten. Die Petechien waren von verschiedener Grösse, bald wie kleine Fischeier, bald linsengross oder von noch grösserem Umfange; sie stellten die Prognose nicht ungünstig, wenn die Kranken sich übrigens verständig hielten; setzten sie sich jedoch dem Zuge aus, oder thaten einen kalten Trunk, so wurden die Petechien schwarz und binnen 24 Stunden oder früher noch erfolgte der Tod. Nur in einzelnen Fällen kamen Kranke durch, welche von Anfang an schwarze Petechien gehabt hatten. Bei sehr vollblütigen Individuen kam auch wohl profuses Nasebluten und Blutbrechen vor und erst später bildeten sich Petechien. Der gewöhnlichste Ort für die Bubonen waren zwar die Inguinalgegenden und Achselgruben; doch traf man sie in einzelnen Fällen auch auf den Brüsten, den Oberarmen, dem Schulterblatt, auf den Händen, den Oberschenkeln, den Füssen und auf den Bauchdecken an. Sie wurden in der Regel mit erweichenden Pflastern zur Reife gebracht, dann bei Zeiten eingeschnitten und wenn die Wunde sich gereinigt hatte, mit, nach Umständen, mehr oder weniger reizenden Digestivsalben zur Heilung befördert. Heilten sie zu rasch, bevor die Materia peccans gehörig zur Reife gekommen und ausgestossen worden, so entstanden oft metastatische Ablagerungen an anderen Orten. Die Carbunkeln unterschieden sich von den Bubonen dadurch, dass sie mit viel heftigeren localentzündlichen Symp-

№ 21.
VIERECKIGTE DENKMÜNZE
auf die Contagion, Anno 1713.

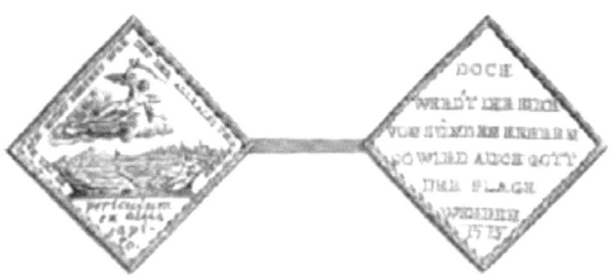

Avers: (wie No. 14) Ein Strafengel schwebt in einer Wolke und bedrohet mit dem flammenden Schwerte eine mit Sterbenden und Todten bedeckte Ebene in der Nähe einer grossen Stadt. Umschrift: SO IHR EUCH NICHT BEKEHRET WERDET IHR ALLE ALSO UMKOMMEN. Im Abschnitt steht: PERICULUM EX ALIIS CAPITO. (Nimm an Anderen ein Beispiel.)

Revers: Inschrift in 7 Zeilen: DOCH — WERD'T IHR EUCH — VON SÜNDEN KEHREN — SO WIRD AUCH GOTT — DER PLAGE — WEHREN. — 1713.

Gewicht in Silber   Loth.   Den Verfertiger dieser Medaille haben wir nicht ausmitteln können. Form und Behandlung lassen jedoch keinen Zweifel, dass sie von derselben Hand ist, als die anderen viereckigten Medaillen, welche in den Jahren 1710—12 auf Hamburgische Verhältnisse geprägt worden. Sie kommen auch in Blei und in Kupfer vor; die obige Abbildung ist von einem silbernen Exemplar genommen, welches sich im Cabinet des Herrn Archivarius *Lappenberg* befindet.

---

tomen auftraten, einen unausstehlich brennenden, bis in die Knochen dringenden Schmerz verursachten (daher der Deutsche Name Feuerblasen) und gewöhnlich von grosser Angst, furchtbarem Kopfschmerz, hartnäckiger Schlaflosigkeit und nicht selten von Erbrechen und Delirien begleitet waren. Eine bestimmte Stelle, wo sie vorzugsweise hervorkamen, hatten sie nicht. Man sah sie auf den Schenkeln, auf dem Gesäss, dem Rücken, auf den Brüsten, Händen, Füssen u. s. w. Waren sie gross und hatten sie ihren Sitz auf sehr weichen Theilen, so bildeten sie eine grosse und tiefe Höhle, die äusserlich von einem dunkelrothen Rande begränzt war. Man beförderte gewöhnlich ihre Ausbildung durch schweisstreibende Mittel und legte alsdann ein Arsenikpflaster auf, bis sie zur gehörigen Reife gediehen zu seyn schienen. Alsdann bestrich man sie in ihrem ganzen Umfange mit Butyrum antimonii, damit sie sich nicht weiter ausbreiteten und um ihre Ausstossung zu befördern und schnitt sie an der Gränze des Gesunden ein. Dabei mussten die Chirurgen sehr vorsichtig zu Werke gehen und nicht den aus den eingeschnittenen Carbunkeln aufsteigenden Dunst einathmen, der für sehr ansteckend gehalten wurde. Mitunter liess sich die Carbunkel wie aus einem Balg auslösen und konnte so getrocknet aufbewahrt werden. Die Grösse der Carbunkel war verschieden. Anfangs waren sie so gross wie ein kleiner Pfennig und breiteten sich dann allmählig so aus, dass sie mitunter die Grösse der Hand und darüber erreichten, wenn sie nicht bei Zeiten mit Butyrum antimonii

№ 22.

DENKMÜNZE
auf das Aufhören der Contagion, Anno 1714.

Avers: Eine unter Todten und Sterbenden stehende nackte abgemagerte weibliche Figur mit einer Glorie um's Haupt; die rechte Hand auf's Herz gelegt, blickt sie zum Himmel, wo aus einer Wolke Sonnenstrahlen hervorschiessen. Im Hintergrunde die Hamburger Thürme. Umschrift in zwei Zeilen: JESUS DER EINIGE HOHEPR (iester) U (nd) VERSUN. — DER STILLT DES VATTERS ZORN. — Im Abschnitt die Jahrszahl 1714 und der Name des Hamburgischen Medailleurs VON HACHTEN.

Revers: Funfzehnzeilige Inschrift: HAMBURG — SIEHE ZU. DU BIST — GESUND WORDEN SUN — DIGE FORT NICHT MEHR — DAS DIR NICHT ETWAS ER — GERS WIEDERFAHRE. JOH. V. — SO IHR EUCH NICHT BESSERT — WERDET IHR ALLE AUCH AL — SO UMKOM-MEN. LUC. XIII. — WEISSEST DU NICHT DAS — DICH GOTTES GUTE ZUR BUSSE LEITET. ROM. II. — BEKERE DU UNS HERR — SO SINT WIR — BEKERT.

Randschrift: DER HERR HAT GROSSES AN UNS GETHAN. DES SINT WIR FROLICH. PSAL. CXXVI.

Das einzige Exemplar, welches uns von dieser Medaille zu Gesicht gekommen, befindet sich im Münz-Cabinet der Stadt-Bibliothek und wiegt in Silber 1½ Loth.

---

umstrichen wurden. In der Mitte hatten sie einen schwarzen glänzenden Fleck von brandigem Aussehen und so hart, dass man ihn kaum mit einer Lanzette durchstechen konnte; indess an und für sich nicht empfindlich. Gemüthsbewegungen und Erkältungen hatten sowohl auf den Verlauf der Bubonen und Carbunkeln, als der Krankheit überhaupt einen sehr verderblichen Einfluss. Die allgemeine Behandlung bestand in einem mässig warmen Verhalten und in Anwendung bald gelinderer, bald stärkerer Diaphoretica. Unter diesen waren ausser den schweisstreibenden Kräutern besonders Bezoar, Bolus armen., Antimonialia, Camphor, Theriac und Castoreum in Gebrauch.

№ 23.

DENKMÜNZE
auf die Feier der Geburt des Erzherzogs Leopold, begangen in Hamburg am 15. Juni 1716.

Avers: Abbildung der prachtvollen Ehrenpforte oder des Ehrentempels, so der Kaiserl. Gesandte zur Feier der Begebenheit aufführen liess, mit der Ueberschrift: NATALIBUS LEOPOLDI.

Revers: Zehnzeilige Inschrift: ARCHIDUCIS — AUSTRIÆ PRINCIPIS — ASTURIÆ CAROLI VI — ROM. IMP. HISP. REG. ETC. — FILII A DEO DATI VIENNÆ — D. XIII. APRILIS HOC — MONUMENTUM SACRUM — ESSE VOLUIT HAMBURGI — D. XV. IUN. MDCCXVI. — C. E. C. F. (Christoph Ernst, Graf Fuchs wollte dieses Andenken widmen dem Erzherzoge von Oesterreich, Prinzen von Asturien, Karls VI. Römischen Kaisers, Königes von Spanien u. s. w. von Gott zu Wien am 13. April geschenkten Sohne, in Hamburg am 15. Juni 1716.)

Diese Medaille, wovon uns nur ein einziges silbernes Exemplar zu Gesicht gekommen, und zwar im Cabinet der Stadt-Bibliothek, wiegt 2 Loth. Herr Archivarius *Lappenberg* besitzt einen Abdruck in Blei. Der Verfertiger ist uns unbekannt.

Wegen der am 13. April geschehenen erfreulichen Geburt des Erzherzogs *Leopold* von Oesterreich, Sohnes Kaisers *Carl VI.* und *Elisabeth Christine* von Braunschweig, welcher aber schon am 4. November desselben Jahres starb, wurde allhier am 17. Mai in allen Kirchen ein öffentliches Dankfest gehalten, das Te Deum laudamus abgesungen, unter Pauken- und Trompetenschall, des Vormittags von 10 bis 11 Uhr und Nachmittags von 4 bis 5 Uhr mit allen Glocken geläutet und auf den Thürmen musicirt, um 5 Uhr alle Kanonen auf den Wällen und Schiffen zu dreienmalen abgefeuert und mit Rührung der Glockenspiele geschlossen.

Der Kaiserliche Envoyé Graf *Fuchs* gab zur Feier jenes Ereignisses am 15., 16. und 17. Juni ein grosses Freudenmahl in seiner Wohnung, einem grossen Hause der Neustädter Fuhlentwiete, der Bremer Schlüssel genannt. Er liess zu dem Ende einen prachtvollen Saal aufführen und vor demselben eine 66 Fuss breite und 36 Fuss hohe Ehrenpforte, auf 6 Säulen ruhete eine Gallerie, welche die Sinnbilder der 6 Tugenden: die Tapferkeit, Gerechtigkeit, Frömmigkeit, Beständigkeit, Mässigkeit und Grossmuth trug, über welche sich der Kaiserliche Reichsadler erhob und auf der äussersten Spitze prangte ein sechseckiger Stern mit dem Namenschiffer Kaiser *Carl VI.* Das Ganze, von der Erfindung des bekannten Licentiaten *Barthold Feindt*, war von einer ungemeinen Pracht, wie man sich nicht erinnert dergleichen hier jemals gesehen zu haben, und machte ausserordentliches Aufsehen. *Stelzner* hat dieses Festin im 5ten Band Pag. 412 u. f. ausführlich beschrieben.

№ 24.
SAUBERE KLIPPE
auf die grossen Wasserfluthen am 25. December 1717
und 25. Februar 1718.

Avers: Inschrift von 16 Zeilen: ZUM — AN — DENCKEN — DER GROSSEN — WASSERS-FLUTHEN, — WELCHE AN DÄMMEN, — DEICHEN, HÄU-SERN, — LÄNDERN, GÜTERN, — AUCH MENSCHEN UND VIEH, — SEHR VIEL SCHADEN — VERURSACHET. — 1717 DEN 25. — DE-CEMBR — UND — 1718 D. 25. — FEBR. Die Umschrift lautet: WENN GOTT MIT UNS IM ZORN WIL ZU GERICHTE GEHEN.

Revers: Eine durch Fluthen, in Folge von aus allen Enden her blasenden Winden, unter Wasser gesetzte Gegend, wo schwimmende Menschen und Vieh sich zu retten suchen. Umschrift, als Fortsetzung des Averses: SO MUS AUCH WIND UND MEER IHM ZU GEBOTE STEHEN. Im Abschnitt: AM ERSTEN CHRIST-TAGE.

Sievert beschreibt diese Medaille Pag. 15 sub No. 3 und giebt das Gewicht in Silber mit 1 Loth an. Ein silbernes Exemplar von solchem Gewicht befindet sich auf der Stadt-Bibliothek.

Die ausserordentliche Sturmfluth in der Christnacht 1717, welche die Holländischen, West- und Ostfriesischen, Oldenburgischen und Bremischen Küsten überschwemmte und daselbst unsäg-lichen Schaden anrichtete, wurde auch für die hiesige Gegend sehr verderblich. Schon des Morgens um 2 Uhr fing bei heftigem Nordweststurm das Wasser an stark aufzulaufen und als zwischen 5 und 6 Uhr die Fluth eintrat, lief dieselbe in Zeit einer halben Stunde mannshoch auf und verursachte grossen Schaden an Waaren, insbesondere an Zucker. Es würde solcher gewiss noch grösser geworden seyn, wenn nicht die Deiche unterhalb Stade und an mehreren anderen Orten durchgebrochen wären, wodurch das Wasser hier wieder eben so rasch sank, als es gestiegen war. Allein im Lande Hadeln, mit Inbegriff des Amtes Ritzebüttel, kamen in dieser Fluth um 615 Menschen, 1579 Pferde, 7230 Stück Hornvieh, 3405 Schaafe und 4438 Schweine; 206 Häuser gingen zu Grunde und 1669 Ruthen Deiche wurden zerstört und circa 4000 Ruthen Ackerland weggespühlt; davon kamen auf das Hamburgische Amt Ritzebüttel: 306 Menschen, 210 Pferde, 1198 Stück Hornvieh, 581 Schaafe, 633 Schweine und 127 grosse und kleine Gebäude.

Eine zweite hohe Fluth folgte bald darauf, nämlich am 25. Februar 1718. In der Nacht vom 24/25sten wurde das Wasser durch einen Nordweststurm sehr in die Höhe getrieben und das Eis der Elbe dadurch gelöset. Alles, was bisher von den am 25. December v. J. entstandenen Schäden an den Deichen gebessert worden war, wurde wiederum weggeschwemmt und das Land 4 Fuss höher als damals unter Wasser gesetzt, wodurch die armen Landleute vollends um das Ihrige gebracht wurden. Diesesmal wurde Dithmarschen besonders hart von der Fluth mitgenommen; es gingen daselbst sehr grosse Massen Getraide und Vieh zu Grunde und die Zahl der vernichteten Gebäude wurde auf 7 à 800 angegeben.

Bei *Stelzner* findet sich Bericht über diese beiden Fluthen im 5ten Bande Pag. 490 u. 493.

№ 25.

MEDAILLE

auf das an Getraide und Baumfrüchten gesegnete Jahr 1723.

Avers: Die Stadt Hamburg, von der Sonne bestrahlt, am Elbflusse, auf welchem mehrere Schiffe sich dem Hafen nähern. Die Umschrift lautet: ICH BLÜHE DURCH MÜHE. Im Abschnitt steht: HAMBURG.

Revers: Die auf Fässern und Ballen sitzende Göttin des Ueberflusses hält mit der Rechten ein volles Füllhorn und hebt mit der Linken einige ungewöhnlich kräftige Kornähren empor. Ueber derselben das strahlende Auge Gottes in einem Dreieck und hinter ihr mehrere segelnde Schiffe, welche den reichen Segen in ferne Gegenden tragen. Ueberschrift: WEN DU GIEBEST SO SAMLEN WIER. Im Abschnitt: V. H., die Chiffer des Hamb. Medailleurs *David Gerhard von Hachten.*

Ein goldenes Exemplar dieser Medaille befindet sich, 5 Dukaten schwer, im Münz-Cabinet der Bank. Herr *Bartels* besitzt ein silbernes, welches 1 Loth wiegt.

Sievert beschreibt diese Medaille P. 21 sub No. 24 und sagt, dass sie in Silber über 1 Loth wöge. Die Bank liess bei derselben Gelegenheit einen ganzen Portugaleser schlagen, den *Langermann* P. 267 beschreibt.

Ueber den ausserordentlichen Reichthum an Früchten, den dieses Jahr darbot und der ganz ungewöhnlich gewesen seyn muss, da man sich dadurch bewogen fand, sowohl einen Portugaleser als auch eine Medaille darauf zu schlagen, haben uns die damaligen Chronikenschreiber nur wenig hinterlassen. *Stelzner*, wahrscheinlich kein Liebhaber von Früchten, schweigt ganz davon; eben so wenig berichtet *Langermann* bei Gelegenheit des Portugalesers etwas darüber; nur in einer gleichzeitigen geschriebenen alten Chronik finden wir folgende kurze Notiz: „Dieses Jahr ist von dem lieben Gott reichlich gesegnet, dass man Früchte in Ueberfluss gehabt; ein Himten schwarze Kirschen galt 8 à 9 β, ein Himten gute Aepfel 5 à 6 β. Auch waren die Ochsen wohlfeil." *W. Janibal* spricht sich in seiner geschriebenen Chronik folgendermaassen darüber aus: „Dieses Jahr war ein von Gott gesegnetes, indem alle Früchte in grosser Menge waren gewachsen, so dass man einen Himten Br. Aepfel zu 7 β kaufte."

№ 26.

SATYRISCHE MEDAILLE

auf die durch Dänemark Anno 1736 erzwungene Aufhebung
der Hamburgischen Courant - Bank.

Avers: Ein Tisch, an dessen Decke vorn das Hamburgische, mit dem Holsteinischen
Nesselblatt versehene Stadtwappen erscheint; auf demselben ein Schreibpult
mit einem geschlossenen Buche, worauf aussen die Worte: OCCLUS(um) ET
OBSIGNAT(um) (geschlossen und versiegelt), welches die Abstellung der
angefangenen neuen Bankrechnung bedeuten soll. Vor dem Tische ein sitzendes
Frauenzimmer, welches mit einer Scheere Goldstücke zerschneidet, wovon die
Ueberbleibsel auf der Erde herumliegen. Hinter dem Tische ein umgestürzter
Geldkasten, aus welchem nichts als leere Beutel fallen. Die Devise lautet:
UTILITATI PUBLICAE (Zum Gemeinnutzen), und im Umschnitte lieset man in
drei Zeilen: BANCA MON(etae) VULG(aris) HAMB(urgensis) — ABOLITA
— MDCCXXXVI. (Die Hamburger Courant-Bank abgeschafft im Jahr 1736.)

Revers: Auf einem zwei Stufen erhabenen Lehnstuhl sitzet ein Frauenzimmer mit einem
an die linke Schulter gelehnten, mit der Spitze niederwärts gekehrten Wurf-
spiess, welche vermuthlich die Clemenz vorstellet. Vor derselben knieet eine
andere, welche in der rechten Hand eine Waage, in der linken einen Hammer
hält und welche die fussfällige Hamburgische Münze vorstellen soll, gegen
welche die sitzende Person zum Zeichen der hohen Begnadigung die offene,
aber etwas hohle rechte Hand ausstreckt. Zur Ueberschrift stehet diese
Bedingung: NE QUID NOVI (nichts Neues!) und in der Exergue in drei Zeilen:
PERMISSU AUG(usti) — MAIORUM INDULGENTIAM — IMITANTIS.
(Mit Erlaubniss des Allerdurchlauchtigsten, welcher seiner Vorfahren Nachsicht
nachahmt.)

Diese Medaille befindet sich im Münz-Cabinet der Bank, so wie in denjenigen des Herrn *Johannes Amsinck* und des Herrn Archivarius *Lappenberg*, und *Sievert* beschreibt sie Pag. 22 sub No. 28, das Gewicht mit 3⅝ Loth angebend.

Syndicus *Peter Amsinck* fügt in seinem handschriftlichen Catalog folgende Randbemerkung hinzu:

„Diese Medaille wiegt 3 Loth 1¼ Gran und ist aus dem Gräflich *Perkenthin*'schen Cabinet, welches 1759 in Copenhagen verkauft worden, das Loth à 6 ℔ erstanden."

König *Friedrich IV.* von Dänemark liess es sich sehr angelegen seyn, seinen Geldbedürfnissen durch Verschlechterung seiner Münze abzuhelfen und vereitelte dadurch die vielfachen Bemühungen der Stadt Hamburg, den Münzfuss zum allgemeinen Besten sicher zu stellen, indem er sie verhinderte ihren eignen Münzhammer zu gebrauchen. Die hiesigen Coursnotirungen der schlechten Dänischen Münzsorten, welche zu der ganzen Prozedur den Commentar lieferten, nahm der König so ungnädig auf, dass er sich durch Aufbringung der Hamburgischen Schiffe zu rächen suchte und gebietend verlangte, die Stadt solle alles Königliche Geld in allen öffentlichen und Privatzahlungen gelten lassen. Der Vermittelung, besonders Grossbrittanniens, gelang es, dass die feindseligen Maasregeln wieder aufgehoben wurden; aber die Ursachen, welche den Hamburger Münzhammer unbrauchbar machten, blieben bestehen.

Um dem Unwesen mit einem Male energisch zu steuern, fand endlich der Hamburger Senat sich am 25. Januar 1725 bewogen der Bürgerschaft vorzustellen, dass, da das hier coursirende fremde Geld nach und nach sich so im Werthe verschlechtert, dass 100 Species nur noch 66 pCt. werth wären, und wenn man diesem Uebel nicht zuvorkommen wolle, die Agio leicht noch weit höher laufen und dadurch der Stadt Wohlfahrt gestört werden und der Handlung Untergang herbeigeführt werden möchte, so habe E. E. Rath mit den Collegien wohl überlegt und für rathsam befunden: da das Hamburger Courant-Geld fast gänzlich aus der täglichen Circulation verschwunden, wiederum grössere Pöste nach dem alten Münzfuss, zu 34 ℔ Lübisch aus der Mark fein, schlagen zu lassen und zu dessen Conservirung eine eigene Courant-Bank zu errichten, die hinfüro das neue Geld zu dem festen Agio von 16 pCt. nehmen und geben würde. Um die Dänische Münze kümmerte man sich nicht weiter; verbot sie keineswegs, sondern bestand nur in Sachen, welche Amtsgeschäfte betrafen, auf Zahlung in dem neuen Hamburger Gelde. Die Bürgerschaft ging bereitwillig auf alle diese Vorschläge des Senats ein; im nächsten Jahre solle die neue Courant-Bank eröffnet werden und zur Aufnahme derselben wurde ein eigenes Gebäude in der grossen Bäckerstrasse erbauet und durch eine bedeckte Brücke mit dem Rathhause in Verbindung gesetzt, dasselbe, welches später und bis zum Brande unser Stadtarchiv enthielt und die Ausprägung des erforderlichen Courant-Geldes, 32, 16, 8, 4 und 2 Schillingstücke, wurde mit grossem Eifer in Angriff genommen. Die grosse Menge Hamburger Courant, welche noch vor wenigen Jahren und so lange der Zoll noch in Hamburger Courant oder wie unsere Vorfahren es nannten: Neugeld bezahlt werden musste, hier auf dem Platze vorräthig war, stammt grösstentheils noch von jenen Ausmünzungen her, wie die darauf befindlichen Jahreszahlen es beweisen.

Nach diesen kräftigen Maasregeln blieb dem König von Dänemark nichts anderes übrig, als den Werth seines schlechten neuen Geldes herabzusetzen. Durch eine Königliche Verordnung vom 15. July 1726 wurden die Dänischen 12 Schillingstücke auf 10 β Dänisch herabgesetzt, so wie die in den Jahren 1711—1725 geprägten Dänischen Doppelschillinge auf 6 Stück pr. 10 β. Durch eine zweite Verordnung vom 31. July 1726 wurden die in den Jahren 1713—1717 gemünzten Dänischen 16 Schillingstücke auf 15 β Dänisch heruntergesetzt. Auch der Herzog von Schleswig-Holstein setzte durch ein Mandat vom 24. July 1726 die Sechsschillingstücke auf 5 β Courant herab, so wie auch die Schillingstücke auf 10 ₰ und die 6 Pfennigstücke sollten hinfür nur 3 Stück einen Schilling gelten.

Als dieses in Hamburg kund wurde, entstand ein grosser Schrecken unter den Handeltreibenden. Niemand wollte 6 Schillingsstücke in Zahlung nehmen und die Species wichen auf 45 pCt. Manche Fetthändler schlossen ihre Buden, weil sie lieber ihre Waare behalten, als das schlechte Geld nehmen wollten. Ueberhaupt war wenig Geschäft und die Fremden, welche von hiesigen Kaufleuten auf 4, 6 und 8 Monat Credit gekauft hatten, so wie auch alte und vieljährige Ausstände wurden in 6 Schillingsstücke zu voll anhero geschickt und damit abbezahlt. Dadurch wurde die Stadt mit reducirtem Dänischen und Holsteinischen Gelde überschwemmt. Der Senat berief daher am 1. August 1726 die Bürgerschaft zusammen, und in diesem Convente wurde beschlossen, am 15. August das neue Münz-Edict zu publiciren und am 15. November die Courant-Bank zu eröffnen; bis dahin dürfe keiner dem andern das neue Geld abzwingen.

Die neue Bank wurde an dem bestimmten Tage eröffnet und die grösseren Geschäftsleute zögerten nicht, sich in derselben ein Conto eröffnen zu lassen; man war indess nicht ohne Besorgniss, dass der kleine Mann bei Geldwechslern und Juden, wenn sie kleinerer Summen bedürftig sein sollten, unbillig übervortheilt werden würde. Um diesem vorzubeugen, liess die Bank-Administration am 7. November und folgenden Tagen in den Zeitungen kund thun, dass sie gesonnen sey, zum Dienst und Vortheil derjenigen, welche nur von 3 bis 30 ß Neugeld gebrauchten, ein kleines Wechsel-comptoir anzulegen, in welchem die auswärtigen 6 und 1 Schillingsstücke zu voll gerechnet, gegen Hamburger Geld in kleinen Summen umgesetzt werden können. Dieses Comptoir wurde am 11. November 1726 auf Kaisershof eröffnet. Auf diese Weise machte sich die Sache sehr leicht und bald befand sich eine hinreichende Masse des neuen ungewöhnlich scharf und sauber geprägten neuen Hamburger Geldes in den Händen des Publicums, so dass am 15. Januar 1727 das kleine Wechselcomptoir wiederum geschlossen werden konnte.

Dem König von Dänemark waren natürlicherweise alle diese Maasregeln nicht recht: er war sehr unwillig darüber, dass die Hamburger seine neue Münze, trotz des herabgesetzten Werthes derselben, nicht nehmen wollten, er erliess daher unterm 10. December 1726 ein Decret, wodurch er wiederum seinerseits die Geltung des neugeprägten Hamburger Courants in allen seinen Landen untersagte und seinen Unterthanen dringend empfahl, ihre Bedürfnisse nicht länger von den Hamburgern, sondern directe von der Quelle zu beziehen. So wie die Altonaer und andere nahe um Hamburg belegene Ortschaften dieses erfuhren, strömten die Krämer und alle die noch etwas zu kaufen hatten, nach Hamburg, um sich noch auf längere Zeit zu versorgen und das Geschäft wurde lebendiger als je; aber auch die Menge des reducirten Dänischen Geldes. Der König hiedurch noch mehr gereizt, verbot neuerdings aufs Schärfste allen Verkehr mit Hamburg, und da dasselbe von seinem Befehl, die Dänische Münze nach dem herabgesetzten Fusse bei sich gänge und gäbe seyn zu lassen, gar keine Notiz nahm, liess er in Bergen auf das Hamburger Eigenthum Beschlag legen und benutzte jede Gelegenheit den Hamburgern wehe zu thun. Weder fremde Intercessionen noch die vernünftigsten Vorstellungen waren von Erfolg: König *Friedrich IV.* beschloss Anno 1730 sein Leben in Ungnade gegen Hamburg und vererbte seine Gesinnungen auf seinen Nachfolger *Christian VI.*

Die Stadt Hamburg schickte eine eigne Gesandtschaft, bestehend aus dem Syndicus *Surland* und dem Rathsherrn *Lastrop* nach Copenhagen, um dem neuen Könige zu seiner Thronbesteigung Glück zu wünschen, man schmeichelte sich eine Zeit lang etwas günstigere Gesinnungen erweckt zu haben; allein der endliche Bescheid blieb derselbe: „die Stadt solle Mittel aussinnen, wodurch das Königliche Geld einen sogenannten natürlichen und gleichen Cours mit dem Hamburgischen erhielte," ein Ansinnen, dessen Unausführbarkeit von selbst einleuchtete; allein der König hielt die Gerechtigkeit seiner Forderung für erwiesen, und da die Hamburger seinen Beweisen keinen Glauben beimessen wollten und konnten, wurden Thätlichkeiten zu Hülfe genommen: die Hamburgischen Schiffe wurden im Sunde festgehalten, in der Nordsee durch Königliche Schiffe nach Copenhagen aufgebracht, welches besonders seit 1734 geschah; man verlangte die Aufhebung der Hamburger Courant-Bank und ausserdem eine Vergütungzahlung von 300,000 ℛℬ. Die Stadt bot 100,000 ℛℬ, allein in Antwort darauf schärfte der König die gegebenen Mandate zur Aufbringung der Hamburgischen Schiffe. Hamburgs Handel litt indess wesentlich durch alle die Dänischen Plackereien und namentlich durch die Hemmung des Verkehrs mit der umliegenden Gegend; die Stadt, als der schwächere Theil, entschloss sich daher zum Nachgeben, selbst wenn es mit harten Opfern erkauft seyn sollte und sandte am 13. Januar 1735 den Syndicus *Klefecker* und den Senator *Rumpff* nach Copenhagen, um bestmöglichst einen Vergleich zu vermitteln.

Die Herren Gesandten hatten einen schweren Stand; endlich kehrten sie am 16. Mai 1736 nach Hamburg zurück, mit einem am 28. April in Copenhagen abgeschlossenen Vergleich, zufolge welchem die Stadt Hamburg sich verpflichten musste, ihre im Jahre 1726 errichtete Courant-Bank, so wie das in demselben Jahre publicirte Münz-Edict, innerhalb eines Jahres nach der Ratification dieses Vergleichs, wieder aufzuheben; mithin dem Königlich Dänischen couranten Gelde, so lange solches bei seinem gegenwärtigen restituirten innerlichen Gehalt, nemlich ca. 11¼ ₰ pr. Mark fein Silber verbleibt und ausgemünzt wird, mit und nebst ihrem Stadtgelde, nach freiem Lauf des Commercii, sowohl einen freien ungezwungenen Cours gegen die Banco-Species, als auch einen ungehinderten Lauf und Gebrauch nach freier Willkühr der darüber zu contrahirenden Partheyen in dem Commercio und sonsten allenthalben zu verstatten, mithin dieserwegen alles wieder in den Stand zu setzen, wie solches bis Anno 1710 gewesen.

Dagegen wurde von Dänischer Seite das Verbot des Commercii mit der Stadt Hamburg aufgehoben und der freie Handel und Wandel wieder hergestellt und die Differenzen wegen des Schauenburger Hofes, die Grenzstreitigkeiten, so wie auch diejenigen wegen des Feldbrunnens geschlichtet und die angehaltenen Hamburgischen Schiffe, so wie das mit Beschlag belegte Eigenthum wieder hergegeben, wogegen die Stadt Hamburg sich jedoch zur Zahlung von 500,000 ℳ in Dänischen Kronen oder courantem Gelde verpflichten musste, und zwar 200,000 ℳ 6 Wochen nach erfolgter Königl. Ratification dieses Tractats; die übrigen 300,000 ℳ aber in drei Terminen, nemlich 100,000 ℳ, 6 Monate nach Leistung der ersten Zahlung, 100,000 ℳ, 6 Monate nach Erlegung des zweiten Termins, und die letzten 100,000 ℳ abermals nach 6 Monaten.

Der König von Dänemark ratificirte diesen Vergleich am 3. August 1736, die Bürgerschaft hatte es bereits Hamburgischerseits am 17. Mai gethan, und als der König von Dänemark sich am 25. Juny in Altona befand, war ihm die Ratifications-Acte übergeben worden.

Demgemäss wurde laut Notification vom 3. Mai 1736 mit dem 25. Juny desselben Jahres die Courant-Bank geschlossen und das feste Agio aufgehoben.

Dennoch gab es unter den Dänen einige, welche nicht zufrieden mit diesem so überaus glänzenden Erfolge, noch durch Prägung einer Spottmedaille den Hamburgern wehe zu thun suchten. Letztere hatten, bei Errichtung der Courant-Bank, wie solches bei allen wichtigen vaterstädtischen Begebenheiten gebräuchlich zu seyn pflegte, einen übrigens ganz unverfänglichen Bank-Portugaleser, von Professor *Michael Richey's* Erfindung, und geschnitten von dem berühmten Medailleur *Ehrenreich Hannibal* schlagen lassen, den *Langermann* im 35sten Stück seines Hamburgischen Münz- und Medaillen-Vergnügens Pag. 274 ungefähr folgendermaassen beschreibt:

Portugaleser von Anno 1726
auf die Errichtung der neuen Courant-Bank.

Avers: Das Bankwesen: Ein Tisch mit einer Decke behängt, welche mit dem Hamburger Wappen verziert ist. Auf dem Tische liegt ein Schreibpult mit dem aufgeschlagenen Bankbuche, in dem Debet und Credit zu lesen ist. Zur Rechten eine starkversehene Geldkiste mit darauf stehenden vollen Beuteln. Die Ueberschrift lautet: NECESSITATI PUBLICAE, und im Abschnitt steht: BANCA MONETAE VULGARIS CONDITA 1726. Zu deutsch: Zur allgemeinen Nothdurft und Bequemlichkeit wurde die Courant-Bank errichtet 1726.

Revers: Die Beschaffenheit eines richtigen Münzwesens, also insonderheit des neuen Hamburgischen. In der Mitte sitzet eine Münzgöttin, den linken Arm auf einen Amboss gestützt, in derselben Hand einen beäugten Scepter und einen Spiegel, in der andern eine gleichhängende Waage haltend. Von der einen Seite tritt Diana auf sie zu, ein Stück Silber in die eine Schaale, auf der anderen Venus, ein Stück Kupfer in die andere Schaale legend. Ueber der Diana steht: NE QUID PARUM (nicht zu wenig), über der Venus: NE QUID NIMIS (nicht zu viel), auf die richtige Beschickung des Metalls zum Münzen hindeutend. Im Abschnitt: S. P. Q. HAMBURG.

Hiernach wird es leicht werden, die Parodie herauszufühlen.

Richey drückt sich in seinem Manuscript über die Hamburgischen Portugaleser folgendermaassen darüber aus:

„Gleichwie es aber niemals an Gemüthern mangelt, die sich eine Freude machen, dem schwächeren Theile bei seiner nothwendigen Niederlage, mit freivermeinten Spöttereien zu insultiren, also hat sich auch in Dänemark ein sinnreicher Kopf gefunden, der dieses widrige Schicksal der Stadt Hamburg durch eine cum parodia in contrarium ausgeheckte satyrische Medaille hämisch durchzuziehen und zugleich dem Hofe einen starken Fuchsschwanz zu verkaufen Lust gehabt. Es hält diese Medaille an Gewicht in Silber 3½ Loth und scheint von keiner schlechten Hand eines heimlichen Pfuschers, und die Arbeit eines so ansehnlichen Stückes aus keinem geringen Beutel bezahlt zu seyn. Auch muss ich gestehen, dass der Urheber Geschicklichkeit genug gehabt, meine unschuldige Erfindung des Banco-Portugalesers von Anno 1726 schalkhaft umzukehren."

Auch uns ist es nicht gelungen auszumitteln, wer der Urheber dieser Medaille gewesen, noch wer dieselbe geschnitten.

№ 27.

DENKMÜNZE
auf das trübe Jahr 1740.

Avers: TRÜBE ZEITEN: Der Winter (der in diesem Jahr ungewöhnlich strenge und anhaltend war) in Gestalt eines alten Mannes, der sich an einer Kohlenpfanne die Hände wärmt; über seinem Kopfe der Nordstern. Vor demselben liegt der Frühling als ein nackter Knabe auf den Knieen und spielt mit einem Wetterglase, auf die lange Dauer des Winters anspielend. Der Sommer wird durch einen Mann vorgestellt, der in der rechten Hand Blumen und unter dem linken Arm eine Korngarbe hält, andeutend, dass die Blumen erst sehr spät im Sommer erblüheten. Neben demselben sitzt der Herbst, der sich mit dem linken Arm auf ein Gefäss stützt, aus welchem Wassermassen fliessen, die vielen Schaden verursachten; mit dem rechten aber ein Füllhorn in die Höhe hält, den hohen Preis des Getraides bezeichnend. Im Abschnitt steht: 1740, und P. H. G. (Goedecke). Ueberschrift: TRÜBE ZEITEN.

Revers: TRAUERSACHEN. Zwischen 4 Cypressenbäumen steht ein Paradesarg, auf welchem Krone, Scepter und Reichsapfel liegen. Unten ein Adler mit ausgebreiteten Flügeln; über dem Sarge: C(arolus) VI ROM(anorum) IMP(erator) DENAT(us) A. 1740. D. 20 OCT. Im Abschnitt: GOTT WIRDS WENDEN UND WOHL MACHEN. Die vier Cypressen deuten die vier hohen Sterbefälle in diesem Jahr: des Römischen Kaisers, der Czarin von Russland, des Königs von Preussen und des Papstes an. *)

Ein silbernes Exemplar dieser Medaille, 1¼ Loth schwer, ist in *Goeze's* Münz-Catalog von Anno 1792 P. 263 No. 2616 beschrieben. In Gold wiegt sie 5 Ducaten, und befindet sich im Münz-Cabinet der Bank, von welcher uns gestattet worden die Abbildung zu nehmen.

---

*) Papst *Clemens XII.* starb am 6. Februar, König *Friedrich Wilhelm I.* am 31. Mai, Kaiser *Karl VI.*, der letzte Habspurger, am 20. October, und die Kaiserin *Anna* von Russland am 28. October 1740.

№ 28.

KLEINE DENKMÜNZE
auf den Cometen von Anno 1744.

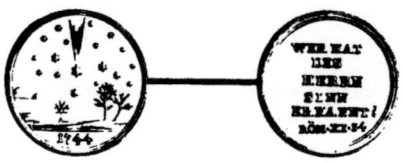

Avers: Ueber einer flachen Wintergegend steht der Comet zwischen verschiedenen Sternbildern. Im Abschnitt die Jahrszahl 1744.

Revers: Sechszeilige Inschrift: WER HAT — DES — HERRN — SINN — ER. KANNT? — RÖM. XI. 34.

Diese kleine Medaille kommt öfters in Hamburgischen Sammlungen vor; jedoch vermögen wir nicht zu behaupten, dass sie in Hamburg geschlagen worden, noch können wir angeben wo, und wer der Verfertiger gewesen. Das vor uns liegende, Herrn *J. P. L. Bartels* gehörende Exemplar wiegt wenig über $\frac{1}{16}$ Loth.

Eine alte geschriebene Chronik berichtet darüber: Den 8. Febr. Nachdem vor einiger Zeit ein Comet erschienen und derselbe wegen hellen Mondenschein und nebligten Wetters einige Tage nicht viel zu sehen gewesen, hat man doch so viel bemerkt, dass er noch immerfort brenne. Am verwichenen Sonnabend, den 1. Februar, hat man ihn Abends gegen 6½ Uhr gegen West-Süd-Westen wieder völlig und viel heller als sonst zu Gesicht gehabt, wurde aber gegen 7 Uhr wieder von dickem Gewölke überzogen. Gestern Abend aber bei hellem kaltem Wetter hat man ihn überaus gross und stark erblickt. Das Corpus erschien so gross und helle, als ein Stern der ersten Grösse, und der Schweif schoss zur Linken bei dem Haupte Andromeda's nach deren Gürtel bis zwei Ellen in die Höhe. Sein Stand war nun näher herunter nach dem Südwesten, zwischen dem Flügel Pegasi und Scheat am Bein desselben in gerader Linie und ein wenig niedriger, auch fast in der Mitte in gebogener Linie ostwärts zwischen dem Kopf Androm. und Markab Pegasi, unterwärts am Halse, daraus erhellet, dass er noch in dem ersten oder zweiten Grade des Widders seinen Stand hat und etwa bei 8 Grad heruntergewichen; seine Breite von der Ecliptica ist noch wenig verändert und noch bei 20 Grad, daher er mit dem Tropico Cancri fast parallel geht, wird also bald mitten zwischen den vier Sternen des Pegasi zu stehen kommen.

№ 29.

MEDAILLE

auf die Legung des Grundsteins zur grossen St. Michaelis Kirche, Anno 1751.

Avers: Neben der abgebrannten St. Michaelis Kirche schwebt in der Luft der Erzengel Michael und ersticht mit seiner Lanze den Drachen. Im Grunde die Jahrszahl 1752 und der Name des Medailleurs *Paul Hinrich Gödeke.* Die Ueberschrift lautet: RAHT KRAFT U (nd) HELD. Im Abschnitt steht: IN ZIONS ZELT. Ps. 24 v. 8. (Wer ist derselbe König der Ehren? Es ist der Herr stark und mächtig; der Herr mächtig im Streit.)

Revers: Der neugelegte Grund zur Wiederaufbauung der Kirche, auf welchem eine Figur steht, welche in beiden Händen Bauinstrumente hält. Daneben ein Theil der abgebrannten Kirche, unten 1751. Oben das strahlende Auge der Vorsehung. Ueberschrift: GOTT VERBINDET HEILET GRÜNDET.

Sievert beschreibt diese Medaille P. 17 sub No. 8 und schlägt das Gewicht in Silber richtig auf 1¼ Loth an. Sie kommt auch in Gold als halber Portugaleser, 5 Ducaten schwer, vor.

Ueber diese damals grosses Aufsehen erregende Feierlichkeit enthält eine gleichzeitige geschriebene Chronik folgende Details:

Anno 1751 am 21. Juni versammelte sich das grosse Kirchen-Collegium zu St. Michaelis auf dem St. Nicolai Kirchensaale, und ward daselbst der 29. Juni zur feierlichen Legung des Grundsteins beliebet und festgesetzet und fand dieselbe denn auch an diesem Tage mit ausnehmender Solennität statt. Wie schon am vorhergehenden Freitag durch die Zeitungen alle Standes- und angesehenen Personen dazu gebührend eingeladen und zu dem Ende auf dem Kirchhofe nicht allein vier grosse Gezelte für Personen von Distinction, sondern auch eine artige Kanzel von Tapezierarbeit, nebst einem kleinen Gezelt dicht an derselben für die Herren Geistlichen errichtet, und in solchen sich, nächst einigen Durchlauchtigen, sehr viele Raths-Standes-Gelehrte und fürnehme Personen beiderlei Geschlechts sich versammelt hatten, so machten die auf dem Kirchhofe sich befindenden an der Kirche arbeitenden Maurer- und Zimmer-Gesellen den Anfang dieser Solennität und gingen, von dem Maurer-Polirer angeführt, in fünf Reihen nach dem Quartier der Baumeister, hinter der grossen Michaelis Kirche im Süden. Der Polirer empfing daselbst von den Baumeistern die neue Kelle und Hammer mit schwarz Ebenholz und Silber beschlagen, und wurde nebst 4 Männern und einer Bedeckung von 12 Mann Soldaten abgeschickt, den neuen Grundstein aus der Werkstelle zu holen. Man brachte denselben nebst beigefügtem alten auf einem Wagen, von 4 schöngeschirrten Pferden gezogen und auch noch von 4 Steinhauern begleitet, nach obbesagtem Quartier, allwo man eine neue und die alte zinnerne Platte hinzufügte und unter einer gravitätischen Harmonie von 6 Trompeten, 6 Waldhörnern und 2 Paar Pauken, welche sich von einer dazu am Thurm angebrachten Bühne hören liessen, den Fortgang der solennen Prozession machte. Demnächst zogen auf: 1) Ein Corporal mit 8 Mann Dragonern. 2) Der Maurer-Polirer, in der rechten Hand seinen Stab, in der linken die obenerwähnte Kelle und Hammer und gefolgt von 12 Maurer-Gesellen. 3) Der Wagen mit den Grundsteinen und besagter Begleitung. 4) Ein Zug von 13 Maurer-Gesellen. 5) Ein Zug von 15 Zimmer- und 5 Tischler-Gesellen. 6 und 7) Zwei Züge Maurer-Gesellen à 15 Mann. 8) Die für jetzt an der Kirche arbeitenden Handwerks-Meister, nemlich 2 Maurer-, 1 Zimmer-, 1 Tischler- und 1 Steinhauer-Meister. Diese zogen in hübscher Kleidung und guter Ordnung vor dem Hause des Herrn Senators *Rumpff* hinter der Kirche im Süden vorbei, allwo sich das Hochlöbl. grosse Kirchen-Collegium der Kirche St. Michaelis versammelt hatte. Es traten hinzu: 9) 1 Oberoffizier mit 16 Grenadieren. 10) Die Bedienten des Herrn Bürgermeisters, der Herren des Rathes und der übrigen Herren des grossen Kirchen-Collegiums, nebst dem Kirchenknecht. 11) Ihro Magnificenz der Herr Bürgermeister *Widow*, als Patronus der Kirche, zur Rechten und Linken begleitet von den beiden Hochweisen Kirchspielsherren *Rumpff* und *Rentzel* und dann paarweise die Herren Juraten. 12) 1 Unteroffizier mit 12 Grenadieren. Als nun diese ansehnliche Prozession bei dem sogenannten Englischen Hofe in die grosse Westerpforte eingetreten war, traten zwischen dem grossen Kirchen-Collegium und den Grenadieren ein: 13) die sämmtlichen Herren Subdiaconen und Adjuncten des Michaelitischen Kirchspiels, welche sich im Hause des Organisten versammelt hatten. Indem nun unter beständiger Musik die Prozession sich in das Hauptzelt verfügte, wurden die Grundsteine auf einen kleineren Walzenwagen gebracht und hiernächst das Lied: Komm heil'ger Geist u. s. w. angestimmt. Hierauf hielten Se. Hochwürden Herr Senior *Wagener* eine sehr schöne Rede über den Text: Zach. 8 v. 2 u. 3 (über ¼ Stunden!!) zu vieler und angenehmer Bewegung aller Zuhörer. Nach deren Endigung wurden unter Anstimmung eines Liedes die Steine in den Grund gebracht und an der Südoster-Ecke des Thurms zurechtgesetzt, und nachdem die Herren Geistlichen der St. Michaelis und Hamburgerberg-Kirche in den Grund gezogen waren, verfügte sich auch die ganze obgemeldete Prozession dahin und Ihro Magnificenz legten unter den gewöhnlichen Ceremonien den Grundstein, schlossen auch diesen feierlichen Act mit einer zwar kurzen, aber doch sehr zierlichen und nachdrücklichen Rede. Die Prozession nahm dann unter einer fröhlichen Musik ihren Rückweg, und nachdem sie ihre Plätze wieder eingenommen sang man ein erfreuliches Te Deum laudamus. Der Archidiaconus, Herr *Rücker*, sang vor einer Tafel die Collecte, ertheilte der Gemeine den Segen und nach Absingung einiger Lieder verfügte sich das Hochansehnliche Kirchen-Collegium wieder zurück in das Haus des Herrn Senators *Rumpff*, unter angenehmem Nachklang mehrgedachter Instrumente, mit welchem man auch noch Abends von 9 bis 10 Uhr einige Danklieder von dem Thurm auf dem Grossneumarkt angestimmt und überhaupt diesen Tag mit vielem Vergnügen beschlossen hat. Wie endlich überhaupt dieser Actus einer der solennesten und die Menge der Zuschauer eine so ausserordentliche gewesen, dass in denen, um den räumlichen Kirchhof belegenen Häusern nicht allein die Fenster angefüllet, sondern auch die Dächer abgedecket und nebst den Giebeln mit Menschen angefüllt waren. Die Collecte brachte Crt. ℳ 6314. 11 ein.

№ 30.

DENKMÜNZE

auf den zwischen Hamburg und Algier Anno 1751
abgeschlossenen Friedenstractat.

Avers: Die Stadt Hamburg an der mit Schiffen bedeckten Elbe, vom Namen Gottes bestrahlt. Im Abschnitte steht: HAMBURGENS(ium) PAX CUM ALGERIIS 1751. (Der Friede der Hamburger mit den Algierern.)

Revers: Dem Neptunus, welcher in seinem Wagen übers Meer fährt, bringt Mercur einen Oelzweig, als Zeichen des Friedens. Oben ein Theil des Thierkreises, in welchem der Mond im Zeichen der Jungfrau steht. Im Abschnitt: P. H. G., *Goedeke's* Chiffer. Ueberschrift: PROCEDIT MITIOR (er schreitet sanfter).

Sievert beschreibt diese Medaille P. 17 sub 9 und taxirt das Silbergewicht auf 1¼ Loth. Auch beschreibt sie *Klefeker* im 12ten Bande Pag. 384. Im Cabinet der Bank befindet sie sich in Gold zum Werth eines halben Portugalesers.

Ueber den misslungenen Frieden mit Algier, der anfänglich an unserer Börse mit so grosser Freude begrüsst worden war, sagen unsere Geschichtschreiber äusserst wenig; zum Theil übergehen sie ihn ganz mit Stillschweigen, oder erwähnen seiner nur mit wenigen oberflächlichen Worten. Der ganze Vorgang mag allen Theilen so unangenehm gewesen sein, dass sie ihn nicht haben berühren mögen. Am ausführlichsten und klarsten erklärt sich noch *Büsch* darüber, der in seinem: Versuch einer Geschichte der Hamburgischen Handlung, Hamburg 1797, 8°, Pag. 108, sich folgendermaassen darüber ausspricht:

„Indessen hatte im Jahr 1712 ein zu Marseille lebender und unter französischer Protection nach Algier gereiseter Hamburger ein grosses Verdienst um seine Vaterstadt sich zu machen geglaubt, da er mit dem Dey einen Friedenstractat für Hamburg beredete. Aber zum Unglück enthielt der im

Jahr 1652 mit Spanien gemachte Handlungstractat die Bedingung, dass Hamburg keinen Frieden mit den Ungläubigen schliessen solle. Der natürliche Grund dieser sonst hart scheinenden Bedingung war, weil kein Friede mit jenen sich schliessen lässt, der nicht ein Geschenk von Kriegsbedürfnissen zur Bedingung hat. Der Spanische Hof erfuhr nicht sobald die Sache, als er diesen Handelstractat aufrief und den Hamburgischen in Spanien etablirten Kaufleuten ankündigte, das Reich zu verlassen. Es mussten also gute Worte gegeben und zu dem Ende der im Haag stehende Hanseatische Resident, Herr *Klefeker*, mit dem Charakter eines Syndicus, nach Madrid geschickt werden. Hamburg musste dem Tractat mit Algier entsagen und dabei ist die Sache bisher verblieben."

Da die bezüglichen Acten bei dem grossen Brande durch das Feuer zerstört sind, so haben wir nur aus den Rathsprotokollen einige historische Data entnehmen können, zugleich aber daraus auch ein klares und lebhaftes Bild gewonnen der unsäglichen Arbeit, Sorgen und Mühe, welche diese Sache dem Senate damals verursachte, namentlich durch die sehr weitläuftigen Verhandlungen mit den Collegien und Deputationen und den hier residirenden fremden Gesandten. Folgende einzeln darin vorkommende Notizen haben wir jedoch geglaubt niederschreiben zu müssen und der Vergessenheit zu entreissen.

Schon im Januar 1749 kommen die ersten Spuren vor, dass der Senat nicht abgeneigt gewesen, auf die Sache einzugehen; er wandte sich nämlich an den Französischen Hof mit dem Gesuch um Genehmigung und Unterstützung einer solchen Unterhandlung, welches sehr freundlich zugestanden wurde.

Demgemäss fand man sich bewogen, einen kundigen Unterhändler nach Algier zu senden, um die Sache an Ort und Stelle zu betreiben und glaubte dazu keinen passenderen Mann finden zu können als den hiesigen Bürger und Kaufmann *Jacob Goverts, Herm.* Sohn.*) Er übernahm die Sendung unter sehr mässigen Bedingungen; die Admiralität war mit der Wahl sehr zufrieden und erklärte sich bereit, die Kosten der Sendung zu tragen.

Goverts reisete unverzüglich nach Paris ab und scheint die Reise von da nach Algier in dem Gefolge und unter dem Schutze eines neuen dahin abgehenden Französischen Consuls gemacht zu haben. Er fand den Dey sehr geneigt zu unterhandeln, wie es scheint aus dem Grunde, weil derselbe gesonnen war, seinen bisherigen Friedenstractat mit Dänemark zu kündigen, vielleicht in der Hoffnung, von Hamburg noch günstigere Bedingungen zu erlangen. — Bei seinen Unterhandlungen fand *Goverts* einen kräftigen Beistand an einem in Algier ansässigen, vom Dey sehr wohl gelittenen Englischen Kaufmann, *John Ford*, welcher demzufolge auch zum Hamburgischen Consul für Algier ernannt wurde.

Ende März 1751 ging hier eine Depesche von *J. Goverts* aus Algier vom 4. März ein, worin er berichtete, dass er am 22. Februar den Frieden mit dem Dey abgeschlossen habe und der Tractat am 2. März unterzeichnet worden. Am 15. September 1751 wurde derselbe hier publicirt. Zufolge desselben sollten Hamburger Schiffe hinfüro in den Algierischen Häfen zugelassen werden und für die mitgebrachten Waaren nicht mehr als 5 pCt. Zoll erlegen; in See sollten die Hamburger Schiffe unmolestirt bleiben und hinfüro keine Hamburger Unterthanen in Algier zu Sklaven gemacht und verkauft werden. An demselben Tage erschien auch eine Verordnung, die Form der den Hamburger Schiffen mitzugebenden Algierischen Seepässe betreffend. — Da solche in der Sammlung der Hamb. Mandate und Verordnungen, Bd. IV. Pag. 1621, nur erwähnt, nicht aber abgedruckt sind, so halten wir für nicht unzweckmässig, sie hier zu geben, unter der Bemerkung, dass das Original des Tractats in Arabischer und Französischer Sprache abgefasst war.

---

*) Er war aus einer geachteten hiesigen mennonitischen Familie und, wie es scheint, früher in Marseille ansässig, in späteren Jahren Bevollmächtigter der 1773 hieselbst errichteten 4ten Assecuranz-Compagnie, gestorben, 70 Jahre alt, am 2. Januar 1785.

Notification,

den, zwischen der Regierung zu Algier und der Stadt Hamburg errichteten Frieden betreffend.

Demnach zwischen der Regierung zu Algier und der Stadt Hamburg, unterm 22. Febr. a. c. ein beständiger Friedens- und Commercien-Tractat zum Stande gekommen ist, welchem zufolge dieser Stadt Bürger, Inwohner und Unterthanen, die sich der Stadt mit Eid und Pflichten verwandt gemacht haben, nunmehro ihre Handlung und Schifffahrt mit aller Sicherheit nach der Mittelländischen See richten können, auch deretwegen vors erste, ausser den hiesigen gewöhnlichen See-Pässen, keiner anderen bedürfen, und denn nächstens alles dasjenige, welches, in Ansehung der künfftigen Pässe, erforderlich seyn wird, mittelst einer gedruckten Verordnung, bestimmet werden soll, als wird solches hiedurch zu jedermanns Wissenschaft bekannt gemacht. Actum & decretum in Senatu Hamburgensi, publicatumque sub Sigillo. Veneris, d. 30 Julii 1751.

Friedens-Tractat

welcher im Jahre 1751 zwischen der Republik Algier und der Stadt Hamburg errichtet worden ist.

Auf Befehl Eines Hochedlen Raths publiciret den 15. Septemb. 1751.

Im Jahre 1164. am 26sten, des Monats Rebbiul Ewel, welches mit dem 22sten Februarii, 1751. übereinkömmt, ist zwischen den Durchlauchtigen Mehemet Pacha Dey, dem Divan, nebst den übrigen zur Regierung der Republik Algier gehörigen Gliedern, und der Stadt Hamburg, ein immerwährender Friedens- und Freundschafts-Tractat, unter nachfolgenden Artikeln, geschlossen worden.

Art. I. Es ist beschlossen, dass zwischen der vorerwehnten Regierung der Republik Algier, an einem, und der Stadt Hamburg, am andern Theile, ein fester, beständiger und dauerhafter Friede solchermassen obwalten werde, dass, von nun an, und in Zukunfft, nicht die mindeste Feindseligkeit unter vorbesagten beyden Nationen verspüret werden solle. Gegeben den 26. Rebbiul Ewel, im Jahre 1164. welches ist der 22. Febr. 1751.

Art. II. Alle der Stadt Hamburg zugehörige Schiffe, sie mögen gross oder klein seyn, können zu allen Zeiten frey und ungehindert, nach dem alten Gebrauche der in Freundschaft lebenden Nationen, sowol in den Haven zu Algier, als auch in alle davon abhängende Häven einlauffen. Von denjenigen Waaren, die sie ausladen, soll nicht mehr, als 5 pro Cent des Werthes, an Zoll bezahlet werden, gleichwie es auch so mit den Engelländern und Holländern gehalten wird. Im Falle, dass diese Waaren nicht könnten verkauffet werden, und man selbige wieder einschiffen wollte, so soll desfalls überall kein Zoll erleget werden, auch soll alle Sorgfalt angewendet werden, dass in allen den Häven, wo besagte Schiffe landen mögten, dieselben auf keinerley Weise belästiget, noch wider ihren Willen aufgehalten werden mögen; und dafern selbige einige Waaren, die man Contrebanden nennet, als Schiess-Pulver, Schwefel, Eisen, Diehlen, und alles, was zum Schiffs-Baue dienlich ist, wie auch Tauwerck, Pech, Teer, Stahl, und alle zum Schmieden und zum Baue brauchbare Geräth-schaften, geladen hätten, so sollen die Befehlshaber zu Algier, bey der Ausschiffung keinen Zoll, auch, bei der Verkauffung, keine Abgabe davon verlangen. Gegeben den 26. Rebbiul Ewel, im Jahre 1164. welches ist der 22. Febr. 1751.

Art. III. Wann die Schiffe der Stadt Hamburg, und die von Algier, es seyn dieselben Kriegs- oder Kauffahrtey-Schiffe, sich in der See begegnen, so sollen solche sich beyderseits freund-schaftlich und höflich bezeigen, auch ohne alle Beschädigung, wieder von einander scheiden. Und wenn auf besagten Schiffen Leute (von welcher Nation selbige auch seyn mögen) sich befinden, so sollen dieselben nicht arrestiret, auch soll nichts von ihren Effecten, Gütern und Kleidungen genommen werden, sondern man soll sie frey und ungehindert fahren lassen, wohin sie wollen, ohne, dass ihnen, auf die mindeste Weise, von einer, oder der anderen Seite, der geringste Schade zugefüget werden dürfe. Gegeben den 26. Rebbiul Ewel, im Jahre 1164. welches ist der 22. Febr. 1751.

Art. IV. Wann die Algierischen Caper den Hamburgischen Kauffahrtey - Schiffen, sie seyn gross oder klein, begegnen, so sollen sie an Bord der besagten Schiffe nicht mehr, als eine Chaloupe senden, in welcher, ausser den Ruderern, sich nur zwo Personen befinden müssen, auch mögen nicht mehr, denn diese zwo Personen, in besagte Hamburgische Schiffe übersteigen, es sei denn, dass der Schiffer es den übrigen auch zuliesse. Darauf soll man ohne Zeit-Verlust die Pässe untersuchen, und demnächst die Schiffe ungehindert ihre Reise fortsetzen lassen. Dafern die Hamburgischen Kriegs-Schiffe den Algierischen Kauffahrtey-Schiffen, oder Capern, begegnen, so sollen selbige, so bald sie die Pässe der Regierung, oder das Certificat, womit dieselben von dem Hamburgischen Consul zu Algier versehen sind, untersuchet haben, solche gleichfalls ihre Reise geruhig und ungehindert fortsetzen lassen, ohne das mindeste von deren Effecten zu berühren. Ferner ist beschlossen, dass, a dato des gegenwärtigen Tractates, bis man, wegen der Art der Pässe, die behufige Einrichtung wird gemacht haben, funfzehen Monate lang, die Hamburgischen Schiffe ohne Pässe fahren mögen. Wann in Zeit besagter funfzehen Monate die Algierischen Capers, sie seyn gross oder klein, Hamburgische Schiffe ohne Pässe antreffen mögten, so sollen sie dieselben weder anhalten, noch ihnen auf ihrer Reise hinderlich seyn; welches gleichfalls von den Hamburgischen Krieges-Schiffen gegen die Algierischen Schiffe in den angedeuteten funfzehen Monaten soll beobachtet werden. Gegeben den 26. Rebbiul Ewel, 1164. welches ist der 22. Febr. 1751.

Art. V. Alle Schiffer, oder andere Personen, die auf den Algierischen Schiffen oder Fahrzeugen commandiren, sollen den Hamburgischen Schiffen nichts mit Gewalt abnehmen, es sey, um solches auf ihre Schiffe zu übertragen, oder nach anderen Oertern hinzubringen. Sie sollen auch nichts von denselben fordern, noch auf einigerley Art und Weise dieselbigen beunruhigen. Wenn sie auch auf besagten Hamburgischen Schiffen, Leute fänden (von welcher Nation sie auch seyn mögen), so soll denselben, unter der Hamburgischen Flagge, niemahls der geringste Unfug angethan werden. Gegeben den 26. Rebbiul Ewel, 1164. welches ist der 22. Febr. 1751.

Art. VI. Im Falle, da einige der Stadt Hamburg, oder deren Unterthanen zugehörige Schiffe auf den Algierischen, oder den Algierern zuständigen Küsten, Schiffbruch leiden sollten, so soll von denselben nichts geraubet, noch das mindeste entwandt werden, auch sollen die Zoll-Bediente von den geborgenen Waaren keinen Zoll verlangen, noch dem Schiffs-Volcke auf keinerley Weise beschwerlich fallen. Sollte es sich auch zutragen, dass an einigen, von der Algierischen Küste entferneten Oertern, dergleichen Schiffbruch entstünde, so soll dabey auf allerley Weise hülffliche Hand geleistet, und auf die geborgenen Güter getreu Acht gegeben werden, bis selbige getrocknet, und in gute Gewahrsam gebracht worden sind, auch in allen Stücken die Pflicht einer aufrichtigen Freundschaft beobachtet werden. Gegeben den 26. Rebbiul Ewel, 1164, welches ist der 22. Febr. 1751.

Art. VII. Die Regierung zu Algier will keinem eintzigen von den unter ihre Botmässigkeit gehörigen Schiffen, es sey gross oder klein, verstatten, dass es nach irgend einem Lande, womit die Stadt Hamburg nicht im Frieden lebet, kriegerisch ausgerüstet geschicket werde, um dergestalt auf die Hamburgischen Schiffe zu capern. Gegeben den 26. Rebbiul Ewel, 1164. welches ist der 22. Febr. 1751.

Art. VIII. Wann die Hamburgischen Kauffleute einige in die Algierischen Häven eingebrachte Prisen kauffen, oder auch solchen Kauff in voller See von den Algierischen Capern, die den Feinden der Regierung etwas abgenommen haben, bewirckten, so soll von dem Augenblicke an, da das Certificat des Verkauffes, von dem Rays, (d. i. Schiffer) welcher ihm solche Prise überlassen hat, ausgefertiget worden ist, kein anderer Algierischer Caper, den er nachher antreffen mögte, ihm sothane Prise wieder abnehmen, sondern ihn seine Reise frey und ungehindert, sammt der erkaufften Prise, fortsetzen lassen. Gegeben den 26. Rebbiul Ewel, 1164. welches ist der 22. Febr. 1751.

Art. IX. Die Unterthanen von Tunis, Tripolis und Salee, auch andere Feinde der Stadt Hamburg, sollen niemahls dasjenige, was sie den Hamburgern abgenommen haben, es bestehe solches in grossen oder kleinen Schiffen, in Sclaven, oder sonstigen Effecten, in dem Algierischen Gebiete verkauffen, oder zu Gelde machen dürfen. Gegeben den 26. Rebbiul Ewel, 1164. welches ist der 22. Febr. 1751.

Art. X. Wann die Hamburgischen Krieges-Schiffe in die Algierischen, oder andere Häven dieser Republik, mit dem, was sie von ihren Feinden erbeutet haben, einlauffen, so ist ihnen solches erlaubet, auch soll ihnen frey stehen, ihre Prisen entweder daselbst zu verkauffen, oder sie nach ihrem freyen Willen wieder mit sich zurück zu nehmen. Es soll auch kein Zoll von den Hamburgischen Krieges-Schiffen genommen werden; und dafern sie auch einiger Lebensmittel benöthiget wären, so sollen ihnen solche für eben den Preis, welchen andere Nationen dafür geben, ohne dass sie das mindeste mehr dafür bezahlen dürfen, überlassen werden. Gegeben den 26. Rebbiul Ewel, 1164. welches ist der 22. Febr. 1751.

Art. XI. Wann die Hamburgischen Krieges-Schiffe auf der Algierischen Küste anckern, und einige Christen-Sclaven Hamburgischer, oder anderer Nationen, an deren Bord flüchten, und sich dergestalt in Freyheit zu setzen suchen, so mag die Regierung zu Algier solche wieder abfordern lassen, und die Capitainen der gedachten Hamburgischen Schiffe sollen sodann verbunden seyn, selbige zurück zu geben. Gesetzt auch, wenn dergleichen Christen-Sclave sich heimlich davon gemacht hätte, ohne dass man dessen gewahr worden wäre, und er sich nachgehends auf der Christen Grunde und Boden sehen liesse, so sollen besagte Hamburgische Schiffs-Capitainen verpflichtet seyn, ihn anzuhalten, und nach Algier zurückzusenden. Dieser Artikel ist unter solcher ausdrücklichen Bedingung geschlossen worden. Gegeben den 26. Rebbiul Ewel, 1164. welches ist der 22. Febr. 1751.

Art. XII. Die Unterthanen von Hamburg sollen in Zukunfft in dem Algierischen Reiche, unter welcherley Vorwande es auch sey, weder gekauffet, noch verkaufft, noch zu Sclaven gemacht werden können. Es verbindet der gegenwärtige Friedens-Tractat die Hamburger keinesweges, die für jetzo zu Algier befindlichen Sclaven ihrer Nation wieder zu kauffen. Wollen sie es aber thun, so soll solches bey ihnen stehen, wann es ihnen gefallen wird, ohne dass ihnen desfalls ein Termin vorgeschrieben wird. Sie können es auch thun, wenn die Freunde und Verwandte der Sclaven etwas mit dazu beytragen, oder, zu welcher Zeit und auf was Weise, es ihnen sonst am besten zuträglich seyn mag. Des Preises halber mögen sie mit den Patronen besagter Sclaven sich abfinden, indem sothane Patronen nicht verbunden sind, ihre Sclaven zu einem bestimmten Preise zu verkauffen. Eine gleiche Beschaffenheit hat es mit denjenigen, welche dem Baylik, (d. i. der Regierung) oder dem Pacha, oder Privat-Personen zugehören. Wenn man denn solchergestalt die Hamburgischen Sclaven wieder frey kauffen wird, so sollen die Abgaben, oder Zölle, nach dem gewöhnlichen Gebrauche, ohne dieselbe im mindesten zu erhöhen, reguliret werden. Gegeben den 26. Rebbiul Ewel, 1164. welches ist der 22. Febr. 1751.

Art. XIII. Wann die Hamburgischen Unterthanen zu Algier, oder an anderen, dem Algierischen Reiche zuständigen Oertern, Todes verfahren, so sollen die Befehlshaber, Gerichts-Verwalter, oder andere, an deren Stelle verordnete Personen, der Verstorbenen Güter und Effecten, auf keinerley Weise sich anmassen, und im Falle die Hamburger, vor ihrem Tode, Erben eingesetzet oder ernannt haben, so soll niemand anders, als diese Erben, das geringste von der Erbschaft zu empfangen haben. Wären aber besagte Erben nicht zu Algier, so soll ihr Bevollmächtigter das Verzeichniss über des Verstorbenen sämmtlichen Nachlass aufmachen, um solchen denen Erben zu übersenden, oder auf deren Verlangen damit zu verfahren, ohne dass jemand, er sey, wer er wolle, im mindesten daran hinderlich seyn dürfe. Begäbe es sich auch, dass ein Hamburger zu Algier verstärbe, ohne dass jemand bevollmächtiget wäre, die Güter des Verstorbenen zu sich zu nehmen, so soll der Hamburgische Consul, nach gemachter Inventur, den Erblass bey sich bewahren, um solchen nachmahls den rechtmässigen Erben ansantworten zu können. Gegeben den 26. Rebbiul Ewel, 1164. welches ist der 22. Febr. 1751.

Art. XIV. In allen der Regierung Algier zugehörigen Häven sollen die Hamburgischen Kauffleute durch keinerley Zwang angehalten werden, Effecten, gegen ihren Willen, zu kauffen, sondern es soll ihnen vielmehr frey stehen, dasjenige, welches ihnen anständig ist, an sich zu erhandeln. Es sollen auch die Schiffer der Hamburgischen Schiffe nicht genöthiget werden, Ladungen einzunehmen, noch Reisen, wider ihren Willen, zu thun. Geschähe es, dass der Hamburgische Consul, oder andere Unterthanen der Stadt Hamburg, Schulden machten, die sie nicht bezahlen könnten, so soll der Abtrag solcher Schulden von keiner anderen Person dieser Nation gefordert werden; es wäre denn, dass einer oder der andere freywillig für den Schuldner Bürgschaft leisten wollte. Gegeben den 26. Rebbiul Ewel, 1164. welches ist der 22. Febr. 1751.

Art. XV. Wann ein Hamburger mit einem Türcken, oder Unterthanen der Algierischen Regierung, in Zwistigkeit geräth, so soll der Durchlauchtige Pacha Dey und der Divan solche entscheiden, ohne dass einige andere Jurisdiction daran Theil nehmen könne. Wann aber unter den Unterthanen der Stadt Hamburg ein Streit entstehet, so soll der Consul dieser Nation allein das Recht haben, solchen zu schlichten. Gegeben den 26. Rebbiul Ewel, 1164. welches ist der 22. Febr. 1751.

Art. XVI. Begäbe es sich, dass ein Unterthan von Hamburg mit einem Türcken in Händel geriethe, und zwar so weit, dass sie sich tödtlich verwundeten, oder gar einer den anderen ums Leben brächte, so soll der Schuldige nach den Gesetzen des Landes beurtheilet, und auf übliche Weise gestraffet werden. Fände aber ein Hamburger, nachdem er einen Türcken getödtet hätte, Mittel, sich aus dem Wege zu machen, so soll, weder der Consul, noch irgend eine andere Person von Hamburg, desfalls die mindeste Verantwortung oder Beunruhigung zu befürchten haben. Gegeben den 26. Rebbiul Ewel, 1164. welches ist der 22. Febr. 1751.

Art. XVII. Von nun an, und in Zukunfft, kann die Stadt Hamburg einen Consul nach ihrer eigenen Willkühr zu Algier einsetzen. Und dieser Consul soll daselbst mit aller Sicherheit residiren, ohne dass er auf die mindeste Weise, weder für seine Person noch Güter belästiget werden dürfe. Er kann sich zum Dollmetscher und Mäckler auslesen, wen er will. Auch stehet es ihm frey, so offt es ihm gefällt, sich an Bord der Schiffe zu begeben; nicht weniger, zu seinem Vergnügen, aufs Land zu gehen. Es soll ihm ein anständiger Ort, um seinen Gottes-Dienst, nach dem Gebrauche der Lutherischen Religion, zu halten, angewiesen werden; auch mag er einen eigenen Prediger, zur Ausübung solcher Religion, haben. Alle zu Algier befindliche Sclaven, Lutherischer Religion, sie mögen dem Baylik, (d. i. der Regierung) oder Privat-Personen zugehören, sollen Freyheit haben, in dem Hause des Consuls dem Gottes-Dienste beyzuwohnen, ohne dass der Gardien Bachy, (d. i. Oberaufseher der Sclaven) oder ihr Patron, ihnen daran hinderlich seyn dürfen. Gegeben den 26. Rebbiul Ewel, 1164. welches ist der 22. Febr. 1751.

Art. XVIII. Gott gebe, dass unser Friede fest und dauerhaft seyn möge! Sollte aber, bewandten Umständen nach, ein Friedens-Bruch und ein Krieg erfolgen, so soll der Hamburgische Consul, der sodann zu Algier residiren mögte, sowol, als alle Unterthanen der Stadt Hamburg, welche dermahlen im Algierischen Reiche befindlich wären, gleichwie vorhin, die Freiheit haben, daselbst zu wohnen; wie sie dann mit aller Sicherheit, wie in Friedens-Zeiten, also auch im Kriege, nach ihrem eigenen Willen, von dort ziehen können, ohne dass man weder ihre Personen, noch ihre Effecten und Kleider, noch ihr Haus-Gesinde, (gesetzt auch, dass einige, die zu Algier gebohren wären, darunter seyn mögten) auf- noch anhalten dürfe. Gegeben Algier den 26. Rebbiul Ewel, 1164. welches ist der 22. Febr. 1751.

Art. XIX. Alle Unterthanen von Hamburg, die sich, bey ihren Reisen von einem Orte, zum andern, als Passagiers auf Schiffen, von welcherley Nation dieselben seyn mögen, befinden, und dergestalt von den Algierischen Capern, sie seyn gross oder klein, in der See angetroffen würden, sollen auf keine Weise, weder für ihre Personen, Güter, Kleidung, noch ihre Bediente, belästiget werden. Gleichergestalt sollen die Hamburgischen Schiffer gegen die Algierer, wann sie solche auf feindlichen Schiffen antreffen, zu verfahren haben. Gegeben Algier den 26. Rebbiul Ewel, 1164. welches ist der 22. Febr. 1751.

Art. XX. Wann ein Hamburgisches Krieges-Schiff auf der Algierischen Küste anckert, so soll der Consul dem Durchl. Dey davon Nachricht geben, welcher, um der Stadt Hamburg Ehre und Höflichkeit zu erweisen, befehlen wird, solches mit 21 Canonen-Schüssen von der Vestung Algier zu bewillkommen, worauf der Commandant gedachten Schiffes selbige mit einer gleichen Anzahl Schüsse zu beantworten hat. Ferner soll, aus Hochachtung für die Krieges-Schiffe der Stadt Hamburg, denselben, gleich anderen, mit den Algierern im Frieden lebenden Nationen, die gewöhnlichen Geschencke, welche in Erfrischungen bestehen, nach üblichem Gebrauche, gereichet werden. Gegeben den 26. Rebbiul Ewel, 1164. welches ist der 22. Febr. 1751.

Art. XXI. Der Hamburgische Consul soll von allen Bedürfnissen, die er für seine Tafel kommen lässet, imgleichen für diejenigen Sachen, welche zu seiner Kleidung bestimmet sind, nicht den mindesten Zoll zu erlegen haben. Gegeben den 26. Rebbiul Ewel, 1164. welches ist der 22. Febr. 1751.

Art. XXII. Sollten sich besondere Vorfälle eräugen, dass durch einige Contraventionen den Artikeln des gegenwärtigen Tractats zu nahe getreten würde, so sollen solche nicht von der Folge seyn, dass dadurch dieser Friede im mindesten unterbrochen werden könnte, als welcher fest und beständig verbleiben soll. Daher durch diese Art Vorfälle die Freundschaft, welche allezeit dauerhaft seyn soll, auf keinerley Weise irgend verändert werden mag. Diejenigen Personen, welche Schaden erlitten haben, sollen sich damit befriedigen, dass sie sich eine behufige Ersetzung ihres Nachtheiles ausbitten können, da sodann die Straffe bloss auf die fallen wird, durch deren Schuld dergleichen Unfug verursachet worden ist. Denn unsere Treue ist aufrichtig, und unser Wort ist unverbrüchlich! Gegeben Algier den 26. Rebbiul Ewel 1164, welches ist der 22. Febr. 1751.

Durch die Gnade des allmächtigen Gottes ist dieser aufrichtige und feste Friedens-Tractat geschlossen worden, welches wir mit unserem Insiegel bekräftigen. Gethan den 26. Rebbiul Ewel, im Jahre 1164. welches ist der 22. Febr. 1751.

Verordnung,
die Algierischen See-Pässe betreffend.

Auf Befehl Eines Hochedlen Raths der Stadt Hamburg publiciret d. 15. Sept. 1751.

Wir, Bürgermeistere und Rath der Stadt Hamburg, fügen hiemit zu wissen, wasgestalt Wir, zum Behufe des, zwischen der Regierung zu Algier, und dieser guten Stadt, geschlossenen beständigen Friedens- und Commercien-Tractats, in Ansehung der, zur sicheren und ungehinderten freyen Schifffahrt der unsrigen nach dem Mittelländischen Meere, erforderlichen besonderen See-Pässe, nachfolgende Verordnung, zu jedermanns Wissenschaft und Gelebung, öffentlich hiedurch bekannt machen zu lassen, für nöthig befunden haben.

I. Die Algierischen See-Pässe werden so, wie es mit den übrigen Pässen gehalten wird, von der hiesigen Cantzley, unter der Aufsicht der Wolweisen Zoll-Herren und der Herren Secretariorum, befördert, und haben selbige dahin zu sehen, dass, bey deren Ausfertigung, dem gegenwärtigen Reglement aufs genaueste nachgekommen werde.

II. Diejenigen Schiffe, welche eines Algierischen See-Passes theilhaftig werden können, müssen unseren Bürgern, Inwohnern und Unterthanen, die sich der Stadt, durch Eyd und Pflichten, verwandt gemacht haben, bloss allein zugehören, und für ihre eigene Rechnung ausgerüstet seyn. Mithin werden alle Fremde, sowol directe, als indirecte, davon ausgeschlossen.

III. Da, nach dem vorhergehenden Artikel, die Schiffe, worauf ein Algierischer See-Pass ertheilet werden soll, den unsrigen allein zuständig seyn müssen, so wird zum Beweisthume dessen erfordert, dass die Rheder des Schiffes ein von ihnen insgesammt unterschriebenes Verzeichniss, oder Rheder-Brief, den Wolweisen Zoll-Herren übergeben, worin der Antheil eines jedweden Rheders umständlich benannt wird, und darauf ein jedweder Rheder, für sich besonders, nach Anweisung des hinten angefügten Formulars, einen cörperlichen Eid dahin persönlich abstatte, dass der benahmte Antheil ihm allein zugehöre, mithin kein Fremder, weder directe, noch indirecte, davon participire. Auch soll der Schiffer des Schiffes, worauf der Pass lautet, mittelst cörperlichen Eides, erhärten, dass er den Pass nicht missbrauchen, sondern darunter der Vorschrift dieser Verordnung in allen Puncten geziemend nachleben wolle. Stirbet der Schiffer während der Reise, so soll derjenige, welcher an dessen Stelle gekommen ist, bey seiner Zuhausekunft, gleichfalls eidlich bestätigen, dass er den von seinem Vorweser ihm gewordenen Pass auf keinerley Weise gemissbrauchet habe.

IV. `Geschiehet es, dass während der Reise des Schiffes, worauf ein Algierischer See-Pass ertheilet worden ist, mit den Rhedern desselben einige Veränderungen vorgiengen: so, dass einer von ihnen seinen Antheil dem anderen verkauffte, oder auch ein Antheil davon jemanden anders erblich, oder sonst rechtlicher Art nach zufiele, so muss E. Hochedlen Rathe von allen solchen Veränderungen sofort Anzeige gethan werden, und derjenige, welcher sodann an die Stelle des vorigen Rheders gekommen ist, muss sich eben so, wie sein Vorgänger gethan hat, obbeschriebenermassen dazu qualificiren.

V. Wird das Schiff noch vor derjenigen Reise, worauf der Pass genommen worden ist, an andere einheimische Rheder entweder ganz, oder zum Theile veräussert, so sollen die vorigen Rheder schuldig seyn, den erhaltenen Pass, sofort nach dem Verkauffe des Schiffes, den Wolweisen Zoll-Herren, bey 500 Rthlr. Straffe, einzuliefern. Die neuen Rheder aber sollen um einen neuen Pass anhalten, und sich, zur Erlangung desselben, nach Massgabe dieser Verordnung, legitimiren.

VI. Die Gültigkeit der Pässe soll nicht länger, als für eine Reise, dauern, welches sich verstehet, dass solche eine Reise von derjenigen Zeit an zu rechnen sey, da das Schiff, worauf der Pass gegeben worden, unter Segel gegangen, und nachher wiederum an diese Stadt zurückgekommen ist. Da demnächst der Schiffer, bei 600 Rthlr. Straffe, den Pass innerhalb 8 Tagen an die Wolweisen Zoll-Herren zu retradiren hat.

VII. Wenn einige, mit Algierischen See-Pässen von hieraus versehene Schiffe in der Fremde verkauffet werden, so sollen die Schiffer den bei sich habenden Pass durchschneiden, und solchen dergestalt als cassiret, dem, dasigen Ortes, sich aufhaltenden Hamburgischen Agenten, oder Consul, gegen eine Bescheinigung, ausliefern. Da dann dieser Agent, oder Consul, sothanen cassirten Pass an E. Hochedlen Rath zurück zu senden hat. Dafern aber kein Hamburgischer Agent, oder Consul, an dem Orte, wo der Verkauf des Schiffes geschiehet, befindlich ist, so soll der Schiffer, in Gegenwart seines bey sich habenden Schiffs-Volckes, den Pass gleichfalls durchschneiden, und ihn dermassen mit beygefügtem eidlichen Attestat des Schiffs-Volckes, wo, und zu welcher Zeit das Schiff sey verkauffet worden, an den Rheder, der die Correspondentz führet, übersenden, da denn letzterer den bemeldeten zerschnittenen Pass den Wolweisen Zoll-Herren einzuliefern hat. Welcher Schiffer hiewider handelt, der soll dafür 600 Rthlr. Straffe erlegen: und welcher Rheder dagegen fehlet, der hat es mit 1200 Rthlr. zu büssen.

VIII. Trüge es sich zu, dass ein Schiff, welches einen Algierischen See-Pass empfangen hat, unterweges strandete, oder sonst verunglückte, und dadurch der Pass verlohren gienge, so soll der Schiffer in seiner desfalls schuldigen Erklärung, bey 600 Rthlr. Straffe, eidlich erhärten, dass der Pass wircklich zugleich mit dem Schiffe verlohren gegangen sey. Wird aber der Pass, bei allen dem Schiffe zugestossenen Unglücken, geborgen, so muss der Schiffer, in Ansehung dessen, verfahren, wie in dem vorhergehenden Artikel verordnet worden ist. Begäbe es sich indessen, dass sowol Schiff, als Volck verlohren würden, so haben die Rheder diesen Zufall, wenn sie davon Nachricht erhalten, alsofort kund zu thun, in Ermangelung solcher Nachricht aber, ihn nach derjenigen Zeit, welche in den Gesetzen, zur Vermuthung eines solchen geschehenen Unglückes, für hinreichend geachtet wird, bey 1200 Rthlr. Straffe gebührend anzuzeigen.

IX. Alle vorgedachte Pässe müssen numeriret seyn. An der Seite muss das Datum, wann der Eid von den Rhedern und dem Schiffer abgestattet worden ist, bemercket werden. Und hat die hiesige Cantzley die Ausgabe und Zurücklieferung solcher Pässe allemahl in ein besonderes Buch aufs genaueste zu verzeichnen.

X. Wer sich unterstehet, einen Algierischen See-Pass auszuleihen, zu vermiethen, zu verpfänden, zu verkauffen, oder den Gebrauch davon sonst anderen hiesigen Bürgern, Inwohnern und Unterthanen, die nicht Rheder sind, wofür der Pass ertheilet worden ist, zu verstatten, der soll es mit 6000 Rthlr. Straffe büssen, falls er aber so viel nicht im Vermögen hätte, so soll, mittelst peinlicher Anklage, wider ihn verfahren, und er auf Befinden nach aller Schärffe der Rechte gestraffet werden, auch ohne das soll er, oder seine Erben, den übrigen Rhedern, die an solcher Unternehmung keinen Theil haben, allen ihnen dadurch zugewachsenen Schaden ersetzen.

XI. Würde sich jemand sogar erfrechen, unsere Algierischen See-Pässe nachzumachen, zu verfälschen, oder selbige, zum Dienste fremder Personen und Schiffe, zu missbrauchen, so soll ein solcher überführter Bösewicht, als ein Verräther und Stöhrer der öffentlichen Wolfahrt, ohne Gnade das Leben verwircket haben; diejenigen aber, von welchen man zuverlässig in Erfahrung bringet, dass sie mit darum gewusst, und zu dergleichen Frevel Vorschub gethan, oder selbige Umstände verschwiegen haben, sollen am Leibe, oder Leben, gestraffet werden.

XII. Welcher unter dem Schiffs-Volcke, oder sey sonst, wer er wolle, jemanden überzeuglich angiebt, dass er seinem Eide und dieser Verordnung entgegen gehandelt habe, dem soll die Hälfte der solchergestalt eingekommenen Straff-Gelder, zur Belohnung, ausgekehret werden. Die andere Hälfte aber soll, nebst allen übrigen vorberührten Straff-Geldern, der löblichen Admiralität anheim fallen.

Da auch die Schiffer, gegen die Verfassung der Stadt, ihre Flaggen und Flüger nach eigenem Bedüncken mit allerley Farben und Zeichnungen bisher einzurichten, gewohnt gewesen sind; dadurch aber, in Ansehung der Algierischen See-Pässe, zu mancherley Irrungen und gefährlichen Zufällen, gar leicht Gelegenheit gegeben werden kann, so geschiehet hiemit nochmals die ernstliche Erinnerung, dass alle Schiffer, welche dergleichen See-Pass erhalten, ihre Flaggen, etc. bey willkührlicher schweren Straffe, lediglich nach der, unterm 28sten May, dieses Jahres, auf der Börse adfigirten Abbildung eines rothen Grundes mit weissen Thürmen, führen sollen. Wonach sich die Rheder und Schiffer zu achten haben.

Actum & decretum in Senatu, publicatumque sub Sigillo. Mercurii, d. 15. Sept. 1751.

Formular des Reverses für die Rheder.

Wir unterschriebene Rheder des Schiffes N. N. worauf wir unter dem heutigen Dato, einen Hamburgischen See-Pass, zur sicheren Fahrt gegen die Algierer, erhalten haben, erklären und verpflichten uns hiedurch auf kräfftigste, ein jeder für sich, sowol, dass besagtes Schiff N. N. uns und den übrigen, in dem übergebenen Rheder-Briefe, benannten Hamburgischen Angesessenen allein zugehöre, mithin kein Fremder, weder directe, noch indirecte, einigen Antheil daran habe; als auch insonderheit, dass wir den erwehnten uns ertheileten See-Pass weder ausleihen, vermiethen, verkauffen, verpfänden, noch zu anderen fremden, oder einheimischen Schiffen, unter irgend einem Vorwande, gebrauchen; vielmehr, dass wir der, sothaner Algierischen See-Pässe halber, unterm 15. Septemb. 1751. von E. Hochedlen und Hochweisen Rathe publicirten Verordnung, in allen Puncten gebührend nachleben wollen. Zur Versicherung dessen, wir ein jeder für sich, unsere Personen und Güter hiemit verpflichten, und uns einer promten Execution unterwerffen. So wahr uns Gott helfe und sein heiliges Wort!

Ein vollständiges Verzeichniss der dem Dey zugesagten Geschenke haben wir nicht vorgefunden, wohl aber, dass das hiesige Artillerie-Departement folgende Gegenstände zu diesem Zweck angeschafft, als:

52 Stück Lavetten zu Kanonen, 4 Stück Lavetten zu Mörsern, 1800 Stück 18 ℔ige Kugeln, 1500 Stück 12 ℔ige Kugeln, 1000 Fass Pulver,

und die Kosten derselben mit ℳ 64,824. — berechnet.

Zwei armirte Schiffe wurden angenommen, um diese Gegenstände zu überbringen: das „Kleeblatt," Capt. *Staats*, mit 14 Kanonen und 24 à 28 Mann, und „Europa," Capt. *David Rowert*, mit 20 Kanonen und 32 Mann Besatzung.

Ein drittes Schiff mit: 1700 Stück Bomben, 500 föhrenen und 500 eichenen Planken, 50 Masten, 300 Fässer Pulver und 100 Stück Segeltuch, konnte erst später expedirt werden, weil die Masten, ihrer grossen Dimensionen halber, hier am Platze nicht zu haben waren und erst von Riga verschrieben werden mussten.

Ueberdem waren auch noch Nebengeschenke für den Dey, seinen Minister und ersten Beamten erforderlich; wir finden, dass *Goverts* auf einer Zwischenreise nach Frankreich kostbare Demantringe, goldene Tabatièren und dergleichen zu besagtem Zwecke anschaffte und in Rechnung brachte.

Der Abschluss dieses Friedens hatte an der Hamburger Börse grosse Freude erregt; man versprach sich goldene Berge davon, den bedeutenden Handel mit dem Mittelmeere hinführo unter Hamburger Flagge führen zu können. Auch unser Publikum im Allgemeinen nahm vielen Antheil daran, indem dadurch die so vieles Herzeleid gebracht habende Sclaverei aufgehoben wurde. Der Gedanke, dass Hamburger in der Sclaverei schmachten mussten, war Allen furchtbar und die Loskaufung derselben immer ein Hauptgegenstand der Hamburgischen Mildthätigkeit gewesen. Viermal im Jahre fanden in allen Kirchen Collecten zur Sammlung von Gaben zu diesem Zweck statt, und um den Wohlthätigkeitssinn noch mehr anzuregen, wurden die zu dem Ende an den Kirchenthüren ausgestellten Becken mit kleinen bemalten Figuren, gefesselte Sclaven vorstellend, bezeichnet, wovon sich noch einige Exemplare erhalten haben, welche sich im Museum für Hamburgische Alterthümer im Gymnasial-Gebäude befinden.

Zum Behuf der Ranzionirung der in die Sclaverei gerathenen Personen wurde schon am 29. März 1624 eine eigene Sclaven-Casse errichtet, zu welcher ein jeder der, mit Hamburgischen oder anderen Schiffen, von der Stadt fahrenden Steuer- und Bootsleute ein Gewisses von seinen Reisen contribuiren musste. Eine zweite Casse, die sogenannte Casse der Stücke vom Achten (Piaster), war ausserdem errichtet, jedoch nur allein zur Lösung der Schiffer und Steuerleute, und stand unter der Direction der Schifferalten. Beide Cassen, über welche sich nähere Data im *Klefeker* I. Pag. 14, so wie im *Langenbeck* Pag. 319 und 359 befinden, standen unter der Oberaufsicht der Admiralität und war für die Ranzionirung ein eigner Beamter angestellt, der den Titel Sclavenvater führte.

Man war daher sehr betroffen, als am 10. November 1751 der seit Anno 1740 hier accreditirte Spanische Consul und Geschäftsträger, Herr *Jaques Poniso*, dem Senate ein Memorial überreichte, worin gesagt wurde, dass der König von Spanien es sehr ungnädig aufgenommen, dass die Stadt Hamburg den Algierern, mit welchen er sich bekanntlich im Kriege befinde, Ammunition zugesandt und versprochen hätte, und er, *Poniso*, deshalb den Befehl erhalten, sich sofort von hier zu begeben. Durch obiges Memoire wurde überdem angezeigt, dass aller Handel zwischen Spanien und der Stadt Hamburg untersagt sey, dass alle Hamburgischen Consuln und Agenten, sowie alle Hamburger Unterthanen binnen 50 Tagen das Land zu verlassen hätten und dass keine Spanische Schiffe in den Hamburger Hafen einlaufen, noch mit demselben Handel treiben sollten. Bald darauf ging auch die Nachricht ein, dass von Cadix zwei Kriegsschiffe ausgesandt worden, um die Hamburger, mit den Geschenken nach Algier abgesandten Schiffe aufzufangen.

Alle diese feindseligen Maassregeln der Spanischen Regierung waren Donnerschläge für die Hamburger Börse, welche in damaliger Zeit mit grossen Capitalien im Spanischen Handel interessirt war, indem, namentlich in Cadix, die Hamburgischen Etablissements mit an der Spitze der dortigen Geschäfte standen, weil der bedeutende Handel mit deutschem Leinen sich fast ganz in ihren Händen befand. Die Unruhe und Besorgniss war daher sehr gross und der Senat wurde von allen Seiten, insbesondere aber vom Collegium Ehrb. Oberalten dringend angehalten, Schritte zu thun, um den Spanischen Hof zu besänftigen. Am 22. November 1751 wurde demzufolge der Beschluss gefasst: „um allem ferneren Unheil vorzubeugen, dem Könige von Spanien die Declaration zu thun, dass man den Algierern von nun an keine Ammunition mehr schicken wolle;" es wurde ferner beschlossen, den Hamburgischen Residenten im Haag, Herrn *Martin Michael Klefeker* (einen Anverwandten des bekannten Syndicus *Johann Klefeker*) als ausserordentlichen Gesandten, mit dem Charakter eines Syndicus, nach Madrid zu schicken und zur Erleichterung der Communicationen mit Madrid und Algier wurde *Jacob Goverts* wiederum nach Marseille gesandt. Vor allen Dingen liess man es sich aber angelegen seyn, die Vermittlung des Kaiserlichen und des Französischen Hofes nachzusuchen, die auch aufs Bereitwilligste zugestanden wurde.

Am 12. Januar 1752 erhielt der Prätor vom Senate den Auftrag, den Medailleur *Goedecke* vorzufordern und demselben anzubefehlen, dass er von den, auf den zwischen der Stadt und der Republik Algier geschlossenen Frieden verfertigten Medaillen keine mehr verkaufe und auf seinen Bürgereid die davon noch vorhandenen Exemplare sofort einliefere. Wenige Tage darauf berichtete der Prätor, *Goedecke* habe ihm vier silberne und eine güldene von den auf den Frieden mit Algier geprägten Medaillen, so wie auch den Stempel eingeliefert und dabei auf seinen Bürgereid bezeugt, dass dieses alle wären, die er noch gehabt hätte.

Der Abgesandte *Klefeker* war inzwischen in Madrid angelangt und die von ihm eingeleiteten, von dem Kaiserlichen und dem Französischen Gesandten thätig unterstützten Verhandlungen hatten den glücklichsten Erfolg. Gegen das Versprechen, Hamburgischer Seits den Frieden mit Algier sofort wieder aufzukündigen, nahm die Spanische Regierung ihre strengen Decrete wider den Handel mit Hamburg und gegen die Hamburgischen Unterthanen zurück und Alles kam wieder in den vorigen Stand. Am 21. July 1752 kündigte der Senat dem Dey von Algier den Tractat auf und der Hamburgische Consul *J. Ford* daselbst wurde beauftragt, sein Consulat wieder niederzulegen, wovon das Publikum durch eine am 28. July erlassene Notification (s. Hamb. Mandate Bd. IV. Pag. 1871) in Kenntniss gesetzt wurde.

In Algier wurde die Sache minder schlecht aufgenommen, als man erwartet hatte; die Schiffe mit den Geschenken waren in der Zwischenzeit glücklich daselbst angelangt und mochten gerade zu gelegener Zeit kommen; auch waren unterdess die sämmtlichen Hamburgischen Sclaven ranzionirt worden.

№ 31.

MEDAILLE

auf das wegen des mit Algier abgeschlossenen Friedens erfolgte Spanische Handlungsverbot und auf die hohe Wasserfluth im Jahr 1751.

Avers: Eine Windmühle, nach welcher ein Mann einen Sack trägt und in deren Thür der Müller müssig steht. Darunter das Wort WIND, und im Abschnitt: ZU WENIG.

Revers: Eine völlig überschwemmte Wassermühle, auf deren Giebel der Müller ganz traurig sitzt. Darüber steht: WASSER; darunter: ZU VIEL.

Dieser Medaille geschieht Erwähnung in dem „Neuen Europäischen Staats-Secretarius," 32ster Theil, 1752, S. 704, und es wird daselbst behauptet, sie wäre von Einem Hochedlen Rathe sofort unterdrückt worden. Dieses sowohl, als dass sie wirklich existirt habe, ist jedoch sehr zweifelhaft, und wäre auch in ersterem Fall die Tendenz schwer zu erklären. Auch haben wir nie ein Exemplar derselben zu Gesicht bekommen, noch in irgend einem Catalog eine Spur davon gefunden.

Wohl aber finden wir ein Exemplar der folgenden im Jahr 1746 erschienenen.

Avers: Eine Windmühle, mit der Ueberschrift: WIND GENUNG.

Revers: Eine Wassermühle, mit der Ueberschrift: WASSER ZU WENIG. 1746.

Diese Medaille, deren Beziehung wir nicht haben ergründen können, wog in Silber ⅓ Loth. Von derselben kam auch ein Exemplar, jedoch ⅟₁₆ Loth schwer, in der im Jahr 1779 in Hamburg verkauften *Holtzmann'*schen modernen Münzsammlung Pag. 609 sub No. 8, unter den komischen und satyrischen Medaillen vor. Der sehr geachtete Münzkenner, welcher uns dieselbe zum Abbilden und Beschreiben verschaffte, versicherte uns, ihm sei von dieser kleinen Medaille auch ein Exemplar in Gold, von der Grösse und Schwere eines Ducaten, vorgekommen; behauptete jedoch, es sey keineswegs eine Hamburgische, sondern in Schlesien geschlagen, welches wir jedoch bezweifeln möchten, da wir im *Kundmann* nichts davon erwähnt finden.

II.

In Hamburg geprägte

Medaillen
auf fremde Verhältniſſe

und solche

welche indirect auf Hamburg

Bezug haben.

Indem wir unsere Nachforschungen nach den vorstehenden Medaillen anstellten, trafen wir in Cabinetten und Catalogen noch manche, die streng genommen nicht unter die Hamburger gehören, deren wir jedoch, der Vollständigkeit halber, glaubten erwähnen zu müssen, entweder weil sie in Hamburg geprägt worden, oder weil sie, wenngleich indirect, Beziehung auf Hamburgische Begebenheiten oder Verhältnisse haben; lassen es jedoch bei der einfachen Beschreibung bewenden.

№ 32.

MEDAILLE

auf die Ao. 1701 zu Hamburg glücklich zu Stande gebrachten Successions-Tractate zwischen den Herzögen von Mecklenburg-Schwerin und Strelitz.

Avers: Des Herzogs *Friedrich Wilhelm* von Mecklenburg-Schwerin Bildniss mit der Ueberschrift: FRIEDERICUS WILHELMUS D(ei) G(ratia) DUX MEGA-POLITANUS, und darunter: PIUS FELIX INCLITUS (fromm, glücklich, berühmt). Auf dem äusseren Rande steht: MAIORIBUS POSTERIS AD MAIORA AUTHOR (für grössere Nachkommen Urheber von Grösserem).

Revers: Zwei Schlösser (Schwerin und Güstrow), welche mit einer Kette zusammen verbunden sind, die aus dem Ringe hervorgeht, welchen der in der Mitte stehende Büffelskopf im Maule hat. Umschrift: DEI GRATIA CAESARIS LEOPOLDI JUSTITIA (Gottes Gnade und Kaiser *Leopold's* Gerechtigkeit), und darunter: INDISSOLUBILI JUNXIT CATENA. HAMB. 8 MART. Ao. 1701 (verband sie mit unauflöslicher Kette).

Von dieser Medaille soll noch ein zweiter Stempel existiren, ohne Randschrift, und auf dem Revers fehlt das: HAMB. 8 MART. 1701, wogegen unten auf der Münze die Jahrszahl 1708 steht, wahrscheinlich eine Wiederholung um diese Zeit. Die erstere ist abgebildet im Thesaurus numismatum modernorum hujus seculi; Norimberga 1700 — 1710, Pag. 109, so wie in *Lehmann's* historischen Remarques, Jahrgang 1702, Pag. 401, wo auch das Nähere über diesen Tractat angegeben ist. Wir werden daher hier nur in kurzen Worten das Hauptsächliche anführen.

Nach dem am 5. November 1695 erfolgten Tode des Herzogs *Gustav Adolph* von Mecklen-burg-Güstrow, ohne männliche Erben, entstand unter seinen Vettern, dem Herzoge *Friedrich Wilhelm* von Mecklenburg-Schwerin und dem Herzoge *Adolph Friedrich II.* von Mecklenburg-Strelitz ein Streit über die Erbfolge, welcher sechs Jahre dauerte, und mittlerweile verblieb das Herzogthum Güstrow, auf Kaiserliche Verordnung, unter Administration der Niedersächsischen Kreis-Direction. Endlich wurde im Jahr 1699 vom Kaiser eine Entscheidungs-Commission niedergesetzt, bestehend aus dem Könige von Dänemark, als Herzog von Holstein, dem Bischofe von Lübeck, den beiden Herzögen von Braunschweig und Wolffenbüttel und dem Kaiserlichen Gesandten Herrn Grafen *von Eck,* deren Delegirte in Hamburg zusammentraten und am 8. März 1701 folgenden Vergleich zu Stande brachten:

Das ganze Herzogthum Güstrow (mit Ausnahme der Herrschaft Stargard) sammt Sitz und Stimme auf Kreis- und Reichstagen wird dem Herzoge von Schwerin und seinen Descendenten zuge-sprochen, wogegen derselbe das Fürstenthum Ratzeburg, frei von Schulden, an Strelitz abtritt, so wie auch die Herrschaft Stargard, verbunden mit einer jährlichen Zahlung von 9000 Thalern aus dem Boitzenburger Zoll; ferner bekam der Herzog von Strelitz ein- für allemal 8000 Thaler zur Aptirung einer Residenz und die Benutzung des Schlosses zu Güstrow für die verwittwete Fürstin und ihre Prinzessinnen Töchter auf Lebenszeit.

Der Herzog von Schwerin liess, wie es scheint, die obige Medaille auf den besagten Ver-gleich schlagen; wo und von wem, ist nirgends angegeben worden.

№ 33.

SATYRISCHE MEDAILLE

auf den Sieg des Schwedischen Generals Steenbock über die Dänen am 10. März 1710 und das dadurch befreiete Schonen.

Avers: Ein Steinbock stösst einen Elephanten, dass er hintenüber fällt. Umschrift: QUIS CREDERET SIC MONSTRA PELLERE REGNO (wer sollte glauben, Ungeheuer so aus dem Reiche zu jagen?)

Revers: Eine fliegende Fama posaunet den Sieg der Schweden aus und hält ein Band mit der Inschrift: SCANIA LIBERATA (das befreiete Schonen). Im Abschnitt steht das Datum des Sieges: D. 10 MARTII 1710. Die Ueberschrift lautet: DEO VINDICE (durch Gottes Rache).

Diese kleine Medaille ist abgebildet im Thesaurus numismatum modernorum hujus seculi, Norimberga 1700—1710 fol. im Supplement Pag. 24, und es wird dabei erwähnt, sie sei in Hamburg angefertigt worden.

Als das Kriegsglück sich gewendet hatte und die Dänen am 16. Mai 1713 das Schwedische Heer nebst seinem Anführer *Steenbock* in der Festung Tönning, welche sie aushungerten, gefangen nahmen, ergriffen sie die Gelegenheit, sich für die obige Medaille zu revangiren und liessen eine von gleicher Grösse schlagen; auf dem Averse das sehr hübsch gearbeitete Bildniss des Königs *Friedrich V.* von Dänemark; auf der Kehrseite der Elephant, welcher den Steinbock zu Boden drückt.

Umschrift: QUANTENUS MUTATUS AB ILLO (wie sehr verschieden von jenem!).

Im Abschnitte steht: CAPTO EXERCITU SUECICO AD TÖNNING D. 17 MAI 1713 (nach Gefangennahme des schwedischen Heeres zu Tönning am 17. Mai 1713).

Diese Medaille ist abgebildet in dem grossen Dänischen Münzwerk „Danske Medailler og Mynter idet Kongelige Kabinet" Vol. III. No. 5 daselbst, Abth. *Friedrich IV.* Tab. 19 No. 3. Auf der Tafel befindet sich auch sub No. 3 die erstgenannte Medaille, welche zu der letzten die Veranlassung gab, und im Text Pag. 646 ist bestimmt gesagt, dass erstere in Hamburg geschlagen, und Pag. 653, dass die letztere eine Erwiderung auf die andere seyn soll. Das Gewicht wird daselbst resp. mit 1 Loth und 1 Loth 1½ Quentin angegeben.

№ 34.
MEDAILLE
auf die Kaiserin Maria Theresia.

Avers: Das Brustbild derselben mit der Umschrift: MARIA THER. D. G. REG. HUNG. BOH. ARCH. AUSTR. (Königin von Ungarn und Böhmen, Erzherzogin von Oesterreich.)

Revers: Ein Postament mit einer brennenden Lampe, an welcher ein aus den Wolken hervorragender Arm eine Fackel anzündet. Am Fusse ein Baumstumpf, der neue Zweige treibt. Umschrift: EIN NEUER STAM DURCH IHRE FLAM.

Wir vermögen nicht genau anzugeben, bei welcher Gelegenheit *P. H. Goedecke* diese Medaille, vermuthlich als Privatspeculation, geschlagen; muthmaasslich nach der am 13. März 1741 erfolgten Geburt des Thronerben, nachherigen Kaisers *Joseph II.*; auf jeden Fall vor Anno 1745, indem *Maria Theresia* hier noch als Königin von Ungarn und Böhmen betitelt wird. Nach 1745 würde das Imperatrix nicht weggelassen worden seyn.

Wir trafen diese übrigens nur selten vorkommende Medaille im Cabinet der Bank in einem goldenen Exemplar 5 Ducaten schwer.

№ 35.
HALBER PRIVAT=PORTUGALESER
oder
MEDAILLE
auf die Krönung Kaiser Carl VII. Anno 1742.

Avers: Das mit Lorbeeren bekränzte Brustbild des Kaisers mit folgendem Chronodisticho als Umschrift: CaroLVs aLBertVs DVX baVarIae rrX IMperator. (Die Zahlbuchstaben ergeben die Jahrszahl 1742.) Unten steht: CORON(atus) DIE 12 FEBR. (Gekrönt d.) Unter dem linken Arm: P. H. G. (Der Name des Medailleurs *Paul Hinrich Goedecke*.)

Revers: Ein emporsteigender Adler mit einem Schilde, worauf die Chiffer CVII.; eine Hand aus den Wolken hält eine Krone darüber. Umschrift: WES IST DAS BILD UND DIE ÜBERSCHRIFT. Im Abschnitt: DES HIMMELS GUNST CAROLUM TRIFT.

Diese Medaille schlug *Goedecke* hieselbst für seine Rechnung bei Gelegenheit der Festlichkeiten, welche hier zur Feyer der Krönung Kaiser *Carl VII.* stattfanden. Sie wiegt in Gold 5 Ducaten, in Silber 1¼ Loth, und befindet sich in Gold im Cabinet der Bank.

№ 36.

MEDAILLE
auf die Vermählung des Kronprinzen von Schweden Adolph Friedrich mit der Prinzessin Louise Ulrike von Preussen. Anno 1744.

Avers: Die Brustbilder des Brautpaares mit der Umschrift: ADOLPH FRIED. & LOUISA ULRICA; unten steht: SUCC(essor) REG(is) SUEC(iae). (Thronfolger von Schweden.)

Revers: Ein Altar mit dem Schwedischen und Preussischen Wappen; auf demselben zwei brennende Herzen und darüber eine Krone. Umschrift: DER HIMMEL FÜGT UND SCHICKT, WAS THRON UND KRONE SCHMÜCKT. Im Abschnitt: Die Jahrszahl 1744.

Der Medailleur *P. H. Goedecke* verfertigte diese Medaille, ob in Auftrag oder auf eigne Speculation, vermochten wir nicht auszumitteln; wir trafen ein Exemplar in Gold, 5 Ducaten schwer, im Cabinet der Bank.

Adolph Friedrich, geb. d. 14. May 1710, Sohn des Herzogs *Christian August* von Holstein-Gottorf, Bischof von Lübeck, wurde, da König *Friedrich I.* kinderlos war, am 3. July 1743 zum Thronfolger in Schweden erwählt, und bestieg, nach dem am 5. April 1751 erfolgten Hintritt des Königs *Friedrich I.*, den Schwedischen Thron. Am 29. August 1744 hatte er . sich zuvor mit *Louise Ulrike* (geb. d. 24. July 1720), Tochter des Königs *Friedrich Wilhelm* von Preussen vermählt.

№ 37.

MEDAILLE
auf die Thronbesteigung des Königs Friedrich V. von Dänemark. Anno 1746.

Avers: Das Brustbild des Königs mit der Umschrift: FRIED. V. D. G. REX DAN(iae) NORV(egiae) VAN(dalorum) GO(thorum). (Friedrich V. von Gottes Gnaden König von Dänemark und Norwegen, der Wenden und Gothen.)

Revers: Die Sonne bestrahlt das von einer weiblichen Gestalt gehaltene Dänische Wappen; sie lehnt sich an ein mit der Namenschiffer Fv. verziertes Postament. Ueberschrift: RADIOS SIBI SUFFICET IPSE. (Strahlen wird er sich selbst schaffen.) Im Abschnitt steht zu lesen: SUCC(essit) D 6 AUG 1746. (Bestieg den Thron am 6. Aug. 1746.)

Was den Medailleur *P. H. Goedecke* bewogen haben mag, diese Medaille zu liefern, vermögen wir nicht zu bestimmen; vermuthlich war es, wie so manche andere, eine auf die Begebenheit begründete Speculation. Sie ist uns übrigens nur selten vorgekommen; das 5 Ducaten schwere goldene Exemplar, von dem die Beschreibung genommen, befindet sich im Münzcabinet der Bank.

№ 38.

MEDAILLE

auf die Wiederverheirathung des Königs Friedrich V. von Dänemark, Anno 1752.

Avers: Unter einem Baldachin zwei Medaillons mit den Bildnissen des Königs und der Königin, mit der Ueberschrift: VIRTUTE PARI (durch gleiche Tugend). Im Abschnitt steht: REGIS DANIÆ (des Königs von Dänemark).

Revers: Ein Altar mit zwei in einander gelegten Händen; eine aus den Wolken kommende Hand hält eine Krone, eine andere einen vollen Beutel. Links in einer Glorie die Chiffer Fv., rechts in einer ähnlichen JM. Im Abschnitt steht als Fortsetzung des Averses: CONNUB. REPET. 1752 (abermalige Vermählung 1752).

Ob *P. H. Goedecke* diese Denkmünze, welche sich im Cabinet der Bank in einem goldnen Exemplar, 5 Ducaten schwer, befindet, in Auftrag oder auf eigene Speculation geschnitten, vermögen wir nicht zu bestimmen.

König *Friedrich V.* von Dänemark, geb. den 31. März 1723, König 1746, gestorben den 14. Januar 1766, vermählte sich zum erstenmale am 11. December 1743 mit *Louise*, der Tochter des Königs *Georg II.* von Grossbrittannien, und nachdem diese am 19. December 1751 verstorben, am 8. July 1752 mit *Juliane Marie* (geb. den 4. September 1729, † den 10. October 1796), Tochter des Herzogs *Ferdinand Albrecht* von Braunschweig.

III.

Medaillen

die Nachbarstadt Altona

betreffend.

Als uns sehr nahestehend, wenngleich nicht directe angehend, glauben wir einige unsere Nachbarstadt Altona betreffende Medaillen nicht mit Stillschweigen übergehen zu dürfen, und namentlich nicht die schöne in Kopenhagen von dem ausgezeichneten Medailleur *Berg* gearbeitete:

№ 39.

GROSSE DENKMÜNZE
auf die *Verbrennung Altona's durch den Schwedischen General Steenbock am 20. May 1713.*

Avers: Bildniss des Königs *Friedrich IV.* von Dänemark mit der Umschrift: FRIDERICUS IV. D. G. REX. DAN. NOR. V. G. Unter der rechten Achsel stehet P. BERG, der Name des Verfertigers.

Revers: An einer Pyramide von Kriegstrophäen umgeben die Königliche gekrönte Namenschiffer, bestrahlt vom Auge der Vorsehung, links die brennende Stadt Altona, rechts ein Haufen Schwedischer Waffen, auf welche eine Hand aus den Wolken Blitze schleudert. Darüber stehet: 20. MAI 1713. PROXIMA SIC CULPAE EST ULTIO JUSTA DEI. (So ist der Schuld die gerechte Rache Gottes nahe.) Im Abschnitt stehen in 5 Zeilen: EXUTO ARMIS DUCE SVEC. STEEN — BUCKIO POST DIRAM VRB. AL — TON. EXUSTIONEM HOR — RENDO POSTERIS — EXEMPLO. (Bei Entwaffnung des Schwedischen Heerführers *Steenbock*, nach der grausen Verbrennung der Stadt Altona, den Nachkommen zum schrecklichen Beispiele.)

Diese schöne Arbeit, welche in Silber 5$\frac{7}{12}$ Loth wiegt und in Gold 34 Ducaten, ist beschrieben und abgebildet im dritten Bande der Danske Mynter og Medailler Tab. XVI. sub No. 3. Auch kam sie vor im Catalog der Sammlung von *William Aldersey*, Anno 1730 hieselbst verkauft.

№ 40.

DENKMÜNZE

auf die Grundsteinlegung zu dem Altonaer akademischen Gymnasium im Jahr 1738.

Avers: Das Brustbild des Königs *Christian VI.* von Dänemark mit der Umschrift: CHRISTIANUS VI. D. G. DAN. NOR. VAND. GOTH. REX. Darunter steht: FUNDATOR (Gründer).

Revers: Das zu erbauende Gymnasialgebäude, hinter welchem die Sonne empor steigt. Darüber steht auf einem Bande: QUOD ALTIOR, EO FULGENTIOR (je höher, je glänzender).

Diese Medaille ist abgebildet im dritten Bande der „Danske Mynter og Medailler" Tab. VIII. No. 3 der Abtheilung des gedachten Fürsten, und beschrieben Pag. 712 desselben Werkes, wo das Gewicht mit 3 Quentin angegeben wird.

№ 41.

DENKMÜNZE

auf die Einweihung des Altonaer akademischen Gymnasiums. Anno 1744.

Avers: Das Brustbild des Königs *Christian VI.* von Dänemark mit der Umschrift: CHRISTIAN. VI. D. G. DAN. NORW. VAND. GOTH. REX. Unter dem Bildniss: FUNDATOR (Gründer), und unter dem linken Arm die Chiffer B.

Revers: Hercules Musagetes übergiebt der knieenden Stadt Altona ein Diplom. Ueberschrift: HERCULIS MUSAGETAE BENEFICIUM (Gnadenzeichen des Musenbeschützers). Im Abschnitte steht: INAUGURAT. GYMNAS. ACAD. ALTON. D. 26. MAII 1734.

So steht diese Medaille beschrieben in den „Danske Mynter og Medailler", 3ter Band, Pag. 704, und ist daselbst abgebildet in der Abtheilung des obgedachten Königs, Tab. 6, No. 2.

Es findet sich jedoch auch noch eine zweite Abbildung dieser beiden Medaillen in der: Kurzen historischen Nachricht von der feierlichen Einweihung des K. academ. Gymnasiums in der Stadt Altona am 26. Mai 1744. Altona und Flensburg 1744. 4°.

auf dem von C. F. Fritzsch filius sehr sauber und fleissig gearbeiteten Titelblatt, wo jedoch in der Inschrift des Abschnitts dieser letztgenannten Medaille die Jahrszahl 1734 in 1744 umgeändert ist, in welchem Jahre die Einweihung auch unbezweifelt Statt fand. In der Beschreibung, Pag. 27, wird das Gewicht mit 2 Loth in Silber angegeben, während in den Danske Mynter nur 1 Loth 3½ Quentin angegeben worden. Vielleicht, dass die bei der Einweihungs-Feierlichkeit an die anwesenden Honoratioren vertheilten schwereren Medaillen von einer zweiten Auflage herrühren, auf der die Jahrszahl verändert wurde. In dem Königlichen Bildnisse glauben wir auch manche Verbesserungen entdeckt zu haben. Uns sind diese beiden Medaillen im Original nie zu Gesicht gekommen, wohl aber ein Abdruck der grösseren in Hausenblase. Wir wurden darauf aufmerksam gemacht durch den Catalog des Münz-Cabinets des Professors *Michael Richey*, in welchem sie Pag. 63 unter No. 273 und 274 aufgeführt stehen.

№ 42.

MEDAILLON
welche die Stadt Altona zu Ehren des Grafen Blücher-Altona Anno 1814 schlagen liess.

Avers: Das linkssehende Bildniss des Grafen, in Uniform mit Stern und Ordensband. Umschrift in 2 Zeilen: C. VON BLÜCHER, OBERPRAESIDENT UND KAMMERHERR. GROSS KR. D. DANNEBR. U. DANNEBR. MANN. — SO KLUG IN RATH ALS KÜHN IN THAT, EIN STAATSMANN UND EIN RITTER. Im Abschnitt steht: IHREM BESCHÜTZER. An der Schulter der Name des Berliner Medailleurs *Loos*, des Verfertigers dieser Medaille.

Revers: Ein im Bau begriffenes Monument, an dem das Brustbild des Grafen en Medaillon angebracht, wird von den Strahlen der Vorsehung beschienen. Darunter das Wappen der Stadt Altona, umgeben von Helm, Brandfackel und Grabscheit, den sie bedrohenden Krieg, Brand und Seuche andeutend. Am Sockel steht in einem Eichenkranz: ALTONA 1814. Eine Mutter hebt ihren Säugling empor, um demselben das Bildniss zu zeigen, auf welches ein Greis mit seinem Krückstock hinweiset. Umschrift: DER ENKEL LERNT DEN THEUREN NAMEN SCHON ALS SÄUGLING STAMMELN. Im Abschnitt steht in Beziehung auf die Unterschrift der ersten Seite: DIE GERETTETE.

Dieses Medaillon misst im Durchmesser 34 Linien. Uns ist nur ein Exemplar in Bronze vorgekommen.

№ 43.

MEDAILLE
zur Feier der goldenen Hochzeit des Grafen Blücher-Altona.
Anno 1844.

Avers: Die rechtssehenden Bildnisse des Jubelpaars in Griechischem Costüm mit der Umschrift: GRAF CONRAD v. BLÜCHER - ALTONA, GRÄFIN MARIE v. BLÜCHER-ALTONA, GEB. D'ABESTÉE. Unter den Brustbildern steht: VERMÄHLT 1. MAI 1794. Unter der Schulter des Grafen: F. ALSING fec.: der Name des Medailleurs der Altonaer Münze, welcher diese Denkmünze anfertigte.

Revers: Fünfzeilige Inschrift: DEM HOCHGESEGNETEN ALLVEREHRTEN JUBEL-PAARE AM FUNFZIGSTEN JAHRESTAGE SEINER VERMÄHLUNG. ALTONA AM 1. MAI 1844.

Diese schöne grosse Medaille misst im Durchmesser 30 Linien und soll in Silber 8 Loth wiegen; uns ist jedoch nur ein Exemplar in Bronze zu Gesicht gekommen. Wir glauben diese beiden Medaillen um so eher aufführen zu dürfen, da Graf *Blücher* Hamburger Ehrenbürger war, wozu ihn der Senat Anno 1842 ernannte, wegen der besonderen Verdienste, die er sich bei dem grossen Brande um Hamburg erworben hatte.

Conrad Daniel von Blücher wurde am 29. Februar 1764 zu Penzlin, einer kleinen Stadt im Grossherzogthum Mecklenburg-Schwerin, geboren, auf einer Reise seiner Eltern. Sein Vater *Carl von Blücher* war Oberster und Chef des Dänischen Viborgschen Regiments, später Generalmajor und Chef des Oldenburgischen Regiments, welches in Rendsburg garnisonirte. Seine Mutter *Henriette Sophie* geb. *von Plessen* aus dem Hause *Herzberg*. Seines Vaters Bruder war der berühmte Preussische Feldmarschall *Blücher*.

1785 erschien *Blücher* als Kammerjunker der verwittweten Königin *Juliane Marie*. 1794 Kammerherr und Hofmarschall derselben. Am 1. May 1794 vermählte er sich mit *Marion d'Abbastée*, Tochter des Generalmajors *Hermann d'Abbastée*, Gouverneurs der Dänischen Etablissements in Ostindien.

1802 wurde ihm die Verwaltung der Aemter Apenrade und Lügum-Kloster übertragen.

1808 wurde er Oberpräsident von Altona.

1810 bekam er das Commandeurkreuz des Dannebrogordens.

1812 bekam er das silberne Kreuz der Dannebrogmänner.

Die Medaille wurde ihm von der Stadt-Kämmerey überreicht.

1814 den 12. May erhielt *Blücher* das Grosskreuz des Dannebrogs.

1815 bei Gelegenheit der Krönungsfeyer wurde er Geh. Conferenz-Rath.

1817 wurde *Blücher* zum Grafen erhoben und ihm der Name *von Altona* beigelegt.

1839 den 20. December wurde er zum Elephantenritter ernannt.

1842 nach dem Brande sandte ihm der Hamburger Senat das Diplom eines Hamb. Ehrenbürgers.

1844 am 1. May feyerte er seine goldene Hochzeit.

1845 den 1. August starb er 81 Jahr alt.

№ 44.

DENKMÜNZE

auf die im Jahr 1848 erbauete Christian des Achten Ostsee-Eisenbahn von Altona nach Kiel.

Avers: Das rechtshin blickende Brustbild des Königs mit der Umschrift: CHRISTIAN VIII. FÖRDERTE DAS WERK DES EINIGEN VOLKES. Darunter: F. ALSING f.

Revers: Eine rechtshin fahrende Locomotive, mit der Umschrift: EILEND HIN UND ZURÜCK. BRINGE DEM LANDE GLÜCK. Im Abschnitte: ALTONA, KIEL — 1848.

Die Grösse dieser von dem Medailleur der Altonaer Münze: *F. Alsing*, geschnittenen Medaille soll 43 Millimeter betragen, so wie das Gewicht derselben 2½ Loth. Dem Zeitpunkt der Erscheinung nach hätten wir diese Medaille schon in der ersten Abtheilung dieses Werkes erwähnen sollen. Sie war uns jedoch nicht zu Gesicht gekommen und würden wir daselbst auch keine Rubrik dafür gehabt haben, während sie sich hier passend den übrigen Altonaern anreihet. Wir wurden erst darauf durch B. de Koehne Mémoires de la Société Impériale d'Archéologie de St. Petersbourg, X., Vol. IV, No. 1, St. Petersbourg 1850, aufmerksam gemacht, wo sie Pag. 137, nebst mehreren anderen Denkmünzen aus derselben Periode beschrieben wird.

I.

Iubel-Medaillen.

Das gegenwärtige Heft wird den Beschluss der Hamburgischen Medaillen liefern und die umstehend angegebenen Rubriken enthalten, als:

I. Die Jubel-Medaillen.

Davon befinden sich im *Langermann:*

Ao. 1713. Gedächtnissmünze auf die 100jährige Jubelfeier des Gymnasii. XI. 1. P. 82.

„ 1717. Gedächtnissmünze auf das zweite Jubelfest der Reformation. XXII. P. 170.

„ 1717. Dergleichen mit den Namen derjenigen Personen, so damals in E. Hochedlen Rath gelebet. XXV. 1. P. 194.

„ 1717. Noch eine dergleichen mit den Namen derjenigen Männer, so damals im Predigtamt gestanden. XXVI. 1. P. 202.

„ 1717. Ein ganzer und ein halber Thaler auf eben diese Gelegenheit. XXVIII. 1. P. 218, und LXIV. 4. P. 507.

„ 1717. Noch eine kleine Medaille auf dieses Fest. XXXI. P. 234.

„ 1719. Bank-Portugaleser wegen des 100jährigen Jubelfestes der Species-Bank. XXXIV. 2. P. 266.

„ 1719. Ein Goldstück von 5 Ducaten auf das 100jährige Jubelfest der Herren Colonell und Bürger-Capitaine. XXI. 2. P. 162.

„ 1719. Gedächtnissmünze auf das gedoppelte 100jährige Jubelfest der Herren Bürger-Capitaine und der Species-Banco. XXI. 3. P. 162.

„ 1723. Ein Admiralitäts-Portugaleser auf das 100jährige Jubelfest derselben. XL. 1. P. 314.

„ 1730. Gedächtnissmünze derjenigen Personen, welche am zweiten Jubelfest der übergebenen Augsburgischen Confession in E. Hochedl. Rathe gelebet. XXXIV. 1. Pag. 266.

Ao. 1730. Dergleichen auf diejenigen Personen, welche sich dazumal in E.Wohlehrw. Predigtamt befunden. XXXV. 1. P. 274.

„ 1730. Ein Thaler auf dieses zweite Jubelfest. XXXVI. 1. P. 282.

„ 1730. Bank-Portugaleser auf dieselbe Begebenheit. XXXI. 1. Pag. 242, und XXXVI. 3. P. 282.

„ 1730. Gedächtnissmünze auf die 50jährige Ehe-Jubelfeier des Rathsverwandten Herrn *Matthias Mutzenbecher*. XIX. 1. P. 146.

„ 1747. Gedächtnissmünze des Hamb. Predigtamts auf die 50jährige Amts-Jubelfeier des Pastors *Erdmann Neumeister*. XVIII. 2. P. 138.

„ 1748. Gedächtnissmünze auf die 100jährige Jubelfeier wegen des West-phälischen Friedens. XXI. 4. P. 163.

„ 1748. Bank-Portugaleser auf eben diese Begebenheit. XXXVIII. 3. P. 298.

„ 1748. Ein Thaler auf dieselbe. XXXVIII. 4. Pag. 299.

Als Ergänzung haben wir nun noch die folgenden nachzutragen:

No. 1. Medaille von *von Hachten* auf die Jubelfeier der Reformation, Ao. 1717.

„ 2. Medaille von *Reteke* auf dieselbe Begebenheit.

„ 3. Medaille auf das Jubelfest der Augsburgischen Confession, Ao. 1730.

„ 4. Denkmünze auf die silberne Hochzeit von *Pierre Boué*, Ao. 1730.

„ 5. Denkmünze àuf die silberne Hochzeit von *Hinr. Otto Seumnicht*, Ao. 1736.

„ 6. Kleine Medaille auf das erste Jubelfest des Westphälischen Friedens, Ao. 1748.

№ 1.

Z w e i t e s   G e p r ä g e

der

DENKMÜNZE

auf das zweite Reformations-Jubiläum, Anno 1717.

A v e r s : *Luther's* Brustbild mit krausen Haaren und im Predigerhabit mit der die Jahrszahl enthaltenden Umschrift: MARTInVs LVTHERVs DoCToR THEOLOGIAE; an den beiden Seiten des Kopfes steht: IUBIL — REF. II. Randschrift: GOTTES WORT UND LUTHERS LEHR WIRD VERGEHEN NIMMERMEHR.

R e v e r s : Auf einem Tische, dessen Decke mit dem Hamburger Wappen verziert ist, steht ein brennendes von dem Namen JEHOVAH bestrahltes Licht, an welches sich ein offenes Buch mit der Inschrift BIBLIA lehnt. Die Umschrift: DEIn GÖTTLICHs WORT DAs HELLe LICHt LAs IA bEI VNs AVsLÖsCHEN nICHt, enthält die Jahrszahl 1726, als Andeutung auf die Reformation in Hamburg. Am Fussboden unterhalb des Tisches steht H W, die Namenschiffer des Erfinders dieser Medaille, des Pastors *Heinrich Würtzer* am Pesthofe. Der Name des Verfertigers *von Hachten* steht dagegen auf der Hauptseite an der Schulter *Luther's.*

Sievert bemerkt Pag. 22 sub No. 27: *Langermann* erwähne von diesem schönen Stempel nichts; der von ihm Pag. 170 (im 22sten Stück) beschriebene, auf dieselbe Begebenheit, sey in Betreff der Umschrift auf beiden Seiten so wie in der Randschrift dem obigen vollkommen gleich; allein *Luther* erscheine darauf im Chorrock mit schlichtem Haar und auf dem Revers stehe unter dem Tische die Chiffer V H *(von Hachten)*, statt auf der obigen H W. Uns möchte es scheinen als habe *von Hachten* zwei verschiedene Stempel zur Hauptseite geschnitten; vielleicht, dass das wenig ähnliche Bildniss *Luther's* auf dem ersten, abgebildet im *Langermann,* nicht angesprochen. *Sievert* giebt das Gewicht in Silber mit 1⅞ Loth an, während *Langermann* von 2¼ Loth spricht. In dem Cabinet der Bank befinden sich zwei Exemplare der oben abgebildeten Medaille in Gold, jedes zum Werth eines ganzen Portugalesers.

№ 2.

MEDAILLE

auf die Jubelfeier der Reformation, Anno 1717.

Avers: Das Brustbild *Luther's*, der mit der linken Hand ein offenes Buch hält und mit der rechten auf die darin befindlichen Worte: VERBUM DOMINI MANET IN AETERNUM (das Wort des Herrn bleibt in Ewigkeit), 1717 zeigt. Umschrift in doppelter Zeile: SCHAEME DICH NICHT DES ZEUGNISZES MEINES HERRN. SCHAEME DICH AUCH MEINER NICHT. PAUL. II. TIM. I. DAS JUBELJAHR DEN 31 OCTOBER 1717.

Revers: Auf einem kleinen mit einer geblümten Decke behangenen Altar steht ein brennendes Licht, von welchem Dr. *Luther* und ein Friedensengel einen Scheffel wegnehmen. An dem Fusse des Altars steht: DER HERR IST MEIN LICHT UND MEIN HEIL. PSALM 27. Oben der strahlende Name JEHOVAH. Umschrift: DEIN GÖTTLICH WORDT DAS HELLE LICHT, LAS JA BEI UNS AUSLÖSCHEN NICHT. Im Abschnitt steht: D. M. LUTHER.

Diese von dem Hamburgischen Medailleur *Johann Reteke* geschlagene Medaille wiegt in Gold 10 Ducaten, in Silber 2½ Loth. Uns ist dieselbe nie zu Gesicht gekommen; wir haben daher keine Abbildung davon liefern können. Sie kam vor im Numophylacium Ehrencronianum Pag. 158 No. 592.

№ 3.

Z w e i t e s   G e p r ä g e

der

DENKMÜNZE

auf das Jubiläum der Augsburgischen Confession, Anno 1730.

A v e r s : *Luther's* Bildniss mit der Ueberschrift: D. MARTINUS LUTHERUS. Darunter: VERBUM DOMINI MANET IN AETERNUM (des Herrn Wort bleibt in Ewigkeit) und die Chiffer des Medailleurs *Paul Hinrich Gödeke.*

R e v e r s : Auf einem gedeckten Tische ein brennendes Licht, zu dessen Seiten zwei Bücher; in dem einen stehet: BIBLIA; in dem anderen: CONF (essio) AUG (ustana). Im Abschnitt: IUBILÄUM CONF (essionis) AUG (ustanae) II (Secundum) A 1730. 25 IUN (zweite Jubelfeier der Augsburgischen Confession im Jahre 1730). An den Seiten: PS (alm) 36. Umschrift: IN DEINEM LICHT SEHEN WIR DAS LICHT.

Sievert hat diese Medaille in seinem Verzeichniss Pag. 16 sub No. 4 beschrieben und giebt das Gewicht in Silber mit 1½ Loth an. Im Münzcabinet der Bank befindet sich ein Exemplar in Gold, im Werth eines halben Portugalesers. Das silberne Exemplar, im Besitz des Herrn Archivarius *Lappenberg,* von dem die obige Abbildung genommen, wog 1¼ Loth, ganz wie *Sievert* es angegeben.

№ 4.

DENKMÜNZE

auf die silberne Hochzeit von Pierre Boué, Anno 1730.

Avers: Zwei in einander geschlossene Hände über einem Altar, an welchem zu lesen: DE L'ANNEE MDCCV. Umschrift: A L'HEUREUSE ALLIANCE DE PIERRE BOUE' ET DE MARIE IACOBEE BARDEWISCH. Unten die Chiffer des Medailleurs: *Paul Hinrich Gödeke.*

Revers: Die Namenszüge derselben auf zwei Schildern unter einer Krone. Umschrift: RENOUVELLEE LE XIV SEPTEMBRE. A. MDCCXXX.

Sievert beschreibt diese Medaille Pag. 16 sub No. 5 und giebt das Gewicht in Silber gegen $\frac{1}{8}$ Loth an. Ein im Besitz des Herrn *Bartels* befindliches Exemplar, von dem die obige Abbildung herstammt, wiegt nur $\frac{7}{18}$ Loth.

Pierre Boué, ein angesehener Kaufmann in Bordeaux, geboren in Bergérac zwischen 1650 und 1660, und gestorben ums Jahr 1730, schickte nach der Aufhebung des Edictes von Nantes durch *Ludwig XIV.* die meisten seiner Kinder nach Holland, um sie den Verfolgungen der Katholiken zu entziehen. Sein ältester Sohn, *Pierre Boué*, liess sich, nachdem er in Holland erzogen worden, erstlich in Copenhagen nieder, siedelte dann aber im Jahr 1705 nach Hamburg über, wo er ein ansehnliches Geschäft errichtete und auch in Altona, wo sich sein Bruder *Jacques* niedergelassen hatte, Schiffswerfte, Holzsägereien und dergleichen anlegte. Der Hamburger Senat wünschte jedoch dieses wichtige Geschäft ganz der Stadt Hamburg zuzuwenden, und schlug ihm daher vor, ihm zu dergleichen Zwecken den damals noch unbenutzten östlichen Theil des Grasbrooks einzuräumen, welcher ihm im Jahr 1723 unter sehr mässigen Bedingungen, vermittelst eines Erbcontracts mit Löbl. Cämmerey, übertragen wurde. Während einer Reihe von Jahren betrieb die Familie *Boué* hier nun Schiffsbau, Holzsägerei, Reepschlägereien und andere mit der Schifffahrt in Verbindung stehende Gewerbe und bildete ein sehr angesehenes und geachtetes Haus an der Hamburger Börse, so wie eine der Hauptstützen der Französischen reformirten Gemeine daselbst, verschwägert mit den ersten Familien. Durch die Franzosenzeit und namentlich durch die Belagerung, in welcher alle jene Etablissements demolirt oder niedergebrannt wurden, kam die Familie jedoch in ihrem Wohlstande zurück und von den vielen Gliedern derselben ist jetzt hieselbst nur noch ein einziges am Leben, nämlich der Acciseeinnehmer *Wilhelm Alexander Boué*, welcher noch auf jenem Grundstück wohnt. Ein Anverwandter lebt in Wien, Dr. *Ami Boué*, als Gelehrter (Naturhistoriker). Vergleiche das Hamburger Schriftstellerlexicon Band 1. Pag. 355. Ein Bruder desselben, *Henry*, lebt als Kaufmann in Bordeaux.

Die Frau des oben erwähnten ersten *Boué's* in Hamburg, eine geborne *Bardewisch*, stammte aus einer altadeligen Brabantischen Familie, die ihre Abkunft bis auf einen Onkel des Constantinopolitanischen Kaisers *Balduin (Baudouin)* in den Zeiten der Kreuzzüge hinaufführte. *Pierre Boué* starb in Hamburg im Jahr 1745.

№ 5.

DENKMÜNZE
auf die silberne Hochzeit von Hinrich Otto Seumnicht und Maria Kösters, Anno 1736.

Avers: Zwei aus den Wolken hervorragende, in einander geschlossene Hände über einem Altar, an welchem PS. 128. V 4. steht, dieselbe Bibelstelle, welche als Umschrift dient, nämlich: SIEHE ALSO WIRD GESEGNET DER MAN DER DEN HERRN FÜRCHTET. Im Abschnitt steht: A? 1711. D. 1 DEC und die Chiffer des Medailleurs *Paul Hinrich Gödeke.*

Revers: Ein loderndes Herz mit den Buchstaben: HOS. *(Hinrich Otto Seumnicht)* MK. *(Maria Kösters)* IS. (der Sohn, *Johann Seumnicht)* AES (die Tochter, *Anna Elisabeth Seumnicht),* umgeben von einer Weinranke und einem Oelzweige. Darunter steht: A? 1736. D. 1 DEC. Umschrift: DA UNSRE HOCHZEIT WAR SIND 25 IAHR NUN DIESES VERNEUEN BRINGT NEUES ERFREUEN.

Sievert beschreibt diese Denkmünze Pag. 16 sub No. 6 und giebt das Gewicht in Silber mit ½ Loth an. Das im Besitz des Herrn *Bartels* befindliche Exemplar, dessen Abbildung derselbe uns gestattete, wog ₁⁷₈ Loth.

Hinrich Otto Seumnicht, wohnhaft in der Steinstrasse, wurde Anno 1723 zum Adjuncten an der St. Jacobi Kirche, Anno 1725 zum Hundertachtziger und zum Bürger an der Bieraccise, Bierprobe, General-Feuercasse und an dem Bürger- und Baakenzoll erwählt, Anno 1740 zum Juraten und Sechsziger, Anno 1753, den 28. Mai, zum Oberalten und starb am 7. Juni 1760.

№ 6.

MEDAILLE
auf das erste Jubelfest des Westphälischen Friedens, Anno 1748.

Avers: Eine mit Oelzweigen umwundene Säule, worüber das strahlende Auge der göttlichen Vorsicht erscheint; an der Seite ist ein Anker befestigt, der zur Rechten von einer aus den Wolken hervorragenden Hand beim sogenannten Kloth gefasst wird. Zur Linken zeigt eine dergleichen auf den Ring desselben, der gerade unter dem Worte AETERNVM steht. Umschrift: VSQVE AD AETERNVM (bis in Ewigkeit). Im Abschnitt steht: A? 1748. P. H. G. (*Gödeke.*)

Revers: Ueber der von der Elbseite aufgenommenen Stadt Hamburg erscheint der strahlende Name Gottes. Umschrift: CONSERVA MVNERA PACIS. (Erhalte die Gaben des Friedens.) Im Abschnitt: IVBIL (aeum) HAMB (urgense) PAC(is) WESTPH (alae). (Jubelfeier des Westphälischen Friedens.)

Sievert beschreibt diese Medaille Pag. 23 sub No. 29 und giebt das Gewicht in Silber mit ½ Loth an.

II.

Denkmünzen

zu Ehren

ausgezeichneter Personen.

II. *Medaillen zu Ehren ausgezeichneter Personen.*

Von solchen kommen im *Langermann* die folgenden vor:

1579. Ein gegossener goldener Anhängepfennig von dem Rathsherrn *Warmbold Schröder*. LIX. 4. P. 466.

1585. Gedächtnisspfennig auf den Syndicus Dr. *Wilhelm Möller*. XXV. 2. P. 194.

1598. Zweiter Anhängepfennig auf den Rathsherrn *Warmbold Schröder*. I. 2. P. 2.

1627. Gedächtnissmünze auf den Bürgermeister *Hieronymus Vogler*. II. 1. P. 10.

1661. Gedächtnissmünze auf *Barthold Möller* und die Einweihung der neuen St. Michaelis Kirche. V. 1. P. 34.

Gedächtnissmünze auf den Bürgermeister *Johann Schulte*, vermuthlich auf dessen Bürgermeisterwahl. IX. 1. P. 66.

Gedächtnissmünze auf den Bürgermeister *Henrich Meurer*, vermuthlich auf dessen Bürgermeisterwahl. I. 1. P. 2.

1681. Gedächtnissmünze auf den Oberalten *Wilhelm Stadtländer*. X. 4. P. 75.

1686. Medaille auf *Cordt Jastram* und *Hieronymus Snittger*. VI. 3. P. 43.

Gedächtnissmünze auf den Bürgermeister *Joh. Diet. Schaffshausen*. IX. 2. P. 66.

1694. Ein Goldstück mit den Bildnissen der vier Herren Bürgermeister. XIII. 1. P. 98.

1694. Medaille auf Pastor *Joh. Fried. Mayer*. XVI. 1. P. 122.

Gedächtnissmünze auf Pastor *Joh. Henr. Horbius*. X. 1. P. 74.

Gedächtnissmünze auf Pastor *Joh. Fried. Mayer*. XVI. 2. P. 122.

1695. Gedächtnissmünze auf die vier im Jahr 1695 lebenden Herren Bürgermeister. XIII. 2. P. 98.

1695. Medaille auf das Präsidat des Herrn Bürgermeisters *Schaffshausen*. IX. 3. P. 66.

1695. Auf das Absterben des Pastors zu St. Nicolai, *Joh. Henr. Horbius*. X. 2. P. 74.

Gedächtnissmünze auf Pastor *Erdmann Neumeister*. XVIII. 1. P. 138.

1722. Gedächtnissmünze auf den Professor *Joh. Albert Fabricius*. XVIII. 3. P. 139.

1739. Medaille auf das Absterben des Pastors *Joh. Christ. Wolff*. X. 3. P. 75.

1748. Gedächtnissmünze auf den Professor *Michael Richey*. LXXIX. 2. P. 626.

Mithin haben wir noch die folgenden nachzuholen:

No. 1. Denkmünze auf den Churfürsten *Friedrich Wilhelm* von Brandenburg, Ao. 1686, in Beziehung auf den der Stadt Hamburg verliehenen Schutz gegen Dänemark.

„ 2. Kleine Denkmünze auf denselben an seinem Geburtstage, Ao. 1687.

„ 3. Denkmünze auf den Pastor zu St. Nicolai, *Joh. Henrich Horbius.*

„ 4. Denkmünze auf den Bürgermeister *Peter Lütkens.*

„ 5. Denkmünze auf den Bürgermeister *Joach. Lemmermann.*

„ 6. Denkmünze auf die vier im Jahr 1695 im Amte gewesenen Bürgermeister, *Lemmermann, Schulte, Lütkens* und *Schaffshausen.*

„ 7. Denkmünze auf das Absterben des Pastors *Franciscus Wolff*, Ao. 1710.

„ 8. Die Gräflich *Sintzendorffische* Medaille, Ao. 1710.

„ 9. Medaille auf den Oberhofprediger Dr. *Marperger* in Dresden bei seinem Abzuge von Nürnberg, Ao. 1724.

„ 10. Denkmünze auf die Wiederverheirathung des Bürgermeisters *Rutger Rulant*, Ao. 1735.

„ 11. Denkmünze auf den berühmten Maler *Balthasar Denner*, Ao. 1739.

„ 12. Denkmünzen auf den Rathsconsulenten *Paul Jacob Marperger* in Nürnberg, Ao. 1748, auf *J. A. Ebert* und den Grafen *D. H. von Schönborn.*

„ 13. Denkmünze auf den berühmten Chirurgen *Peter Carpser.*

№ 1.

DENKMÜNZE

auf den Kurfürsten Friedrich Wilhelm von Brandenburg, Anno 1686.

Avers: Die Städte Hamburg und Ofen; auf einem fliegenden Bande über der untersten: HANC CAPIMUS (diese erobern wir), darunter: BUDA (Ofen); über der obersten: DEFENDIM(us) ILLAM (jene vertheidigen wir); darunter: HAMBUR. Zur Linken steigt der Brandenburgische gekrönte Adler zu der strahlenden Sonne hinauf, in der die Buchstaben L. A. (Leopoldus Austriacus?) stehen. Umschrift: SINE HECTORE TROIA DEFENDI HAUD POTERAT NEC SINE ACHILLE CAPI. (Ohne Hector konnte Troja nicht vertheidigt, ohne Achill nicht erobert werden.) Im Abschnitt steht *J. B. Schultz* etc.

Revers: Zwanzigzeilige Inschrift: M(archioni) BR(andenburgi) S(acri) R(omani) I(mperii) EL(ectori) — FRED(erico) WILH(elmo) MAGNO — HINC CONSIL(iis) INDE ARMIS FELICIT(er) — AMICO REGE PERSUASO — INIMICO TYRANNO PROFLIGATO — AD ISTRUM BUDA — POST FATAL(em) DEDITION(em) SEXIES TENTATA — NUNC $\frac{\text{23 AUG.}}{\text{2 SEPT.}}$ TANDEM CAPTA — JOACHIMO ATAVO VINDIC(ato) ARMISQ(ue) RECUP(eratis) — AD ALBIM VERO HAMBURGO PROTECTO — IMP(erii) FINIB(us) ISTHIC AUCTIS HIC DEFENSIS — TRIUMPH(o) ET OVATION(e) EADEM LUNA — OB HOSTES SUBIUGAT(os) ET CIVES SERVATOS — LEOPOLDO INVICTISS(imo) ET SIBI ET SOCIIS — PROMERITO — HECT(oris) ET ACHILL(is) PERS(onas) SIMUL SUSTIN(enti) — OPTIMO PRINCIPI — PIO FEL(ici) INCL(yto) VICT(ori) AC — TRIUMPHATORI — 1686.

(— Dem Markgrafen von Brandenburg, des Heiligen Römischen Reiches Kurfürsten, *Friedrich Wilhelm* dem Grossen, der hier mit Rath, dort mit den Waffen glücklich, den befreundeten König überredend, den feindlichen Zwingherrn schlagend, an der Donau Ofen nach dessen traurigem Verluste sechsmal bestürmte, nun am $\frac{23 \text{ Aug.}}{2 \text{ Sept.}}$ endlich eroberte, wodurch er seinen Ahnherrn *Joachim* rächte und dessen Waffen wieder eroberte; — an der Elbe aber Hamburg schützte, des Reiches Grenzen dort ausdehnte, hier vertheidigte, durch Triumph und Siegesfeier in demselben Monate sich um den unüberwindlichen *Leopold*, sich selbst und die Verbündeten hochverdient machte, Hektors und Achilles Rollen zugleich übernehmend, dem besten Fürsten, dem Frommen, Glücklichen, berühmten Sieger und Triumphator 1686. —)

Anm.: *Joh. Bernh. Schultz*, seit 1687 Kurf. Brandenb. Ingenieur und Medailleur, arbeitete in Berlin und starb 1695. *S. Fuessli* Pag. 1560.

Von dieser Medaille wird ein silbernes Exemplar, 5 Loth schwer, im *Goeze*'schen Münzcatalog von 1792 Pag. 256 No. 2590 beschrieben. Ein gleiches besitzt der Archivarius *Lappenberg*.

Im Jahre 1686 schickte der „grosse Kurfürst" 8000 Mann Brandenburgischer Truppen dem Kaiser zu Hülfe gegen die Türken nach Ungarn, unter dem Befehl des Feldmarschall-Lieutenants *von Schöning*. Das Kaiserliche Heer, unter dem Herzog von Lothringen, und die Brandenburger belagerten Ofen vom 24. Juni an und erstürmten es am 2. September. Es ward dadurch die Schmach getilgt, welche der Kurfürst *Joachim* II. von Brandenburg, welcher im Jahre 1542 den Oberbefehl des christlichen Heeres gegen die Osmanen führte, durch seinen Rückzug über die Waffen der Brandenburger gebracht hatte. *) Die Brandenburger, bis dahin von den Türken: Blauröcke genannt, erwarben sich nun durch ihr schnelles Schiessen den Namen der Feuermänner. — In demselben Monate, am 5. Sept., rückten Brandenburgische Truppen in Hamburg ein, um dieses gegen die Dänen zu vertheidigen, welche bald darauf die Belagerung aufhoben.

---

*) L. Ranke Deutsche Geschichte. Th. IV. S. 237 figd.

№ 2.

DENKMÜNZE

auf den Geburtstag des Kurfürsten Friedrich Wilhelm von Brandenburg, Anno 1687.

Avers: Ein zwischen Blitz, Sturm und Ungewitter über einem Stück des Erdglobus schwebender Adler. Umschrift: NON TERREOR ILLIS (ich werde durch jene nicht geschreckt). Unten steht: *Schultz* f.

Revers: In 18 Zeilen folgende Schrift: M(archioni) B(randenburgi) EL(lectori) — FRID(erico) WILHELMO — ANNO ÆTAT(is) LXVII. EXACTO — CHRISTI EXULIB(us) ASYLO DATO — SOCIA MANU BUDA CAPTA — HAMBURGO DEFENSO — HOSTIB(us) AD DANUB(em) COESIS — AMICIS AD RHENUM ALBIM AC OCEAN(um) — PRÆSENTIA & CONSILIO CONSERVATIS — TOT LABORIB(us) AC ITINERIB(us) PRO REP(ublica) — MORBO QUOQ(ue) GRAVISS(imo) EXANTLATIS — ECCLESIÆ EVERGETÆ — P(atri) P(atriae) ET CASTROR(um) — NULLIS UNQUAM TERRITO PERICUL(is) — VI. FEBR(uarii) 1687 — NATALEM ITERUM — UTINAM SECULA — CELEBRANTI — S(acrum). (Dem Markgrafen von Brandenburg, Kurfürsten *Friedrich Wilhelm* nach vollendetem 67. Lebensjahre, nach Verleihung einer Zuflucht für Christi Verbannte [1]), nach geleisteter Hülfe zu Eroberung Ofens, nach Vertheidigung Hamburgs [2]), der die Feinde an der Donau geschlagen, am Rhein [3]), an der Elbe und am Ocean [4]) aber durch Gegenwart und Rath gerettet, auch nach so vielen Mühen und Reisen für den

---

1) Die Aufnahme der durch *Ludwig* XIV. verbannten Protestanten.

2) Vergl. die vorhergehende Denkmünze.

3) Im Französisch-Niederländischen Kriege fochten 16,000 Brandenburger im Jahre 1674 unter des Kurfürsten Anführung am Rhein, bis er 1675 in Eilmärschen zurückkehrte und die Schweden aus der Mark trieb. Rathenow und Fehrbellin.

4) Die Seegefechte auf der Ostsee und 1681 die Eroberung einer Spanischen Colonie auf Guinea in Africa.

Staat die schwerste Krankheit überwunden, dem Wohlthäter der Kirche, dem Vater des Vaterlandes und des Feldlagers, durch keine Gefahren jemals erschreckt, der am 6. Februar 1687 seinen Geburtstag wieder feiert, mögten es Jahrhunderte seyn, gewidmet.)

Diese, eigentlich auf den 68sten Geburtstag des Kurfürsten *Friedrich Wilhelm* von Brandenburg geschlagene Medaille pflegt mit zu den Hamburgischen gerechnet zu werden, weil darauf von dem der Stadt Hamburg von demselben verliehenen Schutz die Rede ist.

Ein silbernes Exemplar dieser Medaille, $2\frac{11}{16}$ Loth schwer, ist beschrieben in *Balemann's* Catalog, 2r. Th., 1780, Pag. 338, sub No. 23 unter den Hamburgischen und befindet sich im Cabinet der Bank, so wie eins, $2\frac{1}{8}$ Loth schwer, in demjenigen des Archivarius *Lappenberg*.

Diese und die vorhergehende Medaille sind häufig in hiesigen Cabinetten vorgekommen; da sie sich auch auf Hamburg zum Theil beziehen, so wäre es nicht unmöglich, dass Hamburger Dankbarkeit Veranlassung zu ihrem Entstehen gegeben.

№ 3.

MEDAILLE
auf den Pastor zu St. Nicolai, Joh. Henrich Horbius.

Avers: Sein Brustbild mit der Umschrift: JOHANNES HENRICUS HORBIUS. HAMB(urgensium) PAST(or).

Revers: Auf einem Fussgestell, in dessen Füllung: ORBE, ORBO, ORBIO zu lesen, steht eine Pyramide mit der verschlungenen Chiffer J. H., darüber ein Kranz und ganz oben ein Stern. Zur Rechten stehet eine Figur im Predigerhabit und zur Linken der Teufel; Beide bemühen sich, mit Hebebäumen die Pyramide umzustürzen. Am Fusse des Sockels steht: PROCUL — PROFANI. (Bleibt ferne ihr Ungeweiheten!) Unten liegen zwei Schlangen.

Von dieser Medaille kam in der *Balemann'*schen Auction, im October 1780, Pag. 341 No. 32 des Catalogs, 2r. Th., ein zinnernes Exemplar vor; uns ist sie niemals zu Gesicht gekommen; wir haben daher auch keine Abbildung davon schaffen können. Die Darstellung soll wahrscheinlich gegen die Gegner des Horbius gerichtet seyn, die sich bemüheten, sein Ehrengedächtniss zu zerstören, und die Inschrift in gezwungener Wortspielerei bedeuten: Da der Erdkreis beraubt war des Horbius.

№ 4.

GEDÄCHTNISSMÜNZE

auf den Bürgermeister Peter Lütkens.

Avers: Dessen linkssehendes Brustbild, im Amtshabit und grosser Perucke, mit der Umschrift: PETRUS LUTGEN J. U. L. CONSuL HAMB.

Revers: Das Stadtwappen, ein Castell mit 3 Thürmen und einem mit einem Fallgitter versehenen offenen Thor; hinter demselben die Stadt von der Elbe zu gesehen; über derselben zwei Füllhörner, welche durch zwei Palmzweige verbunden sind. Ueberschrift: PAX ET ABUNDANTIA. (Friede und Ueberfluss.) Im Abschnitt: IN TURRIBUS (in den Thürmen).

Diese Medaille, in Silber 3 Loth wiegend, befindet sich im Münzcabinet der Stadtbibliothek.

Langermann IX. No. 1 und 3 Seite 66 enthält zwei solcher Medaillen, welche sich auch im Cabinette des Herrn Archivar *Lappenberg* befinden; mit diesen und der hier nächstfolgenden sind mithin vier gleiche, das heisst mit demselben Revers versehene, auf die vier von A? 1690 bis 1697 zugleich fungirenden Bürgermeister *Schulte*, *Lemmermann*, *Lütkens* und *Schaffshausen* geschlagen worden, unter Benutzung eines und desselben Stempels für die Kehrseite.

In dem *Journal de Hambourg*, von *d'Artis* im Jahre 1694 in Französischer Sprache herausgegeben, ist die letzte der obigen Medaillen abgebildet und dabei bemerkt: La Medaille, dont on voit ici une estampe, a paru depuis peu de jours en l'honneur de Mr. le Bourguemaître *Schaffshause*, qui est présentement dans l'année de sa présidence.

Richey bemerkt bei Gelegenheit der Medaille mit den vier Bürgermeisterbüsten, sowohl diese als auch diejenige auf Bürgermeister *Schulte* (also auch ohne Zweifel diejenigen auf seine drei Collegen) wären, wie es verlautete, von einem Medailleur verfertigt, der sich der Zeit in Altona aufgehalten habe. (Vielleicht *A. Meibus*?)

№ 5.

GEDÄCHTNISSMÜNZE
auf den Bürgermeister Lemmermann.

Avers: Dessen linkssehendes Brustbild im Amtshabit und grosser Perucke, mit der Umschrift: JOACH. LEMMERMANN. CONSul HAMBurgensis.

Revers: Das Stadtwappen: ein Castell mit 3 Thürmen und offenem Thor, in welchem ein Fallgitter; hinter demselben die Stadt mit dem Grasbrook an der Elbe, auf welcher Schiffe segeln. Ueber demselben zwei Füllhörner, welche durch zwei herabhängende Palmzweige verbunden sind. Ueberschrift: PAX ET ABUNDANTIA (Friede und Ueberfluss). Im Abschnitte steht: IN TURRIBus.

Diese Medaille in Silber, 3 Loth schwer, befindet sich im Münzcabinet der Stadtbibliothek.

№ 6.

MEDAILLE

auf die im Jahre 1695 regierenden vier Bürgermeister.

Avers: Die vier Bürgermeister *Schaffshausen*, *Lemmermann*, *Schulte* und *Lütkens*, in einer Reihe im Profil. Darüber stehet: COSS (Consules). Im Abschnitt: HAMB(urgenses) und darunter die Jahrszahl 1695.

Revers: Die Stadt Hamburg, darüber ein in der Scheide steckendes Schwert und ein darauf liegender Palmzweig. Darüber in den Wolken zwei Brustbilder, welche sich küssen wollen. Umschrift: SALUS POPULORUM (das Heil der Völker). Allem Anschein nach derselbe Stempel, welcher A? 1696 zu der unbekannten Medaille (das von der Sonne beschienene Rathhaus, POST NUBILA PHOEBUS und BELLUM PAX RURSUM) benutzt wurde und die *Langermann* im 41sten Stück sub No. 2 S. 323 beschreibt.

Diese höchst seltene Medaille ist uns nur ein einziges Mal vorgekommen, nemlich im Cabinet des Herrn Archivarius *Lappenberg*, der uns gestattete, die obige Abbildung davon nehmen zu lassen. Das silberne Exemplar wog 2¹¹⁄₁₆ Loth.

№ 7.

DENKMÜNZE

auf das Absterben des Pastors Franciscus Wolff, von Anno 1710.

Avers: Auf einem Tische, dessen Decke die Inschrift trägt: NATURALITER EXTINGUITUR (es wird naturgemäss ausgelöscht), stehet ein Licht, welches von einer aus den Wolken kommenden Hand vermittelst eines Dopfes ausgelöscht wird. Die Umschrift lautet: DER ES GEZÜNDET AN, DER HATS AUCH AUSGETHAN. Unten in einer verzierten Cartouche steht eingravirt: *Franc Wolff D. et P. — gebohr. zu Stralsund — Ao. 1644 13. Oct.*

Revers: An einen Schild, mit den Worten: SUPERNATURALITER RESTITUITUR (es wird auf übernatürliche Weise wieder hergestellt), lehnt sich ein Engel und zündet vermittelst eines Brennspiegels an den Sonnenstrahlen ein zwischen Blumen stehendes Licht an. Umschrift: DOCH DARUM TRAURET NICHT, SEHT AN WAS HIER GESCHICHT. Unten steht in einer reichverzierten und mit einem Engelskopf verzierten Cartouche eingravirt: *Gestorben in Ham — burg Ao. 1710. 23. jun.* *)

Das Exemplar in Silber, von dem die obige Abbildung genommen, befindet sich im Cabinet des Herrn *J. P. L. Bartels* und wiegt 2 Loth. Es sind jedoch auch andere vorgekommen mit verschieden lautenden Inschriften, unter andern eine in einer hiesigen Münzauction am 25. August 1755, sub No. 643 des Catalogs, auf der die gestochene

---

*) *Franciscus Wolff* ward Ao. 1697 am 2. Mai zum Hauptpastor zu St. Nicolai erwählt und bekleidete dieses Amt bis zu seinem am 23. Juni 1710 erfolgten Ableben.

Inschrift der Cartouche auf dem Averse folgendermaassen lautet: D̊ LUCAS VON
BOSTEL D̊ BASIL (eensis) QUONDAM SENAT (oris) HAMB (urgensis) FIL (ius)
NAT (us) 1649. 11 OCT., und diejenige auf der Kehrseite: SYND (icus) HAMB (urgensis)
1687. 11 JAN. PROCONS (ul) 1709. 26 NOV. DENAT (us) 1716 15 JUL (Herr *Lucas
von Bostel*, Dr., promovirt in Basel, Sohn eines weiland Hamburgischen Rathsherrn,
geboren am 11. Oct. 1649, Hamburgischer Syndicus am 11. Jan. 1687, Bürgermeister
am 26. Nov. 1709, gestorben am 15. Juli 1716.)

Sievert erwähnt dieser, 2 Loth wiegenden, Medaille und führt davon sofort
Pag. 26 sub No. 39 ein zweites Exemplar an, auf der die eingravirten Inschriften folgendermaassen lauten, Avers: REGINA LOHEN, GEBOHRNE THORBECKEN, 1688,
DEN 16 AUGUSTI, und auf der Kehrseite stehet: GESTORBEN 1716 DEN 28 JULY.
Dergleichen Medaillen, auf denen beide Cartouchen in blanco gelassen, mögen daher
wohl bei manchen ähnlichen Veranlassungen benutzet und die betreffenden Inschriften von
dem speculativen Stempelschneider dann mit dem Grabstichel hinzugefügt worden seyn.

№ 8.

Die Gräflich Sintzendorffische Medaille, Anno 1710.

A v e r s : Auf einem mit einer Decke geschmückten Postament liegt auf einem Kissen ein neugebornes Kind, bestrahlt von dem Namen Jehova's. Rechts stehet die Gerechtigkeit mit Schwert und Waage, links die Religion mit Kreuz und Kelch. Das Ganze ist von einem Kranz umgeben, und ausserhalb desselben stehet die Inschrift: AUF DIESEM FESTEN GRUND UND UNTER DIESEM SCHEIN, WERD' ICH STETS UNVERWELCKT UND ALLZEIT GRÜNENDT SEYN.

R e v e r s : Innerhalb eines Kreises steht die sechszeilige Inschrift mit Römischen Lettern. A DEO DATUS — A? MDCCX DIE 25 — JUNII — HORA 5 MATTIUNA — POST FESTUM — JOHANNIS —

Die übrigens gravirte silberne Medaille, gross 2 Zoll 5 Linien im Durchmesser, wiegt reichlich 1⅞ Loth und ist mit einer silbernen Oese versehen, um sie an einem Bande zu tragen. Eine Anzahl Exemplare davon befindet sich noch im Archiv des Hamburger Waisenhauses; eine Beschreibung und Abbildung in: *Das Neue der heutigen Welt*, 32ste Vorstellung vom 5. Aug. 1710, und es ist daselbst gesagt worden, die Frau Gräfin habe *Sophie Louise* geheissen und sey eine Tochter des Kursächsischen Oberhofmarschalls *Friedrich Adolph von Haugwitz* gewesen und habe sich am 7. Juni 1693 vermählt. Die Grafen *von Sintzendorff* besassen ausser dem Amt des Erbschenken in Oesterreich durch den Westphälischen Frieden auch noch die hohe Reichswürde eines Erbschatzmeisters. Die Ehe war 15 Jahre lang unfruchtbar gewesen, bis am 25. Juni 1710 ein junger Graf in Hamburg geboren wurde.

Stelzner giebt darüber im 5ten Bande Pag. 61 seiner Nachricht über die Stadt Hamburg folgende Notiz:

„Die Frau Gräfinn *von Sintzendorff* hatte binnen 15 Jahren keine Kinder mehr zur Welt „gebracht, als sie aber in diesem 1710ten Jahr mit einem jungen Grafen darnieder kam und die „Waisenkinder herum und in das Grüne gingen, wurden aus solchen 15 Knaben ausgesucht, welche „von ihr mit grauen Kleidern bekleidet, mit einem silbernen Schaustücke, auf der Brust hängend, „beschenkt und aller ferneren Gnade versichert wurden."

Die im Archiv des hiesigen Waisenhauses befindliche Stiftungsurkunde geben wir am Fusse dieses, so wie das darin vorgeschriebene Gebet der Waisenknaben, welches jedoch keinen sonderlichen Erfolg hatte; denn der junge Graf verschied bereits wieder in Hamburg im August 1712, also eben zwei Jahr alt. Der Vater, Graf *Otto Heinrich*, folgte ihm bald, nämlich am 19. Dec. 1713, und die Mutter heirathete am 23. Juni 1715 den Grafen *Giovanni Horatio Guicciardi*. Mit dem Bruder von *Otto Heinrich*, dem Erbschatzmeister, Grafen *Sigismund Rudolph*, starb dieser Zweig der Linie der Grafen *Sintzendorff*, der Ernstbrunn oder Feuereckischen Linie, im Mannsstamme aus, 1747. Der letzte Reichsgraf *von Sintzendorff*, *Prosper*, wurde 1803 im December Reichsfürst, starb aber am 13. August 1822 unvermählt, und mit ihm erlosch das ganze Haus. Nicht zu verwechseln mit dieser Familie *Sintzendorff* ist die der Grafen *von Zinzendorf*; davon starb die Oesterreichische Linie *Hauseck* 1738 aus, und die Sächsische Linie *Pottendorf*, wozu der bekannte Ordinarius der Mährischen Brüdergemeinde, Graf *Nikolaus Ludewig* gehörte (geboren am 26. Mai 1700 und gestorben am 9. Mai 1760), erlosch ebenfalls 1812.

Die im Archiv des hiesigen Waisenhauses befindliche Stiftungsurkunde lautet folgendermassen:
Im Namen der Allerheiligsten Dreifaltigkeit.

Stiftung auf meines Sohnes Geburtstage von 15 Knaben im Waisenhaus zu Hamburg so lange ihn
Gott beim Leben erhält:

1) Mit Vergünstigung Eines Hochedlen Magistrats sollen, sobald mein Sohn Gott gebe zu Segen
auf der Welt geboren wird von denen Waisenknaben, 15 losgezogen werden und diejenigen so
einen numerirten Zettel bekommen, sollen:

2) Nach dem Taufactu, wo er gehalten wird, das Herr Gott dich loben wir mit ihrem Vorsänger
in Andacht absingen; dann

3) sie verbunden bleiben alle Morgens und Abends in der Kirche vor dem Altar auf ihren Knien
vor christliches Leben, Gesundheit, zeitliches und ewiges Wohlseyn des Täuflings ihr Gebet
mit lauter Stimme zu verrichten; davor:

4) bekommen sie jeder bei dem Tauf-Actu und so jährlich einen Species Ducaten, zu Schuh und
Strümpf auch einen neuen Rock von Waisentuch. Der Gedenkpfenning so sie an einem (rothen)
Band an Hals tragen werden, soll jeder Zeit beibehalten bleiben und von den einen auf den
andern kommen.

5) Da einer oder der andere durch übel Verhalten, welches auf die Erkenntniss ihres Vorgesetzten
ankömmt, sich der Gnade unwürdig machte, soll um das Zeichen Kleidung und den jährlichen
Ducaten aufs Neue gelooset; dieser aber nimmer wieder zu loosen admittiret werden, und wann

6) einer von 15 Knaben stirbet oder heraus kömmt, so soll gleichfalls derjenige succediren, auf
welchen das Loos fallet; auch:

7) wann einer ein genügliches Attestat seines guten Lebens und Verhaltens vorbringet, soll ihm
von mir oder meinem Sohn mit andern Gnadensbezeugungen, so lange er lebet succurriret
werden, und dieses alles zur publiquen Contestation der schuldigsten Dankbarkeit gegen göttliche
Majestät, dass sie den Täufling nach 15 jähriger unfruchtbarer Ehe mit neuem Ehesegen zum
Majorats-Erben gezeuget und geboren werden lassen. Docens iterum hoc exemplo nihil
impossibile esse apud Deum, qui naturae Dominus quaecunque disponit peragit. Breslau
d. 8ten Juny 1710 und meine eigenhändige Unterschrift und gräflichen Signet.

Unterz: *Ot. Heinrich* Graf und Herr *von Sinzendorff* des Heil. Röm. Reichs
Erbschatzmeister und Burggraf zu Reineck.

Vorgeschriebenes tägliches Waisengebet,
der Stiftung im Waisenhause beizulegen.

O Allmächtiger und barmherziger Gott und Vater, alles was Kinder heisset, wir arme Waisen,
von dir durch deine wunderbarliche Schickung sonderbar begnadet, fallen vor dein Allerheiligstes
Antlitz nieder auf unsere Knie und bitten in tiefster Demuth auf die Vorbitte deines Allerheiligsten
Geistes, so alle andächtige Herzen, die dich in Geist und in der Wahrheit anrufen, bei dir zu
vertreten versprochen hat, mit unaussprechlichem Seufzen: Lasse dir unsern Hochgräflichen Wohlthäter, die Seinigen und Dero hohes Haus jetzo und alle Zeit zu allem Segen anbefohlen seyn; auch
halte Deine göttliche Gnadenhand über den ihn von deiner Güte nach 15 jährigen unfruchtbaren Ehe-
stand wiederum verneuerten männlichen Ehesegen und Majorats-Erben *Theodatum*, Grafen von
Sinzendorff, wegen dessen Geburt, dieses Waisenhaus, die gnädige Stiftung Zeit seines Lebens zu
geniessen hat, solche auch bei stets grünender Descendenz continuiren lassen wollest; verbinde
dich mit diesem Deinem bei der heiligen Taufe dir sonderbar gewidmeten Knecht mehr und mehr,
erhalte ihn durch deine Allmacht in beständiger Gesundheit und lasse unter deinem Schutz in Deiner
Furcht seine Tage viele werden auf Erden. Gieb, dass er durch deine Gnade sich stets seines
Geburtstages erwiedere in Evangelischem Glauben und gutem Gewissen, und verharre bei der Augsburgischen Confession, welche an eben diesem Tage vor 180 Jahren Kaiser *Carl V.* überreicht worden,
der auch der Kaiserliche Mund zugesprochen: Wollte Gott dass alle so glaubten und auch die die
Pforten der Hölle nicht überwältigen werden. Bei dieser seligmachenden Confession, lasse ihn einen

reifen Prosperum mitten unter der Welt Reizungen, Verfolgung oder Verführungen beständig verbleiben; kröne ihn mit deiner Güte an Seel' und Leib und schaffe, dass er zum Schirm deiner Kirche und zur Verherrlichung deines allerheiligsten Namens, auch zur Zierde seiner Familie je mehr und mehr zunehmen. Endlich zu der dir gefälligen Zeit sanft und selig sterben, und in dein unvergängliches Reich, welches von Ewigkeit bereit ist, denen die sich an dein Wort allein halten durch Christi, unsers einigen Mittlers Verdienst eindringen möge: Hierin erhöre uns, unser Gott und himmlischer Vater! Wie wir auf dich hoffen. Amen. und hierauf ferner vorbittlich unser Gebet und Andacht beschliessen, wie du selber gelehret hast, betende: Vater unser etc.

Dieses Gebett solle der Stiftung in dem Waisenhause zum Angedenken beigelegt werden.

(Unters:) *Ot. Heinrich.* des Heil. Röm. Reichs Erbschatzmeister.

Burggraf zu Reineeg, Graf und Herr *von Sinzendorf.* Mpp.

Dabei liegt noch eine Abkürzung dieses Gebets von anderer Hand und ein Zettel folgenden Inhalts: Anno 1710 d. July sind folgende Knaben aus dem Loose gegriffen:

Peter Rekders.			
Gerdt Struss.		Weil aber diese 4 Knaben schon erwachsen, und mit dem	
Claes Bartelt Christian.		Ersten zu Dienst gehen müssen, so liess man ihnen zwar	
Joh. Hinr. Stalbohm.		ihren Ducaten; die Kleider aber sind folgenden 4 Knaben,	
Claus Gregorius.	14 Jahr.	die auch nachdem aus dem Loos gezogen sind, als nämlich	
Johan Jürgens.	17 „	*Johan Erich Volckers.*	17 Jahr.
Mangels Peter Gätjens.	14 „	*Jochim Lamert Brinkmann.*	14 „
Hinrich Matias Bohrt.	14 „	*Matthias Beichmann.*	15 „
Joh. Jochim Hauschildt.	13 „	*Ditmer Iborg Claus Crohn*	16 „
Hans Heydtmann.	13 „		
Joh. Heyn König.	13 „	Die Knaben wurden eigends gekleidet.	
Jürgen Albert Holtzberger	15 „		
Dierck Runge.	14 „		
Casper Cordt Neymann.	18 „		
Friedrich Wilhelm.	13 „		

Diese 15 haben ein jeder einen Ducaten bekommen.

Dabei lag noch folgende Rechnung:

Auf des Herrn Grafen *Zinzendorff* Ordre bezahlt für 15 Waisenkinder.

15 Hüte mit Aufmachen	⚜ 33.	12
Bänder darauf	„ 7.	—
Blanke Leinen unter die Röcke......................	„ 17.	9
Weisse Leinen unter die Röcke, Rümpfe und Hosen	„ 14.	7
Greiss Leinen zu den Schubsäcken...................	„ 1.	11
Knöpfe in die Rocks-Rümpfe	„ 7.	8
Schneiderlohn	„ 22.	—
15 Paar Strümpfe...................................	„ 30.	—
15 Paar Schuhe à 2 ⚜	„ 30.	—
Spangen in die Schuhe	„ 1.	1
	⚜ 166.	5

67 Ellen grau Laken zu 15 Kinderröcke und Hosen.
19 Ellen dito zu Camisollen.

№ 9.

MEDAILLE

auf den Chursächsischen Ober-Hofprediger Dr. Bernhard Walter Marperger bei seinem Abzuge von Nürnberg nach Dresden, Anno 1724.

Avers: Das geradeaus sehende Brustbild desselben, im Priesterrock mit Ueberschlag. Chronographische Umschrift: MARBERGER DoCToR PIE NVnCIE VIVE IEHoVAE, die Jahrszahl 1724 enthaltend (Doctor Marperger du frommer Bote Gottes lebe).

Revers: Ein Säemann, der mit der rechten Hand Saamen auf den Acker streuet. Darüber mit Gothischen Lettern der Bibelspruch: UND ETLICHS FIEL AUF EIN GUT LAND. Im Abschnitt steht die Angabe dieser Bibelstelle: MARC. IV. v. 8. und die Chiffer CW. des Stempelschneiders *Christian Wermuth.*

Wille giebt die Abbildung und Beschreibung dieser Denkmünze im 35sten Stück P. 275 des 4ten Theils seiner Nürnbergischen Münzbelustigungen und tadelt bei dieser Gelegenheit sowohl die Arbeit als die Erfindung und beklagt die Unähnlichkeit des Bildnisses, sagt auch, sie stehe bedeutend ´gegen diejenige zurück, welche *Vestner* bei dieser nämlichen Veranlassung geschnitten; giebt indess von dieser letzteren weder Bild noch Beschreibung, sondern verweiset auf das Museum Mazzuchellianum Tom. II. Tab. 189. No. 4. p. 367, welches wir nicht haben zu Gesicht bekommen können; auch giebt er weder Gewicht noch Grösse beider an.

Dieser ältere *Marperger* war am 14. Mai 1682 in Hamburg geboren. Nachdem er in Nürnberg mehrere geistliche Aemter und Würden bekleidet, wurde er 1714 Pastor oder Antistes zu St. Egidien, weihete als solcher die neuerbauete schöne Kirche ein und führte die gewöhnliche Inspection über das Egidische Gymnasium. Nachdem die Universität Altdorf ihm die theologische Doctorwürde übertragen, wurde er Anno 1724 als K. Polnischer und Chursächsischer Evangelischer Ober-Hofprediger, Kirchenrath und Ober-Consistorial-Assessor nach Dresden berufen. Wie grosse Liebe und Achtung er in Nürnberg genossen, beweisen die beiden obengenannten, bei seinem Abzuge auf ihn geschlagenen Medaillen. In Dresden genoss er gleichfalls hohe Achtung, sowohl als Prediger wie als gelehrter Orientalist; führte auch mehrere theologische Streitigkeiten siegreich durch und ging mit Ruhm, Verdienst und grossen Ehren am 29. März 1746 aus der Welt. Näheres über ihn findet sich im Nürnbergischen Gelehrten-Lexicon, 2ter Thl. p. 524.

Von beiden Medaillen ist uns nie ein Original zu Gesicht gekommen, und da bereits die Abbildung davon existirt, so haben wir geglaubt, die Platte sparen zu können, um so eher, da er sonst in keiner weiteren Verbindung mit seiner Vaterstadt stand.

Die von *Vestner* auf *Marperger* geschnittene Medaille kam vor in dem Cataloge des Numophylaceii Molano Böhmeriani Pag. 437 sub No. 25 mit der Inschrift: NIL DESPERANDUM DUCE CHRISTO ET AUSPICE CHRISTO, welche das Bild des Heilandes umgiebt, wie er Petrus winkt über's Meer zu ihm zu kommen.

Auf der Hauptseite befindet sich das Brustbild *Marpergers* mit der Umschrift: B. W. MARPERGER S. S. THEOL. Dr. IN AULA R. E. SAX. ANTIST. PRIM. CONS. ECCL. & CONS. S. ASS. Wir trafen diese Nachweisung in dem Verkaufs-Cataloge einer Münzsammlung, die der Auctionarius *H. Rademin* am 4. September 1752 in Hamburg öffentlich versteigerte, und zwar P. 208 sub No. 1362. Das Gewicht in Silber ist mit 1⅞ Loth angegeben.

№ 10.

MEDAILLE

auf die zweite Verheirathung des Bürgermeisters Rütger Rulant, Anno 1735.

Avers: Dessen Brustbild in der Amtstracht und en face gesehen, mit der Umschrift: RUTGERUS RULANT. J. U. D. CONSUL REIP (ublicae) HAMB (urgensis). (R. R. der Rechte Doctor und Bürgermeister der Republik Hamburg). An der Schulter die Chiffer des Medailleurs *P. H. Goedeke.*

Revers: Ein auf einem Felsen sich verbrennender Phönix, darüber die strahlende Sonne. Umschrift: PROLIS AMORE ARDET (Er brennt vor Liebe zu seinen Jungen). Unten: H. W., muthmaasslich die Namenschiffer des bekannten Pestpredigers *Heinrich Würtzer,* als Erfinder der Medaille. Randschrift: IN SECUNDA VOTA RULANTINA FACTA 1735. IV CAL. IUL. (Auf die zweite Rulantsche Vermählung, vollzogen 1735 am 28. Juni).

Sievert beschreibt diese Medaille P. 31 sub No. 35 und giebt das Gewicht in Silber mit $1\frac{9}{16}$ Loth an.

Rütger Rulant, J. U. D., Sohn des Syndici gleiches Namens, wurde am 22. Januar 1665 geboren, am 13. September 1719 zu Rath, am 11. Februar 1728 zum Bürgermeister erwählt und starb am 22. November 1742, fast 78 Jahre alt. Er verheirathete sich am 3. December 1694 mit *Anna Elisabeth,* Tochter des Licenciaten *Matthaeus Trainer,* welche Anno 1700 im Wochenbett starb. Nachdem er 35 Jahre im Wittwerstande verharrt und Anno 1729 sein einziger Sohn gestorben, so dass er einsam auf der Welt dastand, schritt er im 71sten Jahre zur zweiten Ehe und heirathete am 28. Juni 1735 *Cornelia,* die 17jährige Tochter seines Vorgängers, des Bürgermeisters *Wiese,* welche nach seinem Tode den Bürgermeister *Conrad Widow,* und nachdem auch dieser verschieden war, den Preussischen Residenten, Herrn *von Hecht,* heirathete. Vergl. *Buek's* Hamburgische Bürgermeister pag. 192.

№ 11.

DENKMÜNZE

auf den berühmten Maler Balthasar Denner.
Anno 1739.

Avers: Sein rechtssehendes Profil-Brustbild mit blossem Hals und fliegenden Haaren Umschrift: BALT (hasar) DENNER HAMB (urgensis) PICT (or) IN SVO. GENER (e) VNICVS (B. D. aus Hamburg, Maler, einzig in seiner Art).

Revers: Eilfzeilige Inschrift: OB — MVLTIFARIA — AEREQVE — PERENNIORA — VIRTVTIS FIDEI ARTIS — DOCVMENTA — AMICO BENE — MERENTI — F (ieri) F (ecit) — C. F. WEICHMANN. — 1739. — (Wegen vielfacher und das Erz überdauernder Beweise der Tugend, der Treue, der Kunst, liess seinem wohlverdienten Freunde dies prägen *C. F. Weichmann*). Am Rande unten der Name des Medailleurs *Koch*, ohne Zweifel *Joh. Christian Koch* aus Zerbst, Schüler von *Chr. Wermuth*, welcher um 1730 in Gotha arbeitete und 1742 starb, oder auch dessen ältester Sohn, der in demselben Fache thätig war.

Sievert beschreibt diese Medaille P. 17 sub No. 7 und giebt das Gewicht in Silber über 1 Loth an. Sie befindet sich im Münzcabinet der Bank und des Herrn Dr. *Lappenberg*, so wie in der kleinen Sammlung von *O. C. Gaedechens*.

№ 12.

MEDAILLE

auf Paul Jacob von Marperger, Kais. wirklichen Rath und Consulenten der Stadt Nürnberg, Anno 1748.

Avers: *Marperger's* linkssehendes, sehr ähnliches Bildniss, in Französischer Tracht mit langer Staatsperücke, Kaiserlicher Gnadenkette und einem Mantelumschlag. Umschrift: PAU (lus) JAC (obus) MARPERGER, CONSIL (iarius) PRIM (arius) NOR (imbergensis) ET AL (iorum) S (acri) I (mperii) ORD (inum). (P. J. v. M., erster Rath von Nürnberg und anderer Stände des Heil. Römischen Reiches.) Unter dem Arme steht der Name des Medailleurs *P. P. Werner.*

Revers: Ein zwischen zwei Füllhörnern aufrecht stehender und mit denselben zusammengebundener Mercurstab, mit der Ueberschrift: VIRTUTE ET FORTUNA (Durch Tugend und Glück). Im Abschnitt steht: NATALI LXIII. 3 OCT. 1748. D (icat) J (oannes) C (asparus) BIRK (ner) D (octor), d. i. dem 63sten Geburtsfeste am 3. Oct. 1748 widmet es Dr. *Joh. Caspar Birkner.*

Geo. And. Will giebt eine Abbildung und ausführliche Beschreibung dieser Medaille im 3ten Theile seiner Nürnbergischen Münzbelustigungen im 28sten Stück, P. 217.

Marperger war am 3. October 1686 in Hamburg geboren, besuchte mehrere Universitäten, promovirte zu Dortrecht, bereisete Frankreich und England zu seiner Ausbildung als Gelehrter und Staatsmann, und da sein Vater, welcher wie er, *Paul Jacob* hiess, und K. Poln. und Chursächs. Hof- und Commercienrath war, aus Nürnberg stammte und sein Bruder daselbst schon als Prediger zu St. Egidien angestellt war, so trat auch er in die Dienste dieser Reichsstadt, wo seine Gelehrsamkeit und Gewandheit ihm bald zu bedeutenden Staatsämtern verhalf. Anno 1717 wurde er als Deputirter an das Reichskammergericht abgeschickt, 1718 bekam er die Consulentenstelle, 1728 wurde er vorderer oder Rathsconsulent, und seit 1727 war er Nürnbergischer Gesandter bei der Fränkischen Kreisversammlung, bei welcher er auch noch andere Stimmen führte. Sowohl in Kreissachen als in den städtischen Angelegenheiten galt er als ein wahres Orakel, gab in diesen Fächern mehrere sehr wichtige Sammlungen zum Druck und lebte noch in Nürnberg Anno 1766 in hoher Achtung, 80 Jahre alt.

Die obige ihm zu Ehren geschlagene Medaille soll von der Erfindung des berühmten Altdorffischen Professors *Chr. Gottlieb Schwarze* sein und befindet sich gleichfalls abgebildet im Museo Mazzuchelliano Tom. II ad Tab. 187. No. 4. P. 354. Nähere Nachricht über denselben giebt das Nürnbergische Gelehrtenlexicon. Uns ist diese Denkmünze im Original nicht vorgekommen und vermögen wir über deren Gewicht auch nichts zu berichten.

Hier dürfte der Ort sein, noch einer Medaille auf einen gebornen Hamburger aus späterer Zeit zu erwähnen, die uns beim Schluss der ersten Abtheilung unseres Werkes noch unbekannt geblieben war und worüber wir erst jetzt eine Notiz in *Meusels*

Lexicon, der vom Jahre 1750 bis 1800 verstorbenen Deutschen Schriftsteller. Leipzig 1804. 8. im 3ten Bande S. 17 aufgefunden, nämlich: eine

Denkmünze auf Johann Arnold Ebert,

geboren in Hamburg den 18. Februar 1723, gestorben als Herzoglich Braunschweigischer Hofrath und Professor am Collegio Carolino in Braunschweig. Sie wurde ebendaselbst von dem Graveur *Mercker* Ao. 1795 angefertigt. Auf der rechten Seite *Ebert's* Brustbild, auf der Gegenseite ein aufgeschlagenes Buch und eine Leyer, von einem Rosen- und Lorbeerkranz umschlungen mit der Umschrift: SELTNEN WISSENS FROHSINNS UND MITGEFÜHLS, Unterschrift: GEB. 1723 GEST. 1795.

Ein Exemplar dieser Medaille ist uns jedoch bis jetzt nicht zu Gesicht gekommen. Wir erlauben uns aber noch einige Worte über verschiedene Medaillen hinzuzufügen, die auf einen Mann geschlagen worden, der freilich kein Hamburger war, aber in der Hamburgischen Geschichte eine sehr hervorragende Rolle spielte, nämlich auf den *Grafen von Schönborn,* der hier in den Jahren 1708 bis 1713 an der Spitze der Kaiserlichen Commission stand und später im geistlichen Fache als Bischof von Speyer und Cardinal in grossem Ansehen stand. Im Catalog der Münzsammlung *Mich. Richey's* fanden wir nämlich Pag. 71 No. 37 aufgeführt: Eine grosse saubere Kupfermedaille auf den Grafen *von Schönborn.*

Avers: Dessen Brustbild mit der Umschrift: DAMIANUS HUGO S. R. ECCLES. CARD. etc. S. R. I. COMITI DE SCHOENBORN.

Revers: Ein Tempel, vor welchem ein Löwe liegt, der das Wappen des Cardinals hält, welcher von einer Glorie bestrahlt wird. Umschrift: VIGILANS FIDUSQUE A LIMINE CUSTOS (Wachsamer und treuer Wächter der Schwelle). Im Abschnitt steht DaMIano hVgonI sCrI prIncIpI atqVr epIsCopo SpIrensI (Damian Hugo, des Heil. Röm. Reiches Fürsten und Bischof von Speyer, 1717).

Bei weiterer Nachforschung darüber, trafen wir in *Joh. Hiers. Lochners* Sammlung merkwürdiger Medaillen. Nürnberg 1740. 4. im 4ten Bande in einer Lebensbeschreibung des bekannten Nürnberger Medailleurs *Georg Wilhelm Vestner,* im Verzeichniss der von demselben gelieferten Arbeiten sechs verschiedene Medaillen auf den gedachten Grafen *von Schönborn* aufgeführt, als:

     I. No. 101. Auf dessen Erhebung zum Cardinal, sehr gross.
     II. „ 102. Auf dessen Coadjutorie zu Speyer.
     III. „ 103. Auf dessen Wahl zum Bischof zu Speyer.
     IV. „ 104. Auf ebendieselbe.
     V. „ 105. Auf dessen Priesterweihe.
     VI. „ 106. Auf dessen Consecration,

worüber das Nähere daselbst zu ersehen.

№ 13.

MEDAILLE

auf den berühmten Hamburger Chirurgen Peter Carpser.

In einer im Jahre 1851 herausgekommenen Schrift: „Die Denkmünzen der Freimaurer-Brüderschaft," herausgegeben von dem Grossherzoglichen Bibliothekar Dr. *Merzdorff* in Oldenburg, geschieht Erwähnung einer Medaille auf den berühmten Hamburger Chirurgen *Peter Carpser*, welcher Meister vom Stuhl einer der Hamburgischen Logen war. Der Herausgeber fügt indess hinzu: er habe diese Medaille nie zu sehen bekommen und kenne sie nur aus *F. L. Schröder's* Materialien zur Geschichte der Freimaurerei, Hamburg 1806, 8°, wo ihrer Pag. 25 im Jahr 1759 Erwähnung geschieht.

Auf unser Gesuch hatte der jetzige Grossmeister der vereinigten Hamburger Logen, Herr Physicus Dr. *Buek*, die Gefälligkeit, in den Sammlungen und Protocollen derselben Nachforschungen nach obiger Medaille anzustellen. In der Münzsammlung kam dieselbe nicht vor, weshalb die Existenz derselben allerdings zu bezweifeln sein dürfte, wohl aber fand sich ein Beschluss der Loge, dass zum Andenken des hochverehrten Mannes sein Bildniss in Kupfer gestochen und eine Medaille geschlagen werden solle. Der Kupferstich ist nach einem Bilde von *Stein* durch *Bernigeroth* gestochen worden und kommt noch häufig vor; von der Medaille findet sich jedoch keine weitere Spur; es ist daher zu vermuthen, dass der bedeutenden Kosten halber man die Idee vielleicht später aufgegeben und es bei einem Medaillon in Gyps hat bewenden lassen, von dem mitunter noch einzelne Exemplare vorkommen und wovon Schreiber dieses ein sehr sauber gearbeitetes und wohlconservirtes besitzt.

III.

Vermeinte

oder

Privat-Portugalefer.

Die von Hamburgischen Behörden, als Bank und Admiralität, veranstalteten Portugaleser hat *Langermann* sorgfältig beschrieben und abbilden lassen; *) es giebt aber eine nicht geringe Anzahl, die *Richey* in seinem schon mehr erwähnten Manuscript, und nach ihm *Klefeker*, unter der Benennung: „Vermeinte oder Privat-Portugaleser" aufführen. Es sind meist Privat-Speculationen hiesiger Medailleure, als *Reteke, von Hachten, Goedecke* u. a., die vielleicht in der Hoffnung an die Arbeit gegangen, dass die Bank ihnen die Stempel abnehmen werde, oder auch in der damaligen Zeit, wo die Portugaleser zu Hochzeits-, Pathen- und Ehren-Geschenken sehr starken Absatz fanden, für eigene Rechnung die Ausprägung unternahmen. Letzteres ist um so wahrscheinlicher, da auch häufig Exemplare in Silber davon vorkommen, so dass die Lieferung einer gewöhnlichen Medaille vielleicht ursprünglich die Hauptintention dabei gewesen. Die goldnen Exemplare sind jedoch in der Regel nicht ganz zuverlässig, weder in Gewicht noch in Gehalt, welches unbedingt nicht der Fall gewesen sein würde, wenn sie von einer Behörde ausgegangen wären. Die meisten dieser Privat-Portugaleser lassen überdem, sowohl in Betreff der Invention als in der Ausführung, Manches zu wünschen übrig; manche sind selbst weniger als mittelmässig. Wir haben uns daher nicht entschliessen können, an alle die Kosten der Abbildung zu wenden, welches überdem die Grenzen überschritten haben würde, die wir uns für dieses Heft gezogen.

---

*) Auf die Beschreibung der officiellen Portugaleser hat *Langermann* eine ganz besondere Sorgfalt verwandt; uns ist nur eine vorgekommen, die er nicht aufgeführt hat, nämlich:

Ganzer Bank-Portugaleser, zusammengesetzt aus den Stempeln derjenigen von Anno 1673 und 1714.

Avers: Die Stadt Hamburg, mit der Umschrift: DA PACEM IN DIEBUS NOSTRIS. Im Abschnitt steht: HAMBURG.

Revers: Drei Bienenkörbe, mit der Umschrift: VALENT, SI VOLENT, und die Jahreszahl 1714 im Abschnitt.

Siehe *Langermann*, 31stes Stück, No. 3, Pag. 243 und 32stes Stück, No. 3, Pag. 251.

Die Bildung eines Portugalesers durch Zusammensetzung verschiedener älterer Stempel ist in früheren Zeiten bei der Hamburger Bank mehrfach geübt worden, wann der Portugaleser-Vorrath zu Ende ging und man nicht Lust hatte, die Kosten neuer aufzuwenden; vielleicht kam man zuerst auf die Idee, als einer der älteren Stempel schadhaft geworden; denn das jetzt gebräuchliche Einsetzen in Wachs scheint in älteren Zeiten nicht üblich gewesen zu sein, weshalb die vor dem grossen Brande in der Bank noch vorräthigen zahlreichen Stempel fast alle ohne Ausnahme vom Rost angefressen waren.

Der Vollständigkeit halber lassen wir jedoch die Beschreibung folgen, sparen aber die Platten für wichtigere Gegenstände und bilden nur diejenigen ab, welche eine directe Beziehung auf Hamburg haben oder sonst besonderes Interesse gewähren.

Von solchen vermeintlichen oder Privat-Portugalesern hat *Langermann* die folgenden gegeben, als:

No. 1. Ganzer auf die Execution des Westphälischen Friedens. IV. 1. S. 26.
      Die Friedensgöttin: GOTTLOB DER UNS SO GÜTIG LIEBT.
      WO GÜT UND TREU SICH KÜSSEN.

„ 2. Halber auf das Friedensjahr 1679. XI. 4. S. 84.
      GOTTLOB DER UNS SO GÜTIG LIEBT.
      WO GÜT UND TREU SICH KÜSSEN.
      Langermann giebt das Gewicht mit 6 Ducaten an und sagt, sie sei auf den sogenannten Pinneberger Recess von 1679 geschlagen.

„ 3. Ganzer auf dieselbe Begebenheit. XLI. 3. S. 323.
      Güte und Treue: WO GÜT UND TREU SICH KÜSSEN.
      Die Stadt Hamburg mit der Umschrift: DEINE GÜTE HERR SEY ÜBER UNS. (Siehe *Klefeker* XII. S. 326).

„ 4. Halber auf dasselbe Jahr. XXX. 4. S. 235.
      Die Friedensgöttin: GOTTLOB DER UNS SO GÜTIG LIEBT.
      Die Stadt Hamburg: DEINE GÜTE HERR SEY ÜBER UNS.

„ 5. Noch ein ganzer von 1679 zum Andenken desselben Friedens. IV. 2. S. 26.
      Das Bild des Friedens, die Stadt im Hintergrunde: SUPPRIMO CALCE.
      Minerva und Amalthea an einem Postament: FRANGERE CONCORDES.

„ 6. Ganzer mit der Freiheit, zum Gedächtniss desselben Jahres. XXXIX. 3. S. 307.
      Das Bild des Friedens u. s. w.: SUPPRIMO CALCE.
      Pallas und Mercur am Meeresstrand: NON EST LIBERTAS.

„ 7. Ganzer mit der Friedensfama auf den Ryswicker oder Nimweger Frieden Ao. 1679 oder 1697. XLIII. 3. S. 338.
      Die Stadt Hamburg: HAEC VRBS TUTA DEI CLYPEO.
      Die Friedensgöttin, zwischen einem Palmbaum und einer Tanne, die Zwietracht mit Füssen tretend: PAX MARE, PAX TERRAM.

      Anm. Die sieben vorstehenden Portugaleser sind sämmtlich von *J. Reteke's* Hand und muthmasslich Privat-Speculationen desselben. Das Gewicht ist nicht immer gleich; man trifft die ganzen 10 und 12, die halben 5 und 6 Ducaten schwer.

„ 8. (Bei *Richey* No. 13). Ganzer mit dem Portrait der vier Herren Bürgermeister 1694. XIII. 1. S. 98.
      Die Stadt Hamburg, mit der Ueberschrift DECUS ET TUTAMEN.
      Die Bürgermeister *Schulte, Lemmerman, Lütkens* und *Schaffshausen* en buste: COSS. HAMB. ANNO 1694.

No. 9. (Bei *Richey* No. 14). Ganzer auf die überstandene Contagion Ao. 1713. XXXII. 2. S. 250.

> Die Stadt Hamburg, über der ein Engel mit dem Stadtwappen schwebt: sEDEt sUb pROTEcTIONE.
>
> Ein Regenbogen über einer weiten Landschaft: POST FUNERA MUNERA COELI.

Klefeker hat im 12ten Bande seiner Sammlung Hamburgischer Gesetze in dem Abschnitte der Münzverfassungen Pag. 321 u. f. diese 9 Portugaleser, nach Anleitung des *Richey*'schen Manuscripts ausführlich beschrieben und noch einige Bemerkungen hinzugefügt.

Richey giebt in seinem Verzeichniss dann noch II. die folgenden, welche *Langermann* nicht aufgenommen:

No. 10. (*Richey* IX). Ganzer mit dem Frieden und der Gerechtigkeit auf das Friedensjahr 1679.

> Die Stadt Hamburg: DEINE GÜTE HERR SEY ÜBER UNS.
>
> Friede und Gerechtigkeit, welche sich einander begegnen: DASS GÜTE UND TREUE EINANDER BEGEGNEN.

„ 11. (*Richey* X). Halber mit dem Bilde des Ueberflusses.

> Die Stadt Hamburg: VERLEIH UNS FRIEDEN GNÄDIGLICH.
>
> Die gesegnete Arbeit: DURCH ARBEIT ICH IM FRIED.

„ 12. (*Richey* XI). Halber mit dem Gebet und der Arbeit.

> Die gesegnete Arbeit: DURCH ARBEIT ICH IM FRIED.
>
> Ein betendes Frauenzimmer: ZUM HIMMEL DAS GESICHT.

„ 13. (*Richey* XII). Halber mit der Hoffnung und der Arbeit.

> Die Stadt Hamburg: HERR DEINE GÜTE SEY ÜBER UNS.
>
> IN HOFFNUNG MÜHE UND ARBEIT.

„ 14. (*Richey* XV) Ganzer mit der Friedenshoffnung.

> Die Stadt Hamburg: NACH DEM REGEN KÖMMT SONNENSCHEIN.
>
> Die andächtige Hoffnung: VERLEIH UNS FRIEDEN GNÄDIGLICH.

„ 15. Halber Portugaleser mit der Abundantia und der Stadt Hamburg.

> SO WIRKT FRIED UNS GUTT UND MUTH.
>
> DEINE GÜTE HERR SEY ÜBER UNS.

„ 16. Ganzer mit der Stadt Hamburg und Gerechtigkeit und Friede.

> DEINE GÜTE HERR SEY ÜBER UNS.
>
> DAS GÜTE UND TREUE EINANDER BEGEGNEN.

Diese beiden letzteren hat *Richey*, vielleicht der vielen Wiederholungen müde, nicht aufgenommen.

Was nun III. die übrigen sogenannten vermeintlichen oder Privatportugaleser anbetrifft, die sich weder im *Langermann* noch im *Rickey* finden, aber doch häufig als wirkliche Portugaleser coursiren, ungeachtet sie, wie gesagt, weder an Gewicht noch Gehalt zuverlässig sind, so entstanden dieselben, wie bereits früher erwähnt worden, als Privatspeculationen hiesiger Medailleure, um als Geschenke bei Taufen, Copulationen, Confirmationen, so wie bei Wahlen und anderen feierlichen Gelegenheiten, zu dienen; in der Regel sogenannte moralische Medaillen, von welchen sowohl goldene, als silberne Exemplare abgezogen wurden. Den goldenen bemühte man sich den Werth von 10 und 5 Ducaten zu geben, um sie in die Zahl der wirklichen Portugaleser aufgenommen zu sehen, welches dann auch, wenn Erfindung und Arbeit nur irgend Beifall fanden, in der Regel zu gelingen pflegte, und so trifft es sich denn nicht selten, dass dem Sammler, so wie dem Geldwechsler ein für höchst selten ausgegebener Portugaleser angeboten wird, in welchem sie bei näherer Betrachtung einen alten silbernen Bekannten wieder erkennen. Die uns bis jetzt vorgekommenen, in diese Rubrik gehörenden Stücke sind die folgenden:

No. 17. Ganzer mit der Glückseligkeit der drei Stände im Frieden.

        (Die sogenannte Gluckhenne.)

„ 18. Ganzer mit der Hoffnung besserer Zeiten.

„ 19. Ganzer mit der Friedensgöttin und Güte und Treue.

„ 20. Halber mit *David* und *Jonathan*.

„ 21. Halber mit der Schäferin und dem Morgenländer.

„ 22. Halber mit dem Gebet und der Arbeit.

„ 23. Halber mit den drei guten Regeln.

„ 24. Halber mit dem Horn des Heils im Frieden.

„ 25. Halber mit dem Bund eines guten Gewissens mit Gott.

„ 26. Alter Traupfennig ohne Namen und Jahrszahl.

„ 27. Grosser   do.   ohne Namen und Jahrszahl mit dem von einer Weinrebe umschlungenen Baum.

„ 28. Traupfennig mit dem Amor.

„ 29. Traupfennig des Medailleurs *von Hachten*.

„ 30. Taufpfennig mit der Taufe im Jordan.

„ 31. Grosser Traupfennig mit dem fruchttragenden Baum.

II.

Privat-Portugaleser, welche Richey in seinem Manuscript aufgeführt.

№ 10.

GANZER PRIVAT-PORTUGALESER
auf das Friedensjahr 1679.

Avers: Prospect der Stadt Hamburg an der schiffreichen Elbe; über derselben schwebt ein Friedensengel (wie auf dem Bank-Portugaleser von 1653), welcher mit jeder Hand ein Füllhorn mit Blumen und Früchten auf dieselbe herabschüttet. Umschrift aus Ps. 33: DEINE GÜTE HERR SEY ÜBER UNS, WIE WIR AUF DICH HOFFEN.

Revers: Derselbe wie auf dem Portugaleser von 1650 auf die Execution des Westphälischen Friedens: Zwei sich umarmende, in den Wolken schwebende Frauenzimmer; unten liegt auf dornigtem Boden der Neid, in der einen Hand einen Zankapfel, in der andern einen verdorrten Zweig haltend. Umschrift: WO GÜT UND TREU SICH KÜSSEN — LIEGSTU O NEID ZU FÜSSEN. Dieser Revers scheint identisch mit dem von *Langermann* gegebenen im 4ten Stück No. 1: Vermeintliches Hamb. Goldstück auf den Nürnbergischen Executionsrecess.

Klefeker, der diese Medaille Bd. XII P. 326 beschreibt, sagt bei dieser Gelegenheit: „Ich kann aber allhier unangemerkt nicht lassen, dass eben diese Medaillen mit der Aufschrift: WO GÜT UND TREU SICH KÜSSEN unter denjenigen fast die vornehmsten sind, wobei man sich in Acht zu nehmen hat, dass man keine betrügliche Stücke für richtige halbe oder ganze Bank-Portugaleser annehme, indem es stadtkundig, dass die von *Joh. Reteke* hinterlassenen Stempel in eines Sohnes Hände geriethen, der damit auf fremdem Territorio solche Goldstücke ausgepräget, die an Werth 30 pCt. schlechter, als sich gebührt, befunden worden; ja man hat sogar von den erwähnten einige angetroffen, die mit einem zinnernen Blättchen unterlegt gewesen, weshalb denn auch der betrügliche Fabrikant seines Orts arretirt worden u. s. w.“

№ 11.

HALBER PORTUGALESER
mit dem Bilde des Ueberflusses.

Avers: Die Stadt Hamburg an der Elbe, jedoch so schlecht geschnitten, dass ein grosses Seeschiff mehr auf einem trocknen Vorgrunde zu sitzen, als auf dem Wasser zu segeln scheint. Oben in den Wolken ein herabstrahlendes Auge Gottes; Umschrift die bekannten Gesangsworte: VERLEIH UNS FRIEDEN GNÄDIGLICH, HERR GOTT ZU UNSERN ZEITEN.

Revers: Eine weibliche Gestalt, die gesegnete Nahrung oder den Ueberfluss vorstellend, welche auf dem linken Arm ein volles Fruchthorn trägt, mit dem rechten Zeigefinger aber in die Höhe nach der mit A und O bezeichneten und in einem hellen Lichte wohnenden Gottheit, als dem Ursprunge alles Segens, weiset. Einige neben ihr stehende Kaufmannsgüter und in der Ferne fahrende Schiffe geben zu verstehen, dass auf die Handlung vornehmlich abgezielt werde, wenn es in der gereimten Umschrift heisst:

DURCH ARBEIT ICH IM FRIED MIT REICHEM NUTZ MICH NEHR.

DOCH KOMT DER UEBERFLUSS ALLEIN VON OBEN HER.

Klefeker sagt Bd. XII P. 335 nach *Richey*, dass sich in der Bank die Stempel dieses Portugalesers befunden haben sollen, rechnet ihn jedoch wegen aller mangelnden Kennzeichen nicht unter die Bank-Portugaleser und vermuthet, dass er vielleicht aus dem Privat-Nachlasse *Reteke's* dahin gekommen; er sagt übrigens nicht bestimmt, dass er von *Reteke's* Hand sei.

№ 12.

HALBER PRIVAT=PORTUGALESER
mit der Andacht und dem Fleisse.

Avers: Ein Altar, über welchem ein Frauenzimmer ein brennendes Herz hält; an der anderen Seite desselben eine Schnitterin im Strohhut. Umschrift: ANDACHTS GLUTH, DES FLEISSES MUTH. Im Abschnitt: MEHRT DER WOL-FAHRT SEGENS GUTH.

Revers: Eine Göttin des Ueberflusses, die Friedenspalme in der Hand, auf welche Früchte aus einer Wolke fallen. Umschrift: DAS HORN DES HEILS IM FRIEDEN. Im Abschnitt: BLEIB SEGENSREICH HIENIEDEN.

Diese von *P. H. Goedeke* angefertigte Medaille befindet sich im Münzcabinet der Bank.

№ 13.

HALBER PRIVAT=PORTUGALESER
mit der Hoffnung und der Arbeit.

Avers: Prospect der Stadt Hamburg an der Elbe, aber so elend geschnitten, dass wenn nicht 6 Thurmspitzen zu sehen und das Wort Hamburg darunter stünde, man kaum die Stadt erkennen würde; darüber das Auge der Vorsehung in einem strahlenden Kreise mit der Beischrift: DEINE GÜTE HERR SEY ÜBER UNS, WIE WIR AUF DICH HOFFEN.

Revers: Zwei neben einander stehende weibliche Gestalten, wovon die eine zur Rechten die Hoffnung, die andere zur Linken die Arbeit bedeutet. Jene hält mit der einen Hand den Anker, mit der anderen einen Vogel: diese hat in der Linken eine Sichel und hält die Rechte über einem Bienenstock, der in der Mitte auf einem Fussgestell steht. Ueberschrift: IN HOFFNUNG, MÜHE UND ARBEIT VERGEHET UNSER LEBEN-ZEIT.

Klefeker, welcher diese Medaille im 12ten Bande P. 335 beschreibt, fügt hinzu: „Es findet sich zwar weder Jahr, noch Meisters Name; ist aber wohl zu vermuthen, dass es eine Haus-Invention und auf den Kauf verfertigte Arbeit eines Hamburgischen Pfennigmachers sei."

№ 14.

GANZER PRIVAT-PORTUGALESER
mit: „Verleih' uns Frieden gnädiglich."

Avers: Die Stadt Hamburg, wobei versucht worden, von dem Innern derselben etwas mehr zur Ansicht zu bringen, wogegen aber das Aeussere sehr übel gerathen und die Zeichnung der Wälle und des Einganges des Oberhafens grundfalsch ist. Ueber der Stadt scheint durch Wolken die helle Sonne; darüber die Devise: NACH REGEN KOMPT SONNENSCHEIN.

Revers: Ein Frauenzimmer, vielleicht die andächtige Hoffnung bedeutend, sitzt auf einem Anker am Ufer des Meeres und zeigt mit der rechten Hand auf ein segelndes Schiff; im linken Arm hat sie einen Lilienstengel, auf dem Schoosse ein aufgeschlagenes Buch. Ein Engelchen kommt von oben zu ihr geflogen und bringt ihr in der einen Hand einen Kranz und in der andern einen Lorbeerzweig. Ueberschrift: VERLEIH UNS FRIEDEN GNÆDIGLICH. Im Abschnitt *von Hachten's* Chiffer V. H.

Klefeker sagt im 12ten Bande P. 340: *David Gerhard von Hachten*, ehemals beeidigter Präger der Bank, † den 14. März 1727, dessen Chiffer V. H. sich unten auf dem Reverse befindet, habe diesen Stempel geschnitten und ihn der Bank offerirt, um ihn als Portugaleser-Stempel zu benutzen; allein wer nur ein geringer Kenner von Erfindung und Zeichnung sei, könne es der Löbl. Bank nicht verdenken, dass sie es abgelehnt.

№ 15.

HALBER PRIVAT-PORTUGALESER

mit der Abundantia und der Stadt Hamburg.

Avers: Eine Göttin des Ueberflusses nach oben blickend, wo in einer Glorie das A und das O steht; im Hintergrunde Schiffe. Umschrift: SO WIRCKT FRIED UNS GUTH UND MUTH IN DER FREIEN STILLE.

Revers: Prospect der Stadt Hamburg vom Auge der Vorsehung bestrahlt. Umschrift: DEINE GÜTE HERR SEI ÜBER UNS WIE WIR AUFF DICH HOFFEN.

Ohne Jahreszahl und Zeichen; befindet sich im Münzcabinet der Bank.

№ 16.

PRIVAT-PORTUGALESER

mit der Stadt Hamburg und Gerechtigkeit und Friede.

Avers: Prospect der Stadt Hamburg, vom Auge der Vorsehung bestrahlt. Umschrift: DEINE GÜTE HERR SEY ÜBER UNS WIE WIR AUFF DICH HOFFEN.

Revers: Gerechtigkeit und Friede; im Vordergrunde ein Taubenpaar. Umschrift: DAS GÜTE UND TREUE EINANDER BEGEGNEN GERECHTIGKEIT UND FRIEDE SICH KÜSSEN.

Befindet sich im Münzcabinet der Bank.

Herr Archivarius *Lappenberg* besitzet von diesem Gepräge einen sehr schönen halben Portugaleser, welcher keine andere Abweichung darbietet, als dass auf dem Averse über dem Prospecte der Stadt, anstatt des blumenstreuenden Engels das Auge der Vorsehung in einer Strahlenglorie angebracht ist und dass die Inschrift, anstatt unten links, oben rechts, neben der Glorie, beginnt. Auf dem Reverse findet sich eine wesentliche Verschiedenheit in der Form der Geränder und am Ende der Schrift ist die Bibelstelle Ps. 83 angegeben, welche auf dem ganzen fehlt.

III.

Privat-Portugaleser,

welche weder im Langermann noch im Richey aufgeführt worden.

№ 17.

GANZER PRIVAT-PORTUGALESER
mit der Gluckhenne.

Avers: Ein Feigenbaum, durch dessen Zweige sich Reben voller Trauben durch-
geschlungen haben; unter demselben sitzt eine Gluckhenne, die ihre Küchlein,
theils unter ihren Flügeln, theils um sich herum hat. Die Umschrift lautet:
UNSER FEIGENBAUM UND REBEN — WIRD UNS SICHERN SCHATTEN
GEBEN.

Revers: Die drei Stände werden auf demselben folgendermaassen dargestellt: In der
Mitte steht, den geistlichen Stand darstellend, ein mit einer Decke behängter
Altar, auf welchem ein offenes Buch liegt, in welchem die Worte: VERBUM
DOMINI MANET IN AETERNUM (Das Wort des Herrn bleibt in Ewigkeit)
zu lesen. Rechts vom Altar steht der Regierstand, als ein Frauenzimmer,
welches in der einen Hand Schwert und Wage, in der anderen einen Palm-
zweig hält. Zur Linken der Hausstand, welcher einen Bienenkorb auf der
Hand und einen Spaden neben sich stehen hat, das Gesicht zu Gott empor-
hebend, dessen Name A O in feurigen Strahlen oben in der Mitte zu sehen.
Umher steht der folgende gereimte Wunsch: GOTT GIB FRIED IN DEINEM
LAND — ERHALT LEHR- NEHR- UND WEHR-STAND.

Diese ihrer Zeit sehr beliebte Denkmünze kam sonst sowohl in Gold zu 10 Ducaten als auch in Silber zu ca. 2 Loth in fast allen Hamburgischen Sammlungen vor
und wird daher in der Regel unter die Hamburgischen gerechnet; auch haben *Richey*
und *Klefeker* kein Bedenken gehabt, sie unter die Hamburger Privat-Portugaleser aufzunehmen. Letzterer sagt im 12ten Bande P. 332, dass, wenn einem gewissen Münz-
catalog zu trauen sei, dieselbe schon Ao. 1651 in Silber neu geprägt worden; auch
sei ihm ein silbernes Exemplar von Thaler Grösse vorgekommen. Ungleich schöner

von Dessein und Sculptur sei jedoch diejenige, den der Hamburgische Medailleur *Joh. Reteke* nach dem Contour eines Portugalesers ums Jahr 1690 angefertigt, welcher gewöhnlich zehn Ducaten wöge und eine seiner gelungensten Arbeiten sei.

In der That liegen zwei verschiedene Gepräge in Silber vor uns (beide aus dem Cabinet des Herrn *Bartels*); auf dem einen älteren steht auf der Kehrseite an dem Sockel des Altars 1651. SDtt, welches voraussetzen lässt, dass es im gedachten Jahr von dem bekannten Graveur *Sebastian Dattler* geschnitten, möglicherweise in Hamburg, wo er längere Zeit thätig war. Das andere Gepräge ist von *Joh. Reteke's* Hand, wie die am Sockel des Altars angebrachten Buchstaben J. R. beweisen. Dieses letztere ist etwas grösser als das vorige, wiegt auch schwerer, 2¼ Loth; (das *Dattler'*sche nur 1⅛⅛); die Figuren sind weit besser gezeichnet, so wie überhaupt die ganze Arbeit sauberer, sonst jedoch in der Composition kein wesentlicher Unterschied zu bemerken, ausser dass auf dem von *Reteke* das Wort GEBEN ganz mit grossen Lettern geschrieben, während *Dattler* es folgendermaassen abgekürzt hat: GEBᴇɴ. Auch steht beim *Reteke* in der Glorie über dem Altar das A und das O, während beim *Dattler* in derselben der Name JEHOVAH prangt. Auf *Reteke's* Stempel umschwärmen auch mehrere Bienen den Feigenbaum und den Kopf der Gluckhenne, welche sich auf dem anderen nicht befinden.

Es sind uns überdem noch mehrere Stempel dieser Medaille vorgekommen, die nur wenig abweichen, wovon eine jedoch bedeutend kleiner, dagegen aber dicker ist, als die übrigen. Die viele Nachfrage, die sich in damaliger Zeit darnach gezeigt haben soll, mag wohl mehrere Medailleure bewogen haben, denselben Gegenstand zu wiederholen. Da er bereits in mehreren älteren Werken abgebildet worden, so haben wir geglaubt, die Platte sparen und uns auf diese Beschreibung beschränken zu dürfen. Ein goldenes Exemplar von *Reteke's* Arbeit befindet sich im Cabinet der Bank.

№ 18.

PRIVAT - PORTUGALESER
mit der Hoffnung besserer Zeiten.

Avers: Die Hoffnung mit Anker und Palmzweig auf einer Schnecke sitzend. Umschrift: DIE HOFFNUNG BESSERER ZEITEN. Im Abschnitt: WENN KOMMT SIE.

Revers: Zucht, Gerechtigkeit und Religion neben einem Schilde, worauf die Worte: ZÜCHTIG, GERECHT, GOTTSELIG. Umschrift: SIE FRAGT NACH GUTEN LEUTEN. Darunter: WO SIND SIE.

Befindet sich im Münzcabinet der Bank zum Gewicht von 10 Ducaten, so wie auch ein halber von 5 Ducaten unverändert in der Erfindung.

Richey sagt von dieser Medaille, *von Hachten* habe sie nach einem auswärtigen Original in Form eines halben Portugalesers mit einigen Veränderungen nachgemacht. Die silbernen Abdrücke dieses Portugalesers wiegen 2 Loth.

№ 19.

GANZER PRIVAT - PORTUGALESER
mit der Friedensgöttin und Güte und Treue.

Avers: Die Friedensgöttin, welche aus ihrem Füllhorn Blumen auf einige vorüberfahrende Schiffe fallen lässt; darüber eine Glorie mit dem A und O. Umschrift: SO WIRCKT FRIED UNS GUT UND MUTH IN DER FREIEN STILLE.

Revers: Zwischen einem Palm- und einem Tannenbaume küssen sich Güte und Treue. In den Wolken Gott der Vater über einem Regenbogen; im Vordergrunde ein Taubenpaar. Umschrift: DAS GÜTE UND TREUE EINANDER BEGEGNEN, GERECHTIGKEIT UND FRIEDE SICH KÜSSEN. Wahrscheinlich der Stempel des Reverses von No. 16.

Ein goldnes Exemplar befindet sich im Münzcabinet der Bank.

№ 20.

HALBER PORTUGALESER
mit David und Jonathan.

Avers: Eine sitzende weibliche Figur, welche die Zwietracht mit Füssen tritt und sich auf einen Schild stützet, auf dem zwei in einander gelegte Hände zu sehen. In der einen Hand hält sie einen Pocal, in den eine aus den Wolken gestreckte Hand aus einem Kelche schenkt; mit der andern ergreift sie eine ihr aus den Wolken gereichte Hand.

Revers: David und Jonathan sich die Hände reichend. Umschrift: WEN DER FREUND ES SO MEINT. Im Abschnitt steht: WIE JONATHAN.

Auch diese Medaille ist eine Arbeit und Privatspeculation *Goedecke's*, dessen Namenschiffer sich auf beiden Seiten befindet. Ein goldenes Exemplar, 5 Dukaten schwer, besitzt die Bank.

№ 21.

HALBER PORTUGALESER
mit der Schäferin und dem Morgenländer.

Avers: Eine Schäferin mit einem Lamme und ein Morgenländer mit einem Cameel die aus derselben Quelle schöpfen; darüber die Worte: GÜTE UND TREUE. Darunter: GRÜSSEN DICH.

Revers: Eine weibliche Figur mit einem Oelzweig und eine andere mit einer Palme geben sich einen Kuss. Umschrift: LIEBE MICH, WIE ICH DICH. Darunter steht: DAS VERGNÜGET MICH.

Auch diese Medaille ist eine Arbeit und eigene Unternehmung des Medailleurs *P. H. Goedecke* und befindet sich, zum Gewicht von 5 Ducaten im Cabinet der Bank.

№ 22.

HALBER PRIVAT-PORTUGALESER
mit dem Gebet und der Arbeit.

Avers: Ein vor einem Kruzifix knieendes Frauenzimmer mit einem geflügelten Herzen in der Hand. Umher stehen folgende Reime:
ZUM HIMMEL DAS GESICHT, ZU GOTT DAS HERTZ ICH HEBE,
UND AUF SEIN HEILIG WORT GEHORSAM ACHTUNG GEBE.

Revers: Die gesegnete Nahrung, wie auf No. 11, Pag. 116 mit der Umschrift:
DURCH ARBEIT ICH IM FRIED u. s. w.

Dieser Stempel ist von einem ganz anderen Schnitte, aber eben so wenig mit einer Jahreszahl, viel weniger mit einigen Kennzeichen einer Bancomünze versehen.

Klefeker XII, P. 335.

№ 23.

HALBER PRIVAT-PORTUGALESER:
Drei gute Regeln.

Avers: Eine Hammonia, welche in der einen Hand die Gesetzestafeln, in der andern eine Waagschale hält; ihr zur Seite ein Löwe. Umschrift: FÜRCHTE GOTT, THUE RECHT, SCHEU NIEMAND. Im Abschnitt: DREI GUTE REGELN.

Revers: Eine Figur mit der Palme und einem brennenden Licht; ein Engel mit einer strahlenden Säule und ein anderer mit einer Urkunde. Umschrift: EHRLICH GEBOREN, CHRISTLICH GELEBT, SELIG GESTORBEN. Im Abschnitt: DREI SCHÖNE DINGE.

Diese Medaille von *Goedecke's* Hand befindet sich im Münzcabinet der Bank und ebendaselbst ein zweiter Stempel von demselben angefertigt, der auf der Hauptseite keine Veränderung darbietet; allein auf der Kehrseite wird auf der einen Seite der Figur die Urkunde oder Taufschein, auf der andern die Krone von zwei Händen aus den Wolken gehalten.

№ 24.

HALBER PRIVAT=PORTUGALESER
mit dem Horn des Heils im Frieden.

Avers: Ueber einem Altar hält eine weibliche Figur ein brennendes Herz; an der anderen Seite steht eine Schnitterin mit einem Strohhut auf dem Kopfe. Umschrift: ANDACHTS GLUTH, DES FLEISSES MUTH. Im Abschnitt: MEHRT DER WOHLFARTH SEGENS GUTH.

Revers: Die Göttin des Ueberflusses, eine Palme haltend, auf welche es Früchte aus einer Wolke regnet. Umschrift: DAS HORN DES HEILS IM FRIEDEN. Im Abschnitt: BLEIB SEGENSREICH HIENIEDEN.

Auch diese Medaille trägt die Chiffer *Goedecke*'s, dessen Privatspeculation sie gewesen sein mag. Ein fünf Ducaten schweres, goldenes Exemplar, befindet sich im Cabinet der Bank.

№ 25.

HALBER PRIVAT=PORTUGALESER
mit dem Bund eines guten Gewissens mit Gott.

Avers: Auf einer Erdscholle, vom Meere umgeben, auf dem die Arche Noah's schwimmt, steht eine Figur mit der Chiffer $\frac{P}{X}$ auf der Brust, hält in der einen Hand einen Taufschein, in der andern ein Licht. Umschrift: DER BUND EINES GUTEN GEWISSENS MIT GOTT.

Revers: An einem Taufstein stehen Religion und Hoffnung und ein Engel, der auf eine aus den Wolken gehaltene Krone deutet. Umschrift: WELCHES UNS SELIG MACHT IN DER TAUFFE. 1. Pet. 3. Im Abschnitt steht: DIE DURCH JENES BEDEUTET IST.

Dieser Taufpfennig, wovon sich ein goldenes Exemplar, 5 Ducaten schwer, im Cabinet der Bank befindet, ist ohne Zweifel die Privatspeculation eines hiesigen Medailleurs, nach der Arbeit zu urtheilen, des fleissigen *Goedecke*.

№ 26.

ALTER TRAUPFENNIG
ohne Namen und Jahreszahl.

Avers: Das Hamburger Wappen mit der Umschrift: DA PACEM DOMI. IN DIE. NOSTRIS. (Gieb Frieden, Herr, in unseren Tagen).

Revers: Der Heiland, welcher die Hände eines Paares in einander legt: QUOS DEUS CONIUNXIT HOMO NON SEPARET. (Welche Gott zusammengefügt, soll der Mensch nicht scheiden).

Dieses sehr alt scheinende Goldstück von der Grösse eines halben Portugalesers befindet sich im Münzcabinet der Bank; muthmaasslich ein goldener Abdruck des medaillenförmigen 1½ Thalers, den *Langermann* im 65sten Stück sub No. 4, p. 515 beschreibt.

№ 27.

GROSSER TRAUPFENNIG
ohne Namen und Jahreszahl.

Avers: Ein Altar mit zwei brennenden Herzen und zwei in einander gelegten Händen; am Fusse zwei Tauben. Umschrift: WAS GOTT ZUSAMMENFÜGT, BLEIBT JEDERZEIT BEGNÜGT.

Revers: Unter einem fruchttragenden, von einer Weinrebe umschlungenen Baum reicht ein Paar sich die Hände. Umschrift: SIEHE ALSO WIRD GESEGNET WER DEN HERRN FÜRCHTET.

Ueber die Entstehung dieses, im Münzcabinet der Bank befindlichen zehn Ducaten schweren Goldstücks haben wir nichts ermitteln können.

№ 28.

HALBER PRIVAT=PORTUGALESER
oder
TRAUPFENNIG
mit dem Amor.

Avers: Der Gott der Liebe, in der einen Hand ein Herz, in der andern einen Mercur-stab, unter einem Baume, der Früchte trägt und von einem Weinstock umrankt ist. Umschrift: SOLCHE GABEN MUS DER EHSTAND HABEN.

Revers: Ein sich umschlingendes Paar, zwischen dem ein brennendes Herz hängt, hinter demselben ein Hund, als Sinnbild der Treue, links ein Bienenkorb, rechts eine am Boden liegende Figur mit einem Medusenhaupt. Umschrift: NICHTS TRENNET UNS DEN DER TOD.

Diese Medaille ist von der Hand des Medailleurs *von Hachten*, dessen Chiffer auf der Hauptseite angebracht ist; sie befindet sich im Münzcabinet der Bank.

№ 29.

TRAUPFENNIG
des Medailleurs von Hachten.

Avers: Unter einem fruchttragenden Baum, der von einer Weinrebe umrankt ist erblickt man Amor, in der einen Hand ein Herz, in der andern einen Mercur-, stab. Umschrift: SOLCHE GABEN MUS DER EHSTAND HABEN.

Revers: Ein sich umfassendes Paar, zwischen welchem ein brennendes Herz hängt, hinter demselben ein Hund, links ein Bienenkorb, rechts eine am Boden liegende Figur mit einem Medusenhaupt. Umschrift: NICHTS TRENNET UNS DEN DER TOD.

Dieser Traupfenuig, von der Grösse eines halben Portugalesers und fünf Ducaten wiegend, wovon sich ein Exemplar im Cabinet der Bank vorfindet, ist ohne Zweifel eine Privatspeculation des Hamburgischen Stempelschneiders *von Hachten*, dessen Namens-chiffer auf der Hauptseite angebracht ist und wenngleich im Motiv mit No. 28 über-einstimmend, so weicht er in der Zeichnung doch wesentlich ab.

№ 30.

GANZER PRIVAT-PORTUGALESER
oder
TRAUPFENNIG
mit dem fruchttragenden Baume.

Avers: Ein Altar mit zwei brennenden Herzen und zwei in einander gelegten Händen; am Fusse zwei Tauben. Umschrift: WAS GOTT ZUSAMMENFÜGT, BLEIBT JEDERZEIT BEGNÜGT.

Revers: Ein fruchttragender Baum, von einer Weinrebe umschlungen, unter welchem ein Paar sich die Hände reicht. Umschrift: SIEHE ALSO WIRD GESEGNET, WER DEN HERRN FÜRCHTET.

Befindet sich im Münzcabinet der Bank.

№ 31.

GANZER PRIVAT-PORTUGALESER
oder
TAUFPFENNIG
mit der Taufe Christi.

Avers: Die Taufe Christi im Jordan, mit der Umschrift: AUF DAS ER SIE HEILIGET. EPHE(ser) 5. Unter dem Johannes steht auf einem Stein der Name des Hamb. Medailleurs von Hachten, der wahrscheinlich diese Medaille für seine Rechnung geprägt.

Revers: Christus die Kinder segnend; eins hat er auf dem Schoosse, zwei werden ihm von den Müttern gebracht. Umschrift: LASSET DIE KINDLEIN UND WEHRET IHNEN NICHT ZU MIR ZU KOMMEN. Unten stehet: MAT. XIX 14, vorstehende Bibelstelle.

Kommt im Cabinet der Bank vor.

Im Verzeichniss der Münzen und Medaillen des seel. Professors *Michael Rickey*, verkauft am 1. November 1762, kommen unter den Hamburgischen nachfolgende moralische Medaillen vor, die hier eine passende Stelle finden dürften:

Pag. 40. No. 127. ***Ein Traupfennig.*** 1¼ Loth.

Avers: Der Liebesgott reitet auf einem Löwen, darüber steht: AMOR VINCIT OMNIA. (Die Liebe besiegt Alles).

Revers: Zwei Eheleute, die sich einander die Hand reichen. Darunter: LIEB IST DIE BESTE VICTORIA.

Pag. 41. No. 128. ***Medaille auf der Länder Wohlfarth.*** In Silber 4¼ Loth.

Avers: Gerechtigkeit und Friede, die sich küssen; zu ihren Füssen stehen die Gesetzestafeln, mit dem Worte DEO auf der einen und PROXIMO auf der anderen. (Gott; dem Nächsten). Umschrift: PAX CUM JUSTITIA CONIUNCTA FORA, TEMPLA ET RURA CORONAT. (Friede, mit Gerechtigkeit verbunden, krönt Märkte, Kirchen und Felder).

Revers: Die Treue und Gottesfurcht, worüber der strahlende Name Gottes. Umschrift: FELIX TERRA FIDES PIETATI UBI JUNCTA TRIUMPHAT. (Glücklich das Land, wo Treue und Frömmigkeit vereint triumphirt).

Pag. 41. ***Medaille auf das menschliche Elend.*** In Silber 2½ Loth wiegend.

Avers: Ein alter Mann, ohne Kleidung, zu seiner Rechten sind allerlei Unglücksfälle: Brand, Wasser und Krieg; zu seiner Linken wird der blühende Zustand einer Stadt und des Landes durch die darüber scheinende Sonne abgebildet. In den Wolken hält eine Hand ein Schwert, eine andere ein Band. Umschrift: MENSCH, DEINE SUNDE MEHREN SICH, DRUM SCHLAGT GOTT MIT DEM † AUF DICH; DOCH WAN DICH SCHLAGT DIE EINE HAND, SO KOMT DIE ANDR UND BRINGT DAS BAND.

Revers: Zwei in einander gelegte Hände, worin ein Herz ruhet, das sich an ein Grabscheit und an eine Sense lehnt; darüber hält eine Hand aus den Wolken eine Krone. Umschrift: SEY GETREU BIS AN DEN TOD, SO WILL ICH DIR DIE KRON DES LEBENS GEBEN.

Pag. 41. No. 130. *Medaille auf getreue Freundschaft.* In Silber 3¼ Loth.

Avers: Zwei in einander gelegte Hände, worüber der strahlende Name Gottes. Umschrift: WAS DU UND ICH MIT EINANDER GEREDT HABEN. 1. SAM. XX, 23.

Revers: Ein Baum, an welchem zwei Schilde gelehnt stehen; der eine mit dem Namen JONATHAN, der andere mit DAVID. Umschrift: VERGISS DEINES FREUNDES NICHT. SYR. 38. 6.

Pag. 42. No. 131. *Ein Traupfennig* von 4¾ Loth.

Avers: Ein Knabe mit einem Blumenkranze, halb erhabenes Brustbild. Darüber: AMOREM PROGENERAT AMOR. (Liebe zeugt Liebe).

Revers: Ein Paar Brautleute, die sich einander die Hand reichen; der Bräutigam hält ein flammendes Herz. Umschrift: NON INFERNUM SED COELUM SAPIT. (Kennt nicht die Hölle, sondern den Himmel).

Pag. 112. No. 132. *Eine Christpfennig-Klippe von Ao. 1546.*

Avers: Die Geburt Christi, darunter die Jahrszahl 1546.

Revers: JESAI. 9. CAP. PARVULUS NATUS EST NOBIS ET FILIUS DATUS DEUS FORTIS etc. (Uns ist ein Knäblein geboren und ein Sohn geschenkt etc.).

Pag. 42. No. 133. *Medaille mit den Brustbildern Christi und Mariae.*
                                    ⅛ Loth, vergüldet.

Avers: Das Brustbild Christi. Darüber: DU BIST DER SCHONEST UNTER DEN MENSCHENKINDERN CPRICAR.

Revers: Mariae Brustbild. Darüber: DU GEBENEDEYTE UNTER DEN WEIBERN.

Pag. 42. No. 134. *Medaille mit Ora et Labora.* ⅛ Loth, vergüldet.

Avers: Ein Altar, auf dem ein Buch und ein brennendes Herz liegt, danebenen Sense und Grabscheit, vom Namen Gottes bestrahlt. Umschrift: ORA ET LABORA (Bete und arbeite.)

Revers: Eine Hand senkt aus den Wolken einen Korb voll Früchten nieder; zur Rechten stehen volle Aehren; zur Linken ein Weinstock voller Trauben. Umschrift: DEUS ADERIT SINE MORA. (Gott wird ungesäumt dir nahe sein).

Pag. 42. No. 135. *Denkmünze mit dem vierten Gebot.* Gewicht ⅛ Loth.

Avers: Zwei Tafeln, worauf das vierte Gebot.

Revers: Zwei gepfropfte kleine Bäume stehen neben einem grossen in drei Töpfen. Umschrift: WOL DEM, DER FREUD AN SEINEN KINDERN ERLEBT.

Pag. 43. No. 137. *Ein Friedenspfennig.* Wiegt ⅜ Loth.

Avers: Ein Engel mit einem Oelzweige und der Friedensposaune. Umschrift: EHR
SEY GOTT IN DER HÖHE.

Revers: Eine weibliche Figur, in der Rechten einen Oelzweig, in der Linken Kornähren und Weintrauben. Umschrift: UND DEN MENSCHEN FREUDT
AUF ERDEN.

Pag. 43. No. 139. *Medaille.*

Avers: Eine gekrönte Person, auf deren Brust ein Auge, hält in der Rechten ein Buch,
in der Linken ein Scepter und stehet auf der Himmelskugel. Umschrift:
SAPIENS DOMINABITUR ASTRIS. (Der Weise wird von den Gestirnen
beherrscht).

Revers: Ein flammendes Herz stehet zwischen einem Anker und einem Baume, woran
ein zum Schuss aufgespannter Bogen liegt. Umschrift: SPEQUE METUQ.
PAVET. (Und zittert in Hoffnung und Furcht). Gewicht 1¼ Loth.

IV.

Medaillenartige

Speciesthaler oder Schauthaler.

—◆—

Die medaillenförmigen oder medaillenartigen Thaler, eigentlich Species-Thaler, bilden in der Hamburgischen Numismatik eine eigne zahlreiche Abtheilung. Bei der ersten oberflächlichen Bekanntschaft mit denselben ist man zweifelhaft, ob man sie wirklich zu den Hamburgischen rechnen soll; allein bei näherer Untersuchung verschwindet bald jeglicher Zweifel, und man trägt kein Bedenken sie aufzunehmen, wenn man sieht, dass scharfe Kritiker und Kenner, wie *Richey*, *Madai* und *Goeze* sie ohne Weiteres zu den Hamburgern gezählt haben. Auch der Doctor *von Exter*, ein feiner Münzkenner, welcher während einer langen Reihe von Jahren das Cabinet der Stadtbibliothek unter seiner Aufsicht hatte und ausserdem selbst im Besitz einer interessanten, besonders an Thalern reichen Sammlung war, drückt sich in seinem Catalog bei Beschreibung eines Doppelthalers mit der Verkündigung Mariae und der Geburt Christi folgendermassen darüber aus:

„Dieses Stück gehört unter die Hamburgischen Münzen, weil sowohl die eine „als die andere Seite auf anderen Hamburgischen Münzen angetroffen werden „und weil dasselbe Münzmeisterzeichen darauf steht, das sich auf unsern „Thalern zwischen den Jahren 1600 und 1650 vorfindet, daher dieses Stück „auch in diese Zeit gehöret."

So finden sich denn allerdings auch solche Thaler, auf der einen Seite mit dem Hamburger Wappen oder auch mit dem Bilde der Mutter Gottes mit dem Christkinde, als der Schutzpatronin Hamburgs, ganz wie sie auf vielen unserer älteren Münzen vorkommen. Eins dieser beiden Motive bildet dann in der Regel die Hauptseite des Thalers; die andere pflegt eine biblische oder allegorische Darstellung einzunehmen. Durch die in damaliger Zeit so häufig gebräuchliche Versetzung der Stempel ist dann eine grosse Verschiedenheit hervorgebracht, so dass es fast unmöglich ist, alle die verschiedenen Varietäten aufzuführen. Was die darauf befindlichen Münzmeisterzeichen anbetrifft, so haben wir deren vorzüglich drei verschiedene bemerkt, nemlich einen linkssehenden Mohrenkopf, der auf den gewöhnlichen Thalern von 1608, 1610 und 1611 vorkommt, die Hand mit dem Zainhaken, die wir auf den Thalern von 1611 bis 1620 erblicken, und zwei kreuzweise gelegte Zainhaken mit einem Kleeblatte dazwischen, die auf den Thalern von 1637 bis 1647 zu finden sind. In diesen Zeiträumen finden wir nun die folgenden Münzmeister angestellt, als:

Ao. 1606 bis 1620 *Matthias Möörs,*

„ 1620 bis 1634 *Henning Hanses,* 1624 bis 1631 *Christoff Feussel,*

„ 1637 bis 1663 *Matthias Freundt,*

die dann auch ohne Zweifel die Anfertiger der in Frage stehenden Schauthaler gewesen, wozu ihnen muthmaasslich vom Staate die Genehmigung ertheilt, und ihnen gestattet worden, das Wappen oder auch das Bild der Patronin der Stadt, allenfalls auch beide, darauf anzubringen, unter Verbürgung des richtigen Werthes durch Aufsetzung ihres sonst gebräuchlichen Zeichens. Dass solche Species für Rechnung des Staates geschlagen, darüber haben wir nirgends die geringste Notiz gefunden; ebenso wenig, dass sie als wirkliche Münze cursirt haben sollten. Wir vermuthen vielmehr, dass die Münzmeister sie für eigene Rechnung ausgeprägt, damit man sich ihrer als Trau- oder Taufpfennige oder zu sonstigen Ehrengeschenken bedienen und zu dem Ende, und um, nach Maasgabe der Umstände, die Auswahl treffen zu können, sie mit denselben Stempeln in verschiedener Dicke ausgeprägt, so dass man dieselben Species als einfache, anderthalb, doppelte, dreifache, vierfache und selbst als fünffache antrifft; auch sind uns einzelne Exemplare in Gold vorgekommen zum Werth von 10 und 20 Ducaten, als ganze und doppelte Portugaleser ausgeprägt. Die silbernen Exemplare kommen noch ziemlich häufig in den meisten hiesigen Cabinetten vor; die grösste Suite davon besitzt Herr *J. P. L. Bartels,* der auch die Güte hatte, uns mit den Originalen der unten abgebildeten Stücke an die Hand zu gehen.

Langermann hat von diesen Species-Thalern die folgenden abgebildet und beschrieben:

Im 46sten Stück No. 3, Pag. 362.

A v e r s : Das Stadtwappen mit zwei nackten weiblichen Figuren als Schildhaltern. Umschrift: DA PACEM DOMINE IN DIEBUS NOSTRIS. Der linkssehende Kopf als Münzmeisterzeichen.

R e v e r s : Die Göttin des Glücks in einer Muschel stehend, welche von dem Neide mit dem Dreizack verfolgt wird. Die Umschrift lautet: FORTUNAE COMES INVIDIA. (Der Gefährte des Glücks ist der Neid). Zuletzt sieht man noch die in einander verschlungenen Buchstaben FR, vielleicht den Namen des Münzmeisters andeutend. Gewicht 1$\frac{11}{16}$ Loth von 14löthigem Silber.

Im 65sten Stück No. 3, Pag. 514. **Ein rarer Doppelthaler** ohne Jahrszahl.

A v e r s : Das Hamburger Wappen mit den Helmzierrathen und der Umschrift: DA PA-CEM DOMI. IN DIEBUS NOSTRIS.

R e v e r s : Die mit einem Schein umgebene gekrönte Maria, so auf dem gehörnten Mond stehet, von Feuerflammen umgeben, auf dem linken Arme das Jesuskind, so gleichfalls einen Schein um den Kopf und eine Weltkugel in der Hand hat. Umschrift: VERBUM DOMINI MANET IN AETERNUM.

Herr Dr. *Lappenberg*, so wie Herr *J. P. L. Bartels* besitzen von diesem Stempel einen Anderthalb-Thaler.

Im 65sten Stück No. 4, Pag. 515. **Ein Anderthalb-Thalerstück** ohne Jahrszahl.

A v e r s : Das Hamburger Wappen. Der vorigen Nummer gleich.

R e v e r s : Der Herr Christus giebt zween Eheleute zusammen. Mit der aus Matth. 19, v. 6 und Marc. 10, v. 9 genommenen Umschrift: QUOS DEUS CONIUNXIT, HOMO NON SEPARET. (Die, welche Gott zusammen verbunden, soll der Mensch nicht scheiden). Im Abschnitt ein Taubenpaar und die Buchstaben I F, deren Erklärung uns nicht gelungen.

Im 66sten Stück No. 1, Pag. 522. **Ein Doppelthaler** ohne Jahrszahl.

A v e r s : Der gekrönte Reichsadler, welcher das Hamburger Wappen zum Herzschild hat. Umschrift: VERBUM DOMINI MANET IN AETERNUM.

R e v e r s : Die mit einem Schein umgebene gekrönte Maria auf dem gehörnten Mond stehend, von Feuerflammen umgeben, welche einen Scepter in der rechten Hand, das Kind Jesus auf dem linken Arme hält. Umschrift: SI DEUS PRO NO-BIS QUIS CONTRA NOS; aus der Epistel an die Römer, 8, v. 31.

Er bemerket dabei: man trifft eine ähnliche Abbildung dieses Doppelthalers im *Jürgen Wolder* und *Jacob de Zetter*, 1631 zu Hamburg und Frankfurt a. M. im 4ten gedruckten Münzbuche S. 199 an, wobei jedoch dieser Unterschied zu merken, dass unserer Münze der dort befindliche krause Rand fehlet, die Maria aber dort ohne Scepter erscheinet. In der Umschrift hängt im angeführten Münzbuche in dem Worte MANET das E mit dem N zusammen und das M in AETERNUM ist mit den übrigen Buchstaben von gleicher Grösse. Auf der anderen Seite ist das S in dem Worte NOS in dem O eingeschlossen; auch ist unsere Münze etwas grösser, als die dort befindliche.

Schliesslich erwähnt *Langermann* noch, dass von diesem Species ein anderthalb Thalerstück im Numophylacium Molanum Böhmerianum, im III. Th. S. 756, No. 179 vorkommt. Wir haben ein wohlconservirtes Exemplar in dem Cabinet des Herrn Archivarius *Lappenberg*. Auch besitzt Herr *J. P. L. Bartels* einen solchen anderthalb, so wie auch einen dreifachen Thaler.

Im 66sten Stück No. 2, Pag. 522. *Ein Doppelthaler* ohne Jahrszahl.

Avers: Der Reichsadler mit dem Hamburger Wappen auf der Brust. Umschrift: VERBUM DOMINI MANET I AETERNUM.

Revers: Das Stadtwappen ohne Helmzierde, mit spitzen, mit Zinnen versehenen Thürmen. Umschrift: DA PACEM DOMINE IN DIEBUS NOSTRIS.

Langermann fügt hinzu: „Auch dieser Thaler zeigt sich in dem *de Zetter*'schen Münzbuche S. 199 No. 2 und ist dem unsrigen vollkommen gleich. Noch ist uns von eben diesem Gepräge ein Doppelthaler zu Gesicht gekommen, dessen Rand platt ist und die Buchstaben in der Umschrift mehr nach der heutigen Art eingerichtet sind, wie denn auch dieselben nicht in einander gezogen, wie hier zu sehen ist. Ein ehemaliger Besitzer hatte denselben aber übergüldet."

Im 66sten Stück No. 3, Pag. 523. *Ein Doppelthaler* ohne Jahrszahl.

Avers: Das Hamburger Wappen mit seinem Helmschmuck. Umschrift: DA PACEM DOMINE IN DIEBUS NOSTRIS.

Revers: Die gekrönte und mit Strahlen umgebene Maria, in der rechten Hand den Scepter, auf dem linken Arm das Christkind. Umschrift: SI DEUS PRO NOBIS, QUIS CONTRA NOS.

Langermann fügt hinzu, er habe von diesem Gepräge auch einen dreifachen Thaler gesehen.

Sievert erwähnt Pag. 10 unter No. 34 eines Anderthalb-Thalerstücks von diesem Stempel und Pag. 11 sub No. 35 eines dreifachen, der von dem vorigen nur wenig abweicht. Wir fanden ein acht Loth schweres Vier-Thalerstück, das mit der obigen *Langermann*'schen Abbildung vollkommen übereinstimmt in den schon oft erwähnten Dr. *Lappenberg* und *Bartels*'schen Cabinetten.

Im 67sten Stück No. 1, Pag. 530. **Ein Anderthalb-Thaler** ohne Jahrszahl.

Avers: Der gekrönte doppelte Reichsadler mit dem Hamburger Wappenschild auf der Brust. Umschrift: VERBUM DOMINI MANET IN AETERNUM.

Revers: Das Hamburger Wappen mit den Helmzierrathen. Umschrift: DA PACE DOM. IN DIEB(us) NOSTR(is).

Dieser Stempel ist zu einem acht Loth schweren Vier-Thalerstück gebraucht, welches Herr Dr. *Lappenberg* besitzt.

Im 67sten Stück No. 2, Pag. 530. **Ein Drittehalb-Thaler** ohne Jahrszahl.

Avers: Das Hamburger Wappen mit völligem Helmschmuck und zwei nackten Frauenzimmern als Schildhalter. Umschrift: DA PACEM DOMINE IN DIEBUS NOSTRIS.

Revers: Die auf dem halben Mond stehende gekrönte Maria, von Feuerflammen umgeben, in der rechten Hand einen Scepter, auf dem linken Arm das Christkind. Umschrift: SI DEUS PRO NOBIS QUIS CONTRA NOS.

Im Cabinette des Herrn Dr. *Lappenberg* als Zwei-Thalerstück vorhanden.

Im 67sten Stück No. 3, Pag. 530. **Ein einfacher Thaler** mit der Geburt Christi ohne Jahrszahl.

Avers: Das Hamburger Wappen; an jeder Seite des Schildes ein Türkenkopf. Umschrift: DA PACEM DOMI IN DIE NOSTRIS.

Revers: Die Geburt Christi, wie solche von den Hirten bewundert wird. Im Abschnitt steht: GLORIA IN EXCELSIS DEO. (Ehre sei Gott in der Höhe). Beide Seiten sind von einem saubern Kranze umgeben.

Im Cabinette des Herrn Dr. *Lappenberg* vorhanden.

Im 68sten Stück No. 1, Pag. 538. **Ein medaillenförmiger dreifacher Thaler** ohne Jahrszahl.

Avers: Die Göttin des Glücks von dem Neide mit dem Dreizack verfolgt. Umschrift: FORTUNAE COMES INVIDIA. Wie bereits oben im 46sten Stück angegeben, wo jedoch die Gegenseite das Hamburger Wappen darstellt.

Revers: Die nackte Wahrheit zwischen Felsen und Klippen vom Neide angegriffen; von der Zeit jedoch an der Hand geleitet, eine Taube bringt ihr den Oelzweig. Umschrift: VERITAS FILIA TEMPORIS.

Im Cabinette des Herrn Dr. *Lappenberg* als anderthalb Thaler.

Im 68sten Stück No. 2. **Ein einfacher Thaler** mit der Umschrift QUOS DEUS CONIUNXIT etc.

Avers: Das Hamburger Wappen mit der Umschrift: DA PACEM DOMI IN DIE NOSTRIS.

Revers: Der Heiland der Welt giebt ein Ehepaar zusammen. Umschrift: QUOS DEUS CONIUNXIT HOMO NON SEPARET.

Langermann fügt hinzu: „Den Unterschied dieses Gepräges mit dem früheren im 64sten Stück No. 4, wird jeder von selbst bemerken."

Besitzt Herr Dr. *Lappenberg.*

Im 68sten Stück No. 3. *Noch ein dergleichen Thaler* mit der Copulation und der Verkündigung.

Avers: Der Heiland, welcher ein Ehepaar zusammen giebt; von dem vorhergehenden in der Darstellung nur wenig verschieden. Umschrift, welche unten links beginnt: QUOS DEUS CONIUNXIT HOMO NON SEPARET.

Revers: Die Verkündigung der Geburt Christi und die Jungfrau Maria. Umschrift: AVE MARIA GRATIA PLENA DOMI. TECU. BENEDIC. TU INTER MULI.

Langermann fügt folgende Anmerkung hinzu: „Das *Jacob*'sche Thaler-Cabinet bringt S. 346 No. 1371 einen Thaler mit der Verkündigung Mariae bei und hält ihn für einen Hamburgischen, weil er diese Verkündigung auch auf einem Hamburgischen Viertelsthaler von einerlei Stempelschneiders Arbeit angetroffen. Die Beschreibung davon ist diese: Auf der ersten Seite die schon erwähnte Verkündigung mit der Umschrift: AVE MARIA GRATIA PLENA DOMINUS TECUM BE TU MUL. Auf der anderen Seite die Geburt Christi, mit der Umschrift: PUER NATUS EST NOBI E FILIUS DATUS EST NOBIS. ESA. IX.

Im 69sten Stück No. 1, Pag. 546. *Ein Viertel Thaler.*

Avers: Das Hamburger Wappen mit der Umschrift: DA PACEM DOMIN. IN DIE. NOSTRIS.

Revers: Die Geburt Christi. Umschrift: JESUS E(in) KINT GEBORN V(on) EIN(er) JUNKFRA(u) AUSERKORN.

Im 69sten Stück No. 2. *Noch ein Viertel Thaler.*

Avers: Dem vorhergehenden vollkommen gleich.

Revers: Die Geburt Christi, jedoch mit der Lateinischen Inschrift: PUER NATUS EST NOBIS E. FILIUS DATUS EST NOBIS.

Von diesen letzteren Viertel-Thalern besitzt Herr *J. P. L. Bartels* drei verschiedene Gepräge, sämmtlich mit der Lateinischen Inschrift des Reverses; sie weichen nur in Geringfügigkeiten von einander ab, sind jedoch von verschiedenen Händen geschnitten und tragen auch verschiedene Münzmeister-Zeichen, so dass sie ohne Zweifel aus verschiedenen Zeiten herstammen und da sie meist sehr abgegriffen sind, so sollte man denken, dass sie förmlich coursirt haben.

Einen halben Thaler mit diesem Gepräge haben wir in dem Cabinette des Herrn Dr. *Lappenberg* gefunden.

Wir können unseren geehrten Lesern ausserdem nun noch die folgenden vorführen:

No. 1. Ein Doppelthaler mit der Geburt Christi und der Taufe im Jordan.

„ 2. Ein Doppelthaler mit der Verkündigung und der Taufe im Jordan.

„ 3. Ein Anderthalb-Thaler-Stück mit der Copulation und der Hochzeit zu Cana.

„ 4. Anderthalb-Thaler-Stück, ebenfalls mit der Copulation und der Hochzeit zu Cana.

„ 5. Doppelthaler mit der Flucht nach Egypten und der Kreuzigung.

„ 6. Dreifacher Thaler mit der Mutter Gottes und der Auferstehung.

„ 7. Einfacher Hochzeitsthaler mit der Copulation und der Hochzeit zu Cana.

„ 8. Einfacher Taufthaler mit der Geburt Christi und der Taufe im Jordan.

„ 9. Einfacher Taufthaler mit der Verkündigung Mariae und der Geburt Christi.

„ 10. Doppelthaler mit der Madonna und der Taufe im Jordan.

„ 11. Fünffacher Thaler mit der Madonna und dem Reichsadler.

„ 12. Viertel Thaler mit dem Stadtwappen und der Geburt Christi.

„ 13. Viertel Thaler mit der Verkündigung und der Geburt Christi.

№ 1.

EIN DOPPELTHALER

mit der Geburt Christi und der Taufe im Jordan.

Avers: Ein eintretender Hirte zieht den Hut vor dem in der Krippe neben einem Esel und einem Ochsen liegenden Christkindlein, zu dem die knieende Mutter sich besorgt hinwendet. Der heilige Joseph winkt dem Eintretenden zu, leise aufzutreten. Umschrift: IESUS EIN KINDT GEBOREN. V(on). EINER IUNCKFRAUWEN AUSERKOR(en). Das Münzmeisterzeichen: Die kreuzweis gelegten Zainhaken mit einem Kleeblatt.

Revers: Johannes der Täufer, auf einem etwas erhabenen Ufer knieend, tauft den bis an die Kniee im Jordan stehenden Heiland. Ueber demselben in einer Glorie der heilige Geist und der Name Jehovah. Im Hintergrunde eine Stadt. Umschrift: CHRIST(us) D(ie) HEILG(e) TAUF. NIM(mt) AN V(on) SEIM VORLAUFFER I(m) IOR(dan).

Dieser Thaler befindet sich im Cabinet des Herrn *J. P. L. Bartels* und wiegt gut 4 Loth.

№ 2.

DOPPELTHALER
mit der Verkündigung Mariae und der Taufe im Jordan.

A v e r s : Die Verkündigung Mariae. Ein Engel mit dem Scepter tritt vor die sitzende, die rechte Hand aufs Herz legende Maria, welche von dem über ihr schwebenden heiligen Geist beschattet wird. Oben in den Wolken der Name Jehovah. Zwischen dem Engel und der Jungfrau eine Vase mit Rosen und Lilien. Umschrift: ZACHARIA. WIRD EIN SOHN GLOBT. MARIA MIT GOTTS SOHN BEGABT. Das Münzmeisterzeichen: Eine Hand mit dem Zainhaken stehet über der Glorie.

R e v e r s : Der knieende Johannes der Täufer taufet den im Jordan stehenden Heiland; am andern Ufer knieet ein betender, mit einer Glorie umgebener Mann. Der in den Wolken schwebende heilige Geist bestrahlet die Handlung. Umschrift: CHRIST. DE. HEILG. TAUF. NIMPT. AN. V(on) SEIM. VORLAUFFER. IM. IORDAN. Das Münzmeisterzeichen: Eine Hand, welche einen Zainhaken hält.

Dieser Doppelthaler, 4 Loth schwer, befindet sich in dem Cabinet des Herrn *J. P. L. Bartels;* ist uns sonst jedoch nirgends vorgekommen.

№ 3.
ANDERTHALB=THALER=STÜCK
mit der Copulation und der Hochzeit zu Cana.

Avers: Jesus Christus, welcher ein reichgekleidetes Brautpaar einsegnet. Die Braut mit einer Krone und herunterhängendem Haar. Umschrift: WAS GOT ZUSAMMENFFVGET DAS SOL KEIN MENSCH SCHEIDEN. Gerade über dem Kopfe des Heilands steht das Münzmeisterzeichen: Die einen Zainhaken haltende Hand.

Revers: Die Hochzeit zu Cana. Christus und seine Mutter mit dem Brautpaar zu Tische sitzend. Vor ihnen steht der Speisemeister und hält ein Weinglas in die Höhe, das er scharf betrachtet. Im Vordergrunde stehen 6 Wasserkrüge. Umschrift: IESUS CHRISTUS MACHET WASSER Z(u) WEIN IN CANA GALI (leae). IO (annes) II. Ueber dem Haupte der Braut das Münzmeisterzeichen: Die beiden kreuzweise gelegten Zainhaken mit dem Kleeblatt.

Dieses hübsch gearbeitete Stück befindet sich im Besitz des Herrn *J. P. L. Bartels* und wiegt 2⅞ Loth, bietet übrigens die merkwürdige Erscheinung dar, dass hier die Stempel zweier Münzmeister combinirt worden, wie die verschiedenen Münzzeichen es beweisen. Im Cabinet des Herrn *Bartels* finden wir jedoch noch einen zweiten Anderthalb-Thaler, 2⅞ Loth schwer, mit denselben Motiven, der sich jedoch dadurch unterscheidet, dass auf dem Avers die Figur des Heilandes fehlt. Das Brautpaar reicht sich die Hände über einer Blumenvase, auf der Hand der Braut steht ein zwiefach brennendes

Herz. Darüber eine Glorie mit dem heiligen Geist und dem Namen Gottes. Umschrift: WAS GOT ZUSAMNFUGT D. SOLL KEIN MENSCH SCHEI(den). Auf dem Reverse zeigt sich mancher Unterschied in den Costümen, und der stehende Speisemeister hat keinen Hut auf. Ueber dem Kopfe der Braut hängt an der Decke eine Lampe. Die Umschrift lautet wie folgt: IESUS CHRISTUS MACHET WASSER Z(u) WEIN I. CA GAL. Das Münzzeichen. Herr *Bartels* besitzet überdem noch einen dritten Anderthalb-Thaler mit denselben Gegenständen und 3½ Loth schwer, weit kleiner, aber dagegen auch dicker als die beiden eben beschriebenen; sämmtliche Figuren sind weit kleiner, der Heiland stehet zwischen den beiden Brautleuten, welche verschieden und weit reicher gekleidet sind, als auf den vorhergehenden. Die Umschrift ist Lateinisch: QUOS DEUS CONIUNXIT HOMO NON SEPARET, und Anfang und Ende werden durch eine Rosette getrennt. Auf der Rückseite sitzen 7 Personen am Hochzeitstische, und statt des stehenden Speisemeisters knieet ein Diener und giesset aus einem der 6 Krüge Wein in ein Glas. Umschrift: IESUS CHRISTUS MACHET WASSER ZU WEINN IN KA(na): Herr Archivarius *Lappenberg* besitzt ein Exemplar dieses Thalers, 5 Loth schwer; auf dem Averse nicht mit Deutscher, sondern mit Lateinischer Inschrift: QUOS DEUS u. s. w.

Die erste Medaille mit diesem Motive soll in Sachsen bei Gelegenheit der am 24. October 1636 stattgefundenen Vermählung des Herzogs *Ernst zu Sachsen - Gotha* mit der Prinzessin *Elisabeth Sophie von Sachsen-Altenburg* geschlagen worden seyn (*Ernestin.* Medaillen-Cabinet Th. IV. S. 729), und ist wahrscheinlich mehrfach in Hamburg nachgeahmt worden, um zu Hochzeitsgeschenken zu dienen.

№ 4.

ANDERTHALB = THALER
mit der Copulation und der Hochzeit zu Cana.

Avers: Der Heiland segnet ein sehr reich gekleidetes, muthmaasslich fürstliches Paar ein. Umschrift: QUOS DEUS CONIUNXIT — HOMO NON SEPARET. (Welche Gott zusammenfügt, soll der Mensch nicht scheiden.) Ueber dem ·Heiland eine Glorie mit dem Namen Gottes. Links neben der Glorie ein Rosenzweig. Im Abschnitt eine reiche Verzierung und darunter der Buchstabe M, den wir nicht zu deuten wissen.

Revers: Die Hochzeit zu Cana. Braut und Bräutigam sitzen unter einem Baldachin; eine dem Heilande gegenübersitzende Person scheint einen Priester vorzustellen. Ein Diener ist beschäftigt die Krüge zu füllen. Umschrift: IESUS CHRISTUS MACHET WASSER ZU WEINN. IN. CANA. GAL: IOH. II. Die Hand mit dem Zainhaken, das bekannte Hamburger Münzmeisterzeichen.

Dieses sehr sauber gearbeitete Stück befindet sich im Cabinet der Stadtbibliothek und wiegt 3 Loth. Da der Rosenzweig kein Hamburgisches Münzmeisterzeichen ist, so sollte man denken, dass der Avers von einem Auswärtigen geschnitten, und derselbe sich vielleicht mit dem Hamburger über die Ausprägung geeinigt.

Herr Archivarius *Lappenberg* besitzet ein Exemplar dieses Thalers, auf dessen Avers die Chiffer HB deutlich zu erkennen, die die Nürnberger Künstler *Hieronymus Beckhausen* 1629, *Hans Bezold,* † 1633, oder *Hans Burgmayer,* † 1559 andeuten kann. Da das Münzmeisterzeichen des Reverses ein Hamburgisches ist, so könnte man versucht sein zu glauben, dass dieser Hochzeitsthaler eine gemeinschaftliche Unternehmung eines Nürnberger und eines Hamburger Medailleurs gewesen.

№ 5.

EIN BREITER DOPPELTHALER

mit der Flucht nach Egypten und der Kreuzigung.

Avers: Die Mutter Gottes mit dem Christkinde, auf einem Esel nach Egypten flüchtend; links neben ihr der heilige Joseph, den Esel führend, die Axt auf der Schulter. Hinterher ein Engel mit einem Palmzweige. Umschrift. CHRISTUS. FLEUCH. IN. EGYPTE. LAND. DAS. IH(n). HEROD(es). NICH. MEHR: FAND.

Revers: Der Heiland am Kreuz, neben ihm Sonne und Mond, über ihm auf einem Bande I. N. R. I. Links steht unter dem Kreuz die Mutter Maria, rechts der heilige Johannes. Zu den Füssen kniet die heilige Maria Magdalena. Die Umschrift lautet: CHRISTUS IST UMB UNSER SUNDE WILLEN. GESTORBEN. UND. Das bekannte Hamburger Münzmeisterzeichen: Die Hand mit dem Zainhaken.

Dieses 4 Loth wiegende Stück befindet sich im Cabinet der Stadtbibliothek und ist uns sonst nirgends vorgekommen.

№ 6.

DREIFACHER THALER
mit der Mutter Gottes und der Auferstehung.

Avers: Christus, in der Linken die Siegesfahne, mit der Rechten nach oben zeigend, steigt aus dem Grabe zwischen zwei Wolken empor. Zwei Wächter fliehen erschrocken, zwei liegen am Boden. Umschrift: ICK BIN DE VPERSTANDING VND DAT LEVENT WOL AN MI GLOVET.

Revers: Die Mutter Gottes, das Scepter im rechten, das Christkind auf dem linken Arm, auf der Mondsichel stehend, in einer Strahlenglorie. Umschrift: SI DEVS TRO NOBIS QVIS CONTRA NOS. (Wenn Gott für uns, wer ist wider uns?) Am Ende der Schrift der linkssehende Kopf.

Dieser Thaler befindet sich im Cabinet der Stadtbibliothek und wiegt gut 5⅞ Loth. In Pastor *Goeze's* Catalog kommt er Pag. 253 unter No. 1792 vor. Der Avers ist gleich mit dem des Doppelthalers im *Langermann*, 66stes Stück, No. 3, nur dass dort richtig steht: PRO.

№ 7.

EINFACHER HOCHZEITSTHALER

mit der Copulation und der Hochzeit zu Cana.

Avers: Ein vornehm gekleidetes Brautpaar reicht sich die Hände; darüber schwebt in einer Glorie der Heilige Geist in Gestalt einer Taube und der Name Jehovah. Umschrift: QUOS DEUS CONIUNXIT HOMO NON SEPARET. (Welche Gott zusammengefügt, soll der Mensch nicht scheiden).

Revers: Die Hochzeit zu Cana, in kleinerem Format, ganz wie sie auf No. 3 dargestellt ist, nur mit dem Unterschiede, dass hier der Bräutigam einen Federhut trägt. Umschrift: JESUS CHRIST. MACHET WASSER ZU WEIN IN CANA. GAL. IO. II. Das Münzmeisterzeichen mit den beiden kreuzweis gelegten Zainhaken.

Auch diesen Thaler besitzet Herr *Bartels* und haben wir ersteren 2 Loth schwer befunden. Herr *Bartels* besitzt überdem noch einen zweiten ähnlichen, 2 Loth schweren einfachen Thaler, auf dem man auf dem Averse zwischen den beiden Brautleuten die Gestalt des Heilandes erblickt, der das Paar einsegnet. Ueber ihm in einer Glorie der Name Gottes. Die unten links anfangende Umschrift lautet: QUOS DEUS CONIUNXIT HOMO NON SEPARET; vor HOMO die beiden kreuzweis liegenden Zainhaken, jedoch ohne Kleeblatt. Auf der anderen Seite die Hochzeit, die Mutter Maria sitzet zwischen Braut und Bräutigam; rechts im Hintergrunde noch einige undeutlich ausgedrückte Personen. Umschrift: JESUS CHRISTUS MACHET WASSER ZU GUDEM WEINN. JOHA. Ein nicht zu erkennendes Zeichen.

№ 8.

EIN EINFACHER TAUFTHALER

mit der Geburt Christi und der Taufe im Jordan.

Avers: Maria und Joseph knieen vor dem in einem Stalle in der Krippe liegenden Christkindlein. Im Vordergrunde ein Hirte, welcher dasselbe begrüsst. In der Ferne erblickt man einen anderen Hirten zwischen einer Heerde Schaafe, dem ein in den Wolken schwebender Engel das Ereigniss verkündigt. Umschrift: PVER NATVS. EST. NOBIS ET FILIVS. DATVS EST. NOBIS. ESA (ias) IX. (Es ist uns ein Knabe geboren und ein Sohn gegeben.)

Revers: Johannes der Täufer auf dem erhöheten Ufer knieend tauft den bis an's Knie im Jordan stehenden Heiland. Oben schwebt in den Wolken der Heilige Geist, darüber in einer Glorie der Name Jehovah. Umschrift: Das Münzmeister-Zeichen: Die kreuzweise gelegten Zainhaken mit dem Kleeblatt. CHRIST (us) D (ie) HEIL (ge) TAUF. NI (mmt) AN. V (on) SEI (nem) VORLAUF (er) IM JORD (an).

Dieser Thaler ist in den Cabinetten der Herren Dr. *Lappenberg* und *J. P. L. Bartels* und wiegt knapp 1⅞ Loth. Sie besitzen auch einen halben Thaler von demselben Gepräge, 1 Loth schwer, an dem wir keine Abweichung haben entdecken können, ausser der Verdünnung der Platte.

№ 9.

EINFACHER TAUFTHALER

mit der Verkündigung und der Geburt Christi.

Avers: Der vor einem Zelte oder Himmelbett an einem Betpulte knieenden Jungfrau erscheint der Engel mit dem Lilienstengel und verkündet ihr das ihr bevorstehende Glück; darüber schwebt der Heilige Geist und schiesst seine Strahlen auf die Jungfrau herab. Umschrift: AVE MARIA GRATIA PLENA DOMINUS TECUM BE(ata) TU MUL(ier). (Sei gegrüsst Maria, Gnadenreiche, der Herr ist mit dir du gebenedeites Weib). Das Münzzeichen: die kreuzweis gelegten Zainhaken mit dem Kleeblatt.

Revers: Die Geburt Christi. Derselbe Stempel wie im Averse von No. 8.

Herr *Bartels*, der diesen 1⅞ Loth wiegenden Thaler besitzt, hat auch einen halben, reichlich ⅞⅞ Loth schwer, der mit denselben Stempeln wie der ganze geschlagen und nur in der Platte verdünnt zu sein scheint.

Bei dieser Gelegenheit glauben wir bemerken zu müssen, dass die auf dem Hochzeitsthaler mit der Copulation und der Verkündigung, welchen *Langermann* im 68sten Stück No. 3 beschreibt, neben den beiden kreuzweise gelegten Zainhaken angebrachte Chiffer ST, die derselbe nicht zu deuten wusste, den Harburger Münzmeister *Simon Tiempen* anzeigen dürfte, der am 19. September 1615 aus Stade dahin berufen wurde und sich des Heil. Römischen Reiches wohlapprobirter Münzmeister nannte.

№ 10.

DOPPELTHALER OHNE JAHRSZAHL
mit der Taufe im Jordan.

Avers: Die Madonna mit dem Christkinde in einer Flammenglorie. Umschrift: SI DEUS PRO NOBIS QUIS CONTRA NOS. (Wenn Gott für uns, wer ist wider uns?)

Revers: Eine Taufe im Jordan mit der Umschrift: DIS IST MEIN LIEBER SOHN AN WELCHEM ICH WOHLGEFALLEN HABE.

Befindet sich im Münzcabinet der Bank.

In dem Catalog der Münzsammlung von *William Aldersey*, Anno 1730, P. 84 kommt ein ähnlicher vierfacher Thaler vor, auf dessen Rückseite die Umschrift jedoch folgendermaassen lautet: CHRIST DIE HEILIG TAUFF NIMMT AN VON SEINEM VORLÄUFER IM IORDAN.

In demselben Catalog kommt sub No. 144 noch ein zweiter Doppelthaler vor.

Avers: Die Flucht nach Egypten, mit der Umschrift: CHRISTUS FLEUCHT IN EGYPTEN LAND, DASS IHM HERODES NICHT MEHR FAND.

Revers: Die Taufe im Jordan.

Wahrscheinlich eine Zusammensetzung der sub No. 5 und 8 beschriebenen Stücke.

№ 11.

FÜNFFACHER THALER
mit der Mutter Gottes und dem Reichsadler.

Avers: Die Mutter Gottes mit dem Christkinde und der Umschrift: SI DEUS PRO NOBIS, QUIS CONTRA NOS (Wenn Gott für uns, wer ist wider uns).

Revers: Der Reichsadler mit der Umschrift: VERBUM DOMINI MANET IN AETERNUM (Das Wort des Herrn bleibt in Ewigkeit).

Dieses Thalers geschieht Erwähnung in dem Cataloge der grossen Thaler-Sammlung, welche am 14. April 1777 hieselbst in Auction gebracht worden; uns ist ein solcher jedoch niemals zu Gesicht gekommen. Wahrscheinlich eine Combinirung schon früher beschriebener Stempel, vielleicht der von *Langermann* ·im 66sten Stück sub No. 1 beschriebenen.

№ 12.

EIN VIERTEL THALER
mit dem Stadtwappen und der Geburt Christi.

Avers: Die Geburt Christi im Stalle. Umschrift: JESUS E. KINT GEBORN V. EIN JUNKFRA AUSERKORN. Am Schluss wieder die beiden Zainhaken.

Revers: Das Stadtwappen ohne Löwen. Mit der Umschrift: DA PACEM DOMINE IN DIEB. NOSTRIS. (Herr gieb Frieden in unseren Tagen). Am Schluss der Inschrift die beiden Zainhaken kreuzweise gelegt.

Langermann hat von diesem nämlichen Gegenstande bereits zwei Gepräge im 69sten Stück No. 1 und 2 abgebildet. Das Obige weicht in der Arbeit jedoch auffallend ab, indem es sauberer und moderner gehalten. Es befindet sich in den Cabinetten der Herren *Bartels* und Dr. *Lappenberg*.

№ 13.

EIN VIERTELTHALER
mit der Verkündigung und der Geburt Christi.

Avers: Die Verkündigung mit der Umschrift: AVE MARIA GRATIA PLENA DOMINUS TECUM. (Sey gegrüsst Maria, Gnadenreiche, der Herr ist mit Dir).

Revers: Die Geburt Christi. Umschrift: IESUS E. KINT GEBORN V. EIN IUNCFR AUSERKORN.

Dieser Viertel Thaler befindet sich im Münzcabinet der Bank und in dem Cabinette des Herrn Dr. *Lappenberg*.

Schliesslich glauben wir noch bemerken zu müssen, dass sich der Doppelthaler mit dem Reichsadler und dem Muttergottesbilde (die Madonna ohne Scepter), den *Langermann* im 60sten Stück P. 522 als in *de Zetter* und *Wolders* beschrieben angeführt, sich im Cabinet des Herrn Archivarius *Lappenberg* befindet; auch besitzet derselbe von dem Doppelthaler, den *Langermann* im 66sten Stück sub No. 3 beschreibt, einen vierfachen, 8 Loth schwer, so wie gleichfalls Exemplare von den beiden Doppelthalern, die wir im *Langermann* im 67sten Stück No. 1 und 2 abgebildet und beschrieben finden. Wir haben auch noch hinzuzufügen, dass von dem im *Langermann* im 67sten Stück sub No. 3 beschriebenen Thaler mit der Geburt Christi und dem Stadtwappen sich in dem Cabinet des Herrn *A. B. Meyer* ein Exemplar befindet, 3 Loth schwer, also ein Anderthalbthaler. In demselben Besitz befindet sich auch ein goldnes Exemplar des Doppelthalers mit dem Stadtwappen und dem Muttergottesbilde, und der Inschrift: SI DEUS PRO NOBIS auf der andern Seite, den *Langermann* im 67sten Stück sub No. 2 gegeben; jedoch fehlen auf diesem goldnen Exemplar neben dem Wappen die beiden weiblichen Figuren als Schildhalter. Es ist 2⅜ Loth oder schwach 10 Ducaten schwer.

Die Münzen.

———

Die Zahl der im *Langermann*'schen Münz- und Medaillen - Vergnügen fehlenden Münzen übersteigt die der gegebenen so bedeutend, dass eine Ergänzung völlig unthunlich erschien. Auch hätte die Fortlassung der bereits von *Langermann* gelieferten Stücke diesen Abschnitt wohl um Weniges abgekürzt, aber für den Gebrauch sehr unbequem gemacht. Um alle Uebelstände zu vermeiden, mussten daher die bis zum Jahre 1753 geschlagenen Münzen sämmtlich aufgenommen und dieser Theil unsrer Arbeit als ein selbständiges Ganze behandelt werden.

Als Haupt-Eintheilung wählten wir die Sonderung nach Metallen: Gold, Silber und Kupfer, mit Ausnahme der Hohlpfennige oder Bracteaten, die wir ihrer Eigenthümlichkeiten wegen für sich stellten. Jede dieser Haupt-Abtheilungen ist wieder nach den verschiedenen Gattungen und mit wenigen Ausnahmen von der grössten zu der kleinsten Münzsorte geordnet; die verschiedenen Sorten aber sind in sich chronologisch zusammengestellt. — Zur bequemeren Bezeichnung bei Hinweisungen haben wir die einzelnen Münzen mit fortlaufenden Nummern versehen, und da es ohne Nachtheil geschehen konnte, diese Numerirung auch über die neueren, in der ersten Abtheilung dieses Werks behandelten und die neuesten Münzen ausgedehnt. Für die beiden letzteren ist jeder Münzsorte eine kurze Aufgabe der neueren Jahrgänge und ihrer Nummern hinzugefügt, worin sich auch einige Ergänzungen finden.

Wir haben nur solche rein Hamburgische Münzen aufgenommen, welche die Umschrift: MONETA etc. HAMBURGENSIS führen oder sich sonst unzweifelhaft als Hamburgische erwiesen und die sich entweder in hiesigen oder auswärtigen Münz-Cabinetten befinden oder auch in anderen Werken aufgeführt und ohne Zweifel vorhanden sind oder waren. Wenige nicht rein Hamburgische Münzen finden sich im Anhange. Alle im *Langermann* beschriebene Stücke sind mit L. und der Seitenzahl versehen. Die sich sonst findende Chiffer PA. x. bezieht sich auf das Verzeichniss der am 24. September 1798 zu Hamburg verkauften Münz-Sammlung des Syndicus *Peter Amsinck*.

Bei der Mehrzahl der Münzen haben wir den Durchmesser in Hamburger Zollen und Hundertheilen (1 Hamb. Zoll = 0,0238 Meter = 0,913 Preuss. Zoll), den durch den Probirstein ermittelten Feingehalt und das Gewicht in Kölnischen Lothen und Hundert- oder Tausendtheilen angeführt. Der Feingehalt der Goldmünzen und Thaler richtete sich genau nach den Reichs-Münzordnungen und änderte sich so wenig, dass wir es überflüssig fanden, ihn bei jedem Stücke anzumerken und ihn daher nur in den Vorbemerkungen einschalteten. — Für die möglichst zu beschränkende Zahl der Abbildungen haben wir die Auswahl so zu treffen gesucht, dass mit Hülfe von Hinweisungen von einem Abschnitt auf den anderen und auf *Langermann,* das ungefähre Bild jeder Münze leicht zu entwerfen ist.

Wir beginnen diesen Abschnitt mit einer kurzen Geschichte des Hamburgischen Münzwesens, oder richtiger gesagt, einer chronologischen Zusammenstellung der vorhandenen Fragmente, wobei jedoch ein weiteres Eingehen in die ermüdenden Details vermieden ist, die nur für Einzelne von Interesse sein können und erforderlichenfalls in den von uns an den betreffenden Stellen aufgeführten Quellen ausführlich zu finden sind. Trotz aller angewandten Mühe ist es uns nicht gelungen, eine vollständige Arbeit zu liefern, und durften wir nicht hoffen, noch Material zu finden, da von den Papieren der alten Hamburgischen Münze gar nichts mehr vorhanden ist. Zur Einleitung in die Münzgeschichte geben wir eine kurze Abhandlung über die alten Sächsischen, Friesischen, Fränkischen und Angelsächsischen Münzen und die Entstehung des Hamburgischen oder Lübschen Münzfusses, worüber unsere Ansichten gänzlich von den bisher bekannt gewordenen abweichen. Unsere Annahmen scheinen uns jedoch hinreichend belegt zu sein, um damit ans Licht treten und sie der Prüfung Sachverständiger unterbreiten zu können.

Zur Uebersicht der allmäligen Verringerung des Münzfusses und des Aufkommens der verschiedenen Münzsorten geben wir am Schlusse eine Tabelle, die ihrer Unvollständigkeit ungeachtet nicht ohne Nutzen und Interesse sein wird. Sie umfasst nur die kleineren Münzsorten, weil die Thaler und die Goldmünzen sich im Gehalt nur unbedeutend änderten und mit den übrigen Münzen in keiner directen Verbindung stehen, auch bei den Münzsorten selbst aufgeführt sind. Die Tabelle bleibt immer nicht ganz genau, weil uns die Angaben über das älteste Gewicht fehlen und die Feinheit des Silbers in den ältern Zeiten mit der der heutigen nicht genau zu vergleichen ist. — Eine zweite Tabelle liefert den Werth einer Courantmark zu verschiedenen Zeiten in jetzigem Gelde nach dem 34 Markfuss. — Ferner haben wir den Cours verschiedener Münzen, namentlich der Goldmünzen zusammengestellt, uns dabei aber vorzüglich an die älteren Zeiten gehalten, da später commercielle und andere Gründe den Werth mancher Münzsorten bald steigerten, bald herabdrückten. Das Verzeichniss der Münzmeister ist zwar schon in der ersten Abtheilung gegeben, wird aber hier wiederholt, um mehrere Verbesserungen und Vervollständigungen einzuschalten und die Chiffern hinzuzufügen, deren sie sich auf den Münzen bedienten.

Die
Hamburgische Münzgeschichte.

Die Nachrichten über das Hamburgische Münzwesen während der ersten fünfhundert Jahre seit Erbauung der Stadt sind so dürftig, dass sich wenig über dasselbe mit Bestimmtheit sagen lässt. Soviel ergeben jedoch die ältesten bekannten Münzen, dass in Hamburg die Altsächsischen Pfennige gebraucht wurden, und dass die späteren Münzeinrichtungen sich auf dieselben gründeten. Die alten Sachsen und mit ihnen die Friesen hatten einen bedeutend leichteren Münzfuss als die Franken und behielten ihn auch nach ihrer Unterwerfung unter das mächtige Scepter Karls des Grossen bei. In Beziehung auf die Verschiedenheit der beiderseitigen Münzen erliess der Kaiser 801 die Bestimmung, dass der als Busse verordnete Schilling von den Sachsen und Friesen mit 40 Pfennigen, von den übrigen Völkern aber nach alter Gewohnheit mit 12 Pfennigen gelöst werden sollte.[1] Die Sächsischen und Friesischen Pfennige verhielten sich also zu Karls des Grossen Zeiten wie 40 zu 12, oder wie $3\frac{1}{3}$ zu 1. Dies Verhältniss ist aber nur als ein allgemeines zu betrachten, da einzelne Landstriche mit ihren Münzen von der allgemeinen Norm abwichen.

Das ausgemünzte Silbergeld bestand, soweit es zu ermitteln ist, in ältern Zeiten nur in Pfennigen (denarii) und in halben Pfennigen (Scherfe, oboli). Die Benennung Pfennig wurde in Deutschland aber auch, selbst in späterer Zeit, allgemein für jede geprägte Münze gebraucht. In der Rechnung bediente man sich indess ausser der Pfennige noch des Schillings (solidus) und des Pfundes (libra). Die Zahl der Pfennige, die auf einen Schilling gerechnet wurde, war nicht überall gleich, dagegen findet sich das Pfund immer zu 240 Pfennigen berechnet.

Die Franken nahmen 12 Pfennige für den Schilling,[2] und 20 Schillinge oder 240 Pfennige sollten ein Pfund wiegen. Die Münzen waren auf das Gewichtspfund basirt, dessen damalige Grösse uns nicht aufbewahrt ist. Die vorhandenen Pfennige Karls des Grossen und Ludwigs des Frommen wiegen 0,115 bis 0,133 Loth Kölnisch[3] und ergeben für das Pfund oder 240 Pfennige etwa 32 Loth, doch ist es sehr wahrscheinlich, dass es ursprünglich grösser war und vielleicht dem heutigen Hamburgischen Handelspfund von $33\frac{4}{11}$ Loth Kölnisch nahe gleich kam.

---

[1] Capitulare Ticinense Ao. 801. *Pertz*, Legg. T. I. pag. 85.   [2] Capital. Saxonicum 797.
[3] *Kappe*, Die Münzen der Deutschen Kaiser und Könige.

Sächsische und Friesische Pfennige aus derselben Zeit sind uns nicht bekannt, eben so wenig genaue Bestimmungen über die Rechnungsmünzen, doch finden wir später dieselbe Theilung des Pfundes in 20 Schilling und 240 Pfennigen wie bei den Franken, aber dieses Sächsische Pfund, das in den Urkunden Talent genannt wird, war kein Gewichtspfund, sondern lediglich Rechnungsmünze. Die Sächsischen Pfennige mussten nach dem oben angeführten Verhältnisse zu den Fränkischen von 40 zu 12 ein Gewicht von 0,0400 bis 0,0414 Loth haben, was der Schwere der ältesten Hamburger Pfennige nahe gleich kommt. Die Friesen rechneten noch im 12ten Jahrhundert ein Pfund ihrer Pfennige zu 7 Kölnischen Schillingen,[1] also im Verhältniss von 20 zu 7 oder 40 zu 14. Sie hatten in den einzelnen Provinzen verschiedene Pfennige, denn von den später eingeführten Kölnischen Pfennigen machten in der einen 3, in andern 2½ und 2 einen alten Schilling.

Eine ganz andere Rechnung finden wir bei den nach Britannien übergesiedelten Sachsen. Sie rechneten wie die Franken 240 Pfennige auf ein Pfund, aber ihr Pfund und ihre Pfennige waren kleiner als die Fränkischen. Das Angelsächsische Pfund wog nach *Macpherson* 5400 Grains Englisch oder 23,94 Loth Kölnisch, war aber wohl dem neueren Pfunde ähnlich, welches 25,53 Loth Kölnisch wiegt, und die Pfennige wogen bis 24 Grains [2] oder 0,106 Loth das Stück. Von diesen Pfennigen wurden 5 und im Königreich Mercia 4 Stücke auf einen Schilling gerechnet, so dass auf das Pfund 48 und auch 60 Schillinge kamen. Das Gewicht von 5 Angelsächsischen Pfennigen oder einem Schillinge musste demnach 0,530 Loth betragen, nur wenig mehr als 12 Sächsische Pfennige, die nach der oben gegebenen Berechnung $12 \times 0,0414$ oder 0,4968 Loth wiegen mussten. Diese beiden Schillinge waren also, wenn auch nicht völlig gleich, doch von Gewicht nicht sehr verschieden. Die Angelsächsischen Schillinge wurden erst im 11ten Jahrhundert durch die zwölftheiligen Normännischen ganz verdrängt.

Das in Deutschland beim Wägen edler Metalle gebräuchliche Gewichtspfund scheint im 11ten Jahrhundert der Gewichtsmark oder dem halben Pfunde gewichen zu sein, denn seit der Zeit finden sich die Geldsummen in Urkunden, namentlich den Norddeutschen, in Marken Silber aufgeführt. Die Grösse der ältesten Mark ist nicht genau ermittelt, und mogte überhaupt an verschiedenen Orten verschieden sein, bis im 13ten Jahrhundert die Kölnische Mark im nördlichen Deutschland das vorherrschende Silbergewicht wurde. Neben der Gewichtsmark bildete sich auch eine Zahlmark, ähnlich dem in Sachsen gebräuchlichen Zahlpfunde. Aber auch die Zahlmarken waren verschieden, denn in Magdeburg und Helmstedt wurde sie mit 384 Pfennigen, in andern benachbarten Münzstädten mit 360 Pfennigen abgeführt,[3] wohl der ursprünglich aus der Mark geschlagenen Pfennigszahl. In Hamburg, Lübeck, Holstein und Mecklenburg wurden auf die Zahlmark nur 16 Schillinge oder 192 Pfennige gerechnet, ganz wie zu heutiger Zeit. Diese Zahlmark

---

[1] *Wiarda*, Asegabuch. S. 26. [2] *Hawkins*, The Silver Coins of England 1840, und *Hildebr.*: Anglosachsiska Mynt i svenska kongl Myntkabinettet 1846. [3] *Bode*, Münzwesen Niedersachsens S. 136.

scheint Dänischen Ursprungs zu sein, denn wir finden sie zuerst im 9ten Jahrhundert in den alten Englischen Gesetzen, vorzüglich als Strafsatz gegen die eingedrungenen Dänen gebraucht. Die Strafen wurden immer in halben Marken gefordert, selbst wenn sie mehrere Ganze ausmachten, wie z. B. 6 half marks, und diese halben Marken waren höchst wahrscheinlich die Veranlassung zur Einführung der Mark von 16 Schillingen. Wie hoch die Mark in Angelsächsischer Münze berechnet wurde, ist nicht genügend ermittelt, doch wird sie wohl ⅔ eines Pfundes oder 32 Schillinge zu fünf Pfennigen gegolten haben, da sie nach Einführung des 12theiligen Schillings zu 13⅓ Schilling oder ⅔ Pfund berechnet wird. Auch im nördlichen Sachsen scheinen ursprünglich 32 Schillinge oder 384 Pfennige aus der Mark geprägt zu sein, und die halbe Mark von 16 Schillingen oder 192 Pfennigen bildete die Courantmark. Lübeck schlug im 12ten Jahrhundert noch 34 Schillinge aus der Mark. Die Friesen rechneten nach dem Asegabuch nach zwei verschiedenen Marken, der Reilmark zu 4 Weden, jede zu 12 Pfennigen und der Volksmark zu 16 Weden oder 192 Pfennigen.[1]) Von den Kölnischen Pfennigen wurden im 12ten und im Anfang des 13ten Jahrhunderts in der Regel 12 Schillinge oder 144 Pfennige[2]) und ums Jahr 1284 13 Schillinge 4 Pfennige[3]) auf eine Mark gerechnet, wodurch sie den Englischen gleich sein mussten, die das Stück für 3 Lübsche Pfennige genommen wurden. — Die Gewichtsmark diente aber in ältern Zeiten nicht allein als Silbergewicht, sondern auch als Brodgewicht, wie die Lübecker Brodtaxe von 1255[4]) und die von Brügge aus dem 14ten Jahrhundert beweist.[5]) Ferner kommen Marken Cunen in der um 1225 verfassten ältesten Skra des Hofs der Deutschen zu Nowogrod vor.[6])

Ueber die Goldmünzen der älteren Zeit ist noch weniger bekannt als über die Silbermünzen und herrscht daher noch mehr Unklarheit. In Norddeutschland mögen überhaupt wohl keine Goldmünzen geprägt sein. Nach dem Sachsenspiegel gab es in älterer Zeit goldne Pfennige (aurei), die an Gewicht drei Silberpfennigen gleich waren, mithin deren 80 Stück ein Pfund wogen und bei der Proportion von Gold zu Silber wie 12 zu 1 einen Werth von 3 Kölnischen oder 10 Sächsischen Schillingen haben mussten. Im 13ten Jahrhundert kamen die Florenzer Gulden auf, von denen 64 auf die Mark gehen sollten, und woraus die Ducaten entstanden. Eine Abart bildeten die im 14ten Jahrhundert von den Kurfürsten am Rhein ausgegebenen Rheinischen Gulden.

I. Die Münze unter den Erzbischöfen und im Besitz der Grafen von Holstein bis 1325.

Aus der erzbischöflichen Zeit sind über die Münze in Hamburg nur wenige Notizen vorhanden. Die Erzbischöfe besassen in ältester Zeit das Münzrecht, wurden aber durch die öfteren Zerstörungen der Stadt durch die benachbarten heidnischen Völkerschaften an der Ausübung gehindert. Aus diesem Grunde ertheilte der König *Arnulf* am 8. Juni 888

---

[1]) *Wiarda*, S. 14 u. 18. [2]) *Lacomblet*, I. pag. 411. [3]) *Pertz*, Legg. T. II. pag. 440, 41. [4]) Lübeck. Urkundenbuch S. 205. [5]) *Sartorius* Hans. Urkundenbuch S. 217. [6]) Das. S. 26.

dem Hamburgisch-Bremischen Erzbischofe das Münzrecht für die Bremische Kirche, wie es ihm schon lange (jam dudum) für Hamburg bewilligt worden war.[1]) Die Bestätigungs-urkunden der Privilegien der Hamburgisch-Bremischen Kirche durch die Deutschen Könige von 988, 1014 und 1062[2]) erwähnen des Münzrechts nur für Bremen, und lassen fast vermuthen, dass die Erzbischöfe die Münze in Hamburg ganz aufgegeben hatten. Münzen aus jener Zeit sind nicht bekannt. Wenn welche existirten, so werden es den Kölnischen Pfennigen ähnliche gewesen sein, da an den Orten, wo die Bischöfe das Münzrecht besassen, sie grösstentheils die Kölner Währung einführten, wie in Bremen, Münster, Osnabrück u. s. w. Die Nachricht, dass ein aus Griechenland kommender Abenteurer, der sich aufs Geldmachen verstehen wollte, dem Erzbischof *Adalbert* vorgeschlagen haben soll, in Hamburg statt der Pfennige goldne Münzen zu prägen, halten wir für eine Fabel, da es nur dem Könige zustand, Goldmünzen schlagen zu lassen.

Es scheint in den eigenthümlichen Verhältnissen der Nordalbingischen Sachsen gelegen zu haben, dass die Münze nur den Ständen und den Grafen untergeordnet war, da auch von einem Einfluss der Sächsischen Herzoge, namentlich *Heinrichs* des Löwen auf dieselbe nirgends eine Spur zu finden ist. Für Holstein waren Lübeck und Hamburg die einzigen Münzstätten und finden wir im 12ten Jahrhundert Letztere im Besitz der Grafen von Holstein.

Die Stadt Hamburg erhielt im Jahre 1189 den ersten Einfluss auf die Münze durch den Kaiser *Friedrich I.*, der auf Ansuchen des Grafen *Adolf III.* von Schauen-burg den Bürgern mit andern Privilegien auch das Recht ertheilte, das Silber an jedem beliebigen Orte in der Stadt, nur nicht vor dem Münzhause verwechseln zu dürfen, und die Pfennige der Münzer an Gewicht und Reinheit zu untersuchen.[3]) Der Wechsel war in älteren Zeiten ein Regal und wurde nur von fürstlichen Beamten im Münzhause betrieben. Durch das Privilegium wurde aber der Wechsel in der Münze nicht auf-gehoben und war namentlich für Gold nicht zu entbehren, weshalb wir auch noch später einen eignen Wechsler angestellt finden. Das Verwechseln des Geldes überhaupt musste in älteren Zeiten öfter nöthig werden als jetzt, da viele fremde Münzsorten coursirten, die wegen mangelnder Bezeichnung nicht Jeder zu schätzen verstand, der Münzvorrath verhältnissmässig gering war, die Münzen oft eingezogen wurden und es Gebrauch war, grössere Zahlungen in ungemünztem Silber zu berichtigen. In Urkunden sind die Summen vielfach in Marken Silber bestimmt, ein Gebrauch, der erst allmälig verschwand, als die Goldmünzen allgemeiner Eingang fanden und grössere Zahlungen erleichterten. Das Silber wurde bis zum 13ten Jahrhundert ohne Zusatz gebraucht, und auch zu den Münzen nur fein verwendet; doch ist hier nicht chemisch reines Silber zu verstehen, sondern nur so feines, wie man es durch die damaligen Läuterungsweisen erzielen konnte, etwa 15löthiges. Später achtete man das bergfeine Silber von 15 Loth 4 Grän gewöhnlich

---

[1]) Hamb. Urkundenb. S. 33. No. XXII.   [2]) Das. S. 55. No. XLIX. S. 64. No. LXI. und S. 87. No. LXXXVII.   [3]) Das. S. 253. No. CCLXXXVI.

für fein. Diese Ungenauigkeit lässt für Berechnung des älteren Münzfusses keine grosse Schärfe zu, und zwingt das als fein aufgeführte Silber für solches anzunehmen.

Die Aufsicht über die Münze ist, wenn auch wichtig, doch nicht für eine grosse Bevorzugung anzusehen, und war ein in dieser Zeit den Ständen und Städten zuständiges oder von den Fürsten eingeräumtes Recht, wodurch die Unterthanen gegen die Verschlechterung der Münzen durch die Münzbeamten und Münzpächter gesichert werden sollten. Lübeck bekam dies Recht ein Jahr früher, 1188. Auffallend ist, dass in den Bestätigungs-Urkunden des kaiserlichen Freibriefs durch Graf *Adolf III.* vom 24. Decbr. 1190,[1]) und des Grafen *Adolf IV.* vom Jahre 1225[2]) wohl die Wechselfreiheit, aber nicht die Aufsicht über die Münze aufgeführt wird. Diese findet sich erst nach der Abdankung *Adolf's IV.* in den Bestätigungs-Urkunden der Grafen *Johannes I.* und seines Bruders *Gerhard I.* vom 16. August 1239,[3]) des Letzteren vom 13. December 1264, und der Grafen *Adolf* und *Johann* vom 15. März 1280.[4])

Ueber die Beschaffenheit der Münze während der Besetzung Hamburgs durch die Dänen von 1201 bis 1225 ist uns Nichts bekannt. Wir bezweifeln, dass eine besondere Aenderung eintrat, weil die ebenfalls von den Dänen eroberte Stadt Lübeck am 26. November 1202 vom Könige *Waldemar II.* ihre Privilegien bestätigt und namentlich den Wechsel und die Beaufsichtigung der Münze ungeschmälert zugestanden erhielt.[5]) Für Hamburg erfolgte 1224 den 24. December eine Anerkennung aller Privilegien durch den Grafen *Albert* von Orlamünde.[6]) Die Hamburgische Münze soll durch den Erzbischof *Waldemar* aus Feindschaft gegen den Gegen-Erzbischof *Gerhard* zerstört sein.[7])

Im Jahre 1255 finden wir die Hamburger im Besitz grösserer Rechte über die Münze, denn nicht allein erklärten die Grafen *Johann I.* und *Gerhard I.* am 10. März, dass sie in ihrer Münze zu Hamburg keine andere als die, gegenwärtig mit Zustimmung der Hamburger und mit Willen des ganzen Landes bestimmten neuen Pfennige für ihre Lebenszeit schlagen lassen wollten;[8]) sondern auch acht Tage später schlossen die Hamburger mit den Lübeckern, die seit 1226 die Münzfreiheit besassen, einen selbständigen Vergleich über die Münze.[9]) Die von beiden Städten zu schlagenden Pfennige sollten 15½ Loth fein sein (wit bi satine) und 39 Schillinge weniger 2 Pfennige, also 466 Pfennige eine Mark wiegen. Ohne beiderseitige Genehmigung sollten keine andere neue Pfennige geschlagen werden. Die auffallende Selbständigkeit dieses Vertrags kann wohl nur durch die Annahme erklärt werden, dass die Hamburger die Münze schon derzeit in Pacht hatten. Bis auf die heutige Zeit haben die beiden Städte Lübeck und Hamburg mit einigen geringen Ausnahmen immer einen gleichen Münzfuss beobachtet, und darf man daher auch wohl rückwärts schliessen, dass in früheren Zeiten an beiden

---

[1]) Hamb. Urkundenb. S. 258. No. CCXCII. [2]) Das. S. 421. No. CDLXXXVI. [3]) Das. S. 442. No. DXVI. [4]) Das. S. 644. No. DCCLXXXIV. [5]) Schlesw.-Holst.-Lauenburg. Urkunden-Sammlung, I. Bd. S. 16. No. XI. [6]) Das. S. 20. No. XV. und Hamb. Urkundenb. S. 419. No. CDLXXXIII. [7]) *Möser*, Osnabr. Geschichte T. III. pag. 25. [8]) Hamb. Urkundenb. S. 487. No. DXC. [9]) Das. S. 487. No. DXCI.

Orten gleiche Münze geschlagen ward. In Lübeck sollten nach einem alten Codex des Lübeckischen Rechts 34 Schillinge eine geprüfte Mark Silber machen und enthalten (XXXa IIIIor sol. facient et obtinebunt examinatam marcam argenti), denen der Münzer nach Bedarf 4 Pfennige zulegen durfte. [1] *Grautoff* setzt das Alter der Handschrift in das Jahr 1226, weil Lübeck in diesem Jahre das Münzrecht erlangt habe. Diese Stadt erhielt in diesem Jahre aber das Recht, Münzen unter kaiserlichem Zeichen zu prägen, hatte indess gewiss schon früher Hohlpfennige oder kleine Sächsische Münzen geschlagen. Der Unterschied im Münzfuss bis zum Jahre 1236 und 55 erscheint bei *Grautoff's* Annahme auch zu bedeutend, und muss jene Angabe aus einer wenigstens 100 Jahre früheren Zeit stammen. Eine Verschreibung im Lübeckischen Stadtbuch vom Jahre 1250 berechnet dagegen für jede Mark Silber zwei Mark Münze. [2] Wahrscheinlich ist hier 15 löthiges, dort feines Silber gemeint. In diesen Pfennigen muss man unbedingt die alten Sächsischen Pfennige wiedererkennen, welche wir oben besprochen haben. Es sind uns freilich keine geprägte vorgekommen, aber ihr Vorhandensein ist nicht zu bezweifeln. Unsere Pfennige sind nur Hohlpfennige, jene waren aber gewiss zweiseitig.

Die in Hamburg geschlagenen Münzen führten schon vor der Zeit, dass die Münze in die Hände der Stadt gelangte, den Namen „Hamburgische Pfennige," wie folgende Beispiele beweisen. Im Jahre 1200 wurde das Dorf Melzing dem Kloster zu Ebstorf für 1000 Mark Pfennige Hamburger Münze verkauft. [3] Am 4. Januar 1250 bestimmte der Bischof von Verden, Lüder, dass das Kloster Harvestehude der Verdener Diöcese jährlich zwei Schillinge Pfennige Hamburgischer Münze zahlen sollte. [4] Das Hamburgische Capitel bestimmte 1252 eine Rente in 12 Schillingen Hamburgischer Münze. [5] Es lassen sich noch mehr Beispiele anführen, doch werden diese genügen. Auffallender erscheint es, dass selbst die Grafen von Holstein Summen in Hamburgischen Pfennigen bestimmen, ehe die Münze an die Stadt überging, z. B. 1257, [6] 1259, 1263, 1282. Die bestimmte Benennung der Münzstätte war in alten Zeiten wegen der grossen Verschiedenheit der Pfennige nöthig und kommt schon im 11ten Jahrhundert vor. Wir fanden 1091 Goslarsche Pfennige, [7] Friesische und Bremische 1158, [8] Jeversche 1182 [9] und Lüneburgische 1291. [10]

Den gleichen Werth der Hamburger und Lübecker Pfennige finden wir auch 1265 in Mecklenburg, wo die Grafen von Schwerin bei dem Verkaufe von Parchim für die feine Mark zwei Talente Hamburger oder Lübecker Pfennige bedingen. [11] Dies Verhältniss stimmt bis auf einen Pfennig mit dem Münzfuss von 1255 überein. Ferner wurden die Hamburger und Lübecker Pfennige 1279 als Landesmünze für das Land Boitzenburg, welches keine eigne Münze hatte, anerkannt. [12] Ueber das Verhältniss

---

[1] *Grautoff*, III. 164. [2] Das. S. 36. [3] *Pfeffinger*, Hist. d. Braunschw.- Lüneb. Hauses. Th. I. S. 397. und *Langermann*, S. 568. [4] Hamb. Urkundenb. S. 465. No. DLIV. [5] Das. S. 476. No. DLXXI. [6] Das. S. 511. No. DCXIX, 529. No. DCXLV, 653 u. s. w. [7] Das. S. 113. No. CXIX. [8] Das. S. 115. No. CXX. [9] Das. S. 198. No. CCXIV. [10] Das. S. 230. No. CCLIV. [11] *Evers*, Mecklenb. Münz-Verf. Th. I. S. 37. [12] Schlesw.-Holst. Ukdb. S. 104.

unserer Pfennige zu den Lüneburgern haben wir keine bestimmte Angaben, doch scheinen sie nicht ganz gleich gewesen zu sein, weil der Herzog *Johann I.* von Sachsen-Lauenburg, in der Urkunde vom 20. März 1278 über den Esslinger Zoll, von den Lüneburgern stromabwärts Lüneburger, stromaufwärts aber Hamburger Pfennige verlangte.[1] Während wir im 13ten Jahrhundert noch häufig die Benennung Hamburgische Pfennige und Münze finden, sehen wir im 14ten diese verschwinden und der Bezeichnung Lübischer Münze weichen, vermuthlich weil Lübeck der Hauptort der Hansa war, und fast alle Münz-Recesse dort geschlossen wurden.

Interessante Aufschlüsse über die Rechnungweise des 13ten Jahrhunderts liefert uns das älteste Stadt-Erbebuch von 1248 bis 1274.[2] Capitalsummen wurden in Marken Silber (marca argenti), auch in Marken Hamburger Silbers bestimmt. Unter dem letzten Ausdruck ist Silber von der in Hamburg vorgeschriebenen Feinheit zu verstehen, und wohl 15½ löthiges, von dem die Münzen geschlagen wurden. Dies beweist noch deutlicher der 1300 gebrauchte Ausdruck: 10 Mark nicht reines, aber Hamburgisches Silber (decem marcas non puri, sed Hamburgensis argenti).[3] Diesem gleich zu achten ist auch die marca argenti usualis. Hier mag noch erwähnt werden, dass 1290 eine Summe in Hamburgischem Gewicht und Silber bedungen wurde (marcas Hammeburgensis ponderis et argenti).[4] — Nachrichten über dies Gewicht fehlen, und es bleibt uns, da auch über das vermuthlich gleiche Lübeckische Nichts bekannt ist, nur übrig, ein der Kölnischen Mark ähnliches, aber nicht gleiches Markgewicht anzunehmen.[5] — Renten und kleinere Zahlungen sind in Pfunden Pfennige oder Münze (talentis denariorum, talentis nummorum), oder in Marken Pfennige aufgeführt. Kleinere Beträge finden sich fast immer nur in Schillingen (solidis), oder Pfennigen angegeben, wenn auch die Summe eine Mark oder ein Pfund übersteigt, ganz wie es noch jetzt gebräuchlich ist, z. B. 21 Schillinge oder 16 Pfennige. Bei den Pfennigen gebrauchte man auch besondere Zusätze, z. B. denariorum usualium, gebräuchliche Pfennige, denariorum de primo precio, Pfennige erster Güte und paratam pecuniam.

Jedes Pfund oder Talent galt 20 Schillinge, die Mark 16 Schillinge und jeder Schilling zerfiel in 12 Pfennige. Der Pfennig wurde in zwei Theile getheilt, die man Scherf, Heller, obolus nannte. Ausgemünzt waren aber nur Pfennige und Scherfe.

Ausser der Hamburgischen Münze werden noch im Stadt-Erbebuche genannt Marken und Schillinge Sterling (marcae sterlingorum et solidi sterlingorum) und Englische Schillinge (solidi Anglicorum, Anglienses), woraus wir ersehen, dass diese Münzen hier sehr verbreitet sein mussten. Ob die Sterlinge für Englische Sterlinge zu nehmen sind, ist nicht so leicht zu entscheiden, wie es auf den ersten Blick scheint. Die Englische Mark Sterling galt 13 Schilling 4 Pfennige Sterlinge als ⅔ des Pfundes von 20 Schillingen,

[1] *Langermann*, S. 568. [2] Abgedruckt in d. Zeitschr. d. Ver. f. Hamb. Gesch. 1. Jahrg. S. 329. [3] Hamb. Urkundenb. S. 773. No. CMXXIX. [4] Das. S. 713. No. DCCCLII. [5] Es ist wahrscheinlich, dass die Hamburgische Mark dem halben Handelspfunde gleich, also 16⅔ Köln. Lothe wog.

und diese galt 1260 in Lübeck 36 Schillinge,[1]) also jeder Pfennig Sterling $2\frac{7}{16}$ Pfennig Lübisch. In den Niederlanden und am Rhein finden sich aber im 13ten Jahrhundert auch Marken Sterling von nur 12 und meistens 10 Schillingen. Die Mark Sterlinge zu 12 Schilling findet sich 1269 beim Kauf des Hofs Diedern durch Graf *Otto* von Geldern[2]) und in der Holländischen Zollrolle für die Lübecker 1298.[3]) Die Mark zu 10 Schilling Sterling kommt häufiger vor: 1268 in Achen,[4]) 1275 in Lüttich,[5]) 1280 im Friedensvertrag zwischen Harderwyk und Hamburg,[6]) 1290 in Brügge.[7]) Die Mark Sterlinge ward 1273 in Köln zu 18 Schillingen Kölnisch[8]) und 1275 in Achen zu 18 Schillingen Achner berechnet.[9]) Die Schillinge, von denen 10 auf eine Mark gingen, mussten grösser als die Englischen sein und sind vielleicht in den Oesterlingen zu suchen. Es waren die früheren Kaiserdenare, von denen 20 auf ein Pfund und 10 auf das halbe Pfund oder die Mark gingen. Es dürften die im 14ten Jahrhundert in Hamburg vielfach vorkommenden solidi grossi die späteren Groten Vlämisch sein, und wir hätten diese für jene Zeit zu 4 Hamburgischen Pfennigen, den Schilling aber zu 4 Schillingen zu berechnen. Der Kölnische Schilling galt ungefähr 2 Schillinge $2\frac{1}{2}$ Pfennige.

Am 5. April 1293 vereinigte sich der Hamburgische Rath mit den Grafen *Gerhard II.*, *Adolf VI.* und *Heinrich I.* von Holstein von der Itzehoer Linie über die Verpachtung der Münze gegen einen jährlichen Pachtzins. Die Grafen von Holstein von der Kieler Linie schlossen diesen Vertrag nicht mit ab. Vielleicht hatten sie keinen Antheil an der Münze mehr, oder münzten schon selbständig in Kiel. Die Privilegien der Stadt Hamburg bestätigten sie jedoch noch nach *Gerhard I.* Tode, im Jahre 1292 am 20. März. Es wurde bestimmt, dass der von den Grafen oder ihren Erben in Hamburg eingesetzte Münzmeister Pfennige für Hamburg und das ganze Holsteinische Land schlagen sollte, und zwar so, dass zwei Talente Münze genau so viel wie eine in Hamburg gebräuchliche Mark Silber wiegen sollten. Die beiden Talente sollten an Feinheit bis auf ein halbes Loth einer geprüften und reinen Mark Silbers gleich sein. Dem Münzmeister wurden für jede zwei Talente oder von jeder gewogenen Mark, die geprüft wurde, vier Pfennige zu seiner Aushülfe und zu seinem Nutzen bestimmt. Ausser diesen Pfennigen sollten in Holstein nur solche gangbar sein, die von gleichem Gewicht und gleicher Feinheit wären; Andere sollten nach ihrem wahren Werthe gelten. Der Münzmeister sollte unter der Gerichtsbarkeit der Grafen von Holstein stehen und nur durch sie oder ihre Bevollmächtigte gerichtet werden.[10])

Nach dem Tode des Grafen *Heinrich*, 1304 den 3. August, wurde wahrscheinlich ein neuer Vertrag abgeschlossen, da gegen Ende des Jahres 1304 der Münzfuss durch die Hamburger und Lübecker nicht unbedeutend verringert wurde. Es sollten 40 Schillinge und 18 Pfennige eine Mark Silbers wiegen und die Mark bis auf ein halbes Viertel fein sein, also 14löthig. Das auf der Münze vorgezeigte Silber sollte mit einem Zeichen

---

[1]) *Grautoff*, III. S. 56.   [2]) *Lacomblet* Urkunden. S. 596.   [3]) Lüb. Urkundenb. S. 607.
[4]) *Lacomblet* Urkunden. S. 579.   [5]) Das. S. 664.   [6]) Hamb. Urkundenb. S. 645.   [7]) Lüb.
Urkundenb. S. 504.   [8]) *Lacomblet* Urkunden. S. 632.   [9]) Das. S. 673.   [10]) Hamb. Urkundenb.
S. 729. No. DCCCLXVIII.

versehen werden und in beiden Städten gleichgeltend sein. Beide Städte wollten nur einen Münzmeister haben, der die beiderseitigen Pfennige schlüge.[1] Man suchte dadurch die Münze möglichst gleichmässig herzustellen, und bediente sich vermuthlich des Hamburgischen Münzmeisters, welcher gräflicher Beamter war.

Bisher sahen wir Hamburg als die einzige Münzstätte Holsteins. Im 14ten Jahrhundert finden wir noch zwei andere. Die eine wurde der Stadt Kiel am 18. Novbr. 1318 vom Grafen *Johann II.*, der in jener Stadt residirte, übertragen;[2] die zweite befand sich um die Mitte des 14ten Jahrhunderts in Itzehoe. Beide entstanden wahrscheinlich nach 1304 für die beiden Theile von Holstein.

II. Die Münze im Besitz der Stadt, Hamburg im Wendischen Münzverein, 1325 bis 1502.

Die Münze in Hamburg ging 1325 mit allen Gerechtigkeiten, wie sie die Grafen früher besessen hatten, durch Kauf in den Besitz der Stadt über. Die Urkunde darüber ist von *Gerhard III.*, *Johann III.* und dem Junker *Adolf VII.*, Grafen von Holstein, Stormarn und Schauenburg ausgestellt. Es wurde darin bestimmt, dass die Mark Pfennige bis auf ein halbes Viertel fein Silber enthalten, und 40 Schillinge und 16 bis 18 Pfennige im Gewicht halten solle. Ferner bestimmten die Grafen als beständiges Gesetz und unwiderrufliches Recht, dass in ihrem ganzen Lande und allen ihren Districten, ausser in Hamburg, keine Pfennige geschlagen werden sollten.[3] Ob die Kieler und Itzehoer das Münzen einstellen mussten, ist nicht bekannt, aber nicht wahrscheinlich, da wir sie später fortmünzen sehen.

Im Jahre 1363 scheint auch dieser Kaufcontract von dem Grafen *Adolf IX.*, dem Sohne *Johann III.*, angefochten zu sein, denn er wollte der Stadt Hamburg die Privilegien, worunter die Münz- und Wechselgerechtigkeit sich befand, streitig machen. Es kam aber schon 1364 zu einer völligen Aussöhnung, die mit Anerkennung aller Freiheiten der Stadt abseiten des Grafen endigte.

Die Münzfreiheit benutzte Hamburg bald, um auch zweiseitige Silbermünzen zu schlagen. Während die Pfennige und Scherfe Hohlmünzen blieben, schlug man zweiseitige Vier- und Zwei-Pfennigstücke. Wann diese Münzsorten zuerst geschlagen wurden und ob ein eigner Vertrag darüber abgeschlossen wurde, ist nicht bekannt. Wahrscheinlich geschah es im Jahre 1334, wo von den Seestädten Pfennige zu 14 Loth fein, 42 Schillinge 8 Pfennige auf die Mark löthig geschlagen wurden, und die feine Mark Silber zu 3 ℔ — β 9½ ₰ vermünzt wurde.[4] Diese Vier-Pfennigstücke hiessen Anfangs Veerlinge, bekamen aber bald den Namen Witten oder Witten-Pfennige (albus), von der durch das

---

[1] Die Urkunde von Lübeck ausgestellt 1304 in vigil. St. Andree Apostoli, ist abgedruckt bei *Sartorius*, Th. 2. S. 232. Die von Hamburg, ausgestellt 1305 in nativitate dmni Ihesu Christi bei *Grautoff*, III. S. 168. [2] Schlesw.-Holst.-Lauenb. Urkundensamml. S. 484. No. XII. [3] *Langermann*, S. 424. [4] Lüb. Anz. v. J. 1771. St. 18 bis 20.

Weisssieden erhaltenen weissen Farbe, die den gewöhnlichen rohen Hohlpfennigen nicht eigen war. Die Zwei-Pfennigstücke führten allgemein den Namen Blafferte. Die Hamburgische Geistlichkeit weigerte sich 1336 diese Veerlinge oder die Münzgattung, die vier Pfennige gelten sollte, anzunehmen, weil ihre Einkünfte dadurch geschmälert würden.[1]) Der darüber entstandene Streit wurde erst 1355 beigelegt.[2]) Das Gepräge der ältesten Witten ist auf der einen Seite die Burg, auf der andern ein Kreuz, in den Winkeln von vier Nesselblättern begleitet. Die Umschriften lauten: MONETA HAMBURGENSIS und BENEDICTUS DEVS.

Eine urkundlich belegte Nachricht über den Münzfuss erhalten wir für Hamburg erst 1379, aber für die Zwischenzeit giebt es für Lübeck und auch für Hamburg eine Reihe von Angaben, theils ohne Jahr, theils verfälscht, die hier einigermaassen berichtigt ihren Platz finden mögen.

Im Jahre 1329 sollen in Lübeck Blafferte geschlagen sein, 44 Schillinge 4 Pfennige aus der löthigen Mark, die nach dem derzeitigen Gebrauch 14 löthig sein mussten, wonach die Mark fein zu 3 ℔ 2 β 8 ₰ ausgeprägt werden musste. Wir möchten diese Notiz in das Jahr 1339 setzen.[3])

In Lübeck wurde 1346 das 14½ löthige Silber mit 3 Mark bezahlt und an der löthigen Mark 44 Pfennige gewonnen, so dass die Mark fein zu 3 ℔ 9 β 8 ₰ ausgemünzt wurde.[4])

Um 1350? wurden in Hamburg Pfennige von 13¼ löthigem Silber gemünzt, auf die löthige Mark 48 β. Die feine Mark ausgebracht zu 3 ℔ 9 β 11½⅛ ₰.[5])

Lübeck schlug 1353 aus der 11 löthigen Mark 486 Pfennige oder 40 β 6 ₰, wonach die Mark fein 3 ℔ 10 β 11 ₰ enthalten musste.[6]) Daselbst wurden 1364 aus der 9 löthigen Mark 408 Pfennige, mithin aus der Mark fein 3 ℔ 12 β 5 ₰ gemünzt.[7])

Rentzel giebt noch eine Notiz, die etwa dem Jahre 1370 zuzuweisen ist, und vermuthlich für die Witten gilt. Aus der 13 löthigen Mark wurden 53 Schillinge gemünzt, mithin aus der Mark fein 4 ℔ 1 β 2½⅛ ₰.

Grautoff berechnet für Lübeck für die Jahre von 1365 bis 1374, dass die Mark fein zu 4 ℔ 2 β 4 ₰ ausgemünzt sei.

Dies auffallende, immerwährende Verringern der Münze hatte seinen Grund theils in der Verschlechterung der nachbarlichen Münzen, theils in dem durch vermehrte Nachfrage steigenden Preis des Silbers. Jeder Münzstand suchte sich bei seinen Ausmünzungen nicht nur für seine Prägekosten bezahlt zu machen, sondern auch noch überdiess am Gelde zu gewinnen. Wurde nun vollends das Geld durch Abnutzung und Auswippung der besseren Stücke am Werthe vermindert, so war man nicht im Stande, für den gesetzlich ausgeprägten Werth eine Mark fein zu kaufen und bei einer neuen Ausmünzung noch zu gewinnen. Die Städte Lübeck und Hamburg suchten durch Vereinigungen mit andern

---

[1]) *Staphhorst*, B. II. S. 611. [2]) *Lambec.* Rer. Hamb. lib. II. 289. [3]) *Grautoff*, S. 124.
[4]) Das. S. 125. [5]) *Joh. Rentzel*, Gründl. Unterr. u. Bescheid v. d. Münze. Ao. 1537. Msc.
[6]) *Grautoff*, S. 125. [7]) Das. S. 126.

Städten, wie Lüneburg und Wismar, und auch mit Fürsten diesem Uebelstande abzuhelfen,
aber alle angewandte Mittel waren vergebens, weil man den Gewinn bei den Ausmünzungen nicht aufgeben wollte, und gerade dieser Gewinn wieder zum häufigen und vielleicht
oft überflüssigen Münzen der schlechteren Sorten veranlasste. Die Städte suchten auch
dieses letzte Uebel später durch bestimmte Vorschriften abzuwehren.

Aus den Stadtrechnungen ersehen wir, dass die in den Gesetzen für Falschmünzer
bestimmte Strafe, lebendig in siedendem Wasser gesotten zu werden, in Hamburg mehrfach zur Anwendung kam. Es heisst dort: 1375. Ad diversa. Item pro una sartagine
(Bratpfanne) et pro lignis et pro precio do de velschere zoden ward 10 tal. 9 solidi —
1385. Pro ferramentis — 3 tal. pro 1 pannenyzern ad sartaginem in qua falsarius fuit
bullitus. — 1385. Ad diversa. — It 12 sol. 2 den. Petro Tuneken pro expensis quas
fecit falsarius monete. — 6 sol. pro fune lineo cum quo fuit ligatus falsarius. 14½ tal.
3 sol. Thiderico Koppersleghere pro una sartagine in qua falsarius monete bulliebatur.[1]

Hatten die Hamburger und Lübecker Pfennige um diese Zeit schon bedeutend
von ihrem ursprünglichen Werthe verloren, so waren die Kieler und Itzehoer doch noch
weit schlechter geworden. Auf der Tagfahrt der Seestädte zu Lübeck, 1367, 8. Decbr.,
wurde über die Flensburger und Kieler Münze verhandelt.[2] Der Recess der Abgeordneten
der Seestädte zu Lübeck vom 11. März 1369 erklärte endlich die Kieler, Flensburger
und Itzehoer Pfennige für ungültig, und verbot den übrigen Städten, bei Strafe von drei
Mark Silber und Verlust des Geldes gleich schlechte Münze zu schlagen oder zu gebrauchen.
Die Hamburgischen Abgeordneten behielten die Genehmigung dieses Artikels ihrem Rathe
vor.[3] Die Kieler kamen schon am 13. Juli desselben Jahres auf dem Städtetag zu
Lübeck mit dem Gesuch, ihre verrufenen Pfennige wieder zuzulassen, erhielten aber noch
keinen günstigen Bescheid. Es wurde der Vorschlag gemacht, ihnen ein Stück Silber
zur Scala für ihre Pfennige zu geben.[4] Eine Entscheidung über diese Vorschläge ist
nicht bekannt, doch scheinen die Holsteinischen Pfennige wieder zugelassen zu sein,
weil wir sie gegen Ende des 14ten Jahrhunderts in Hamburg gangbar finden, wo 26 Mark
Holsteinisch den Werth von 22 Mark Hamburgisch hatten.[5]

Ueber den Cours verschiedener Münzsorten in der letzten Hälfte des 14ten Jahrhunderts liefern uns die alten Stadtrechnungen, welche 1350 beginnen, wichtige Aufschlüsse.[6] Wir verweisen die Mehrzahl in die Tabellen. Interessant ist daraus zu
ersehen, dass die Stadtrechnungen bis zum Jahre 1563, wo die Verwaltung der Finanzen
der Kämmerei übertragen wurde, stets in Talenten, Schillingen und Pfennigen geführt
wurden. Auch auf den Hansetagen am 5. Febr. 1363 und 1. Janr. 1364 berechneten
die Hamburger ihre Auslagen und Schäden in Talenten, während alle übrige Städte die
ihrigen in Marken angaben. Die Endsummen wurden in Lübischen Marken ausgeworfen.[7]

---

[1] Mittheilung des Herrn Dr. *Schrader*. [2] *Sartorius*, II. S. 611. [3] Das. S. 660. [4] Das. S. 662.
[5] Dr. *Laurent*, das älteste Hamburgische Handlungsbuch (1367—1406), S. 16. [6] Herr Dr.
Laurent hat sehr interessante Auszüge daraus gemacht und bearbeitet, und uns diese gütigst
zur Benutzung mitgetheilt. Leider sind sie noch nicht dem Drucke übergeben. [7] *Sartorius*,
II. S. 516 u. 541.

Dem von Hamburg und Lübeck gemeinschaftlich beobachteten Münzfuss schlossen sich auch bald andere Städte an, und es bildete sich der sogenannte Wendische Münzverein. Wann diese Städte zuerst förmlich zusammen traten, ist nicht zu ermitteln, doch ist das erste uns aufbewahrte und vielleicht überhaupt das erste Document, der Münzrecess der Städte Hamburg, Wismar und Lübeck, geschlossen in Lübeck 1379 in profesto beate Scholastice Virginis. [1]) Wismar hatte 1359 die Münze vom Herzog *Albrecht* von Mecklenburg erhalten. [2]) Die Vereinbarung ging dahin, einen Pfennig von vier Pfennigen und einen von einem Pfennig zu schlagen. Die Ersteren sollten auf 16 Loth Silber Lübschen Zeichens, von dem eine Probe gegeben werden sollte, 3 Loth Kupfer als Zusatz erhalten [3]) und auf die gewogene Mark 3 Mark und 32 Pfennige gehen. Die kleinen Pfennige sollten auch platt sein (schal ok plat wesen), und aus 9 Loth Silber und 7 Loth Kupfer bestehen und davon 43 Schillinge eine Mark wiegen. Auch das Gepräge wurde vorgeschrieben, und zwar sollten Sterne auf beiden Seiten des Pfennigs sein, an der Seite des Kreuzes, mitten in demselben und an der andern Seite in dem Zirkel, worin die Buchstaben ständen, recht über des Adlers Haupt, über der Burg und über dem Ochsenkopfe. Dieser Vertrag wurde zum Versuch auf zwei Jahre abgeschlossen, während welcher Zeit keine andere Pfennige in diesen Städten geschlagen werden durften. Halbe Witten und Hellinghe konnte jede Stadt nach Belieben münzen. Jede Stadt durfte die Münzen der andern wardiren. Wurde sie fehlerhaft gefunden, so sollte der Münzer es nach dem Rechte mit dem Leben büssen. Das fremde Geld wurde bei 10 Mark Silber Strafe und Verlust des Geldes verboten u. s. w.

Nach Ablauf von zwei Jahren, am Sonntag vor Ostern 1381, traten in Lübeck die Städte Rostock, Stralsund und Lüneburg dem Vertrage bei. [4]) Rostock hatte die Münze 1325 erhalten. [5]) Lüneburg war 1293 in den Besitz der Münze gelangt, und hatte 1371 die Erlaubniss erhalten, die Stadtmünze nach dem Lübecker Fuss zu schlagen, da sie schon früher so gewesen, die Lübecker aber inzwischen heruntergegangen waren. [6]) Der Recess verordnete, dass ein Pfennig von vier Pfennigen nach der Vorschrift mit einem Sterne gezeichnet, geschlagen werden sollte. Diese Münze sollte zweimal im Jahre in Lübeck geprüft werden. Wer diese Münze einschmölze, auswippte oder verringerte, sollte an seinem Höchsten gerichtet werden. Das Lübeckische Silbergewicht sollte in allen sechs Städten eingeführt werden. — Der Vertrag wurde auf drei Jahre geschlossen, und dann vermuthlich auf drei folgende Jahre verlängert, da der nächste uns aufbewahrte Recess vom Jahre 1387 datirt. 1384 wurden die Witten der sechs Städte valvirt, und die Hamburger befunden, an Schrot 44 Würfe und 2 Witte, also 178 Stück, die hielten im Feuer eine Mark fein und 5 Witte. Die Hamburger hatten nächst Wismar das beste Silber. [7]) Man hielt also den Münzfuss von 1379 fest. [8])

---

[1]) *Grautoff*, III. S. 176. [2]) Die Urkunde siehe *Grautoff*, III. S. 173. [3]) *Grautoff*, S. 131, berechnet das Silber Lübischen Zeichens für diese Zeit zu 14¼ Loth fein und bestimmt danach diese Witten für 12 löthig. [4]) *Grautoff*, III. S. 180. [5]) *Evers*, I. S. 256. [6]) Hannöv. Magazin, 1782. No. 65. S. 1021. [7]) *Grautoff*, III. S. 183. [8]) Das. S. 131.

Im Jahre 1387 vereinigten sich die Städte Hamburg, Wismar und Lüneburg der Münze wegen. [1]) Lübeck schloss sich wegen eines Streites mit Wismar nicht an. [2]) Die drei Städte wollten Witten und Pfennige schlagen, die eben so gut wie das neue Lübeckische Geld sein sollten, wozu eine Probe gegeben wurde. Die Vierpfennigstücke sollten schlichte Rundele mitten im Kreuze haben, und durften keine andere Pfennige während der Dauer des Vertrags geschlagen werden. Halbe Veerlinghe und Hellinghe waren hierin nicht mit einbegriffen. Um Pfingsten desselben Jahres verglich man sich über die Schrotung und bestimmte 44½ Wurf auf die Mark, und 45 Wurf, wenn sie weiss gemacht wären. [3])

Für die nächsten 11 Jahre sind uns keine Nachrichten über die Münze überliefert. Wir können aber wohl mit *Grautoff* annehmen, dass sich der Münzfuss nicht änderte, da der Goldgulden sich während dieser Zeit auf 12 Schillinge hielt.

Die Wendischen Städte waren nicht nur bemüht, ihr eigenes Münzwesen zu ordnen, sie suchten auch für fremde Münzen einen festen Cours im Auslande zu erlangen. Sie sandten 1392 *Hinrik Westhoff* und *Johann Hoyer* an die Flanderschen Städte, um über den Werth der Nobeln zu unterhandeln. Sie erreichten nicht viel und erhielten vorzüglich in Brügge zur Antwort, dass die Nobeln ihrer Herzoge von Burgund so gut wie die neuen Englischen und nur ¼ bis ₁⁄₁₆ grain schlechter als die alten wären. Sie seien auf 6 sol. groten gesetzt.

Die nächste Nachricht über die Münze der Städte erhalten wir durch die Münz-Ordnung von 1398, die von den Städten Lübeck, Hamburg, Lüneburg und Wismar in Lübeck verabredet war. Sie wollten einen Pfennig von 4 Lübschen Pfennigen schlagen, 13 Loth fein und 4 Mark weniger 2 Witte wenn sie schwarz, aber 4 Mark und einen Witten wenn sie fertig gemünzt wären, auf die gewogene Mark. Ferner einen Lübschen Pfennig 9 Loth fein und einen Helling 8 Loth fein, von beiden fertig gemünzt 3 Mark auf die gewogene Mark. [4])

Ein neuer Vertrag wurde 1403 den 6. Februar in Wismar von den vier Städten mit Rostock und Stralsund auf zehn Jahre abgeschlossen. Darin wurde bestimmt, dass Wittenpfennige von 4 Lübschen Pfennigen geprägt werden sollten, von denen eine gewogene Mark 9 Pfennige feiner Zaye oder 12½ Loth feines löthiges Silber halten und die rauhe Mark zu 4 Mark ausgemünzt werden sollte. Die zu schlagenden hohlen Pfennige sollten 9 Loth Silber enthalten und fertig gemünzt 3 Mark eine Mark wiegen. Hellinge sollten 8löthig sein und ebenfalls 3 Mark eine Mark wiegen. Die Rostocker und Stralsunder sollten hohle Pfennige schlagen, von denen 3 so viel wie 2 Lübecker sein sollten, 9 Loth fein und 4 ℳ 8 β 9 ₰ Sundisch auf die rauhe Mark. Die Witten dieser Städte waren mithin Sundische Sechspfennigstücke oder Sechslinge. Für die Vierpfennigstücke wurde das Stadtwappen auf beiden Seiten zum Gepräge bestimmt. Lübeck sollte den Adler auf beiden Seiten, Hamburg die Burg, Lüneburg den Löwen u. s. w. führen. Die Stempel zu denselben sollten für alle sechs Städte von einem

[1]) *Grautoff*, III. S. 183.   [2]) Das. S. 94.   [3]) Das. S. 187.   [4]) Das. S. 190.

23

Manne in Lübeck geschnitten werden. Weder Münzer, noch Wechsler, noch Goldschmiede durften sonst irgend Münzstempel graviren. Während der Dauer des Vertrags durfte kein anderes Silbergeld in den sechs Städten geschlagen werden. Die Summe der zu prägenden Witten war jeder Stadt zu bestimmen überlassen; von Hohlgeld durfte aber jede nur 200 Mark löthig und Lübeck 300 jährlich schlagen lassen. Das Silber sollte in dieser Münze für 5 ℔ 1 β gekauft werden, wobei der Münzmeister 27 Pfennige erübrigen würde. [1]) Der Recess enthält ausserdem die gewöhnlichen Verbote über Einschmelzen, Fälschen u. s. w., die wir nicht weiter erwähnen. Zweipfennigstücke werden gar nicht genannt und scheinen nicht geprägt, oder wurden schon als Hohlpfennige ausgegeben.

Noch in demselben Jahre bestimmten die sechs Städte, dass vom Neujahrstage an das Gold bei ihnen überall gleichen Werth haben sollte. Die Englischen Nobeln wurden bestimmt auf 31 β Lüb., die Gentschen auf 30 β 2 ₰, die Lübschen Gulden auf 16 β 3 ₰, die Rheinischen Gulden auf 13 β und die Geldrischen Gulden auf 7 β 2 ₰. [2])

Obgleich der Vertrag von 1403 auf 10 Jahre geschlossen war, so wurde doch schon 1406 eine neue Verbindung verabredet, an der aber Rostock und Stralsund keinen Theil nahmen, weil sie vermuthlich sich nicht zu dem schweren Münzfuss verstehen wollten und, wie wir unten sehen werden, zu geringhaltige Münzen lieferten. Dagegen schloss sich den vier übrigen Städten die Stadt Hannover an. Es sollten weisse Pfennige geschlagen werden, 12 Loth fein und 49 Würfe auf die Mark, also etwas schlechter als die von 1403. Es ward ein halbes Quentin Abweichung gestattet. Hohlpfennige sollten 9löthig sein, und von jeder Stadt, mit Ausnahme Lübecks, nur 200 Mark löthig jährlich geschlagen werden. Dänisches und fremdes Geld sollte nach seinem Werthe gesetzt werden. Die Münzmeister der vier Städte hatten zu dem Zweck die Münzen probirt und berechnet und fanden, dass das Rostocker, Stralsundische, Greifswalder und Anklamer Geld nicht besser als 11¼ Loth fein und 5 ℔ auf die Mark geschrotet war, so dass die Lübsche Mark nicht besser als 14 β, 8 Lüb. β nur 7 β 3 ₰, 4 Lüb. β nur 10 Wittenpfennige, 2 Lüb. β nur 5 Wittenpfennige waren. Das Preussische Geld war 13löthig, 4 ℔ 5 β auf die Mark geschrotet, so dass die Lübsche Mark nur 15 β Werth hatte. Das Dänische Geld hielt 10 Loth und auf die rauhe Mark 10 ℔ 2 β, wonach die Lübsche Mark nur 12 β galt. Die Liefländischen Aarteghe hielten 8 Loth, waren geschrotet zu 3 ℔ 5 β und galten die Lübsche Mark 13 β. Den Goldmünzen wurde folgender Preis bestimmt: 2 ℔ — β 4 ₰ für Englische Nobeln, 32 β für Flämische Nobeln, 13 β 4 ₰ für Rheinische Gulden, 7 β 4 ₰ für Geldrische und 16 β für Lübsche Gulden. [3])

Dieser Vertrag wurde später erneuert, doch führt die darüber aufbewahrte Urkunde keine Jahreszahl und wird von *Grautoff* wohl nicht mit Unrecht in das Jahr 1408 gesetzt. Die Münzen sollten, wie 1406 verabredet, ausgebracht werden. [4])

---

[1]) *Dreyer*, Einl. z. Kenntniss d. Lüb. Verord. S. 593. [2]) *Grautoff*, III. S. 191. [3]) Das. S. 192. [4]) Das. S. 194.

Bei einer Versammlung der Städte in Wismar, vermuthlich 1410, untersuchten die Münzmeister von Lübeck, Hamburg und Wismar die in den Sundischen Städten und in Rostock geschlagenen und die Dänischen Wittenpfennige. Sie fanden erstere 10 löthig und 224 Stück eine Mark schwer, so dass die Lübsche Mark in ihnen nur 12 β gelten konnte und das Stück nur 3 $\mathcal{A}$ Lüb. Die andern waren 9 Loth weniger 1 Quentin fein, die Mark nur 9 β und der Wittenpfennig 2 $\mathcal{A}$ Lüb. an Werth. Dieser Valvation folgte ein Gutachten über zu schlagende Wittenpfennige von 12 Loth 1 Quentin (sunder vare), den die Münzmeister wegen des hohen Silberpreises aber nur mit 7 β Lüb. Verlust auf die gewogene Mark herstellen zu können erklärten. [1] Der Silberpreis erforderte mithin eine Verminderung des Münzfusses, die wir durch einen 1410 abgeschlossenen Vertrag eingeführt finden. An diesem betheiligten sich die Städte Lübeck, Hamburg, Wismar und Lüneburg, und bestimmten, dass die Wittenpfennige von 4 Pfennigen zum Gepräge das Stadtwappen auf der einen, ein durchgehendes Kreuz auf der anderen Seite haben sollten. Es sollten 200 Stück eine Mark wiegen und 12 Loth fein Silber enthalten. Hohlgeld durfte nicht eher geschlagen werden, bis die Städte sich verglichen hätten. Von den übrigen im Recess erwähnten Punkten ist hervorzuheben, dass auf das Einbringen von Auswärts mit der Städte Zeichen geprägtem Gelde die Todesstrafe gesetzt wurde. [2] Die anhängende Valvation fremder Münzen haben wir in die Tabellen aufgenommen.

Von langer Dauer war dieser Vertrag nicht, denn schon im nächsten Jahre, 1411, wurde ein anderer abgeschlossen, an dem sich die Stadt Wismar nicht betheiligte. Der Münzfuss wurde verringert und zwar auf 208 Witten auf die Mark, bei 12 Loth feinem Silber. Hohlgeld sollte erst nach näherer Verabredung geschlagen werden, mit Ausnahme der Scherfe, von denen Hamburg und Lüneburg jährlich 10 gewogene Marken, Lübeck aber 20 gestattet wurden. Die Mark fein Silber sollte mit 5 $\mathcal{U}$ 8 β bezahlt werden. Der Werth der fremden Münzen blieb stehen. [3]

Die nächste sichere Angabe über den Münzfuss der vier Städte erhalten wir erst im Jahre 1422, doch sind noch zwei Hamburgische Münz-Ordnungen bekannt, denen leider die Jahreszahlen fehlen, die aber in die zwischenliegende Zeit gehören. Wir ersehen aus der einen, die *Grautoff* ins Jahr 1420 setzt, dass das viele schlechte Geld, was in Umlauf war, die Städte Lübeck, Rostock, Wismar, Lüneburg und Hamburg bewog, eine neue Münze von sechs Pfennigen und von drei Pfennigen und einen Hohlpfennig von einem Pfennig zu schlagen. Die ersteren sollten das Stadtwappen auf beiden Seiten zum Gepräge erhalten. Bis zum Johannistage sollte sich Jedermann von den Vierpfennig-stücken und geringen Pfennigen losmachen. Das dann noch vorhandene Städtegeld konnte in den nächsten vier Wochen gegen gangbares in der betreffenden Münze vertauscht werden. [4]

Die andere Münz-Ordnung, von *Grautoff* ins Jahr 1415 gesetzt, zeigt uns, dass trotz der Verbote, die in demselben Jahre der Ausfertigung, gegen das Einschmelzen und

---

[1] *Grautoff*, III. S. 196. [2] Das. S. 197. [3] Das. S. 202. [4] Das. S. 209.

Versenden, der von den vier Städten Lübeck, Hamburg, Lüneburg und Wismar geschlagenen Sechslinge und Dreilinge erlassen waren, dennoch die Münzen an fremde Münzstätten versandt wurden. Um den Schaden abzuwehren, sollte das von ihnen früher geschlagene Silbergeld eingewechselt und eingeschmolzen werden, mit Ausnahme des neuesten Hohlpfennigs und der 12löthigen Witten, die im Gepräge das Stadtwappen auf beiden Seiten und das durchgehende Kreuz führten. Ein dem Documente angehängter Nachsatz sagt, dass Sechslinge 12 Loth fein, 41 Würfe auf die gewogene Mark und überdies 4 β an Kosten, geschlagen werden sollten. Die Mark Silber sollte zu 7 ℔ gekauft werden. [1]) Die Einführung der Sechslinge und Dreilinge fällt also jedenfalls zwischen 1411 und 1422 und die Witten verschwinden nach und nach aus der Reihe der gewöhnlichen Münzen.

Im Jahre 1422 vereinigten sich die vier Städte in Lübeck dahin, dass die Witten, Sechslinge und Dreilinge ihren Werth behalten sollten, und dass ein Hohlpfennig von einem Pfennig aus 8löthigem Silber mit einem Quentin Remedium geschlagen werden sollte. Fertig gemünzt sollten 4 ℔ 1 β eine Mark wiegen, und damit die Mark Silber für 6¼ Mark zu kaufen sein, worunter hier mindestens 13löthiges Silber gemeint sein muss. Zum Versuch sollte Lübeck davon 3 Mark, die übrigen Städte 2 Mark an Gewicht schlagen.

Wie sehr die Seestädte bemüht waren, das Verhältniss der Geldsorten mit den Nachbarländern festzustellen, um den Verkehr zu erleichtern, ersehen wir aus dem 1424 mit der Königin *Philippa* von Dänemark, in Abwesenheit ihres Gemahls, mit den vier Wendischen Städten abgeschlossenen Vertrage. Eine Vereinbarung wurde hier dadurch erleichtert, dass der Dänische Pfennig derzeit einem halben Lübschen gleich geachtet wurde. Die neue Münze war also beiden Theilen bequem und sollte im Dänischen Reiche, wozu derzeit Schweden und Norwegen gehörte, und in den Städten gelten. Sie sollte bestehen in einem Sechsling, 11¼ Loth fein, von welchem fertig gemünzt 168 Stück eine Mark wögen. Dem Münzmeister wurden 3 Grän Remedium gestattet. Ferner in einem hohlen Lübschen Pfennig als Scheidemünze, 7¼ Loth fein, mit 3 Grän Remedium und zu 3 ℔ 10 β geschrotet. Ueber den Cours der Münzen wurde festgesetzt, dass die Dänischen Vierpfennigstücke und die Aboschen 2 ₰ Lübisch, die Dänischen Hohlpfennige, worauf die Krone, zwei für einen Lübschen Pfennig, die Gothenschen 1½ Lübsche oder 3 Dänische Pfennige und die Städter Witten, wie bisher, 4 ₰ gelten sollten. Von der vorgeschriebenen Münze sollten 7 ℔ Lübisch für die löthige Mark bezahlt werden. Ueber das Gepräge ward bestimmt, dass während die Städte bei ihrem bisherigen Zeichen blieben, die Dänischen Sechslinge auf einer Seite drei Leoparden, auf der andern ein Kreuz und ein E. und Namen, wie dazu gehören, und die Hohlpfennige einen Leoparden haben sollten. [2]) Der Schlagsatz in diesem Jahre betrug für Sechslinge 9 β 2¼ ₰ und für Hohlpfennige 19 β. [3]) Der grosse Nutzen dieses Münzvertrags leuchtete bald auch andern Städten ein, und am 9. October 1425 schlossen Rostock, Stralsund und Greifs-

---

[1]) *Grautoff*, III, S. 207.   [2]) Das. S. 213.   [3]) Hannov. Mag. v. 1782. No. 65.

walde ebenfalls einen Vertrag mit Dänemark, um nach demselben Münzfuss zu schlagen. Drei ihrer Pfennige sollten zwei Lübschen gleich sein. [1])

Die Bequemlichkeit geschlagener Sechslinge für den Handelsverkehr führte auch bald zur Ausmünzung von Schillingen, die im September 1432 von den Städten Lübeck, Hamburg, Wismar und Lüneburg beschlossen ward. Die neuen Schillinge sollten aus 10löthigem Silber nach der Capellen-Probe bestehen und 92 Stück eine Mark wiegen. Den Münzmeistern wurde erlaubt Sechslinge von derselben Güte zu schlagen. Die zu prägenden Hohlpfennige mussten von 7löthigem Silber nach der Capellen-Probe sein, und fertig gemünzt davon 3 ℔ 14 β eine Mark wiegen. Für alle Münzsorten wurde den Münzmeistern ein Quentin fein Silber auf jede gewogene Mark als Remedium verstattet. Die feine Mark sollte nach diesen Pfennigen 8 ℔ 12 β gelten. Lübeck und Wismar einerseits, und Hamburg und Lüneburg andererseits, sollten gemeinschaftlich einen Wardein haben, die sich gegenseitig überwachten. [2]) Auf den ersten Blick scheinen die Hohlpfennige im Verhältniss zu den Schillingen zu hoch ausgebracht. Mit Hinzurechnung des Remedium aber gleicht sich dieser Unterschied wieder aus. Obgleich der Vertrag das Gepräge nicht bestimmt, so scheint man doch eine Gleichmässigkeit beobachtet zu haben, denn Hamburg, Wismar und Lüneburg setzen auf die eine Seite ihr Stadtwappen, auf die andere ein Kreuz.

Diese neue Münzsatzung scheint nicht durchzuführen gewesen zu sein, denn schon im nächsten Jahre, 1433, acht Tage nach dem Heiligen Dreikönigsfeste, wurde ein neuer Vertrag abgeschlossen, der bis auf einige Abänderungen fast wörtlich mit dem vorigen übereinstimmt. Der Feingehalt der Münzen sollte derselbe bleiben, aber auf die rauhe Mark 95 Schillinge, oder 190 Sechslinge, oder von den Hohlpfennigen 4 ℔ gehen. Ausser dem einen Quentin Remedium auf die gewogene Mark wurden dem Münzmeister für das Weisssieden der Schillinge 1 β, der Sechslinge 1 β 6 ℔ und der Hohlpfennige 3 β gestattet. Der Preis der Mark fein blieb 8 ℔ 12 β. Dem eigentlichen Vertrag hängt ausser einigen Verboten noch die Vorschrift an, dass als Silber-Gewicht das Kölnische gebraucht werden solle. [3])

Bisher hatte Hamburg nur Silbermünzen geschlagen und sich der verschiedenen fremden Gulden und Nobeln bei Zahlungen in Gold bedient, während Lübeck schon seit 1340 Goldmünzen nach dem Fusse der Florentiner Gulden schlagen durfte. Im Jahre 1435 ertheilte der Kaiser *Sigismund* auch den Hamburgern, in Anbetracht ihrer mannigfachen Verdienste um Kaiser und Reich, das Recht Goldmünzen zu prägen, und zwar im Gehalt und Gewicht denen gleich, die der Kaiser und die Kurfürsten schlügen. [4]) Diese waren derzeit 19 Karat fein und 68 Stück auf die Mark geschrotet, und führten gemeiniglich den Namen Rheinische Gulden. Sie galten um diese Zeit in den Wendischen Städten 20 Schillinge das Stück. Das vom Kaiser vorgeschriebene Gepräge war auf der einen Seite ein Reichs-Apfel mit dem Kreuz darauf und dem Namen des regierenden Kaisers in der Umschrift, und auf der andern Seite ein stehender Petrus mit der Umschrift: MONETA AUREA HAMBURGENSIS. Dies war das auch in andern Staaten

---

[1]) *Evers*, I. S. 271. [2]) *Grautoff*, III. S. 218. [3]) *Langermann*, S. 388. [4]) Das. S. 21.

gebräuchliche Guldengepräge und blieb in Hamburg bis tief ins siebenzehnte Jahrhundert in Gebrauch. Der Gehalt richtete sich nach den Reichs-Vorschriften und änderte sich später mehrere Male. Der Kaiser *Albrecht II.* bestätigte 1438 dies Privilegium in seinem ganzen Umfange. [1])

Im Jahre 1439 beschlossen die vier Städte, bei ihrem Schillinge zu bleiben, von dem 96 Stück auf die Mark gingen, mit einem halben Pfennig Remedium. Lübeck und Hamburg durften jährlich 1800 Mark, Wismar und Lüneburg 1200 wägende Mark schlagen, also in Münze Erstere für 10,800 ß und Letztere für 7200 ß. Aus dem Gleichstellen Hamburgs mit Lübeck in der Grösse der auszuprägenden Summe ersieht man, dass die Bedeutung Hamburgs sich um diese Zeit vorzugsweise vergrössert haben muss. Das Städtegeld sollte zweimal im Jahre, zu Ostern und Michaelis geprüft werden. Blafferte, Hohlgeld oder Scherfe durften nur noch mit Bewilligung der Städte geschlagen werden. Die Stempel wurden nur in Lübeck von dem beeidigten Stempelschneider geschnitten, der dazu immer einen besonderen Befehl des Lübeckischen Rathes erhalten musste. Ueber das Münz- und Werksilber ward bestimmt, dass nur 15löthiges Silber verarbeitet und davon die Mark nicht höher als mit 9 ß Lübisch gekauft werden sollte. [2])

Die Bestrebungen der vier Städte, ihre Münzen genau nach dem einmal vereinbarten Münzfusse auszuprägen, verschafften ihnen im nördlichen Deutschland überall einen guten Cours. Dies veranlasste andere Münzstände, ihren Münzen ein den Städtemünzen auf den ersten Blick ähnliches Aeussere zu geben, und ihnen dadurch eine grössere Verbreitung und einen höheren Werth zu verschaffen, als ihnen zukam. Die Städte warnten in mehreren Recessen gegen derartige Münzen und setzten Strafen auf die Einbringung derselben. Besser als durch Strafen schützte man sich aber durch Verträge, und einen solchen schloss die Stadt Lüneburg 1440 mit dem Bischof *Johann* von Verden. Dieser versprach, dass ferner keine Pfennige von ihm oder seinen Nachfolgern geschlagen werden sollten, die denen der vier Städte ähnlich wären. Bestätigt wurde dieser Vertrag 1565.[3])

Die Städte hatten bisher ihr ganzes Münzwesen nach den Silberpreisen geregelt und die Goldmünzen nach den Silbermünzen taxirt, während man in andern Theilen Deutschlands dem Golde einen festen Preis zu setzen versuchte und die Silbermünzen nach dem Golde regulirte. Hierzu griffen die Städte auch im Jahre 1441 und schlossen darüber einen Vertrag, der viele Einzelheiten enthält, die wir in anderer Zusammenstellung wiedergeben:

Die Mark fein Gold wurde berechnet zu . . . . 106 ß 11 *β*

    Die Münzkosten der Schillinge betrugen für den Betrag einer

      Mark Gold:

to vorlese in dem degel . . . . 2 ʓ 6 ʓ

to makelone . . . . 2 ʓ 6 ʓ

to umringe, to munte ysern unde to slete . . . . 1 ʓ 4 ʓ

    Die Mark fein Gold sollte in Silber ausgeprägt werden in 112 ß · 12 *β*

---

[1]) *Langermann*, S. 22. [2]) *Grautoff*, III. S. 223. [3]) *Langermann*, S. 392.

Das Silber stand derzeit im Verhältniss zum Golde wie 1 zu 12, folglich mussten 12 Mark fein Silber zu 112 ℔ 12 β ausgemünzt werden, oder jede Mark fein zu 9 ℔ 6 β 4 ₰. Die zu schlagenden Schillinge sollten wie die früheren 10 löthig sein, und mussten daher 94 Stück auf die rauhe Mark gehen, wobei ein Quentin fein Silber Remedium gestattet wurde. Um den Werth einer Mark fein Gold in Silber herzustellen, bedurfte es 19 Mark 3 Loth 10 löthigen Silbers. Vor dem Weisssieden mussten die Schillinge im Schrote durch die Münzherren geprüft werden, wobei ein Schilling über oder unter der gesetzlichen Zahl 94 Spielraum gestattet wurde. Nach dem Weisssieden durften nur bis 97 Stück eine Mark wiegen, um zugelassen werden zu können. Die 15 löthige Mark Silber sollte nur zu 9 ℔ gekauft werden. Das Karat Gold zu 4 ℔ 7 β 3 Scherfe. Die Goldschmiede durften nur 15 löthiges Silber verarbeiten, und mussten auf alle grössere Stücke bei Verlust ihres Amtes ihr Zeichen setzen. Von den übrigen Punkten des Vertrags, worunter einer die Preisbestimmung der Goldmünzen enthält, ist besonders bemerkenswerth, dass die Ausfuhr von Silber und gegossenem Golde verboten war, und dass, obgleich Gold die Grundlage der neuen Münze bildete, im Handel nur nach Lübschen Marken gerechnet werden sollte. [1]

Bis zum Jahre 1450 hielt sich der neue Münzfuss so ziemlich. In diesem Jahre beschlossen aber die vier Städte, die Schillinge 15 Loth fein und 147 Stück auf die rauhe Mark zu schlagen. Der Preis der löthigen Mark Silbers blieb 9 ℔ Lübisch. Der 1441 auf 26 β gesetzte Lübsche Gulden sollte 27 β, und der auf 20 β 9 ₰ gesetzte Rheinische 21 β gelten. Die Vorschrift, im Handel nur nach Lübischen Marken zu rechnen, wurde wiederholt, zugleich aber bestimmt, dass bei Zahlungen über 20 ℔ zwei Drittheile in Gold oder grobem Gelde und das andere Drittheil in Hohlpfennigen zu erlegen seien. [2] Das Hohlgeld wurde als Scheidemünze betrachtet, die Schillinge, Sechslinge und Dreilinge als grobes Geld, worin wir zuerst den Unterschied zwischen dem späteren Courant- und Scheidegeld urkundlich ausgedrückt finden.

Schon im nächsten Jahre, 1451, wurden geringere Schillinge geschlagen und zwar aus der 10 löthigen Mark 100 Stück. Die Pfennige und Blafferte enthielten nur 6 löthiges Silber. Die Mark Silber kostete 9 ℔ und der Lübsche Gulden galt 28 β. [3] *Rentzel* fügt seiner Angabe ohne Jahr hinzu, dass die Schillinge Anfangs mit schlichtem, hernach mit rauhem Kreuze geprägt seien.

Der Münzfuss scheint nun für einige Zeit sich gehalten zu haben. Wenigstens enthält die 1455 erlassene Münz-Ordnung der Städte Lübeck, Hamburg und Wismar keine neue Vorschriften, sondern nur Verbote gegen Verschlechterung und Verschleppung des Städtegeldes und gegen den Gebrauch fremden Geldes. [4]

---

[1] *Grautoff*, III. S. 227. Das von *Kraut* im Hannov. Magazin, 1782. S. 1038 u. 1061 erwähnte Lüneburger Valvationsbuch mit den angehängten Münzen hatten wir durch besondere Gefälligkeit zu sehen Gelegenheit. So interessant und nützlich es für uns war, so gehören die Angaben der Münzen nicht hierher, da es sich dort um Münzen verschiedener Zeiträume und Länder handelt. *Grautoff's* Note, S. 142. No. 132, findet hierin auch ihre Erledigung. [2] *Grautoff*, III. S. 232. [3] Hannov. Mag. 1782. No. 65. [4] *Grautoff*, III. S. 237.

Das Hamburgische und Lübeckische Geld war auch in ganz Holstein gangbar, und diente den Holsteinischen Münzen zum Muster. Wenn wir früher eine Abweichung fanden, so musste der innige Verkehr bald eine Gleichheit wiederherstellen, und diese ward auch von den Ständen möglichst gewahrt. Bei Uebernahme der Holsteinischen Lande durch *Christian I.*, als Dänischer König 1460, liessen sie sich das Versprechen geben, dass keine andere als die in Hamburg und Lübeck gangbare Münze bei ihnen eingeführt werden dürfe. [1]) In Folge dieses Versprechens ersuchte der König *Christian*, als Graf von Holstein, 1473 von Gottorf aus, den Hamburgischen Rath, eine Summe Geldes auszuprägen und ihm zu überlassen. [2])

Zu den bisherigen Münzsorten kam bald eine neue hinzu, die doppelten Schillinge, die durch den Recess der vier Städte vom 7. December 1461 eingeführt wurden. Es sollten aus der Mark 12 löthigen Silbers 70 Doppelschillinge und aus der Mark 9 löthigen Silbers 104 Schillinge geprägt werden. [3]) Das gebrannte Silber kostete 10 ℔ 6 β. Auf diesen alten Doppelschillingen erscheint die *Maria* mit dem Kinde zuerst auf Hamburgischen Münzen. Sie war die Schutzheilige der Stadt und wurde vom Dom-Capitel schon lange im Siegel geführt. Auf dieselbe Weise führten die grösseren Lübeckischen und einige Lüneburgische Münzen den heiligen *Johannes*, und die Wismarschen den heiligen *Laurentius*.

Der uns aufbewahrte, von den Städten Lübeck, Hamburg und Lüneburg am 3. Februar 1463 abgeschlossene Münzrecess, [4]) giebt uns einen neuen Beweis, wie die Städte bemüht waren, den Rheinischen Gulden auf einem bestimmten Preis zu halten. Wir ersehen daraus, dass man sich in den früheren Ausmünzungen bemüht hatte, das Silbergeld zu 21 Schillinge auf den Gulden auszubringen, dass aber demungeachtet durch Herabwürdigung der Schillinge, 23 für einen Gulden gezahlt wurden. Um dem Uebelstande zu steuern und den Gulden bei seinem alten Werthe zu erhalten, sollte nun ein neuer Doppelschilling, von dem 75 Stück aus der 15 Loth feinen Mark gingen, geschlagen werden. Die neuen Schillinge sollten ebenfalls 15 löthig sein und 150 Stück eine Mark wiegen. An Remedium wurde dem Münzmeister nur ⅛ Quentin fein Silber für jede Mark zugestanden. Die Stempel sollten wieder in Lübeck geschnitten, und von den Goldschmieden, wie früher, nur 15 löthiges Silber verarbeitet werden. Dem Recesse sind zwei Artikel angefügt, worin berechnet wird, dass nach obigem Gelde die Mark Königssilber (15 löthiges) für 7 Gulden Rheinisch, wenn es aber 6 Grän geringer wäre, für 7½ Gulden zu kaufen sei.

Es dauerte nicht lange, so wurde auch der ebenvorgeschriebene Münzfuss unhaltbar, und man musste die Silbermünze verringern. Doch sollte der Gulden immer noch auf 21 β gehalten werden. Die vier Städte schlossen zu diesem Zweck am 22. Febr. 1468

---

[1]) *Langermann*, S. 395. [2]) Das. S. 430 u. Nordalbing. Stud. 1848. 5. Bd. S. 99. [3]) *Grautoff*, III. S. 143. *Dreyer*, Einl. S. 177 u. *Langermann*, S. 396. Der Recess selbst ist nicht abgedruckt. Wahrscheinlich enthält er Angaben, die mit dem Obigen nicht völlig übereinstimmen. [4]) *Grautoff*, III. S. 239.

einen Vertrag, worin bestimmt wurde, dass die Doppelschillinge zu 68 Stück aus der 12löthigen Mark und die Schillinge zu 103⅓ Stück aus der 9löthigen Mark ausgebracht werden sollten. Der Rheinische Gulden sollte 21 β gelten. In grösseren Zahlungen sollte nur der zehnte Pfennig in Hohlgeld angenommen werden, wenn nicht besonders mehr verlangt würde. Diese Verfügungen konnten aber nicht durchgeführt werden, weil Lüneburg gar nicht münzte, und den Gulden nach wie vor zu 23 β nahm, und die Wismaraner sich entschuldigten, dass ihr Landesherr ihnen geboten hätte, den Gulden für 23 β zu nehmen. Hamburg und Lübeck münzten zwar nach dem Vertrage, aber auch dort verlangten die Bürger den Gulden wie die andern Städte zu verwerthen. [1] Dies führte zu einem zweiten Vertrage am 22. Juli, worin mit Beibehaltung des Münzfusses der Gulden auf 24 β gesetzt ward, wodurch er zu den Silbermünzen im ziemlich richtigen Verhältniss stand. Das Silber kostete 10 ℔ 6 bis 12 β. [2]

Durch den Kaiser *Friedrich III.* erhielt Hamburg 1475 am 24. September noch eine Erweiterung seines Münzrechts. Auf desfallsiges Ansuchen wurde dem Rathe das Privilegium ertheilt, Goldmünzen nach Feinheit und Gewicht der Lübecker, unter eignem Zeichen schlagen zu dürfen. [3] Dies waren die Ducaten, die nach alten Handschriften im Jahre 1479 hier zuerst gemünzt sein sollen, und zwar 23⅓ Karat fein und 65 Stück auf die Mark. Von diesen ältesten Ducaten ist kein Exemplar mehr vorhanden, doch besitzt die Stadtbibliothek einen benutzten Aversstempel, der dieser Zeit angehört, und ähnlich den späteren eine Madonna mit dem Wappen, aber die Umschrift: FRIDERICVS ROMANORUM REX führt, mithin zwischen 1475 und 1493 gebraucht sein muss. Wahrscheinlich hinderten die um diese Zeit in Hamburg herrschenden Unruhen, grössere Ausmünzungen vorzunehmen, da überdies der Münzmeister *Hans Schröder*, der in dem Harvestehuder Klosterstreit als Vermittler auftrat, in dieselben verwickelt wurde. Das Volk feindete ihn später mehrfach als Günstling des Raths an, und beschuldigte ihn der Unrechtfertigkeit, wodurch er viel erworben haben sollte. Wohl in Folge dieser Misshelligkeiten wurde in den Hamburgischen Recess von 1483 die Bestimmung aufgenommen, dass bei der Münze nur Beamte angestellt sein sollten, die Gehalt bezögen und durchaus keinen Antheil an derselben haben sollten, und zwar ein Wardein, ein Münzmeister und ein Wechsler.

Die Bemühungen der Städte, den Goldgulden bei einem festen Preise zu erhalten, wurden durch die Herabsetzung des innerlichen Werthes der Gulden vereitelt. Im Jahre 1464 waren 86¹¹⅓ Stück aus der Mark fein geschlagen, von 1490 an schlug man schon 92³⅖ aus derselben. [4] Diese Veränderung führte zu dem Münzrecess der vier Städte vom 23. Mai 1492. [5] Der Rheinische Gulden sollte nur 22 Schillinge gelten, der Lübsche dagegen 32 Schillinge. Der Münzfuss der Silbermünzen wurde nur sehr unbe-

---

[1] *Langermann*, S. 398. [2] *Dreyer*, Einl. S. 178 u. *Rentzel*. [3] *Langermann*, S. 23. [4] *Hirsch*, Münzschlüssel S. 59. [5] Derselbe findet sich nur bei *Evers*, I. S. 361 im Auszug und enthält offenbar Fehler, die wir zu berichtigen suchen werden. *Dreyer*, in seiner Einleitung S. 282, giebt nur den Titel.

deutend gegen den von 1468 verringert. Von den Doppelschillingen sollten 69 Stück aus der 12 Loth feinen Mark, [1]) von den Schillingen 104 Stück aus der 9löthigen, von den Sechslingen 188 Stück aus der 8löthigen und von den Blafferten und Pfennigen 4½ ℔ aus der 6löthigen Mark geprägt werden. Es sollte im Ganzen für 1000 Mark löthiges feines Silber ausgemünzt werden, nämlich von Lübeck [2]) und Hamburg für 300 und von Wismar und Lüneburg für 200 Mark jede Stadt, und von diesen Summen durften 40 Mark in Sechslingen und 60 Mark in Blafferten und Pfennigen bestehen. Den Doppelschillingen ward als Gepräge auf der einen Seite das Stadtwappen und auf der andern die Wappen der drei übrigen Städte vorgeschrieben. In der Umschrift sollten die doppelten und einfachen Schillinge und die Sechslinge mit Scherf, ein uns unverständlicher Ausdruck, bezeichnet werden. Den Münzmeistern wurden 18 bis 20 β à Mark an Prägelohn bewilligt, welche sie gegen ein Quentin zum Remedium auf ihre Kosten und Rechnung schlügen. In jeder Stadt sollte ferner nur ein Mann, ein Knecht und ein Junge das Münzen verrichten. Die Mark Silber sollte 11 ℔ Lüb. kosten. Die Abgeordneten von Wismar nahmen diesen Recess nur ad referendum an, und scheint ihre Stadt nicht beigetreten zu sein, da keine Wismarsche Doppelschillinge mit dem vorgeschriebenen Gepräge vorhanden sind.

Die Städte sahen sich bald genöthigt, das Münzen einzustellen, weil viele Münzstände ihre Silbermünzen stets verringerten und das gute schwere Städtegeld in auswärtige Tiegel ging. Zugleich stieg der Preis des Silbers, weil die Lübecker es auf 15 Loth 1 Quentin beschickten, mit ihrem Stadtwappen stempelten und in grossen Massen nach Russland ausführten. Die guten Städtemünzen schwanden bald immer mehr, und es entstanden Verlegenheiten, um das zu den nöthigen Zahlungen gesetzlich vorgeschriebene, nur in den vier Städten geprägte Silbergeld anzuschaffen. Die Gulden konnten nur mit 6 Pfennigen Verlust verwechselt werden. Von dem am Donnerstag nach Dionysii 1497 abgeschlossenen Recess der Städte Lübeck, Hamburg und Lüneburg wegen Schlagen von Blafferten und Pfennigen [3]) ist uns der Inhalt unbekannt geblieben. Der inzwischen eingetretene Mangel an gangbarer Münze veranlasste die vier Städte, am 16. Juni 1498 in Lübeck einen Vertrag abzuschliessen, wonach die Städte, die einen Wechsel hätten, aufgefordert wurden, sich bei Zeiten auf Silber zum Münzen zu richten. Sie sollten es aber, um ohne Schaden münzen zu können, nur mit 8 Rhein. Gulden bezahlen. Die Ausfuhr von Silber wurde gleichzeitig verboten.

III. Von der Einführung grösserer Münzsorten bis zur Einführung der Reichs-Münzordnung, 1502 bis 1572.

Für die neuen Ausmünzungen wurden Vorschläge zu ganz neuen Münzsorten gemacht, die aber nur zum Theil ausgeführt wurden. Das Hauptziel ging noch immer dahin, dem Goldgulden einen festen Preis zu setzen und die Silbermünzen in ihrer Ein-

---

[1]) *Evers* hat 10 Loth.　[2]) Das. für Lübeck 400 M.　[3]) *Dreyer*, S. 182.

theilung dem Goldgulden und der Lübschen Mark anzupassen. Der Rhein. Gulden sollte 21 β 4 ⅜ oder 1½ ℔ Lüb. gelten, wonach der Lübsche Gulden auf 32 β oder 2 ℔ kam. Als neue Münze wurde nun ein Stück von 16 Witten oder 5 β 4 ⅜ vorgeschlagen, von dem dann 6 Stück einen Lübschen Gulden, 4 einen Goldgulden und 3 eine Lübsche Mark gelten und 34½ Stück auf die Mark fein gehen sollten. Es wurden von diesen Stücken auch doppelte zu 32 Witten oder 10 β 8 ⅜, halbe zu 8 Witten und viertel zu 4 Witten vorgeschlagen. Zugleich wurde aber auch verlangt, dass in Zukunft die Mark und nicht der im Werthe schwankende Goldgulden als Basis dienen sollte. — Auf diese Vorschläge wurde 1502 ein Vertrag verabredet, aber wahrscheinlich nur von Lübeck und Lüneburg ratificirt, da nur diese Städte derzeit solche Münzen schlugen. Man wollte Stücke von 16 Witten von 13löthigem (?15) Silber schlagen, von denen 4 einen Rhein. Gulden, 3 eine Mark Lübisch und 6 einen Lübschen Gulden machten. Es sollten auch davon halbe und doppelte Pfennige gemacht werden. Das zu verarbeitende Silber musste 15 Loth halten, und die Silbermünzen, oder vielmehr die Marken Lübisch, sollten in Zukunft allein als Rechnungsmünze dienen, dagegen der Gulden nur seinem Werthe nach genommen werden. Die Städte gaben hierdurch die Goldwährung auf und basirten ihr Münzwesen auf Silber, wodurch sie früher als die meisten Deutschen Münzstände zu einem festen Münzfuss gelangten. Für Lübeck waren die Gepräge folgendermaassen vorgeschrieben. Der doppelte Pfennig sollte auf der einen Seite den heiligen Johannes, auf der andern den Adler führen, mit der Umschrift: MONETA NOVA LUBICENSIS; der einfache auf der einen Seite den Adler im Schilde, auf der andern die Wappen der drei übrigen Städte und ein kleines Lübsches Schild in der Mitte; der halbe eine heilige Maria und einen Adler, und der viertel das Lübsche Wappen und ein Kreuz. [1]

Von Lübeck und Lüneburg sind uns Stücke nach dieser Vorschrift bekannt, und sind die einfachen Stücke mit der Benennung TERNARIUS MARCE LUBICENSIS versehen. [2] Hamburg schlug in diesem Jahre nur Witten, von 5 Loth 1 Grän (Quent.) fein und 216 Stück auf die Mark, [3] mit dem entsprechenden Gepräge, dem Wappen und dem Kreuze und der Jahreszahl 1502. Die Jahreszahl erscheint überhaupt von nun an auf allen Hamburgischen Münzen mit sehr geringen Ausnahmen, doch deutete diese Zahl bis zum Jahre 1572 nicht das Jahr der Prägung, sondern dasjenige an, in welchem der

---

[1] Nach einigen alten, uns durch die Güte des Herrn Professor *Deecke*, Dr., aus Lübeck mitgetheilten Handschriften. Siehe auch *Kraut*, Beitrag zu einer chronologischen Geschichte des innern Gehalts der Lübschen Währung in den mittlern Zeiten, im Hannoverschen Magazin von 1789, St. 64 bis 67, S. 1044, der auch erwähnt, dass er ein gedrucktes Blatt gesehen habe, worauf die Figuren der projectirten Münze in Holzschnitten abgebildet, mit der Ueberschrift, dass also die neue Münze gestaltet sein und gelten solle. Die Figuren führten alle die Umschrift: MONETA NOVA LUBECENSIS 1502. Ein Satz der oben angeführten Handschrift, der wahrscheinlich eine Copie oder das Concept des Blattes war, beginnt: „Witlick sy dat dessen baven getekenden figuren gelik eine de rinsche gulden in den steden Lubeck, Hamborg, Wismer vnde Luneborg ganckbare syn vnde sodann eren sulvergelde nu nyelinges vorramet jn geliker gewerde vnde guede stan." — Die Figuren haben wir nicht auftreiben können. [2] *Langermann*, S. 385 No. 1 u. S. 393 No. 2. [3] Das. S. 405.

Münzfuss bestimmt war, weshalb auch mit demselben Gepräge viele wenig variirende Stempel vorkommen. Auch die Werthangabe, die man auf den älteren Münzen oft schmerzlich vermisst, wurde von dieser Zeit an mehr den Stücken mit aufgeprägt.

In Hamburg nahm man die neue Münze erst nach dem, daselbst im Jahre 1504 am 29. November durch die Abgeordneten von Lübeck, Hamburg und Lüneburg verabredeten Münz-Reglement an. Der Rheinische Gulden wurde auf 21 β 4 ₰ gesetzt, die schlechte Münze verboten und dagegen gute zu prägen beschlossen, und zwar von Lübeck für 600 Mark löthiges feines Silber, von Hamburg und Lüneburg nach ihrer Vereinbarung. Der Werth der fremden Gold- und Silbermünzen sollte sich nach den Bestimmungen der Städte Hamburg und Lüneburg richten. Für die Zukunft wurde die Lübsche Mark als Basis aller Münzen festgestellt und sollte nach ihr der Preis des Goldguldens sich richten. Wismar trat diesem Vertrage am 13. December 1504 bei. [1]) — Hamburg schlug mit der Jahreszahl 1505 Drittelmarkstücke und Zweidrittelmarkstücke mit den den Lübeckischen entsprechenden Geprägen, wie z. B. auf den doppelten die Madonna statt des Johannes.

Die neue Münze scheint sich aber im Verkehr nicht als zweckmässig bewiesen zu haben, und die gute Absicht, den guten schweren Münzfuss von 11¼ ℔ auf die Mark fein beizubehalten, auf grosse Schwierigkeiten gestossen zu sein. Auch von dem Goldgulden konnte man sich noch nicht ganz trennen, und verringerte den Münzfuss nach kurzer Zeit. Schon am 22. December 1506 ward von den Abgeordneten von Lübeck und Lüneburg mit dem Rathe in Hamburg eine neue Uebereinkunft geschlossen. Da der Gulden sich auf zwei Mark Lübisch auch ferner halten zu wollen schiene, heisst es in derselben, so sollten Markpfennige aus 15löthigem Silber und 5½ Quentin das Stück schwer gemünzt werden, wodurch die Mark fein mit allen Unkosten zu 13 ℔ Lüb. aus der Münze hervorginge. Es sollten auch Halbe- und Viertelmarkstücke und Scheidegeld nach einer jeden Stadt Bedarf gemacht werden. Alle Zahlungen mussten nach diesem Münzfusse geleistet, und wenn Jemand aus Mangel an Silbermünze Gold oder Silber zahle, der Schlagschatz eingerechnet werden. [2]) Für die Markstücke finden sich in vielen Schriften noch zwei andere Gehalts-Angaben, die wohl aus einer Valvation entnommen sind, wenn sie nicht späteren Zeiten angehören. Es seien, heisst es, auch 1506 Markstücke, 14½ Loth fein und 11½ Stück auf die Mark, und eine dritte Sorte, 14½ Loth fein und 12 Stück auf die Mark, geprägt. Das Silber habe erst 12 ℔ 8 β, hernach 12 ℔ 10 β gekostet. Der Lübsche Gulden sei auf 35 β, der alte Rheinische, welcher gestempelt, auf 26 β, und der neue Rheinische Gulden auf 24 β gesetzt. Das Stempeln der Münzen geschah im 16ten und 17ten Jahrhundert sehr häufig und bestand darin, dass auf die für gut befundenen Stücke ein kleines Wappen geschlagen wurde, wodurch das Gepräge selbst freilich verdorben werden musste. Hamburg stempelte Anfangs mit dem Nesselblatt, später mit der Burg. Durch diese Ueberstempelung erhielt die Münze freien Cours in dem durch das Wappen angedeuteten Münzgebiete. Später wurde auch

---

[1]) *Evers*, I. S. 365.   [2]) *Langermann*, S. 406.

wohl der Werth durch Ziffern unter dem Wappen angegeben. — Die neuen Markstücke der vier Städte führen alle ein ähnliches Gepräge, und zwar auf der einen Seite das Stadtwappen oder den Schutzheiligen mit dem Stadtzeichen zu den Füssen, und auf der andern Seite die Wappen der drei übrigen Städte, mit der Umschrift: STATUS MARCE LUBICENSIS. Die Halben- und Viertelmarkstücke sind den Ganzen nachgebildet und sind mit SEMIS MARCE oder QUADRANS MARCE LUBICENSIS bezeichnet.

In Hamburg wurden gleichzeitig Wittenpfennige, Blafferte und Pfennige wie die von 1502 gemünzt. Andere Stücke scheinen nicht gemacht worden zu sein, weil durch Einführung der grösseren Münzen die Summen der vorhandenen Schillinge ausreichten.

Aber die Münzen der vereinigten Städte schwanden bald von Neuem, vorzüglich während der Fehde Lübecks mit Dänemark, die erst 1512 beigelegt ward, und schlechteres fremdes Geld gewann immer mehr Eingang. Um diesem Uebel abzuhelfen, wurde am 18. November 1512 durch die Abgeordneten Lübecks, Hamburgs und Lüneburgs ein neuer Münzvertrag geschlossen. [1]) Die Städte wollten zusammen für 2200 löthige Mark Silber neue Münzen schlagen, davon Lübeck 800, Hamburg 600 und Lüneburg und Wismar jedes 400 Mark. Auch das Verhältniss der Summen der zu schlagenden Münze ward festgesetzt und war für Hamburg 77½ Mark in Markstücken, eben so viel in Halben- und eben so viel in Viertelmarkstücken, ferner 77½ Mark in doppelten und und einfachen Schillingen u. s. w. und 90 Mark in Blafferten und Pfennigen. Von den Markpfennigen sollten 13 Stück, von den halben 26, den viertel 52 und von den achtel 104 Stücke eine Mark feines Silber halten, doch sollte das Münzsilber mit einem halben Lothe Kupfer versetzt werden. Die Münzmeister sollten für das grobe Geld für alle Unkosten 4 β für die Mark fein, für die ganze Summe der Blafferte und Pfennige aber 14 β 7 $\mathcal{Z}$ für die Mark bekommen. Als Remedium ward ihnen ein halbes Quentin fein Silber zugestanden. Die Mark Werksilber (15löthig) sollte zu 12 $\mathcal{U}$ 3 β verkauft werden. Mit der Jahreszahl 1512 kennen wir nur einen Sechsling, die einzige Münze, die auf der einen Seite nur ein Nesselblatt mit der Umschrift: MONETA HAMBURGENSIS 1512, führt. — Gegen den von *Langermann* S. 419 gegebenen Thaler von 1512, den er überdies selbst nie gesehen hat, sprechen so viele Gründe, dass wir es überflüssig halten, hier Etwas darüber zu sagen.

Im Jahre 1515 veränderten die vier Städte die Vorschrift über die Markstücke, ohne aber dadurch den Münzfuss wesentlich zu ändern. Es sollten 12 Markstücke aus der 14½ Loth feinen Mark geschlagen werden, also 13$\frac{7}{16}$ Stück aus der Mark fein; ferner einfache Schillinge, 106 Stück auf die Mark von 8 Loth fein. Die Mark Silber kostete im Einkauf 12 $\mathcal{U}$ 12 β bis 12 $\mathcal{U}$ 14 β. [2])

Neue Hindernisse stellten sich aber bald dem Münzfuss der Städte entgegen. Zwei neue Münzsorten fanden um 1519 Eingang, die Joachimsthaler, 14½ Loth fein und 8 Stück auf die rauhe Mark, zu 24 β das Stück, und die sogenannten Schreckenberger, 13½ Loth fein und 52½ Stück auf die rauhe Mark, von denen 7 Stück für 24 β genommen

[1]) *Langermann*, S. 413. [2]) Das. S. 414. *Evers*, I. S. 367.

wurden. Diese Münzen wurden bald geringer nachgeahmt und die andern Geldsorten wurden auch schlechter, so dass die Sächsischen und andere Bergwerke besitzenden Fürsten bei dem immerwährenden Steigen der Joachimsthaler einsahen, dass sie die Mark fein Silber in ihren Münzen theurer und höher ausgaben als sie sonst das ungemünzte Silber verkaufen konnten, weshalb sie den Silberpreis bedeutend in die Höhe schroben. Die Städte mussten dadurch gezwungen, ihren Münzfuss ändern, und schon kurz nachher immer weiter verringern, denn die Silberpreise stiegen von 13 ℔ 8 ß auf 14 ℔ 8 ß, 14 ℔ 12 ß und endlich auf 15 ℔. Lübeck begann 1522 mit Ausprägung von Doppelschillingen, Wismar folgte 1523 und Hamburg 1524, Lüneburg aber erst 1530. Diese sollten sämmtlich 7 Loth 2½ Quentin fein sein und 56 Stück auf die rauhe Mark wiegen, mussten aber bald zu 57 und etwa 1528 zu 58 Stück geschrotet werden, bis 1529 die Wismaraner bis zu 60 Stück gingen. [1] Diese Verminderung war den andern Städten zu gross, und Lübeck verbot die in Wismar geschlagenen Doppelschillinge und Scherfe, die aber dennoch fortgemünzt wurden, so dass Lübeck den Magistrat von Wismar 1532 den 23. September zur Gelebung des Verbots erinnern musste. [2] Nach einer handschriftlichen Notiz schlossen die Städte 1533, post trium regum, einen Münzrecess. Den Münzmeistern sollte die fertig gemünzte Mark mit 8 ℔ 12 ß bezahlt werden. Dieser Vertrag bezog sich gewiss auf die Herabsetzung der Doppelschillinge, die also zu 70 Stück auf die rauhe Mark ausgebracht wurden, wenn hier nicht durch Versehen 8 ℔ 12 ß statt 7 ℔ 12 ß gesetzt sind, was 62 Stück auf die rauhe Mark und bei einer Feinheit von 7⅝ Loth, 130 Stück für die Mark fein gäbe, was mehr Wahrscheinlichkeit für sich hat. Lübeck schlug 1535 60 Stück aus der Mark.

Das immerwährende Verringern der kleineren Münzsorten brachte das Münzwesen in die grösste Verwirrung, und musste höchst nachtheilig auf den Geldverkehr wirken. Das Steigen der Gold- und grösseren Silbermünzen um ein Viertheil ihres Werthes in dem kurzen Zeitraume von 1529 bis 1537, wird folgende Zusammenstellung der Angaben des Stadt-Recesses von 1529, Artikel 37, über die beim Hausverkaufe gebräuchlichen groben Münzen, und des von *Rentzel* für das Jahr 1537 gegebenen Courses am übersichtlichsten zeigen. Nach dem Recess sollten gelten:

der Hamburgische feine Gulden, 65 Stück auf die rauhe Mark, 35 ß, galt 1537 42 ß,

das Markstück . . . . 12 „ „ „ „ „ 16 „ „ „ 20 „

die gestempelten Rhein. Gulden, 68 „ „ „ „ „ 26 „ „ „ 32 „

„ vollwichtigen „ „ 72 „ „ „ „ „ 24 „ „ „ 30 „

der Postulatsgulden . . . . 92 „ „ „ „ „ 13 „ „ „ — „

Beim Hausverkaufe durften auch alte Schillinge und den Markstücken gleichhaltige Joachimsthaler genommen werden. Letztere, 8 auf die rauhe Mark, galten 1529 24 ß, und 1537 30 ß. Die Engelotten, von denen 45½ Stück aus der 23½ Karat feinen Mark Gold geschlagen wurden, galten 1537 das Stück 4 ℔.

---

[1] *Langermann*, S. 415. und *Rentzel*. [2] *Evers*. I. S. 368.

Im Jahre 1537 soll wieder eine Vereinigung der vier Städte in Lübeck statt-gefunden haben, um Sechslinge, 5 Loth 16 Grän fein und 184 Stück auf die Mark, prägen zu lassen, wovon jede Stadt nicht mehr als 800 Mark jährlich vermünzen sollte.[1]) Nach andern Nachrichten sollen in diesem Jahre Schillinge zu 7 Loth 2 Quentin und Sechslinge, 5 Loth 2 Quentin fein, geschlagen worden sein, und die Mark Silber 16 ℔ 2 β gekostet haben.[2])

Für die nächstfolgende Zeit lassen uns die Münzchroniken im Stich, und wir müssen auf urkundliche Belege verzichten. Nur Bruchstücke geben uns einigen Anhalt für diese, für das Münzwesen ungemein bewegte Zeit. Vermuthlich in Folge einer Ueber-einkunft schlug Lüneburg 1541 Doppelmarkstücke, die auf der einen Seite die Wappen von Lübeck, Hamburg und Lüneburg mit der Umschrift: STATUS DUARUM MARCARUM LUBECENSIUM und auf der andern die Wappen Wismars, Rostocks und Stralsunds mit der Umschrift: MONETA CIVITATUM WANDALICARUM führen.[3]) Von einem 1543 d. S. Vincentii zu Mölln abgeschlossenen Vertrag der Städte Lübeck, Hamburg und Lüneburg sind uns keine Details bekannt. Lübeck erliess 1545 ein Circularschreiben an die Städte Hamburg, Lüneburg, Rostock und Stralsund mit einem Gutachten und mit Vorschlägen wegen Prägung neuer Markstücke, Reichsthaler, Doppelschillinge und Schillinge, das feine Silber zu 16 ℔, die Markstücke zu 20 β und die Thaler zu 30 β auszumünzen.[4]) Vermuthlich in Folge dieses Rundschreibens wurde 1546 beliebt, Doppelschillinge zu 7 Loth 2 Grän und 60 Stück auf die Mark, einfache Schillinge, 6 Loth 2 Grän fein, 120 Stück (240) auf die Mark, Sechslinge zu 5 Loth 6 Grän und Markstücke zu 14 Loth fein und 11½ Stück auf die rauhe Mark zu schlagen. Allein dieser Vertrag blieb in Betreff der Doppelschillinge und kleineren Münzsorten unbefolgt, da die Städte zu häufig münzten und die Silberpreise stiegen.[5]) Ob Hamburg überhaupt nach diesen Vorschriften münzte, ist fraglich, da wir keine Münzen mit Jahreszahlen zwischen 1524 und 1553 gefunden haben. Der von *Langermann*, S. 282, gelieferte Thaler von 1547 kommt sonst nirgends vor, und muss noch in Zweifel gestellt werden. Die übrigen Städte schlugen dagegen mit den Jahreszahlen 1546, 49 und 50. Ein Lüneburgisches Markstück von 1546 führt im Reverse statt des Hamburgischen Wappens das Lüneburgische,[6]) woraus sich ebenfalls wohl schliessen lässt, dass Hamburg den Vertrag nicht genehmigte.

Die grosse Verwirrung des Deutschen Münzwesens hatte inzwischen die Auf-merksamkeit aller Stände auf sich gezogen und 1524 die Publication einer Reichs-Münz-ordnung veranlasst. Es sollten Silberpfennige vom Werthe eines Rheinischen Guldens, 15 Loth fein und das Stück 2 Loth schwer und sechs verschiedene Theile desselben geschlagen werden. Dieser Thaler erhielt den Namen Guldengroschen und später Gulden und galt in Hamburg 24 β. Als Rechnungsmünze wurde er noch bis zum 18ten Jahr-hundert vielfach gebraucht und ist in alten Rechenbüchern aufgeführt. Die Reichs-Münzordnung wurde aber wenig beachtet und war von keinem Einfluss auf das Münz-

---

[1]) *Evers*, I. S. 369. [2]) *Langermann*, S. 416. [3]) Abgebildet daselbst S. 401. [4]) *Köhler*, Hist. Münz. Bel. XIV. S. 342. [5]) *Evers*, I. S. 369. [6]) *Langermann*, S. 402.

wesen der Wendischen Städte. Auf dem Reichstage zu Augsburg 1551 suchte man auf's Neue durch eine umfassendere Münzordnung zum Ziele zu gelangen. Die Goldgulden sollten dahin rectificirt werden, dass $71\frac{1}{3}$ Stück auf die rauhe Mark zu $18\frac{1}{2}$ Karat fein gingen. Dem entsprechend sollten Reichsgulden von demselben Werth von 14 Loth 2 Grän feinem Silber und $7\frac{1}{2}$ Stück auf die rauhe Mark und kleinere Münzen von $\frac{1}{2}$, $\frac{5}{18}$, $\frac{1}{6}$, $\frac{5}{36}$, $\frac{1}{12}$, $\frac{1}{24}$ und $\frac{1}{72}$ Gulden geprägt werden. Neben der Reichsmünze sollten auch andere bestimmte Landesmünzen verstattet werden, und zwar für die Städte im Niedersächsischen Kreise Schillinge zu 7 Loth fein und $109\frac{1}{2}$ Stück aus der rauhen Mark und die nöthigen kleineren Sorten. Auf den Reichsgulden sollten $28\frac{1}{8}$ Lübsche Schillinge à 12 Pfennige, auf den Rechnungsgulden 24 ß gerechnet werden. Die Lübschen Pfennige sollten $3\frac{1}{2}$ Loth fein und 654 Stück auf die Mark geschrotet werden. Bei der gleichzeitig vorgenommenen Valvation der Deutschen Münzen wurde der Hamburgische Goldgulden dem Rheinischen gleich, die Hamburgischen und Lübeckischen Ducaten aber nur 23 Karat 4 Grän fein befunden.

Wie sich die Städte bei dieser neuen Ordnung benahmen, ist nicht bekannt; vermuthlich fand aber eine besondere Vereinbarung unter ihnen statt. Hamburg prägte, nach den vorhandenen Münzen zu urtheilen, 1553 grosse Summen Goldgulden, Thaler, 2 Loth schwer, halbe und viertel Thaler, Doppelschillinge, Schillinge und Sechslinge, letztere der Reichs-Münzordnung entsprechend, aus. Wahrscheinlich wurden auch schon Blafferte und Pfennige geschlagen, von denen aber bis jetzt nur Exemplare aus den Jahren 1557, 58 und 59 bekannt sind.

Im Jahre 1554 genehmigten die vier Städte eine von den Münzmeistern unter sich gemachte Vereinigung, dass sie das Geld nach dem ihnen vorgeschriebenen Schrot und Korn ausmünzen, die Mark löthigen Silbers nicht höher als für 17 ℔ Lüb. kaufen, den alten Thaler für 31 ß 4 ₰ Lüb. einwechseln und bei einem etwaigen Steigen nicht mehr als 4 ₰ zulegen wollten.[1])

In diese Zeit fällt auch die erste Ausprägung der Portugaleser oder Goldstücke von 10 Ducaten in Hamburg. Die Veranlassung zur Nachahmung dieser Portugiesischen Münze war wohl der bedeutende Handelsverkehr mit Portugal, denn man schlug sie nicht nur nach dem Portugiesischen Münzfuss, wie die Umschrift beweist, sondern ahmte auch das Original-Gepräge, so weit es thunlich war, in seiner ganzen Anordnung nach. Selbst das Fehlen der Jahreszahl ist eine Nachbildung und kommt bei andern Hamburgischen Münzen in dieser Zeit nicht mehr vor. Der ursprüngliche Münzfuss ist nicht mehr zu ermitteln, doch scheint er sehr annähernd an $6\frac{2}{3}$ Stück auf die Mark fein Gold und 23 Karat 8 Grän fein gewesen zu sein. Diese Münzsorte war später ziemlich verbreitet und wurde auch in Dänemark und Lüneburg geschlagen. In Hamburg verloren die Portugaleser in der Mitte des 17ten Jahrhunderts den Charakter der Münze und wurden Medaillen, die bis auf die neueste Zeit zum Werthe von 10 Ducaten geschlagen sind. Mit demselben Gepräge wie die ganzen Portugaleser finden sich halbe, viertel und doppelte.

---

[1]) *Dreyer*, S. 186.

Der Kaiser *Ferdinand I.* erliess am 19. August 1559 eine neue Reichs-Münz-ordnung, worin der vorige Münzfuss beibehalten, die Thaler und schweren Reichsgulden à 72 Kreuzer aber abgeschafft und neue Reichsgulden à 60 Kreuzer oder 24 β Lüb. ausgemünzt werden sollten. Die Goldgulden sollten aus $18\frac{1}{2}$ Karat feinem Golde zu 72 Stück aus der rauhen Mark bereitet werden. — Die Abschaffung der Thaler missfiel aber vielen Münzständen und höchst wahrscheinlich auch den Wendischen Städten, wenigstens schlug Hamburg keine neue Reichsgulden; und endlich wurden 1566 auf dem Reichstage zu Augsburg die Thaler wieder zugelassen, wenn 8 Stück aus der 14 Loth 4 Grän feinen Mark gemünzt wären. Den Landschaften, die eine besondere Landes-münze in ihren Bezirken bisher gehabt hatten, wurde die Fortmünzung freigestellt, wenn die Münzen nach der Reichsmünze regulirt würden.

Hamburg schlug nun Thaler, Schillinge u. s. w. wie die früheren, aber mit der Jahreszahl 1566. Bisher hatte man nur mit der Zahl 1553 geschlagen, so wie früher lange Zeit Doppelschillinge mit 1524, Ducaten mit 1497 und Markstücke mit 1506, wodurch wohl der beständig gleiche Münzfuss angedeutet werden sollte. Hierdurch wurde aber eine grosse Menge verschiedener Stempel mit derselben Jahreszahl ausgegeben.

Die Einführung der Reichs-Münzordnung musste auch das Münzwesen der vier Städte ändern. Sie vereinigten sich am 17. Februar 1567 in Mölln und beschlossen, dass alle ihre Münzen an Schrot und Korn gleich sein sollten. Ueber andere Punkte, wie die Beibehaltung der Städte-Markstücke und Scheidemünze neben der eingeführten Reichsmünze, den Silberkauf u. s. w. wurden die Beschlüsse ausgesetzt. [1]) Diese wurden zum Theil durch den Lüneburgischen Kreistags-Beschluss vom 30. Juni 1568 erledigt. Nach demselben sollte die Reichs-Münzordnung von 1559 und besonders auch der Reichsschluss von 1566 genau beobachtet werden, und neben den Thalern auch halbe Thaler, Ortsthaler, ganze Silbergroschen, Dreier, doppelte und einfache Lübsche Schil-linge oder Sechslinge und Dreilinge, und als Scheidemünze Pfennige und Heller oder Scherfe und keine andere Münzen ausgeprägt werden. Die kleinen Münzen sollten gleich-mässig geprägt werden. Im Gepräge sollte die Reichs-Münzordnung beobachtet werden. Die groben Münzsorten und die geringeren bis auf den ganzen Groschen, die doppelten und einfachen Schillinge, diese einschliesslich, sollten auf der einen Seite den Reichs-adler, auf dessen Brust der Reichsapfel mit der Ziffer, wie viel Groschen oder Schillinge in der Münze enthalten wären, führen. Die halben Groschen, Sechslinge und kleineren Sorten sollten auf der einen Seite nur den Reichsapfel mit der Zahl darin enthalten. Auf der andern Seite der Münzen sollte das gewöhnliche Wappen des Münzstandes geschlagen werden dürfen. Die Münzen sollten regelmässig in Braunschweig und Lüne-burg probirt und für beide Städte genaue Kölnische Gewichte angeschafft werden. Es sollte überhaupt nur den Ständen zu münzen erlaubt sein, die eigene Bergwerke besässen, ohne der Gerechtsame der Andern dadurch zu nahe zu treten. Hamburg war demnach auch unter denen, die das Münzen einstellen mussten, was, wie wir gleich sehen werden,

---

[1]) *Evers*, I. S. 372.

nicht lange währte. Die kleinen Münzsorten sollten vergrössert werden und die Doppelschillinge, die schon auf 1 β 9½ β Lüb. reducirt waren, um sie mit der vorgeschriebenen
Ausmünzung der feinen Mark zu 10 Gulden 4 Groschen 2¼ Pfennig oder 15 β 4¾ β und
24 β auf den Gulden in Einklang zu bringen, nach der neuen Lübschen Währung nur
1 β 7 β gelten, der Schilling aber von 9½ β auf 8½ β reducirt werden. Die Thaler, die
nach der bisherigen Währung 1 fl. 5 β 11 β 1 Heller gegolten, sollten 1 fl. 2 β 7 β gelten,
und die Hamburger Thaler mit der Jahreszahl 1553 statt 1 fl. 6 β 1 Heller nach der
neuen Währung 1 fl. 2 β 7 β. Bei Ablösung von Capitalien, die in Lübschem Gelde
belegt seien, sollte die Mark bis vor 40 Jahren zu 16 β, unter 40 Jahren bis auf die Zeit
der Verordnung mit 21 β 3 β der neuen Währung gelten.

In Folge dieses Kreistagsschlusses errichteten die vier Städte am 8. Februar 1569
einen Recess in Lübeck, worin man sich über die Bestellung und Unterhaltung der
Münzmeister, Wardeine u. s. w. verglich, und beschloss, die Münzen an Korn und Schrot
der Kreisordnung gemäss auszuprägen, die alten Münzen einzuwechseln oder zu reduciren,
und in Zukunft auf jede 100löthige Mark an Thalern nur 50 Mark löthig an kleinen
Münzsorten zu schlagen. Diese sollten bestehen in 20 Mark Doppelschillingen, 20 Mark
Schillingen, 5 Mark Sechslingen, 3 Mark Dreilingen und 2 Mark Pfennigen. — Wismar
trat den Bestimmungen über die kleinen Münzen, wegen des Verhältnisses zum Landesherrn, nicht unbedingt bei. [1])

Die Bestimmungen des Kreistags für die kleinen Münzsorten missfielen vielen
Niedersächsischen Münzständen und führten zu einem neuen Kreisschlusse vom 26. April
1572. Es sollten ausgeprägt werden: Silbergroschen 217 Stück aus der Mark fein, von
denen 24 einen Thaler gelten sollten, Mariengroschen 242¹¹⁴⁄₁₉ Stück aus der Mark fein
und 36 Stück auf den Thaler, Dreier 872½ Stück aus der Mark fein, 4 auf einen Silbergroschen, und ferner für die Lübsche Währung: Doppelschillinge 114 Stück aus der
12 Loth 13½ Grän feinen Mark, 14 Stück gleich einem Reichsgulden und 16 Stück gleich
einem Reichsthaler; Schillinge 145 Stück aus der 8 Loth feinen Mark, 28 St. = 1 fl.
und 32 St. = 1 Thaler; halbe Schillinge 187½ St. aus der 5 Loth 2½ Grän feinen Mark,
56 St. = 1 fl. und 64 St. = 1 Thaler; Dreilinge 232 St. aus der 3 Loth 3 Grän feinen
Mark, und Pfennige 654 St. aus der 2 Loth 15½ Grän feinen Mark, von denen 16 St. =
1 Silbergroschen, 12 St. = 1 Schilling und 10½ St. = 1 Mariengroschen gerechnet werden
sollten. [2]) Hamburg wurde als fünfte Münzstätte zugelassen, und für Mecklenburg durfte
eine sechste vom Landesherrn hinzugefügt werden.

Diesem Kreistagsschlusse wurde von allen Münzständen nachgelebt und dadurch
das Münzwesen Niedersachsens für längere Zeit geregelt. Der Zweck des Münzvereins
der Wendischen Städte, gute Münzen und einen möglichst festen Münzfuss zu erhalten,
war durch obige Beschlüsse erreicht und die Verbindung nicht mehr erforderlich. Eine
formelle Auflösung fand nicht Statt, doch sehen wir nur noch Lübeck und Hamburg

---

[1]) *Evers*, I. S. 373,   [2]) *Bode*, Münzw. Niedersachsens S. 104.

gemeinsam auftreten. Diese beiden altehrwürdigen Städte, die 1255 sich zuerst über eine gleiche Münze vereinigten, blieben auch später bei gleichem Münzfusse und haben nach Ablauf von fast 600 Jahren noch gleiche Münze.

IV. Von der Einführung der Reichs-Münzordnung bis zur Annahme des 34 Markfusses, 1572 bis 1725. [1])

Hamburg fing mit dem Jahre 1572 an, genau nach der Münzordnung zu prägen. Die bisher auf allen grösseren Münzen gebräuchliche Madonna fiel weg, und an ihre Stelle trat der Reichsadler. Die kleineren Münzen vom Sechsling an erhielten statt der Kreuze u. s. w. den Reichsapfel. In den Umschriften fielen die Sprüche fort und erscheint von jetzt an der Name des Kaisers mit dem Zusatz: IMPERATORIS AUGUSTI PRO FACTO DECRETO, wie es schon die Reichs-Münzordnung von 1551 vorschrieb. Das bisher auf allen Hamburgischen Münzen befindliche Holsteinische Nesselblatt blieb auf den als Reichsmünzen geprägten Stücken fort, wogegen Dänemark später ohne Erfolg Einwendungen machte. In den langwierigen Streitigkeiten über die von Dänemark beanspruchte Oberhoheit über die Stadt wurde das auf den alten Hamburgischen Münzen befindliche Nesselblatt stets als ein Zeichen der Abhängigkeit von Holstein aufgeführt. Auf den Thalern und den Theilen desselben wurde die Ziffer der in denselben enthaltenen Schillinge, 32, 16, 8, 4, auf den kleineren Sorten vom Doppelschillinge an aber die Ziffer gesetzt, wie viel Stücke einen Thaler machten. Die Doppelschillinge erhielten die Ziffer 16, die Schillinge 32, die Sechslinge 64, die Dreilinge 128. Die Pfennige waren nur einseitig und führten den Reichsapfel und das Wappen neben einander. Auf die Goldmünzen wurde das neue Gepräge nicht übertragen, doch verloren die Portugaleser und Ducaten das Nesselblatt.

Das Gepräge der Schillinge ward durch eine Bestimmung des Braunschweigischen Probations-Abschiedes vom 1. October 1576 dahin geändert, dass statt des Reichsadlers nur der Reichsapfel darauf gesetzt werden durfte, weil der gemeine Mann sie nicht gehörig von den Groschen unterscheiden konnte. Sie sollten auch kleiner als bisher sein.

Ausser den von Reichswegen bestimmten Silbermünzen, schlug Hamburg auch halbe Pfennige oder Scherfe von Kupfer, von denen noch einige, z. B. von 1574, aufbewahrt sind. Diese gaben bei den derzeit statthabenden Wirren zwischen Rath- und Bürgerschaft Veranlassung zu Klagen abseiten der Letzteren, wie denn auch der Münzmeister, ebenso wie bei den *von Loh'schen* Unruhen, der Unrechtfertigkeit beschuldigt wurde, namentlich, dass er die Hamburger Gulden zu leicht münzte und gestohlenes Metall ankaufe.

Während andere Münzstände schon bald ihre kleineren Münzen verringerten, sehen wir Hamburg streng nach den vorgeschriebenen Gehalten münzen. Nach einigen auf-

---

[1]) Das Material zu diesem Abschnitte findet sich sehr ausführlich in *Langermann's* Münz- und Medaillen-Vergnügen, worauf wir wegen der Einzelnheiten verweisen.

bewahrten Tabellen des Münzwardeins *Hieronimus Wiedmann* aus den Jahren 1580 bis 87, fand derselbe 1584 und 85 die Ducaten, 23 Karat 8 Grän fein, und 67 Stück auf die gemischte Mark; die Goldgulden, 18½ Karat fein, 72 Stück auf die gemischte Mark. Er untersuchte 1587 davon 9719 Stück. An Thalern wurden geprüft 1583 27,242½ Stück, 1584 31,190½ Stück und 1586 22,188 Stück, und hielten 14 Loth 4 Grän, 8 Stück wogen eine Mark. Die Schillinge waren zwischen 7 Loth 17 Grän und 8 Loth 2 Grän fein, und zu 146 und 145 Stück auf die Mark geschrotet. Die Sechslinge, 5 Loth 2 bis 4 Grän fein, und gingen 188 bis 190 Stück auf die gemischte Mark. Achtelthaler und Doppelschillinge scheinen in Hamburg Anfangs nicht geschlagen zu sein, und erst 1592 finden wir von den letzteren, aber auch schon nicht mehr nach dem vorgeschriebenen Gehalte, sondern nur 8 bis 9 Loth fein, und einige und 70 auf die rauhe Mark. Ueberhaupt wurden in dieser Zeit zu viele kleine Münzen ausgeprägt und dadurch der Thaler wieder im Preise gesteigert. Im Jahre 1609 musste man ihn mit 33 *ß* bezahlen und ein weiteres Steigen stand in Aussicht. Um diesem Uebel so viel wie möglich Einhalt zu thun, schlossen die Städte Lübeck und Hamburg mit den Herzogen von Mecklenburg und Holstein am 13. März 1609 einen Vertrag, worin festgesetzt wurde, dass 6 Jahre lang keine Doppelschillinge, Schillinge und Sechslinge geprägt werden sollten. Der Thaler sollte in Zukunft 33 *ß* gelten. Die neugeschlagene Münze der Contrahenten sollte am 10. April in Lübeck probirt und valvirt werden, und alle fremde, bisher nicht gangbare Sorten in Zukunft verboten sein. [1]

Von Kreiswegen ward 1610 zur Abwendung des Uebels beschlossen, dass nur in wenigen Orten, worunter auch Hamburg, kleines Geld gemünzt werden sollte, und zwar nach dem Thalerfusse, aus der 14 Loth 4 Grän feinen Mark 153 doppelte und 306 einfache Schillinge. Aber auch diese Maassregel blieb ohne Erfolg und für Hamburg ohne Werth, denn es durfte vertragsmässig nicht münzen. Der Thaler stieg trotz aller Vorkehrungen im Jahre 1615 auf 38 *ß*, und Silbergroschen, schlechte Doppelschillinge und Schillinge verbreiteten sich in grossen Massen. Hamburg versuchte 1614 durch Prägen von Doppelschillingen die Groschen zu verdrängen, aber auch dies half nicht, und führte sogar eine Beschwerde des Königs von Dänemark herbei, der Hamburg ausserdem für die Münzstätte der schlechten Groschen hielt. Die Vertheidigung führt an, dass Hamburg erst vertragsmässig im Herbst des nächstverwichenen 1615ten Jahres angefangen habe, Doppelschillinge zu schlagen, sich aber nie mit Prägung von Groschen abgegeben habe. Wir fanden mehrere Doppelschillinge von verschiedenem Stempel mit der Jahrszahl 1614, die möglicherweise erst 1615 geschlagen sein können. In diesem und den nächsten Jahren münzte man 96 Doppelschillinge aus der 7 Loth 10 Grän feinen Mark.

Im Kreisabschiede zu Braunschweig vom 30. December 1617 wurde bestimmt, dass 90 Doppelschillinge aus der 7¼ Loth fein Silber enthaltenden Mark, und 160 Schil-

---

[1] Nachricht von der u. s. w. im Jahr 1725 beliebten Münz-Verordnung etc. *Langermann* schöpfte aus dieser Quelle für die nächstfolgende Zeit. Wir verweisen wegen der Specialia auf diese Beiden und liefern nur eine kurze Uebersicht.

linge aus der 6½ löthigen Mark geschlagen werden sollten, die zu 20 und 40 Stück einen Reichsthaler gälten. Die kleineren Sorten sollten, des vorhandenen Ueberflusses willen, nur von Münzständen geprägt werden, die eigne Bergwerke besässen.

Der Thaler stieg 1618 auf 42 β und drohte höher zu gehen, da erliessen Lübeck und Hamburg auf Veranlassung des Englischen Court in Hamburg am 12. December 1618 ein Mandat, wodurch der Thaler auf 40 β fixirt werden sollte. Eine Menge Münzen wurde heruntergesetzt, und Doppelschillinge, 90 Stück auf die gemischte Mark, angeordnet, von denen 20 Stück einen Thaler machten. Das Mandat enthielt auch für gewisse Summen Doppelschillinge und Groschen die genaue Gewichtsangabe, um auf diese Weise Jeden vor Uebervortheilung zu schützen. Diese Doppelschillinge erhielten für Hamburg ausser dem Reichsadler die beiden Wappen von Lübeck und Hamburg neben einander. Die alten Doppelschillinge wurden mit der Zahl der darin enthaltenen Pfennige, z. B. 20 $\mathcal{S}$, übergestempelt.

Das dennoch immerwährende Steigen der groben Münzsorten veranlasste endlich die Errichtung der hiesigen Bank im Jahre 1619. Der Zweck derselben war zunächst auf sichere Aufbewahrung und leichteren Umsatz der den Händen der Kipper und Wipper bis dahin noch entgangenen Reichsconstitutionsmässig ausgebrachten Speciesthaler gerichtet. Die in die Bank eingebrachten Thaler wurden dem Einbringer mit 1 per mille Avanz gutgeschrieben, beim Herausnehmen dagegen wieder mit einem Abzug von 1⅜ per mille zurückgegeben. Von diesem Abzuge rührt die Rechnung nach Mark Species Banco beim Hypothekenwesen her, wo noch jetzt 1000 $\mathcal{L}$ Species Banco gleich 1001 $\mathcal{L}$. 10 β Banco gerechnet werden. Die Bürgerschaft hatte nur widerstrebend in die Errichtung der Bank gewilligt, da sie neben andern Befürchtungen auch die hegte, dass sehr bald neben der Bankgeldrechnung eine Courantgeldrechnung entstehen würde, was auch nicht ausblieb. Sie suchte sich in den nächsten Jahren dadurch dagegen zu sichern, dass sie verlangte, dass überall in der Stadt nur das Bankgeld gelten sollte. Bei den Abgaben wurde dies auch bis zur Französischen Occupation festgehalten. Der gute Einfluss der Bank auf das Hamburgische Münzwesen blieb aber nicht aus, und Viele wurden durch sie vor Schaden bewahrt. Der Bank wurde im Jahre 1710 auch die Ausübung der Münzgerechtsame übertragen. Die Aufsicht über die Münze blieb aber dem Rathe, dem sie durch die Recesse von 1410, 1458 und 1483 gänzlich überlassen war.[1] Im 14ten Jahrhundert führten zwei Senatoren die specielle Aufsicht, im 15ten ein Bürgermeister und ein Senator und im 16ten zwei Bürgermeister, und zwar von 1551 an die beiden jüngsten, wobei es bis auf die neueste Zeit geblieben ist, und ohne deren Genehmigung nicht gemünzt werden darf.

Der Thaler war inzwischen auf 48 β gestiegen und ging noch höher. Ein neuer Vertrag, 1620 am 23. April von den Städten Lübeck, Hamburg, Bremen und den Herzogen von Mecklenburg abgeschlossen, sollte den Thaler auf 48 β fixiren. Es wurde bestimmt, dass das kleine Geld nur nach Gewicht genommen werden sollte. Hiervon sollten nur

---

[1] *Westphalen*, Versuch über d. Hamb. Staats-Verwalt.-Behörden. 1828. S. 225.

die Doppelschillinge, worauf neben dem Stadtwappen die Ziffer 24 gesetzt, ausgenommen sein. Es sollte auch eine namhafte Summe an Schillingen und Sechslingen nach dem Werthe des Reichsthalers à 3 ß. gemünzt werden. Die Schillinge mit der Zahl 48, die Sechslinge mit der Zahl 96. Die Mark fein sollte 25 ß. kosten´ und das Werksilber 14 löthig sein.

Die Angaben über den Münzfuss werden von dieser Zeit an immer spärlicher und unvollkommner, und für manche Sorten, die vorhanden sind, lassen sich nur ungefähre, nach den Münzen berechnete Daten geben. Nach den obigen Vorschriften gemünzt, finden wir von 1620 nur Sechslinge, wahrscheinlich nach der Vorschrift von 1572 zu 5 Loth 2½ Grän fein, und 231 Stück auf die rauhe Mark, und Vierschillingstücke, nach dem dort vorgeschriebenen Verhältnisse der Schillinge, 8 Loth fein, und 54 Stück auf die rauhe Mark. Diese Vierschillingstücke führen den Reichsadler, aber statt des Reichsapfels eine Raute worin IIII f. Ganz nach demselben Münzfusse wurden 1621 Achtschillingstücke mit ähnlichem Gepräge geschlagen. In dieses Jahr müssen wir auch die feinen Doppelschillinge, Schillinge und Sechslinge setzen, die keine Jahreszahl, aber den Reichsadler mit den Ziffern 2, 1 und ½ führen. Diese sollten sich wahrscheinlich an die Achteltthaler, die 1621 zuerst erscheinen und mit der Ziffer 4 bezeichnet sind, anschliessen, und die ursprünglichen Schillinge, 32 auf den Thaler, herstellen. Die kleinen Sorten sind von 14 bis 15 löthigem Silber, wahrscheinlich 14 Loth 4 Grän, wie die Thaler fein und wogen 128 Doppelschillinge, 256 Schillinge oder 512 Sechslinge eine Mark. Nach dem Vertrage von 1620, der den Thaler auf 48 Schillinge setzte, müssten die Doppelschillinge 3 ß, die Schillinge 1 ß 6 ₰ und die Sechslinge 9 ₰ gelten. Diese Münzen hielten aber nicht das vorgeschriebene Gewicht, wenn sie auch besser an Gehalt waren, und die Lübecker verboten deshalb am 5. Juni 1621 die Hamburger Doppelschillinge, die man an Gewicht auf 100 Mark Lübisch 36 Mark zu leicht befunden hatte. [1]

Neben diesen Münzen finden sich auch Sechslinge von 1621, die statt des Adlers die Inschrift: I SOESLING, aber nicht den Namen des Kaisers führen. Sie sind 6 Loth fein, und vermuthlich zu 320 Stück auf die Mark geschrotet. Aus der Veränderung des Gepräges ersieht man, dass man die kleineren Münzen jetzt nicht mehr nach dem Reichsfuss schlug. Ueberhaupt trat im Münzwesen jetzt eine grosse Unsicherheit über die kleinen Münzen ein, wozu der 30jährige Krieg viel mit beitragen mogte. Man sprang von einem Münzfuss auf den andern über, setzte einzelne Münzen herab, verbot andere ganz und suchte auf verschiedene Weise das Münzwesen zu reformiren.

Die Masse der kleinen Münzen und ihr geringer Gehalt, hatte inzwischen den Reichsthaler auf 54 ß im Preise gesteigert. Zur Abhülfe dieses Uebelstandes vereinigten sich am 11. März 1622 die Abgesandten von Dänemark für Holstein, Pommern, Mecklenburg, Lauenburg, Lübeck und Bremen in Hamburg, und setzten den Thaler auf 48 ß. Hamburg wollte noch weiter gehen und den Thaler auf 40 ß setzen, und bestimmte den Termin, wo diese Herabsetzung im Jahre 1623 eintreten sollte, aber die Theilung des

---

[1] *Dreyer*, S. 190.

Thalers in 48 ß oder 3 ℳ wurde allseitig so bequem gefunden, dass man es dabei beliess. Der Thaler blieb von nun an auf 48 ß stehen, und gilt noch jetzt als Rechnungsmünze eben so viel, obgleich der eigentliche Reichsconstitutionsmässige Thaler, nach dem jetzigen 34 Markfuss, auf 60 ß 5⅛ ₰ berechnet werden muss.

Mit dem Jahre 1623 begann Hamburg nach den Bestimmungen des Niedersächsischen Kreisabschiedes d. d. Lüneburg, 12. Juni 1622, wieder Doppelschillinge zu 8 Loth fein und 108½ Stück auf die gemischte Mark zu münzen, die den Groschen gleich waren, und setzte diese Ausmünzung eine Zeitlang jährlich fort. Thaler, halbe, viertel und achtel Thaler sollten ebenfalls nach dem Reichsfuss geschlagen werden. Die ersteren drei Sorten wurden bis 1651 in nicht unbedeutenden Summen geprägt. — Das Werksilber wurde durch ein Mandat vom 23. Mai 1660 auf 13 Loth fein bestimmt.

Der Münzfuss hielt sich jetzt längere Zeit unverändert, aber die kleinen Münzsorten vieler Deutschen Münzstände wurden wieder verringert und der Preis des Silbers stieg. Um diesem Uebelstande entgegen zu wirken, vereinigten sich, nach vergeblichen Versuchen eine allgemeine Vereinbarung hervorzubringen, die Kurfürsten von Brandenburg und Sachsen und beschlossen am 28. August 1667 im Kloster Zinna, mit Beibehaltung des Gehalts des Reichsthalers die grossen und kleinen Münzsorten zu 10½ Thaler die feine Mark auszubringen. Dies führte zu einer neuen Art grober Münze, der ⅔ Thaler, die man Guldener, doppelte Markstücke und später Neue Zweidrittel nannte. Hamburg nahm diesen Münzfuss ebenfalls für die kleineren Münzen an und münzte die Mark fein zu 31 ℳ 8 ß aus, also 13⅓ pro Cent schlechter als die Thaler. Es wurden 1669 die ersten bedeutenden Ausmünzungen vorgenommen, wobei der Reichsadler natürlich wegblieb und durch die Zahl der Schillinge ersetzt wurde. Die aufbewahrten Münzen sind Markstücke, 8 Loth fein, 15¾ Stück auf die gemischte Mark, Achtschillingsstücke, circa 7 Loth 14½ Grän fein, 30¾ Stück auf die Mark, Vierschillingstücke, circa 7 Loth 9 Grän fein und 62 Stück auf die Mark. [1]) (Lübeck schlug die Doppelschillinge von 1667 bis 1700 zu 32 ℳ 8 ß.) Ferner Doppelschillinge, 124 Stück auf die Mark, 7 Loth 9 Grän fein, Schillinge, 6½ Loth fein, 224 Stück auf die Mark, [2]) und Sechslinge, circa 6 Loth 5 Grän fein und 432 Stück auf die Mark.

Neue Ausmünzungen fanden 1672 statt. Es finden sich 32, 16 und 8 Schillingsstücke, die aus 11löthigem Silber bestehen und ebenfalls nach dem Zinnaischen Fuss ausgeprägt zu sein scheinen, also zu 31 ℳ 8 ß die feine Mark. Lübeck schlug um diese Zeit Doppelmarkstücke zu 31 ℳ 4 ß die Mark fein. [3]) Diese neuen groben Münzen hatten das Ausprägen von Thalern unterbrochen und von 1651 scheinen in Hamburg keine gemünzt zu sein. Erst 1673 begann man wieder damit, nachdem am 2. Mai von den Gesandten von Schweden für Bremen und Verden, von Dänemark für Holstein, von Braunschweig-Lüneburg, Mecklenburg, Lübeck und Hamburg hieselbst ein neuer Recess

---

[1]) Sie sollen zu 34 ℳ ausgeprägt sein. Gespräche im Reiche der Wahrheit über die Hamburgischen Münzneuerungen 1736. S. 38. [2]) *Evers*, I. S. 105. [3]) *Pohlmann*, Münzzustände der Stadt Lübeck.

geschlossen war. Die Contrahenten wollten sich mit ihren Ausmünzungen nach dem Reichsthalerfusse und den Kreisabschieden richten, und alle leichte Münzsorten auf ihren wirklichen Werth setzen. Obgleich nicht alle sich genau an diesen Beschluss hielten, so befolgte ihn Hamburg doch, ungeachtet es dabei manche Verlüste erlitt. Es erreichte aber seinen Zweck, die gute Münze wieder in Umlauf zu bringen. Geschlagen wurden ganze und halbe Thaler nach der alten Form, und Doppelschillinge mit dem Adler und der Madonna, die Mark fein zu 32 ℔.

Schon 1675 veränderte man in Hamburg den Münzfuss wieder und münzte in den verschiedenartigsten Sorten, als Ducaten, halbe Ducaten und Goldgulden, mit sonst nicht gebräuchlichem Gepräge, die später nicht mehr geschlagen wurden. Von Silber sind vorhanden: Zwei- und Einmarkstücke zu 30 ℔ die Mark fein, Doppelschillinge, Schillinge und Sechslinge. Die beiden letzteren Sorten führen wieder die Ziffern 48 und 96. Aehnliche Zwei- und Einmarkstücke wie die obigen wurden 1679 geschlagen.

Alle Versuche und viele Unterhandlungen mit andern Münzständen führten zu keinem festen Münzfusse. Geringhaltige Münzen verdrängten die guten, wurden verboten oder herabgesetzt, kehrten aber doch wieder. Hamburg schlug 1680 wieder Thaler, die ersten, welche die Zahl 48 führen, mit einem medaillenartigen Gepräge. Die Unsicherheit im Münzwesen scheint sich in den Geprägen abzuspiegeln, denn fast jede Ausmünzung erhielt ein verschiedenes, worin sich der barocke Geschmack der damaligen Zeit wiederfindet.

Im Jahre 1687 wurden ausser Thalern und Viertelthalern auch Doppelschillinge zu 34 ℔ 8 β auf die feine Mark, 7 Loth fein, und Schillinge geprägt.

Nach vielfachen erfolglosen Verhandlungen und Beschlüssen, und nachdem viele Münzstände ihren Münzfuss verringert und selbst die Thaler abgebrochen hatten, kehrte Hamburg 1694 mit seinen kleineren Münzen zu dem Zinnaischen Münzfusse zurück und prägte neben vollwichtigen Reichsthalern, Zwei- und Einmarkstücke zu 31 ℔ 8 β auf die Mark fein und Achtschillingstücke. — Nachdem man noch 1695 Doppelschillinge gemünzt hatte, gab man das Prägen von Silbermünzen für eine Zeitlang ganz auf. — Erst 1702 begann man Vierschillingstücke zu schlagen, die zu 34 ℔ ausgemünzt wurden, hörte aber 1705 damit wieder auf, und liess 20 Jahre hindurch die Münze ruhen. — Von 1640 bis 1705 waren für 1,606,821 ℔ 8 β Courantgeld geprägt. [1])

Während dieser Zeit verwickelten die fremden kleinen Münzen, die schon so viele Verwirrung und Zwistigkeiten hervorgerufen hatten, Hamburg in einen längeren Streit, welcher der Stadt nicht unerheblichen Schaden brachte. In Schleswig und Holstein hatte man bisher die kleineren Münzen zu 34 ℔ auf die feine Mark ausgeprägt, und war 1710 plötzlich auf den 40 Markfuss übergegangen, worin vorzüglich Sechsschillingstücke geprägt wurden. Nach und nach kamen diese Münzen nach Hamburg und es konnte nicht fehlen, dass, sobald sie sich in grösserer Menge einfanden und man ihren wahren Werth erkannte, ihnen ein besonderer Cours bestimmt wurde, der 1717 mit auf dem öffentlichen Courszettel erschien. Dänemark nahm dies übel, verlangte, das die Münze zu

---

[1]) *Soetbeer's* Denkschrift über Hamburgs Münzverh. S. 70.

ihrem Nennwerthe genommen werden sollte und hielt, als man hierauf nicht eingehen wollte, die Hamburgischen Schiffe bei Glückstadt an. Durch Vermittlung des Kaisers und anderer Mächte ward der Streit wieder beigelegt, aber das Uebel vermehrte sich und es kamen immer mehr schlechte Münzen in Umlauf. Das alte Hamburger Geld verschwand endlich 1724 fast ganz, und auf allseitiges Andrängen entschloss man sich zu kräftiger Abhülfe.

V. Von der Einführung des 34 Markfusses bis auf die neueste Zeit, 1725 bis 1853.

Im Rath- und Bürger-Convente vom 25. Januar 1725 beschloss man, eine ganz neue Stadtmünze nach dem festen und öffentlich bekannt zu machenden Münzfusse von 34 ℔ per Mark fein in genügender Menge prägen zu lassen. Das neue Courantgeld sollte bestehen in:

		Auf die Mark fein.	Auf die gemischte Mark.	Gehalt.
32 Schillingstücken		17 Stück.	12⅔ Stück.	12 Loth.
16	⸗	34 ⸗	25⅓ ⸗	12 ⸗
8	⸗	68 ⸗	42⅓ ⸗	10 ⸗
4	⸗	136 ⸗	76⅓ ⸗	9 ⸗
2	⸗	272 ⸗	119 ⸗	7 ⸗

Als Scheidemünze sollten geprägt werden:

Schillinge	576 ⸗	216 ⸗	6 ⸗
Sechslinge	1216 ⸗	304 ⸗	4 ⸗
Dreilinge	2432 ⸗	456 ⸗	3 ⸗

Um das Courantgeld an die Stadt zu fesseln, sollte ihm ein fester Cours von 16 pro Cent gegen Banco gesetzt und eine Courantbank in Verbindung mit der Speciesthalerbank errichtet werden, wo das neue Geld jederzeit zu dem gedachten Course gegeben und wieder angenommen werden sollte. Der Cours von 16 pro Cent für das Courantgeld war um 9¼ pro Cent über den wirklichen Werth gegen die vollwichtigen Thaler und musste deshalb ein geeignetes Mittel zu dem beabsichtigten Zweck sein. — Die Scheidemünze wurde in den Schillingen nur zu 36 ℔, in den Sechslingen und Dreilingen nur zu 38 ℔ die Mark fein ausgebracht. — Man begann 1725 mit der Ausprägung von Vier- und Zweischillingsstücken, und schlug in den nächsten Jahren von allen vorgeschriebenen Sorten in bedeutender Menge, die noch jetzt die Mehrzahl des in Umlauf befindlichen Geldes bilden. Das Gepräge des Courantgeldes bestand aus dem Reichsadler auf der einen Seite, dem Wappen und der Schillingszahl auf der andern Seite. Die drei grösseren Sorten führen die Burg im Schilde mit dem Helm und der Helmdecke, die beiden kleineren die Burg zwischen zwei Zweigen. Die Scheidemünzen führen statt des Adlers die Bezeichnung: 1 SCHILLING u. s. w., und auf der andern Seite nur die Burg zwischen zwei Zweigen mit Umschrift. Es wurden auch doppelte und einfache

Ducaten geschlagen, 33½ und 67 Stück auf die 23 Karat 8 Grän feine Mark Gold. [1])
Den 34 Markfuss nahm Lübeck 1728, Mecklenburg 1763 ebenfalls an.

Die neue Münzeinrichtung und namentlich das feste Agio von 16 pro Cent führte
neue Zwistigkeiten mit Dänemark herbei, weil das Holsteinische Courantgeld bedeutend
niedriger zu stehen kam. Es erfolgte 1727 vom Dänischen Hofe ein strenges und völliges
Handelsverbot zwischen Hamburg und den Dänischen Landen, und erst nach vielen Verhandlungen erfolgte 1736 eine Ausgleichung. Hamburg musste die Courantbank aufheben,
wodurch der feste Cours des Courantgeldes aufhörte und zahlte an Dänemark 500,000 Mark
in Dänischen Kronen oder in courantem Gelde mit dem börsenmässigen Agio.

Hamburg hatte seit 1694 keine Speciesthaler oder Thaler en espece, wie man
sie zu nennen pflegte, geschlagen. In der Bank nahm man auch fremde Thaler und
unter diesen fanden sich manche, die nicht mehr zu 9 Thalern, sondern selbst bis zu
$9\frac{11}{17}$ Stück die Mark fein ausgebracht waren. Es konnte nicht fehlen, dass die guten
Hamburger Thaler, sobald sie einmal den sichern Zufluchtsort in der Bank verliessen,
selten wieder dahin zurückkehrten, sondern eingeschmolzen wurden. Zum Ersatz für
diesen Ausfall wurden 1730, 35, 48, 61, 63 und zuletzt 1764 neue Hamburgische
Speciesthaler nach dem Reichsfuss geschlagen. Im Jahre 1762 prägte man gleichzeitig
Halbe-, Viertel- und Achteithaler, zu 24, 12 und 6 Schillingen Species, die in Courant
30, 15 und 7½ β werth waren. Diese in den Jahren 1761 bis 63 gemünzten Thaler
und Theile derselben, sind die einzigen Hamburgischen Münzen, die das vollständige
Stadtwappen mit den Löwen auf der Rückseite führen.

Der grösste Theil dieser neuen Ausmünzungen wurde in der Bank festgehalten,
wo man die geringeren Thaler auszusuchen und zu baaren Auszahlungen zu benutzen
pflegte. Man hätte aber doch nicht ganz lange ohne bedeutenden Schaden, oder ohne
Herabsetzung des Bankgeldes dies System fortsetzen können, und suchte nach Mitteln
zur Abhülfe. Auf Anregung *Sonnin's*, des Erbauers der grossen St. Michaelis Kirche,
wählte man endlich 1770 das sicherste Mittel, den Bankfond auf einen festen Fuss zu
setzen, und führte das Silbersystem ein. Nicht ohne vielen Widerspruch wurden die in
der Bank befindlichen Thaler nach und nach zu Barrensilber umgeschmolzen, wobei
natürlich ein geringer Verlust nicht ausbleiben konnte, weshalb die feine Mark Silber,
die bisher aus 9 vollgültigen Thalern oder 27 ℳ Banco bestand, auf 27 ℳ 10 β Banco
gesetzt ward, wozu sie in Zukunft immer berechnet wurde, wenn auch besondere Umstände
zeitweilig den Preis erhöhten. Ein Theil der alten Bankthaler, nach dem Rath- und
Bürgerschluss vom 8. Juli 1790 100,000 Stück, blieb noch ferner in Umlauf, da der
Zoll und Schoss in Speciesthalern bezahlt werden musste, bis dieser Zwang bei der
Besetzung Hamburgs durch die Franzosen gänzlich aufhörte. Um stets den gehörigen
Vorrath an Speciesthalern zu behalten, blieb eine Speciescasse Anfangs bei der Bank,
später bei der Kammer, deren Inhalt denn endlich auch in den Tiegel wanderte, wodurch
das ausgeprägte Bankgeld ganz verschwand. — Der 1776 in Dänemark eingeführte

---

[1]) *Langermann*, S. 563.

Speciesthalerfuss von 9¼ Thaler auf die Mark fein Silber, nach den mittleren Hamburger Bankthalern gewählt, rief neue Münzprojecte in Hamburg hervor, und es wurden Vorschläge zum Uebergang auf den 12 Thalerfuss gemacht, aber sie kamen nicht zur Ausführung. Gegen den Silberpreis der Bank von 27 ℳ 10 β oder 9₁₀⁄₁₇ Thaler standen die Dänischen Speciesthaler um ₁⁄₁₇ Thaler, oder um fast ½ pro Cent besser. In grob Courant waren sie 3 ℳ 11 β 9⅓⅓ ₰, in Schillingen 3 ℳ 14 β 3₁₀⁄₁₇ ₰ werth und wurden zu 60 β Courant überall genommen.

Das Courantgeld wurde in Zwischenräumen bis 1809 durch weiteres Ausmünzen ergänzt. Von 1725 bis 1809 münzte man für 14,711,612 ℳ 12 β Courant. In Scheidemünze wurden von 1778 bis 1809 gemünzt, an Schillingen für 302,668 ℳ 2 β Courant, an Sechslingen für 48,680 ℳ und an Dreilingen für 67,173 ℳ 14 β. [1]) Nach der Aufhebung des Deutschen Reichs verschwand auch der Reichsadler von den Hamburgischen Münzen, und von 1808 an wurde statt seiner die Werthbezeichnung gesetzt. Während das Prägen der Silbermünzen und der Doppelducaten mit dem Jahre 1808 aufhörte, wurden die Ducaten noch bis 1811 geschlagen und erhielten in diesem Jahre einen geharnischten Ritter zum Gepräge, nach dem Muster der Holländischen, um ihnen einen bessern Absatz zu verschaffen. Auch im Gehalt der Ducaten war vor 1777 eine Veränderung vorgegangen, sie hielten nur 23⅛ Karat und 67 Stück waren eine Kölnische Mark, wie es seit 1807 auch auf der Münze selbst angegeben wurde. Früher waren sie 23⅔ Karat fein, wir haben aber nicht ermitteln können, wann der Uebergang beschlossen ward.

Die Einverleibung Hamburgs in das Französische Reich im Jahre 1810 hatte auch die Einführung des Französischen Münzsystems zur Folge. Die alten Hamburgischen Münzen blieben jedoch in Umlauf und erhielten 1811 folgenden Cours:

Ein Ducat . . . . 11 Francs 65 Centimes,
» Speciesthaler . . . . 5 » 64 »
» Zweimarkstück . . . . 2 » 96 »
» Markstück . . . . 1 » 48 »
» Achtschillingstück . . . . — » 74 »
» Vierschillingstück . . . . — » 37 »
» Zweischillingstück . . . . — » 18½ »
» Einschillingstück . . . . — » 9 »
» Sechsling . . . . — » 4 »

Die alten städtischen Münzapparate wurden durch die Franzosen in Auction verkauft. Einen Theil erstand der frühere Münzmeister *Knoph* und bildete sich daraus einen Privatapparat. Als 1813 Geldmangel in Folge der Belagerung eintrat, liess *Davoust* für 1,759,170 ℳ Crt. Doppelmarkstücke aus dem geraubten Banksilber prägen. Sie wurden nach dem Hamburgischen Münzfuss und mit einem den Markstücken von 1808 sehr

---

¹) Siehe *Soetbeer's* Denkschrift S. 70 Tab. I., wo sich die Angaben für jedes Jahr finden. Siehe auch die erste Abtheilung dieses Werks S. 141.

ähnlichem Gepräge mit der Jahreszahl 1809 geschlagen, doch sah man sich genöthigt, sie der mangelhaften Münzapparate wegen, von feinerem Gehalte und deshalb etwas leichter und kleiner zu machen. Es wogen 16$\frac{11}{12}$ Stück eine Mark und waren 15 Loth 9 Grän fein. Ihre geringe Grösse erregte später Misstrauen, wurde aber nach genauer Untersuchung kein Hemniss zur weiteren Circulation.

Nach der Befreiung von der Französischen Herrschaft kehrte Hamburg zu seinen alten Münzen zurück, und eine Bekanntmachung vom 2. Juni 1814 bestimmte für die von den Franzosen eingeführten Francs einen Cours von 10$\frac{1}{2}$ β Courant. Die Bank nahm in demselben Jahre die Münze wieder auf, und liess Ducaten mit der Jahreszahl 1815 in der *Knoph'schen* Münze schlagen. Diese besorgte auch die Ausmünzungen bis zum Brande 1842, die aber nur noch in Ducaten, Schillingen, Sechslingen und Dreilingen bestanden. Die alten Hamburgischen Speciesthaler verschwanden auch gänzlich aus dem Verkehr, da der Zwang, die Abgaben in denselben zu entrichten, aufhörte, und neben dem Hamburger Courantgelde diente das Dänische und Mecklenburgische, zu denen nun noch die von vielen Deutschen Nachbarstaaten nach dem 12 Thalerfuss ausgeprägten $\frac{1}{3}$ Thalerstücke oder, wie sie gewöhnlich genannt wurden, Neuzweidrittel hinzukamen. Von diesen gingen 18 Stück auf die Mark fein, und war das Stück mithin in Hamburger Courant 30 β 2$\frac{2}{3}$ $\mathfrak{Z}$ werth, doch wurden sie gewöhnlich zu 31 β genommen. Nach und nach zogen sich grosse Massen dieser Münzsorte nach Hamburg und der Umgegend und bildeten dort mit den Dänischen und Schwedischen Speciesthalern und dem gröberen Mecklenburgischen und Lübeckischen Gelde die gewöhnliche grobe Münze, weil das Hamburger Courantgeld in höherem Cours stand und meistens stark zurückgehalten wurde. Viele dieser Neuzweidrittelstücke waren schon in ihrem eignen Lande ausser Cours gesetzt, und endlich gingen auch 1834 Hannover und Braunschweig zu dem 14 Thalerfuss über. Mecklenburg folgte diesem Beispiele 1848, und nun sank der Preis in kurzer Zeit so bedeutend, dass es vortheilhaft wurde, grosse Summen einzuschmelzen und diese Münzsorte gänzlich aus dem Verkehr zu entfernen. Statt der Drittel kamen die Preussischen Thaler nach und nach in Gebrauch, doch wurden sie bis 1842 nicht gerne genommen. Seit dem Brande und dem Verschwinden der Neuzweidrittelstücke, traten sie aber ganz an die Stelle der letzteren. Sie sind nach dem 14 Thalerfuss geschlagen, und in vollwichtigem Hamburger Courantgeld 38 β 10$\frac{1}{3}$ $\mathfrak{Z}$, in Hamburger Schillingen aber 41 β 1$\frac{4}{5}$ $\mathfrak{Z}$ werth, und wurden anfänglich nur zu 39 β genommen, aber bald wurden sie zu 40 β oder 2 $\mathfrak{H}$ 8 β gangbar, und geben dadurch eine sehr bequeme Münzsorte für den gewöhnlichen Verkehr. — Bis zum Jahre 1842 war das Hamburger Courantgeld das gesetzmässige Zahlungsmittel, und mussten die Renten, der Zoll u. dgl. m. darin bezahlt werden. Als in jenem Jahre aber die Verbindlichkeit, den Zoll in Hamburger Courantgeld zu entrichten, aufgehoben ward, liess die Kammer, um den Cours der Zwei- und Einmarkstücke aufrecht zu erhalten, eine Summe von circa 1,200,000 $\mathfrak{H}$ Courant einziehen und einschmelzen. Gleichzeitig erhielten die Acht- und Vierschillingstücke einen besonderen Cours, weil sie gegen die Zwei- und Einmarkstücke viel bedeutender abgenutzt waren. Die in Circulation befindlichen Summen von Hamburger Courantgeld werden geschätzt auf circa 2,000,000 ℔ Courant in Zwei- und Einmarkstücken, und circa 1,500,000 ℔ Courant in Acht- und Vierschillingstücken. Die Grösse der Abnutzung fand man bei im Jahre 1842 angestellten Proben bei den Zwei- und Einmarkstücken circa ⅓ pro Cent, bei den Achtschillingstücken circa 4 pro Cent und bei den Vierschillingstücken circa 5⅝ pro Cent, woraus erhellt, dass die Achtschillingstücke jetzt nur noch in 35 ℔ 1 β 1½ ₰ und die Vierschillingstücke nur in 35 ℔ 8 β 1½ ₰ eine feine Mark enthalten. Der bis jetzt noch höhere Cours wird durch die noch in diesen Münzen nothwendig zu zahlenden Renten und Grundmiethen erhalten. — Durch die Abnutzung des kleineren Courantgeldes und durch die allgemeine Circulation der Preussischen Thaler ist man im gewöhnlichen Verkehr schon factisch auf den 14 Thaler- oder 35 Markfuss übergegangen, und es sind bereits Vorschläge gemacht, diesen Münzfuss anzunehmen. [1])

Die Hamburgischen Münzmeister.

Ein vollständiges Verzeichniss der Hamburgischen Münzmeister herzustellen ist uns nicht gelungen; doch haben wir viele Namen aufgefunden, und das in der ersten Abtheilung dieses Werks, S. 140, gegebene ergänzen und vervollständigen können. Den Namen sind die Zeichen und Chiffern hinzugefügt, welche die Münzmeister seit der Mitte des 16ten Jahrhunderts auf den, durch sie gefertigten Münzen anbrachten. Gewöhnlich finden sie sich oben im Schriftrande des Reverses, und können wesentlich zur Bestimmung des Alters von Münzen ohne Jahreszahlen dienen. Bei den unten aufgeführten Münzmeistern aus dem 13ten Jahrhundert kann noch ein Zweifel obwalten, ob unter der ihrem Namen beigefügten Bezeichnung: MONETARIUS, allemal ein wirklicher Münzer zu verstehen ist, da sie im ältesten Stadt-Erbebuche [2]) vielfach als Käufer und Verkäufer von Wechselbänken aufgeführt werden.

>Olricus monetarius, 1248 — 1256. [3])
>Bertrammus monetarius, 1248 — 1256. [4])
>Wedekinus monetarius, 1260. [5])
>Albertus de Hetveld monetarius, 1263. [6])
>Tymmonius monetarius, 1264. [7])
>Bertoldus monetarius, 1267. [8])
>Jordanus monetarius, 1271. [9])
>Brunonus monetarius, 1271. [10])

---

[1]) Soetbeer's Denkschr. ü. Hamburgs Münzverh.   [2]) Abgedruckt in der Zeitschr. d. Vereins f. Hamb. Gesch. Bd. I. S. 329 u. flgd.   [3]) [4]) [5]) Das. S. 333, 341, 353.   [6]) Das. S. 362 u. Hamb. Urkbch. S. 536.   [7]) [8]) [9]) [10]) Zeitschr. d. Vereins f. Hamb. Gesch. Bd. I. S. 364, 388, 416.

Johannes monetarius, 1359.

Petrus quondam monetarius, 1370.

Symon monetarius, 1376 und von 1377 — 84 quondam monetarius.

Laurentius monetarius, 1384 und 85.

Herman Schulte monetarius, 1427.

Magister *Alardus* monetarius civitatis, 1434.

Alerd von Bomel, genannt *de Goye*, 1447, vermuthlich der Vorige.

Johann Scroder monetarius, 1479, wird 1483 *Hans Schröder* genannt.

Martin Oldehorst monetarius, 1497, war 1509 Hamburgischer Wardein. [1]

Illiges Rocke muntemester, 1530. [2] Ein *Jost Rogge* war 1580 Siegel-
schneider, [3] vielleicht ein Sohn.

♃ *Johann van Collen*, 1556 bis 1562.

♆ *Andreas Metzner*, 1562 bis 1571. Aus Naumburg, war 1559 Münzmeister in Lüneburg und wurde 1593 in Kopenhagen angestellt.

I⚹S od. ⚹ *Jacob Schmidt*, 1572 bis 1593. [4]

♉ . . . . 1594 bis 1598.

✠ *Claus Flegel*, 1599 bis 1605.

☽ *Matthias Moors* oder *Mörsch*, 1606 bis 1619.

✕ *Henning Hanses*, 1619 und 1620, war von 1609 bis 18 Gräfl. Holstein-
Schauenburgischer Münzmeister in Altona, ward in Hamburg am
24. März 1619 beeidigt, und von 1622 Fürstl. Braunschweig-Lüneburgischer Münzmeister in Winsen an der Luhe, wo er 1623 starb.

⚏, Γ *Christoff Fuessel* oder *Christoph Feustel*, 1620 bis 1634.

M✕F od. ✕ *Matthias Freundt*, 1635 bis 1637, war 1630 Münzmeister in Rostock. [5]

M⚹F od. ⚹ *Matthias Freude*, beeidigt den 14. December 1636, diente bis 1668.
Ein Münzmeister gleiches Namens war von 1662 bis 1666 in Lübeck
angestellt und führte dort einen Arm mit einem Kleeblatt in der
Hand als Zeichen, vielleicht der Folgende.

M♧F od. ♧ *Matthias Freude* junior, beeidigt am 14. April 1668, entwich 1673 Be-
trügereien halber nach Altona.

H. L. *Hermann Lüders*, wurde am 11. Juni 1675 beeidigt, kommt aber schon
1674 vor, und war vor 1670 Münzmeister in Bremen.

J. R. *Jochim Rustmeyer*, beeidigt am 13. Mai 1692 und 1724 entlassen.

J. H. L. *Johann Hinrich Löwe*, beeidigt am 3. Januar 1725, diente bis 1760 und
war später bis 1786 oder 87 Münzmeister in Neustrelitz.

---

[1] Die Mehrzahl der letzteren Namen nach Mittheilungen des Herrn Dr. *Lappenberg* aus den
libri receptorum et expositorum. [2] Aus dem liber memorandum. [3] Dr. *Laurent*, zweitält.
Bürgerbuch, abgedr. i. Zeitschr. d. Ver. f. Hamb. Gesch. Bd. I. S. 166. [4] 1585 soll der
M. M. zu Grevismühlen, *Georg Martens*, zur Hamburgischen Münze übergegangen sein.
Evers, Bd. 1. S. 207. [5] Das. S. 333.

O. H. K. *Otto Heinrich Knorre*, war vom 1. Januar 1751 bis zum 24. August 1756 Münzmeister in Schwerin, wurde entlassen, weil er den Münzfuss nicht genau beobachtet hatte, war darauf eine zeitlang Münzmeister in Stralsund und endlich 1761 in Hamburg angestellt und am 11. März beeidigt. Er starb daselbst am 4. Juni 1805, 78 Jahr alt.

H. S. K. *Hans Schierven Knoph*, geboren in Norwegen am 24. Mai 1766, wurde 1805 zum Münzmeister erwählt und am 31. December beeidigt. Er war während der Besetzung Hamburgs durch die Franzosen öffentlicher Wardein und münzte einen Theil der von den Franzosen geprägten Doppelmarkstücke. Nach der Befreiung münzte er auf seinem Privatapparat die Hamburgischen Münzen, bis dieser 1842 verbrannte, worauf *Knoph* resignirte und am 29. Februar 1848 starb.

C. A. J. G. *C. A. J. Ginquembre*, Französischer Employé, münzte 1813 den andern Theil der von den Franzosen geprägten Doppelmarkstücke.

Seit 1842 hält Hamburg keinen Münzmeister mehr.

Zu den Wardeinen, die in der ersten Abtheilung, S. 140, aufgeführt sind, können wir noch hinzufügen:

Joh! Schroder wardeinen, 1467.

Martin Oldehorst, 1509.

Diric Ostorps wardein, starb 1535.

Hieronimus Widemann, 1538 bis 1590. Ein Wardein gleiches Namens war von 1571 bis 1593 in Rostock. [1])

Hans Rode, 1545. Ein *Hans Roden* war 1582 und 1586 Wardein in Wismar und starb 1602. [2])

Hieronimus Widemann, der Sohn, 1590.

Jacob Stoer wurde 1618 am 8. April als Wardein beeidigt, und 1619 als Wardein bei der Münze in Harburg angestellt.

Der Eid der Münzmeister und Wardeine ist im 12ten Theil der Sammlung der Hamburgischen Gesetze und Verfassungen, S. 394 u. flgd., abgedruckt.

---

[1]) *Evers*, Bd. I. S. 331. [2]) Das. S. 434.

Das Münzhaus.

Das Münzhaus befand sich wahrscheinlich immer auf ein und derselben Stelle, und zwar im Dornbusch neben dem Eimbeckischen Hause, wo es schon 1248 nachzuweisen ist. Seit der Besetzung Hamburgs durch die Franzosen wurde das Gebäude zu andern Zwecken benutzt, bis es 1842 mit aufbrannte. Der grösste Theil des Platzes dient jetzt zur Strasse. — Ausser der Hauptmünze befand sich auf dem altstädter Neuenwege später eine Münze, welche aber am 6. März 1754 aufhörte. Im ältesten Stadt-Erbebuche werden im 13ten Jahrhundert mehrere Male Häuser in der Gegend der St. Nicolai Kirche an Münzmeister zugeschrieben, wodurch man dazu geführt wird, dort ein Münzhaus, etwa für die damalige Neustadt zu vermuthen.

Während der Französischen Occupation wurde in *Knoph's* Hause beim Theerhofe und auf dem Valentinskamp im Hause No. 148, jetzt No. 59 geprägt.

Preis verschiedener Münzsorten

in Hamburgischen Schillingen zu verschiedenen Zeiten

nach den Münzrecessen, den Stadtrechnungen und andern Nachrichten.

Goldgulden, *florenus, floreni auri.*	1402 ....13 β 4¼ ₰	1452—60 ....23 β — ₰
1350 u. 66....10 β — ₰	1406 ....13 ₰ 4 ₰	1461 ....24 ₰ — ₰
1370 ....11 ₰ 1 7/12 ₰	⎧13 ₰ 6 ₰	1462 ....23 ₰ — ₰
1381 ....12 ₰ — ₰	1410 ......⎨13 ₰ 8 ₰	1463—68 ....21 ₰ — ₰
1383 ......⎧11 ₰ 10 ₰ ⎩14 ₰ — ₰	1468 ......⎧21 ₰ — ₰
⎩11 ₰ 6 ₰	⎧14 ₰ — ₰	⎩24 ₰ — ₰
1384 ....11 ₰ 6 ₰	1411 ......⎨14 ₰ — ₰	1469—75 ....24 ₰ — ₰
1385 ....11 ₰ — ₰	⎩14 ₰ 2 ₰	1476—77 ....24 ₰ 6 ₰
	1412 ....14 ₰ 10 ₰	1478—83 ....24 ₰ — ₰
	1415 ....14 ₰ 8 ₰	
Eine andere Sorte.	1418 ....16 ₰ — ₰	alte neue
1350 ....8 β 6 ₰	1421 ....15 ₰ — ₰	1483—1529 26 β 24 β — ₰
1362 ....9 ₰ 6½ ₰	1424 ....16 ₰ — ₰	1537 ....30 ₰ — ₰
	1433 ....20 ₰ — ₰	1541—79 ......32 ₰ — ₰
	1441 ....20 ₰ 9 ₰	1602—10 ......32 ₰ 6 ₰
Rheinische Goldgulden, *floreni auri rhenenses.*	1442 u. 44....21 ₰ — ₰	1620 ....58 ₰ — ₰
1385 ....11 β 10 7/12 ₰	1445 ....21 ₰ 6 ₰	1659 ....60 ₰ — ₰
1400 ....13 ₰ 4 ₰	1446 u. 48....22 ₰ — ₰	1683 ....56 ₰ — ₰
	1450 u. 51....21 ₰ — ₰	

Ducaten,
floreni auri ducat.

Auch Lübsche Gulden.

1359	10 β — ₰
1366	10 , 1½ ,
1380	14 , — ,
1382	13 , 4₁₁ ,
1391	13 , 4 ,
1403	16 , 3 ,
1406	16 , — ,
1410	17 , — ,
1412	17 , 1½ ,
1418	18 , — ,
1424	21 , 6 ,
1441	26 , — ,
1450	27 , — ,
1451	28 , — ,
1461	32 , — ,
1468	{ 28 , — , / 32 , — ,
1479—1483	32 , — ,
1497—1537	35 , — ,
1537	{ 35 , — , / 42 , — ,
1559	46 , 8 ,
1610	68 , 6 ,
1622	{ 74 , — , / 76 , — ,
1683	96 , — ,

Bayerische Arnolds-Gulden.

1418	12 β 4 ₰
1436 u. 41	12 , — ,
1468	{ 11 , — , / 14 , — ,
1470	13 , — ,

Reynolds-Gulden.

1441	16 β

Rumolds-Gulden.

1468	16 β

Arnemanns-Gulden.

1418	14 β — ₰
1422	13 , 4 ,
1424	13 , 6 ,
1470	14 , — ,

Geldersche Gulden.

1397	10 β
1470	16 ,

Bischofs-Gulden.

1418 u. 24	13 β

Postulats-Gulden.

1468	14 β
1478 Utrecht	15 ,
1501 u. 29	13 ,

Holländische Schilde.

1394	8 β — ₰
1396	7 , 9 ,
1397 u. 1402	7 , — ,
1403	7 , 2 ,

Philipps-Schilde.

1468	15 β

Flämische Schilde.

1470	15 β

Wilhelms-Schilde.

1468	20 β

Ridder.

1468	27 β

Ungarische Gulden.

1468	27 β
1482	32 ,
1537	42 ,
1579	48 ,
1595	51 ,
1602	50 ,
1620 u. 22	76 ,
1659	92 ,

Fränkische Kronen.

1410	17 β 3 ₰
1418 u. 24 .. alte	20 , — ,
neue	19 , — ,
1468	26 , — ,
1470	21 , — ,
1579	43 , — ,
1610	neue 57 , 6 ,

Englische Nobeln.

1401	30 β — ₰
1403	31 , — ,
1406	32 , 4 ,
1410 u. 11	35 , — ,
1418	41 , — ,
1424	42 , — ,
1441	63 , — ,
1450	58 , — ,
1468	66 , — ,
1470	48 , — ,

Rosenobel.

1579 u. 1602	112 β — ₰
1610	149 , 6 ,
1622	172 , — ,
1659	192 , — ,
1683	200 , — ,

Schiffs-Nobel.

1610	130 β

Leichte Nobel.

1418	.... 40 β	3 ₰
1441	.... 50 s	8 s
1450 u. 68	..... 53 s	— s
1470	.... 48 s	— s

Holländische Nobeln.

1403	.... 30 β	2 ₰
1406	.... 32 s	— s
1410	.... 33 s	— s
1470	.... 47 s	— s
1622	.... 168 s	— s

Heinrichs-Nobeln.

1590?	.... 84 β
1579	.... 100 s
1622	.... 148 s
1659	.... 160 s

Engelotten.

1537	.... 64 β
1579 u. 95	.... 74 s
1610	.... 99 s
1622	.... 106 s
1659	.... 140 s

Caluten.

1468	.... 51 β

Portugaleser.

1579	.... 33 ₰	— β
1595	.... 34 s	6 s
1602	.... 33 s	— s
1697	.... 68 s	12 s

Crusaden.

1595	.... 40 β	
1579 {	m. langem Kreuz 46 s	
	m. kurzem s 48 s	
1610	.... 59 s	

Spanische Pistolen.

1579 u. 1602	.... 42 β
1622	.... 64 s

Spanische Ducaten.

1595	.... 102 β
1622	.... 76 s

Millerees.

1579	.... 96 β
1595	.... 50 s

Halbe Millerees.

1659	.... 76 β

Italienische Pistolen.

1579 u. 1602	.... 42 β
1610	.... 54 s
1622	.... 62 s

Dänische Gulden.

1478	.... 24 β

Dänische Kronen.

1644	.... 30 β

Lübische Markstücke.

1506 u. 29	...... 16 β	— ₰
1579 u. 1602	.... 22 s	— s
1616 u. 18	...... 26 s	8 s
1620	.... 32 s	— s
1622?	.... 21 s	— s
1659 u. 75	...... 32 s	— s

Reichs-Gulden.

1579	.... 28 β	— ₰
1610	.... 32 s	— s
1617	.... 35 s	8 s
1620	.... 42 s	— s

Prinzen-Thaler.

1579	.... 51 β
1618	.... 43 s

Philipps-Thaler,
spanische.

1616	.... 43 β	— ₰
1617	.... 44 s	3 s
1620	.... 51 s	— s

Realen von Acht.

1616 u. 18	...... 39 β	— ₰
1620	.... 46 s	— s
1622	.... 45 s	3 s
1654	.... 46 s	— s
1675	.... 46 s	— s
1697	.... 51 s	— s

Grossi.

1283	.... 1 β	9$\frac{3}{8}$ ₰
1350	.... — s 10	s
1378	.... — s $4\frac{7}{8}$	s
1381	.... — s $4\frac{1}{3}$	s
1393 {	— s $3\frac{3}{8}$ s	
	— s $3\frac{1}{16}$ s	
1402	.... — s $4\frac{4}{5}$	s
1404	.... — s $4\frac{3}{4}$	s
1407	.... — s $4\frac{1}{11}$	s
1436	.... — s $6\frac{1}{2}$	s
1445	.... — s $5\frac{1}{4}$	s
1595	.... — s 6	s
1654	.... — s 6	s

Werth einer Mark Münze

von den gröberen Sorten zu verschiedenen Zeiten in heutigem Courant

nach dem 34 Mark-Fuss.

Im Jahre	galt eine Mark Münze			Im Jahre	galt eine Mark Münze			Im Jahre	galt eine Mark Münze		
	♌	β	♌		♌	β	♌		♌	β	♌
ca. 900	17	—	—	1398	6	12	9	1468	2	15	3
ca. 1100	16	—	—	1403	6	10	2	1492	2	15	3
1236	13	9	7	1406	6	4	—	1505	2	15	10
1255	13	9	2	1410	6	1	9	1506	2	9	10
1293	13	2	9	1411	5	14	3	1512	2	9	10
1305	11	8	6	1415?	4	15	7	1515	2	8	9
1325	11	8	6	1424	4	8	10	1553	2	2	7
1334	11	2	6	1432	3	11	3	.1566	1	14	2
1339	10	11	9	1433	3	9	3	1572	1	14	2
1346	9	6	11	1439	3	8	8	1622	1	4	2
1350	9	6	2	1441	3	8	8	1669	1	1	3
1353	9	3	8	1450	3	7	6	1675	1	2	1
1364	9	—	1	1451	3	6	5	1694	1	1	3
1379	8	11	8	1463	3	6	5	1725	1	—	—
1387	7	5	11								

Uebersicht

der

Veränderungen des Münzfusses.

I. Von 900 bis 1411.

Jahr.	Scherfe.			Pfennige.			2 Pfennig-Stücke.			4 Pfennig-Stücke.		
	Auf die gemischte Mark. Stück.	Fein-Gehalt. Loth.	Auf d. Mark fein. Stück.	Auf die gemischte Mark. Stück.	Fein-Gehalt. Loth.	Auf d. Mark fein. Stück.	Auf die gemischte Mark. Stück.	Fein-Gehalt. Loth.	Auf d. Mark fein. Stück.	Auf die gemischte Mark. Stück.	Fein-Gehalt. Loth.	Auf d. Mark fein. Stück.
ca. 900				384	16	384	—	—	—	—	—	—
ca. 1100				408	16	408	—	—	—	—	—	—
1236						480	—	—	—	—	—	—
1255				466	15½	481	—	—	—	—	—	—
1293				480	15⅓	495⅓	—	—	—	—	—	—
1305				498	14	566	—	—	—	—	—	—
1325				498	14	566						
1334						585				128	14	146⅔
1339?						608	266	14	304			
1346						692						
1350?				576	13¼	695½						
1353				486	11	707						
1364				408	9	725						
1370?										159	13	195
1379										152	13	187
1387										180	13	221½
1398	1152	8	2304	576	9	1024				195	13	240
1403	1152	8	2304	576	9	1024				192	12½	246
1406					9					196	12	261
1410										200	12	267
1411										208	12	277

II. Von 1415 bis 1492.

Jahr.	Scherfe.	Pfennige.			2 Pfennig-St.	Dreilinge.	Sechslinge.			Schillinge.			Doppelschillinge.		
		Auf d. gem. Mark. Stück.	Fein-Gehalt Loth.	Auf die Mark fein. Stück.			Auf d. gem. Mark. Stück.	Fein-Gehalt Loth.	Auf die Mark fein. Stück.	Auf d. gem. Mark. Stück.	Fein-Gehalt Loth.	Auf die Mark fein. Stück.	Auf d. gem. Mark. Stück.	Fein-Gehalt Loth.	Auf d. Mark fein. Stück.
1415?	Gehalt ist nicht bekannt.				Wie die Pfennige, nur doppelt so schwer.	Wie die Sechslinge, nur halb so schwer.	164	12	218⅔	—	—	—	—	—	—
1422		780	8	1560						—	—	—	—	—	—
1424		696	7¼	1536			168	11¼	239	—	—	—	—	—	—
1432		744	7	1700½						92	10	147	—	—	—
1433		768	7	1755½			190	10	304	95	10	152	—	—	—
1435													—	—	—
1439										96	10	153⅗	—	—	—
1441										96	10	153⅗	—	—	—
1450										147	15	156⅘	—	—	—
1451										100	10	160	—	—	—
1461										104	9	$184\frac{8}{9}$	70	12	93⅓
1463										150	15	160	75	15	80
1468										103½	9	184	68	12	90⅔
1492		864	6	2304			188	8	376	104	9	$184\frac{8}{9}$	69	12	92

Im Jahre 1502 wurden wieder 4 Pfennig-Stücke gemünzt, 216 Stück, 5¼ Loth, 658 Stück.

„ „ 1505 wurden ⅔ und ⅓ Mark-Stücke gemünzt, etwa zu folgendem Gehalt:

die ⅓ Mark-Stücke 32 Stück a. d. gem. Mark, circa 15 Loth fein und 34⅛ St. d. Mark fein.

„ ⅔ „ 16 „ „ „ „ „ „ 15 „ „ „ 17¼ „ „ „ „

III. Von 1506 bis 1851.

Jahr.	Pfennige.			Dreilinge.			Sechslinge.			Schillinge.			Doppelschillinge.		
	Auf d. gem. Mark. Stück.	Fein-Gehalt Loth.	Auf die Mark fein. Stück.	Auf d. gem. Mark. Stück.	Fein-Gehalt Loth.	Auf die Mark fein. Stück.	Auf d. gem. Mark. Stück.	Fein-Gehalt Loth.	Auf d. Mark fein. Stück.	Auf d. gem. Mark. Stück.	Fein-Gehalt Loth.	Auf d. Mark fein. Stück.	Auf d. gem. Mark. Stück.	Fein-Gehalt Loth.	Auf die Mark fein. Stück.
1506*)															
1512													94	$14\frac{1}{2}$	104
1515										106	8	212			
1524													56	$7\frac{5}{8}$	$117\frac{1}{2}$
1537							184	$5\frac{3}{8}$			$7\frac{1}{2}$				
1546								$5\frac{1}{3}$			$6\frac{1}{8}$		60	$7\frac{1}{8}$	135
1553										$109\frac{1}{2}$	7	270			
1566															
1572	654	$2\frac{3}{4}\frac{1}{8}$	$3657\frac{1}{3}$	232	$3\frac{1}{6}$	$1172\frac{1}{5}$	$187\frac{1}{2}$	$5\frac{5}{36}$	$583\frac{3}{4}$	145	8	290	114	$12\frac{3}{4}$	$143\frac{1}{17}$
1610										306	$14\frac{2}{9}$	$344\frac{1}{4}$	153	$14\frac{2}{9}$	$172\frac{1}{8}$
1615													96	$7\frac{5}{9}$	$203\frac{1}{3}$
1617										160	$6\frac{1}{2}$	392	90	$7\frac{1}{2}$	192
1620							? 512	$14\frac{2}{9}$	576	? 256	$14\frac{2}{9}$	288	? 128	$14\frac{2}{9}$	144
1621							? 320	6	$853\frac{1}{3}$						
1623													$108\frac{1}{2}$	8	217
1669							432	$6\frac{5}{18}$	1102	224	$6\frac{1}{2}$	551	124	$7\frac{1}{2}$	264
1673													104	$6\frac{1}{2}$	256
1675													104	$6\frac{1}{2}$	256
1687													$120\frac{3}{4}$	7	276
1694															
1702	—	—	—	—	—	—	—	—	—	—	—	—	—	—	—
1725	—	—	—	—	—	—	—	—	—	—	—	—	119	7	272
1726	—	—	—	456	3	2432	304	4	1216	216	6	576	119	7	272
1813	—	—	—	—	—	—	—	—	—	—	—	—	—	—	—
1817—51	—	—	—	456	3	2432	304	4	1216	216	6	576	—	—	—

*) Es wurden auch Vierpfennigstücke wie 1502 geschlagen.

IIIa. Von 1506 bis 1851.

Jahr.	4 β-Stücke.			8 β-Stücke.			Mark-Stücke.			2 Mark-Stücke.			Thaler. *)		
	Auf die gem. Mark. Stück.	Fein-Gehalt Loth.	Auf d. Mark fein. Stück.	Auf die gem. Mark. Stück.	Fein-Gehalt Loth.	Auf d. Mark fein. Stück.	Auf d. gem. Mark. Stück.	Fein-Gehalt Loth.	Auf d. Mark fein. Stück.	Auf d. gem. Mark. Stück.	Fein-Gehalt Loth.	Auf d. Mark fein. Stück.	Auf d. gem. Mark. Stück.	Fein-Gehalt Loth.	Auf d. Mark fein. Stück.
1506	$48\frac{16}{21}$	15	52	$24\frac{8}{21}$	15	26	$12\frac{4}{21}$	15	13	—	—	—	—	—	—
1512	47	$14\frac{1}{2}$	52	$23\frac{1}{2}$	$14\frac{1}{2}$	26	$11\frac{3}{4}$	$14\frac{1}{2}$	13	—	—	—	—	—	—
1515							12	$14\frac{1}{2}$	$13\frac{7}{29}$	—	—	—	—	—	—
1524										—	—	—	—	—	—
1537										—	—	—	—	—	—
1546							$11\frac{1}{4}$	14	$12\frac{6}{7}$	—	—	—	—	—	—
1553	—	—	—	—	—	—	—	—	—	—	—	—	8	$14\frac{1}{3}$	$8\frac{12}{13}$
1566	—	—	—	—	—	—	—	—	—	—	—	—			
1572	—	—	—	—	—	—	—	—	—	—	—	—			
1610	—	—	—	—	—	—	—	—	—	—	—	—			
1615	—	—	—	—	—	—	—	—	—	—	—	—			
1617	—	—	—	—	—	—	—	—	—	—	—	—			
1620	? 54	8	108	—	—	—	—	—	—	—	—	—			
1621				? 27	8	54	—	—	—	—	—	—			
1623							—	—	—	—	—	—	8	$14\frac{7}{9}$	9
1669	62	$7\frac{1}{2}$	132	? $30\frac{1}{2}$	$7\frac{3}{4}$	63	$15\frac{3}{4}$	8	$31\frac{1}{2}$	—	—	—			
1673										—	—	—			
1675							? $20\frac{5}{8}$	11	30	? $11\frac{1}{4}$	12	15			
1687															
1694	—	—	—	? 40	$10\frac{1}{8}$	63	? 20	$10\frac{1}{8}$	$31\frac{1}{2}$	? 10	$10\frac{1}{8}$	$15\frac{3}{4}$			
1702	$76\frac{1}{2}$	9	136	—	—	—	—	—	—	—	—	—			
1725	$76\frac{1}{2}$	9	136	—	—	—	—	—	—	—	—	—			
1726	$76\frac{1}{2}$	9	136	$42\frac{1}{2}$	10	68	$25\frac{1}{2}$	12	34	$12\frac{3}{4}$	12	17			
1813	—	—	—	—	—	—	—	—	—	$16\frac{15}{32}$	$15\frac{1}{2}$	17	—	—	—
1817—51	—	—	—	—	—	—	—	—	—	—	—	—	—	—	—

*) Halbe, Viertel und einige Achtelthaler nach demselben Münzfusse, nur ½, ¼ und ⅛ so schwer wie die Ganzen.

Die
auf den Hamburgischen Münzen
vorkommenden
Lateinischen Inschriften.

AVE PLENA GRATIA. Gegrüsst seist Du Holdselige. No. 13, 14, 82 bis 114 u. 250.

AVE SPES UNICA. Sei gegrüsst Du unsere einzige Hoffnung. No. 1165—1167.

BENEDICTUS DEUS. Preis sei Gott. No. 1013—1016, 1091—1164, 1168—1179, 1222—1223, 1225—1231.

BENEDICTUS DOMINUS DEUS. Preis sei Gott dem Herrn. No. 894—904, 1422—1424.

CONSERVA NOS DOMINA. Bewahre uns Herrin. No. 283, 745—749, 751—791.

CRUX CHRISTI GLORIA NOSTRA. Christi Kreuz ist unser Ruhm. No. 913—954, 964—970.

CRUX FUGAT OMNE MALUM. Das Kreuz verscheucht alles Böse. No. 750, 1017—1023.

DA PACEM DOMINE IN DIEBUS NOSTRIS. Gieb Frieden, Herr, in unsern Tagen. No. 520.

DEUS BENEDICTUS. Gott sei Preis. No. 1224.

DEUM SUPER OMNIA TIME. Fürchte Gott über Alles. No. 530—538, 587 u. 588.

DOMINE FIAT VOLUNTAS TUA. Herr, Dein Wille geschehe! No. 796—802.

FIAT MIHI SECUNDUM VERBUM TUUM. Mir geschehe nach Deinem Worte. No. 285—324.

GLORIA LAUS DEO PATRI. Ruhm und Ehre Gott dem Vater. No. 905.

HOMO CRUCE PROBATUR. Der Mensch wird durch Ungemach geprüft. No. 1024—1039.

IN CHRISTO CRUCIFIXO PENDET SALUS NOSTRA. In Christo dem Gekreuzigten hanget unser Heil. No. 1—8.

MONETA AUREA HAMBURGENSIS. Goldne Hamburgische Münze.

MONETA AUREA CIVITATIS HAMBURGENSIS. Goldne Münze der Stadt Hamburg.

MONETA CIVITATIS HAMBURGENSIS. Münze der Stadt Hamburg.

MONETA HAMBURGENSIS. Hamburgische Münze.

MONETA NOVA AUREA CIVITATIS HAMBURGENSIS. Neue goldne Münze der Stadt Hamburg.

MONETA NOVA HAMBURGENSIS. Neue Hamburgische Münze.

MONETA NOVA CIVITATIS HAMBURGENSIS. Neue Münze der Stadt Hamburg.

OMNE PERFECTUM SUPER TRIA PONIMUS. Alles Vollkommene setzen wir in drei Dinge. No. 718.

QUADRANS MARCE LUBICENSIS. Viertel Lübische Mark. No. 719—727.

SAECULO A PACE WESTPHALICA EXACTO. Nach Verlauf eines Jahrhunderts
    seit dem Westphälischen Frieden. No. 526.
SEMIS MARCE LUBICENSIS. Halbe Lübische Mark. No. 699—705.
SIC TUTUS VERSOR VBIQUE. So gesichert verkehre ich überall. No. 521.
SIGNO CRUCE SALVEMUR. Unter dem Zeichen des Kreuzes werden wir gerettet
    werden. No. 906—911.
SPES NOSTRA VIRGO MARIA. Unsere Hoffnung ist die Jungfrau Maria. No. 698.
STATE ET VIDETE MAGNALIA DOMINI. Bleibet stehen und schauet die Grösse
    des Herrn. No. 284.
STATUS. MARCE LUBICENSIS. Währung der Lübischen Mark. No. 658—683.
TERNARIUS MARCE LUBICENSIS. Drittheil der Lübischen Mark. No. 718.
VIVAT PAX. Es lebe der Friede. No. 11 und 12.

Ausserdem finden sich bei den Namen der Kaiser verschiedene Titel und Zusätze
in mannigfachen Abkürzungen, die der Vollständigkeit halber hier Platz finden mögen.

SIGISMUNDUS
CAROLUS V. } ROMANORUM IMPERATOR (Römischer Kaiser).

FRIDERICUS
MAXIMILIANUS } ROMANORUM REX (Römischer Kaiser).

MAXIMILIANUS II.
RUDOLPHUS II. { IMPERATOR AUGUSTUS PUBLICARI FECIT DECRETO [1]) (Kaiser, Mehrer des Reichs, liess diese Münze auf seinen Befehl ausgeben).

RUDOLPHUS II.
MATTHIAS { ROMANORUM IMPERATOR SEMPER AUGUSTUS PUBLICARI FECIT DECRETO (Römischer Kaiser, allezeit Mehrer des Reichs, liess diese Münze durch seinen Befehl ausgeben).

FERDINANDUS II.
FERDINANDUS III.
LEOPOLDUS
JOSEPHUS
CAROLUS VI.
FRANCISCUS
JOSEPHUS II.
FRANCISCUS II. } DEI GRATIA ROMANORUM IMPERATOR SEMPER AUGUSTUS (Von Gottes Gnaden Römischer Kaiser, allezeit Mehrer des Reichs).

[1]) Der Zusatz: PUBLICARI FECIT DECRETO, war durch den Kaiser vorgeschrieben.

I. GOLDMÜNZEN.

Die ältesten Hamburgischen Goldmünzen sind die Goldgulden, die, gleich nach Erlangung des nöthigen Privilegiums im Jahre 1435, geschlagen wurden. Im Jahre 1475 wurde dies Privilegium weiter ausgedehnt, und Hamburg schlug auch Ducaten, zu denen im 16ten Jahrhundert die Portugaleser oder Zehnducatenstücke, im 17ten Jahrhundert die Doppelducaten und auch später einige halbe und viertel Ducaten kamen. In neuester Zeit sind die einfachen Ducaten die einzigen Hamburgischen Goldmünzen geworden. Wir lassen die einzelnen Münzsorten ihrem Werthe nach folgen, mit Ausnahme der halben und viertel Ducaten, die mit den Ducaten in eine Hauptgruppe gehören, und zwar:

A. Portugaleser.   D. Halbe Ducaten.
B. Doppelducaten.   E. Viertel Ducaten.
C. Einfache Ducaten.   F. Goldgulden.

A. Portugaleſer.

Die grössten Hamburgischen Goldmünzen sind Zehnducatenstücke, die man, nach den zuerst vom Könige *Emanuel* (1479 — 1521) in Portugal geschlagenen Goldstücken ausmünzte, und Portugaleser nannte. Man ahmte sie nicht nur in Schrot und Korn, sondern selbst in der Anordnung des Gepräges genau nach, so dass nur das Wappen und die Worte verändert wurden, und das Portugiesische Kreuz auf der Rückseite blieb. Wie die Portugiesischen führen auch unsere Stücke weder eine Jahrszahl noch eine Werthbestimmung, obgleich die Hamburgischen Münzen derselben Zeit wenigstens mit der ersteren versehen sind. Mit Ausnahme zweier Stücke, eines halben und eines viertel Portugalesers aus der neueren Zeit, führen alle dasselbe Gepräge mit geringen Abänderungen. Wann sie zuerst in Hamburg geschlagen wurden, ist nicht bekannt. Der älteste der uns vorgekommen ist, muss zwischen 1553 und 1562 geprägt sein. In den Stadtrechnungen wird 1562 eines Portugalesers, Aureum nummum Portugalensum erwähnt. Gegen Ende des 17ten Jahrhunderts verlieren die Portugaleser den Character der Münze, und kommen seit der Zeit nur noch als Medaillen vor, die aber bis auf die neueste Zeit den Werth von 10 Ducaten behalten haben. — Wir führen hier nur die als Münzen geprägten Stücke auf, die die Bezeichnung MONETA AUREA führen, und verweisen wegen der Uebrigen auf *Langermann* und die erste Abtheilung dieses Werks. Den Portugaleser von 1687 (*Langermann* S. 203) zählen wir nicht zu den Münzen, weil es nur ein mit dem Thalerstempel geprägtes Goldstück ist.

Den Feingehalt der Hamburgischen Portugaleser haben wir trotz der Aufschrift: NACH PORTUGALIS SCHROT UND KORN, nur annähernd ermitteln können, da sich keine Angaben darüber vorfinden. Schrot und Korn dürfte den nachfolgenden Angaben sehr nahe kommen.

	Auf 1 Köln. Mark Brutto.	Gewicht in Köln. Loth.	Gehalt Kar. Grän	Auf 1 Mark fein Gold.
In Holland fand man die Portugiesischen 1606	6,654 Stück,	2,404	23. 8	6,7474
Reichsprobe von 1680	6,7 ,,	2,388	23. 10	6,7466
Dänemark schlug 1602 zu	6,75 ,,	2,37	23. 6	6,8936
Lüneburg schlug zu	?	?	23. 6	?
Muthmaasslicher Gehalt der Hamburgischen	6,644 ,,	2,408	23. 8	6,737

Mit demselben Stempel wurden auch halbe und viertel Portugaleser gemünzt, die sich nur durch die Dicke und das Gewicht unterscheiden. Auch doppelte mit dem gewöhnlichen Stempel kommen vor, die vorzüglich zu Medaillons benutzt zu sein scheinen, da man an allen deutlich die Spuren von angelötheten Oesen sieht. Die Dicke der verschiedenen Stücke ist 0,16, 0,08, 0,04 und 0,02 Zoll.

Portugaleser ohne Jahr (1553—1562).

1. **Avers:** Im Perlkreise die Burg mit einem Nesselblatt im Thore. Umschrift in zwei Zeilen: ₰ MONETA ✶ NOVA ✶ AVREA ✶ CIVITATIS ✶ HAM-BVRGENSIS. Innere Zeile: + NACH ✶ PORTVGALIS ✶ SCHROT ✶ VND ✶ KORN.

    Revers: Im Perlkreise das Kreuz des Portugiesischen Christus-Ordens, in den Winkeln mit Spitzen und drei Punkten in Kleeblattform, aussen mit Schnörkeln verziert. Umschrift: ❀ IN ✶ X̄P̄O ✶ CRVCIFIXO ✶ PENDIT ✶ SALVS ✶ N̄R̄A. Durchmesser = 1,64 Zoll. Gewicht = 2,40 Loth.
    Kommt auch als doppelter vor.

2. **A.:** Wie der Vorige. Umschrift: ₰ MONETA. NOVA × AVREA. CIVITATIS HAMBVRGENSI. Innere Zeile: × NACH PORTVGALISCH SCHROT UND KORN.

    R.:
    Den Stempel des Averses besitzt die Stadtbibliothek.

Portugaleser ohne Jahr (1572—1580).

3. **A.:** Wie der Vorige. Umschrift: ✠ MONETA. NOVA. AVREA. CIVITATIS. HAMBVRGENS. Innere Zeile: ⊛ NACH. PORTVGALIS. SCHROT. VND. KORN.

   R.: Im Perlkreise das Kreuz des Portugiesischen Christus-Ordens, in den Winkeln mit Blättern und Schnörkeln verziert. Umschrift: ✱ IN. XP̄O. CRVCIFIXO. PENDET. SALVS. NR̄A.   Dm. = 1,73 Z.   Gew. des doppelten = 4,75 L.

        Es sind uns auch einfache vorgekommen. Siehe die Abbildung. [1])

Portugaleser ohne Jahr.

4. **A.:** Wie die Vorigen ohne Nesselblatt. Umschrift: ⊛ MONETA. NOVA. AVREA. CIVITATIS. HAMBVRGENSIS. Innere Zeile: . NACH. PORTVGALIS. SCHROT. VND. KORN.

   R.: Wie No. 1.   Dm. = 1,71 Z.   Gew. der einfachen = 2,39 L.,
                                         :   :   halben   = 1,20 :
        Siehe *Langermann* S. 19 No. 3.   :   :   viertel   =́ 0,60 :

5. **A.:** Wie der Vorige.

   R.: Wie der Vorige. Umschrift: ⊛ IN ✱ XRO ✱ CRVCIFIXO ✱ PENDET ✱ SALVS ✱ NR̄A.   Dm. = 1,72 Z.   Gew. der einfachen =: 2,38 L.,
                                         :   :   viertel   = 0,60 :

Portugalesen ohne Jahr (1668—1673).

6. **A.:** Wie der Vorige, mit verändertem Wappen und nur durch Punkte getrennter Umschrift, der oben statt der Blume ein Kleeblatt voransteht.

   R.: Wie der Vorige mit kleinerem Kreuz und grösserer durch Punkte getheilter Schrift.   Dm. = 1,62 Z.   Gew. der halben = 1,19 L.

7. Ein dem Vorigen sehr ähnliches Gepräge mit geschmackvolleren Verzierungen am Kreuze.   Dm. = 1,58 Z.   Gew. der viertel = 0,59 L.   *L.* S. 18 No. 2.

Portugaleser ohne Jahr.

8. **A.:** Wie No. 6, nur statt des Kleeblatts eine Blume mit Stängel.

   R.: Wie No. 6. Die Verzierungen sind ausgeführter und reicher, die Spitzen mit den Kleeblättern kleiner.   Dm. = 1,57 Z.   Gew. der halben = 1,19 L.

Halber Portugaleser von 1695.

9. **A.:** Der Reichsadler mit Schwert und Scepter, um welche ein Lorbeer- und ein Palmzweig gewunden. Umschrift: LEOPOLDUS D: G: ROM: IMP: SEM: AUG:

---

    [1]) Alle vorkommende Abbildungen sind von uns nach den Münzen selbst mit der grössten Genauigkeit gezeichnet und vom Kupferstecher *Franz Schröder* gestochen.

R.: Das Stadtwappen mit Helm und Löwen. Darunter im Medaillon: P. B. M.
(*Peter Burmester*, als ältester Bankbürger), daneben die Jahrszahl 16—95
und unten die Chiffer des Münzmeisters: J. R.   Umschrift: ⊛ MONETA
AUREA CIVITATIS HAMBURGENSIS.   Dm. = 1,67 Z.   L. S. 235 No. 3.

Viertel Portugaleser ohne Jahr (1692—1705).

10. A.: Der Reichsadler. Umschrift: LEOPOLDUS. D: G: ROMA: IMP: SEM: AUG:
   R.: Die Madonna, das Kind auf dem rechten Arm, in der linken Hand ein Scepter
      haltend, auf einer Fläche stehend.   Links neben der Figur steht ein Schild
      mit der Burg. Unten die Chiffer des Münzmeisters: J. R. Umschrift: MON:
   AUR: CIVI: HAMBURGENS: Dm. = 1,24 Z.   Gew. = 0,59 L.   L. S. 263 No. 4.

Die Ducaten.

Die ältesten bekannten Hamburgischen Ducaten sind vom Jahre 1497. Es sind
aber schon früher dergleichen geprägt; nach einer handschriftlichen Notiz zuerst 1479,
von denen aber nur ein einseitiger Stempel auf der Stadtbibliothek vorhanden ist. Die
Ducaten werden in den älteren Zeiten auch Lübsche oder Hamburgische Gulden, zum
Unterschied von den Rheinischen genannt, doch ist der Name Ducat sehr alt und wird
1380 in den Stadtrechnungen aufgeführt, wo auch 1382 floreni auri ducati vorkommen.
Die ältesten Ducaten sind nur einfache, doch kommen mit demselben Stempel doppelte
und dreifache vor, die aber nur als Spielerei zu betrachten sind. Doppelducaten mit
besonderem Gepräge erscheinen erst 1649, wurden aber dann bis zur Französischen
Occupation fortgemünzt. Gegen Ende des 17ten Jahrhunderts und im Anfang des 18ten
prägte man auch einige halbe und viertel.

Das Gepräge der Ducaten blieb sich lange Jahre hindurch gleich und zeigt bis
zum Jahre 1667 auf beiden Seiten die Madonna, [1] die eine mit dem Hamburgischen
Wappenschilde zu ihren Füssen, die andere bis 1583 mit dem Nesselblatt. [2]   Man

---

[1] Die Jungfrau Maria war die Schutzpatronin der Domkirche, die auch Marienkirche genannt
wurde, und erscheint hier als Schutzheilige der Stadt. Das Siegel des Doms bestand daher
auch in einer sitzenden Madonna mit dem Christkinde.

[2] Das Nesselblatt, das Wappen der Grafschaft Holstein, findet sich auf allen älteren Hamburgischen
Münzen und ist früher wohl so gedeutet worden, als wenn dadurch die Gültigkeit der Münzen
für Holstein angegeben werden sollte, doch ist dies nicht anzunehmen, da die ebenfalls vertrags-

findet auch Ducaten mit der Jahreszahl 1497, die kein Nesselblatt führen und vermuthlich erst zwischen 1583 und 1642 geschlagen sind. In dem Streite Dänemarks und Hamburgs über die Oberhoheit wurde die Stadt beschuldigt, die Ducaten mit dem Nesselblatt in solche ohne dasselbe umgeprägt zu haben. Wahrscheinlich gaben die mit der veralteten Jahreszahl geprägten neuen Ducaten, von denen man, wie bei allen übrigen Münzen, das Nesselblatt fortliess, die Veranlassung zu dieser Beschuldigung. Bis zum Jahre 1680 wurde dann die eine Madonna durch das Stadtwappen ersetzt, und nach dieser Zeit die andere mit dem Reichsadler und des Kaisers Namen vertauscht. Nach Auflösung des Deutschen Reichs verschwand auch der Adler und man ahmte das Gepräge der Holländischen Ducaten nach. Bis auf die neueste Zeit ist der Ritter mit einem Hamburgischen Wappenschilde das übliche Ducaten-Gepräge geblieben.

Der Gehalt der Ducaten hat sich auffallend wenig verändert. Von den ältesten, die zuerst in Florenz geschlagen wurden, sollen 64 Stück aus der Mark fein Gold geprägt sein. Die ältesten Hamburgischen wurden bei einer Feinheit von 23 Karat 6 Grän zu 65 Stück auf die Mark Brutto geschrotet, so dass auf die feine Mark Gold 66$\frac{11}{12}$ Stück kamen. Bei der Valvation in Nürnberg, 1551, fand man die Hamburgischen und Lübeckischen Ducaten nur 23 Karat 4 Grän fein. Die Reichs-Münzordnung von 1559 setzte endlich den Fuss der Ducaten auf 67 Stück aus der 23 Karat und 8 Grän feinen Mark, so dass die Mark fein Gold 67$\frac{9}{11}$ Stück lieferte. Nach den Wardirungs-Tabellen des Wardeins *Wiedemann* waren die Ducaten von 1584 und 85 nach dieser Vorschrift ausgemünzt. Später verminderte Hamburg den Gehalt der Ducaten um 2 Grän, doch ist die Zeit nicht zu ermitteln. Nach einer Angabe in *Beckmann's* Anleitung zur Technologie, 32. Abschnitt § 44, hielten die Ducaten 1777 schon nur 23 Karat 6 Grän. Seit 1808 findet sich diese Angabe auf den Münzen selbst.

Das Gewicht der einfachen Ducaten ist für die mit dem Nesselblatt von 1475—1575 = 0,246 Loth, für die übrigen = 0,238 Loth, für die Doppelducaten = 0,476, für die halben = 0,119 und für die viertel = 0,059 Loth.

---

mässig gangbaren Lübischen Münzen nie das Holsteinische Wappen trugen. Hamburg führte vielmehr als ursprünglich Holsteinische Stadt neben dem Stadtwappen, der Burg, das Wappen des Landesherrn, das Nesselblatt, und behielt diesen Gebrauch bis in die Mitte des 17ten Jahrhunderts bei, wo beide noch an den Thoren, am Rathhause, an der Börse u. s. w. angebracht waren. Die älteren Münzen führen das Nesselblatt grösstentheils auf der Rückseite, nur die Hohlpfennige haben es im Thor. Im 15ten Jahrhundert erscheint es zuerst bei den Dickmünzen im Thore, ähnlich wie auch andere Städte, z. B. Lüneburg und Oldenburg das Landeswappen in ihren Wappen anbrachten. Im Anfang des 16ten Jahrhunderts wurde das Nesselblatt selbst als Auszugswappen für Hamburg auf Münzen gebraucht. Mit der Einführung der Reichs-Münzordnung 1572 verschwand es von den Silbermünzen und bald darauf auch von den Goldstücken.

B. Doppelducaten.

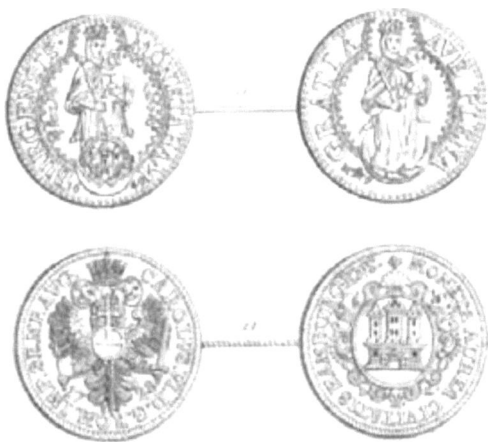

Doppelducat von 1649.

11. A.: Im Perlkreise, der oben halbkreisförmig ausgebogen und an der innern Seite
von einer Bogenverzierung begleitet ist, die Madonna, das Kind auf dem linken
Arm, in der rechten Hand ein Scepter haltend, auf der Mondsichel stehend.
Zu ihren Füssen die Burg im verzierten Schilde. Unten neben der Mondsichel die Jahreszahl 16 — 49. Zu beiden Seiten der Madonna, parallel mit
dem Perlrande, VIVAT — PAX und ein Buchstabe, der vermuthlich ein W
vorstellen soll, und Westphalica bedeutet, in Beziehung auf den im Jahre 1648
abgeschlossenen Westphälischen Frieden. Umschrift: MONETA HAM —
BURGENSIS.

R.: Wie der Avers, mit Hinweglassung des Wappenschildes und der Inschrift.
Unten links neben dem Monde M ✳ F, die Chiffer des Münzmeisters. Umschrift: AVE PLENA — GRATIA.   Dm. = 1,23 Z.   S. die Abbild.

Doppelducat von 1660.

12. Wie der Vorige. Im Revers sind die Worte durch Punkte getheilt. Des Kindes
Haupt ist mit einem Strahlenschein umgeben.   Dm. = 1,23 Z.

In: Numophyl. Molano Bohm. Bd. III. S. 754. No. 171 wird derselbe ohne Jahreszahl aufgeführt.

Doppelducat von 1669.

13. A.: Die Burg in einem ausgeschweiften Schilde, der von zwei Löwen gehalten wird. Oben zwei gekreuzte Palmzweige; unten in der Fussverzierung die Münzmeister-Chiffer: M.F. Umschrift: ♔ MON ❖ AUREA ❖ CIVITAT ❖ HAMBURG.

R.: Eine der Vorigen sehr ähnliche Madonna. Umschrift: ❖ AVE ❖ PLENA — GRATIA ❖ 1669 ❖.   Dm. = 1,20 Z.

Doppelducaten von 1674.

14. Dem Vorigen sehr ähnlich. Im Avers statt des Kleeblatts eine Rose ✿, statt M. F., H. L. und statt der rautenförmigen Punkte Doppelpunkte. Im Revers fehlen nur die Trennungszeichen und ist die Jahreszahl geändert.

    Dm. = 1,16 Z.   L. S. 187. Abbild. S. 185. No. 4.

Ein zweiter sehr ähnlicher Stempel unterscheidet sich nur durch die schmälere Figur, deren Mantel anders gefaltet.

Doppelducat ohne Jahr (1676—1692)? 1689.

15. A.: Der Reichsadler. Umschr.: ✿ LEOPOLDUS. D: G: ROMA: IMP: SEM: AUG:

R.: Die Burg zwischen zwei Palmzweigen. Darunter die Münzmeister-Chiffer H. L. Umschr.: MONETA AUREA CIVITATIS HAMBURGENSIS.   Dm. = 1,24 Z.

Doppelducat von 1705.

16. A.: Die mit einem Lorbeerkranz geschmückte Büste des Kaisers *Joseph* auf einem Piedestal, an welchem der Reichsadler, und neben demselben die Jahreszahl 17 — 05. Umschrift: JOSEPHUS. D: G: — ROM: IMP: SEM: AUG.

R.: Die Burg zwischen zwei Palmzweigen. Darunter die Münzmeister-Chiffer J. R. Umschrift: ✿ MONETA AUREA CIVITATIS HAMBURGEN:

    Dm. = 1,29 Z.   L. S. 59.

Doppelducat ohne Jahr (1705 — 11).

17. A.: Der Reichsadler. Umschrift: ✿ JOSEPHUS. D: G: ROMA: IMP: SEM: AUG:

R.: Wie der Vorige.   Dm. = 1,23 Z.

Doppelducat von 1713.

18. A.: Der Reichsadler, neben dem Schwanz die Jahrzahl 17 — 13. Umschrift: CAROL: VI. D: G: ROM: IMP: SEM: AUGUST:

R.: Die Burg in einem ovalen Schilde, das mit Schnörkeln, Palmzweigen und zwei Engelsköpfen verziert ist. Unten die Münzmeister-Chiffer: J—R. Umschr.: ✿ MONETA AUREA CIVITATIS HAMBURGENS: Dm. = 1,24 Z.

Dieselbe Zeichnung, nur kleiner. Siehe beim einfachen Ducaten No. 129.

Doppelducat von 1725.

19. A.: Der Reichsadler, neben dem Schwanz die Jahrszahl 17—25. Umschrift: CAROLUS. VI. D. G. ROM. IMP. SEMP. AUG.

    R.: Die Burg in einem ovalen Schilde, das mit barocken Schnörkeln und zwei nach oben gewandten Löwenköpfen verziert ist. Unten die Münzmeister-Chiffer J.—H.—L. Umschrift: ✠ MONETA AUREA CIVITATIS HAMBURGENS. Dm. = 1,15 Z. Siehe die ähnliche Zeichnung von No. 22.

Doppelducat von 1726.

20. Wie der Vorige, nur 1726.

Doppelducat von 1727.

21. Wie der Vorige, nur etwas grösser und voller von Zeichnung. Die Bank besitzt von diesem Stempel ein Exemplar, das 0,71 Loth wiegt und als dreifacher Ducat zu betrachten ist. Dm. = 1,24 Z.

Doppelducat von 1728.

22. Ganz wie der Vorige, nur 1728. Dm. = 1,25 Z. S. oben die Abbild.

Doppelducat von 1730.

23. Wie der Vorige, nur 1730.

Doppelducat von 1732.

24. Wie der Vorige, nur 1732.

Doppelducat von 1735.

25. A.: Der Reichsadler kleiner und moderner als die Vorigen. Umschr.: CAROLVS. VI. D. G. ROM. IMP. SEMP. AVGVST.

    R.: Dem Vorigen ähnlich, mit kleinerem Wappen, mit runden Thurmkuppeln und mit geschmackvolleren und kleineren Schildverzierungen. Die Schrift ist kleiner, durch Punkte getrennt, und hat vor dem Anfang einen Punkt statt der Blume. Dm. = 1,27 Z.

Doppelducat von 1737.

26. Weicht von dem Vorigen nur unwesentlich ab.

Doppelducat von 1740.

27. Wie der Vorige.

Doppelducat von 1742.

28. Dem Vorigen sehr ähnlich, doch mit dem Unterschiede, dass im Avers CAROLVS VII und im Revers oben eine vierblättrige Blume steht. Dm. = 1,21 Z.

Doppelducat von 1744.

29. Dem von 1742 sehr ähnlich. Im Revers sind den Schildverzierungen unten zu beiden Seiten Blumenguirlanden zugesetzt.   Dm. = 1,18 Z.

Doppelducat von 1745.

30. Dem Vorigen sehr ähnlich. Die Blumen im Revers sind fünfblättrig.

Doppelducat von 1746.

31. A.: Der Reichsadler, die Jahrszahl 1746 unterm Schwanz. Umschrift: ⊛ FRAN-CISCVS. D. G. ROM. IMP. SEMP. AVGVST.

R.: Die Burg im reichverzierten Schilde mit zwei auswärtsgekehrten Löwenköpfen und zwei Lorbeerzweigen. Unten J. H. L. Umschrift: ⊛ MONETA AVREA HAMBVRGENSIS.   Dm. = 1,18 Z.

> Die Zeichnung gleicht der des Doppelducaten von 1755 in der ersten Abtheilung dieses Werks S. 146.

Doppelducat von 1750.

32. Wie der Vorige, nur etwas grössere Zeichnung, und die Jahrszahl 17—50 getheilt neben dem Schwanz.   Dm. = 1,18 Z.

Doppelducat von 1751.

33. Wie der Vorige, nur 17—51.   Dm. = 1,19 Z.

Doppelducat von 1753.

34. Wie der Vorige, nur 17—53.   Dm. = 1,19 Z.

Die neueren Doppelducaten, No. 35—80, von 1755—66, 1773, 74, 76—83, 85, 87—1806, 1808 und 9, finden sich in der ersten Abtheilung S. 146, wo der von 1765 jedoch nicht mit aufgeführt ist.

C. Einfache Ducaten.

Ducat ohne Jahr (1475—1493).

81. **A.:** In einem von zwei Kreisbögen gebildeten Oval eine gekrönte Madonna mit Heiligenschein, das Kind auf dem linken Arm. Zu ihren Füssen die Burg im Schilde. Umschrift: FRIDERICVS — RO'NOR' ○ REX.

    R.: ?

        Dm. = 0,97 Z.   Den Stempel des Averses besitzt die Stadtbibliothek.

Ducaten mit der Jahrszahl 1497.

82. **A.:** In einem von zwei Kreisbögen gebildeten Oval die Madonna ohne Heiligenschein, das Kind auf dem linken Arm. Zu ihren Füssen ein Schild mit der Burg. Umschrift: ✶ MONETA ✶ — ✶ HA'BVRG' ✶

    R.: Wie der Avers, nur im Schilde ein Nesselblatt. Umschr.: ✶ AVE ✶ PLEN' ✶ — ✶ GRACIA 129∧.   Dm. dieses und der Nächstfolgenden = 1 Z.

83. Ein sehr ähnliches Gepräge mit kleinerer Madonna ohne Heiligenschein. Umschrift des Reverses: ✶ AVE ✶ PLEN ✶ — ✶ GRA ✶ 129∧ ✶   *L. S. 3.*

84. **A.:** Wie die Vorigen.

    R.: Umschrift: ✶ AVE ✶ PLEN' ✶ — ✶ GRA' ✶ 129∧ ✶

85. **A.:** Die Madonna, weniger gut ausgeführt, mit Heiligenschein. Umschrift: ○ MONETA N' — ○ ○ HA'BVRG' ○

    R.: Ebenso. Umschrift: ○ AVE ○ PLEN' ○ — ○ GRACIA 129∧ ○

        S. oben die Abbild.

86. **A.:** Die Madonna mit Heiligenschein im Oval, mit dem Stadtwappenschild zu den Füssen, zierlicher als die früheren. Umschrift: ΜΟΝΕΤΑ ⸱ Ν — Ο ∘ ΗΑΣΜΒVRG' ⸱

R.: Eine ähnliche Madonna auf der Mondsichel stehend im Oval. Umschrift: ⸱ ΑVE ⸱ PLEN' ⸱ — ⸱ GRΑCIΑ ∘ 1.29∧ ⸱   S. die Abbild.

87. **A.:** Die Madonna ohne Heiligenschein, das Kind mit Strahlenschein, zu ihren Füssen das Stadtwappenschild. Das Oval wird durch zwei Perlkreisbögen gebildet und ruht auf einem Perlkreise mit begleitender Linie. Umschrift: ⸱ ΜΟΝΕΤΑ. Ν — Ο: ΗΑΣΜΒVRG' ⸱

R.: Wie der Avers, nur steht die Madonna auf der Mondsichel. Umschrift: ⸱ ΑVE. PLEN': — GRΑCIΑ. 1.29∧ ⸱   L. S. 292.

88. Dem Vorigen sehr ähnlich, mit dem Hauptunterschied, dass im Revers der Buchstabe E verkehrt steht.

Die letzten drei Exemplare, No. 86, 87 und 88, gehören wegen des fehlenden Nesselblatts und des geringeren Gewichts (sie wiegen nur 0,238 Loth. die älteren 0,246 Loth), dem Ende des 16ten Jahrhunderts an, wo man vermuthlich das alte Gepräge wieder annahm, um den Ducaten einen bessern Cours zu verschaffen. Wegen der grossen jetzt folgenden Lücke, dürfte es noch eine Menge von Varianten gegeben haben.

Ducat von 1575.

89. **A.:** Die Madonna, mit dem Stadtwappenschild zu ihren Füssen, ähnlich No. 83. Umschrift: ⚭ ΜΟΝΕΤΑ ⚭ — ⚭ ΗΑ'ΒVRG' ⚭

R.: Die Madonna mit dem Nesselblatt. Umschrift: ⚭ ΑVE ✱ PLEN' — ⚭ GRΑCIΑ 1575.

Die Stadtbibliothek besitzt ein Stück, das 0,733 Loth wiegt, und mithin ein dreifacher Ducat ist. Daselbst wird auch der Stempel des Averses aufbewahrt.

Ducat von 1583.

90. Dem Vorigen sehr ähnlich, nur veränderte Jahrszahl.   L. S. 3.

Ducat von 1642.

91. **A.:** Die Madonna, das Kind auf dem linken Arm, beide ohne Heiligenschein, in dem aus zwei Perlkreisbögen gebildeten Oval, das auf einem Perlkreise liegt, der wie das Oval von einer Linie begleitet wird. Zu den Füssen der Madonna die Burg im Schilde. Unten, links neben dem Wappen, wo sich die beiden Perlkreise treffen, ein unverständliches Zeichen. Umschrift: ∘ ΜΟΝΕΤΑ. Ν — Ο. ΗΑΣΜΒVRG' ∘

R.: Die Madonna auf dem Halbmond stehend. Der Perlrand aussen und innen von einer Linie begleitet, sonst wie der Avers. Umschr.: .✳ ΑVE. PLEN .—. GRΑCIΑ. 1642·

Der Dm. dieses Ducats und der folgenden ist 0,97 Z. Die Zeichnung dieser Stücke ist sich bis auf geringe Abweichungen gleich, und findet sich im L. S. 33. No. 2

Ducat von 1643.

92. A.: Wie der Vorige. Umschrift: ○ MONETA. N — O: HAMBVRG' ○
R.: Wie der Vorige, am Perlkreis nur innen eine Linie. Umschrift: ○ AVE.
PLEN': — GRACIA 1643 ○

Ducat von 1644.

93. A.: Umschrift: ○ MONETA. N — O: HAMBVRG' ○
R.: Umschrift: ○ AVE PLEN' ○ — ○ GRACIA. 1644 ○

Ducat von 1645.

94. A.: Umschrift: ○ MONETA. N ○ — ○ O: HAMBVRG ○
R.: Umschrift: M . — . F ✳ AVE. PLEN: ○ — ○: GRACIA 1645.

Ducat von 1646.

95. A.: Umschrift: ○ MONETA. N ○ — ○ O: HAMBVRG' ○
R.: Umschrift: ○ ✳ AVE. PLEN' ○ — ○ GRACIA. 1646 ○

Ducat von 1647.

96. Wie der Vorige, nur 1647. Ein zweiter Stempel hat GRATIA, und findet sich
bei den meisten der nächstfolgenden.

Ducat von 1649.

97. Wie der Vorige, nur 1649.

Ducat von 1650.

98. Wie der Vorige, nur 1650.

Ducat von 1651.

99. Wie der Vorige, nur 1651.

Ducat von 1652.

100. Wie der Vorige, nur 1652.

Ducat von 1653.

101. Wie der Vorige, nur 1653.

Ducat von 1655.

102. Wie der Vorige, nur 1655. Zwei Stempel, GRACIA und GRATIA.

Ducat von 1656.

103. Wie der Vorige, nur 1656. Zwei Stempel.

Ducat von 1657.

104. Wie der Vorige, nur 1657. 6RATIA. Abtheilung durch Punkte.   *L.* s. 35.

Ducat von 1658.

105. Wie der Vorige, nur 1658. Abtheilung durch Ringe.

Ducat ·von 1660.

106. Wie der Vorige, nur 1660. Abtheilung durch Punkte.

Ducat von 1661.

107. Wie der Vorige, nur 1661. Der Durchmesser ist 0,96 Zoll und schwankt für die Nächstfolgenden bis 0,92 Zoll.

Ducat von 1662.

108. Wie der Vorige, nur 1662. Zwei Stempel.

Ducat von 1663.

109. Wie der Vorige, nur 1663. Zwei Stempel.

Ducat von 1664.

110. Wie der Vorige, nur 1664.

Ducat von 1665.

111. Wie der Vorige, nur 1665. 6RATIA.

Ducat von 1666.

112. Wie der Vorige, nur 1666.

Ducat von 1667.

113. Wie der Vorige, nur 1667.

Ducat von 1669.

114. A.: Die Burg in einem ausgeschweiften Schilde, der von zwei Löwen gehalten wird. Oben zwei gekreuzte Palmzweige, unten in der Fussverzierung die Münzmeister-Chiffer M. F. Umschrift: ♣ MON: AUREA. CIVITAT: HAMBURG:

R.: Die gekrönte Madonna, in der rechten Hand einen Scepter, auf dem linken Arm das Kind haltend, auf der Mondsichel. Umschrift: AVE PLENA — GRATIA. 1669:

Verkleinerte Nachbildung des Doppelducaten No. 13 von demselben Jahr. Die Zeichnung gleicht bis auf geringe Abweichung, namentlich im Reverse, dem von *Langermann* S. 185 No. 4 gegebenen Doppelducaten von 1674.

Ducat von 1674.

115. Wie der Vorige, nur 1674. (Verkleinerte Nachbildung des Doppelducatens No. 14.)
Im Avers statt des Kleeblatts eine fünfblättrige Blume und unten statt M. F. die
Chiffer H. L.

Ducat von 1675.

116. Wie der Vorige, nur 1675.

Ducat von 1689.

117. A.: Der Reichsadler. Zu beiden Seiten des Schwanzes die Jahreszahl 16—89.
Umschrift: LEOPOLDUS. D: G: ROMA: IMP: SEM: AU:

R.: Die Burg zwischen zwei Palmzweigen. Unten die Münzmeister-Chiffer H. L.
Umschr.: ✿ MONETA AUREA CIVITATIS HAMBURGEN: Dm. = 0,98 Z.
Verkleinerte Nachbildung des Doppelducatens No. 15. Siehe die sehr ähnliche
Zeichnung des halben Ducatens No. 251.

Ducat von 1692.

118. Wie der Vorige, mit etwas grösserem Wappen. Statt H. L. die Chiffer J. R.
Dm. = 0,99 Z.

Ducat von 1694.

119. A.: Der Reichsadler, unterm Schwanze die Jahreszahl 1694. Umschrift: LEO-
POLDUS. D: G: ROMA: IMP: SEM: AU.

R.: Die Madonna, das Kind mit der Weltkugel im linken Arm, in der rechten
Hand einen Scepter. Zu ihren Füssen auf der Mondsichel ruhend das Stadt-
wappenschild und neben demselben die Chiffer: J—R. Umschrift: MON:
AUR: CIVI: — HAMBURGENS: Dm. = 1,01 Z. S. die Abbild.

Ducat von 1702.

120. Wie der von 1694, nur 1702. Dm. = 0,99 Z.

Ducaten von 1705.

121. A.: Der Reichsadler, die Jahreszahl 17—05 neben dem Schwanze. Umschrift:
LEOPOLDUS. D: G: ROMA: IMP: SEM: AUG:

R.: Die Burg zwischen zwei Palmzweigen. Unten die Chiffer J—R. Umschrift:
✿ (auf jeder Seite ein Kleeblatt) MONETA AUREA CIVITATIS HAM-
BURGENS. Dm. = 0,95 Z. Die Zeichnung ist der von No. 117 u. 118 gleich.

122. A.: Das mit einem Lorbeerzweig gekrönte Brustbild des Kaisers *Joseph*, woran unten ein Schild mit dem Reichsadler. Umschrift: JOSEPHUS. D: G: — ROM: IMP: SEM: AUG:

R.: Die Burg zwischen zwei Palmzweigen, wie der Vorige. Unter derselben 17—05. Umschrift: ✿ (auf jeder Seite ein Kleeblatt) MONETA AUREA CIVITATIS HAMBURGEN: Dm. = 0,95 Z.   *L.* S. 33.

     Auf einigen Exemplaren scheint die 5 der Jahreszahl in eine 6 verändert zu sein.

Ducat von 1706.

123. A.: Der Reichsadler, unten die Jahreszahl 1706. Umschrift: JOSEPHUS: D: G: ROMA: IMP: SEM: AUG.

R.: Die Burg zwischen zwei Palmzweigen, wie No. 117. Umschr.: ✿ MONETA AUREA CIVITATIS HAMBURGEN: Dm. = 0,96 Z.

Ducat von 1707.

124. Wie der Vorige, nur 1707. Im Revers sind die Kleeblätter oben durch Punkte ersetzt.   Dm. := 0,95 Z.

Ducat von 1708.

125. Wie der Vorige, nur 1708. Ein zweiter Stempel hat die Kleeblätter oben. Dm. = 0,96 Z.   Dm. = 0,97 Z.

Ducat von 1710.

126. Wie der von 1705 mit dem Bilde des Kaisers *Joseph*, No. 122. Im Revers oben eine Blume.   Dm. = 0,94 Z.

Ducat von 1711.

127. Wie der von 1708, nur 1711.   *P. A.* S. 12 No. 24.

Ducat von 1713.

128. A.: Der Reichsadler, neben dem Schwanze die Jahreszahl 17—13. Umschrift: CAROL: VI: D: G: ROM: IMP: SEM: AUGUST:

R.: Die Burg in einem ovalen Schilde, das mit Schnörkeln, Palmzweigen und zwei Engelsköpfen verziert ist. Unten die Chiffer J—R. Umschr.: MONETA AUREA CIVITATIS HAMBURGENS.

     Dm. = 1 Z.   S. die gleiche Abbild. des Ducatens von 1714 No. 129.

Ducat von 1714.

129. Dem Vorigen sehr ähnlich, mit etwas breiterem Adler. Die Umschrift nur durch einfache Punkte getrennt und HAMBURGENSIS im Revers.   S. die Abbild.

Ducat von 1717.

130. **A.:** Der Reichsadler, darunter die Jahreszahl. Umschrift: CAROLUS. VI. D:
G: ROMA: IMP: SEM: AU.

R.: Die Burg in einem ovalen Schilde, mit Schnörkeln, Blumenguirlanden und
zwei Löwenköpfen verziert. Oben zwei gekreuzte Zweige, unten die Chiffer J—R.
Umschr.: ✿ MONETA AUREA CIVITATIS HAMBURGE: Dm. = 0,95 Z.

Ducat von 1726.

131. **A.:** Der Reichsadler, neben dem Schwanze die Jahreszahl 17—26. Umschrift:
CAROLVS. VI. D. G. ROM. IMP. SEMP. AVG.

R.: Die Burg in einem ovalen Schilde, das mit barocken Schnörkeln und zwei
nach oben gewandten Löwenköpfen verziert ist. Unten die Chiffer J.—H.—L.
Umschrift: ✠ MONETA AUREA CIVITATIS HAMBURGENS.

Eine verkleinerte Nachbildung des Doppelducatens von diesem Jahr. S. die gleiche
Zeichnung von No. 22. Dm. = 1,02 Z.

Ducat von 1728.

132. Wie der Vorige.

Ducat von 1729.

133. Wie der Vorige, mit etwas modernerer Zeichnung. Dm. = 1,03 Z.

Ducat von 1730.

134. Wie der Vorige.

Ducat von 1733.

135. **A.:** Der Reichsadler, kleiner und moderner als die Vorigen. Umschrift: CARO-
LVS. VI. D. G. ROM. IMP. SEMP. AVGVST.

R.: Wappen und Verzierungen kleiner und geschmackvoller. Die Umschrift gleich
der Vorigen. Dm. = 1,04 Z.

Ducat von 1734.

136. Weicht von dem Vorigen nur unwesentlich ab.

Ducat von 1736.

137. Kleinere Zeichnung als der Vorige, sonst gleich. Dm. = 1,03 Z.

138. *Ducat von 1737* ⎫
139. *Ducat von 1738* ⎪ Wie der Vorige, nur mit veränderter Jahreszahl.
140. *Ducat von 1739* ⎬ Dm. = 1,04 Z.
141. *Ducat von 1740* ⎭

Ducat von 1742.

142. Wie die Vorhergehenden, doch mit kleinerer Zeichnung und CAROLVS VII statt VI. Zu beiden Seiten der Jahreszahl und der Münzmeister-Chiffer mehrere Punkte neben einander. Dm. = 0,94 Z.

Ducat von 1743.

143. Dieselbe Zeichnung wie der Vorige, doch ist die Münze selbst grösser und es fehlen die oben bemerkten Punkte. Dm. = 0,97 Z.

Ducaten von 1744.

144. Wie der Vorige, doch vor und hinter der Jahreszahl eine Blume. Dm. = 0,96 Z.

145. Ein zweiter Stempel mit etwas grösserer Zeichnung ohne die Blumen, dafür aber auf beiden Seiten zu Anfang der Schrift eine Blume. Dm. = 1,01 Z.

Ducat von 1745.

146. Ganz wie der Vorige, nur 1745.

Ducat von 1747.

147. A.: Der Reichsadler. Umschrift: ⊛ FRANCISCVS D. G. ROM. IMP. SEMP. AVGVST.

R.: Die Burg in einem ausgeschweiften Schilde mit Schnörkeln, zwei nach auswärts gekehrten Löwenköpfen und zwei Oelzweigen verziert. Unten die Chiffer: J. H. L. Umschrift: ⊛ MONETA AVREA HAMBVRGENSIS.

Dm. = 0,99 Z. Wegen der Zeichnung verweisen wir auf die sehr ähnliche vom Jahre 1755 in der ersten Abtheilung dieses Werks, S. 149 No. 1.

148. *Ducat von 1748*
149. *Ducat von 1749*
150. *Ducat von 1750*
151. *Ducat von 1751* } Sind wie der Vorige, mit sehr geringen Abweichungen und veränderter Jahreszahl.
152. *Ducat von 1752*
153. *Ducat von 1753*
154. *Ducat von 1754*

Die neueren Ducaten, No. 155—239, giebt die erste Abtheilung Seite 149 ff. von 1755—1811, 1815, 1817—43, (1767 ist dort nicht aufgeführt, befindet sich aber im Cabinet der Stadt-Bibliothek.) Später erschienen No. 240—249 von 1844—1853.

D. Halbe Ducaten.

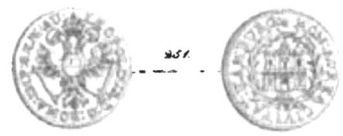

Halber Ducat von 1675.

250. A.: Die Burg im Schilde, von zwei Löwen gehalten. Oben zwei gekreuzte Palmzweige; unten in der Fussverzierung die Münzmeister-Chiffer H. L. Umschrift: ✿ MON: AUREA CIVITAT: HAMBURG.

R.: Die Madonna, in der rechten Hand einen Scepter, auf dem linken Arm das Kind haltend, auf der Mondsichel stehend. Umschrift: AVE PLENA — GRATIA. 1675. Dm. = 0,76 Z. Gew. = 0,12 L. L. S. 219.

Eine verkleinerte Nachbildung des Ducatens No. 116 und Doppelducatens No. 14.

Halber Ducat ohne Jahr (1692—1704).

251. A.: Der Reichsadler. Umschr.: LEOPOLDUS. D: G: ROMA: IMP: SEM: AU.

R.: Die Burg zwischen zwei Palmzweigen. Unten zwischen den Stängeln die Chiffer J. R. Umschrift: ✿ MON: AUREA CIVITAT: HAMBURG:

Dm. = 0,76 Z. Gew. = 0,12 L. Siehe oben die Abbild. Die Zeichnung ist die verkleinerte Nachbildung des Ducaten No. 117 und Doppelducaten No. 15 aus dieser Zeit.

E. Viertel Ducaten.

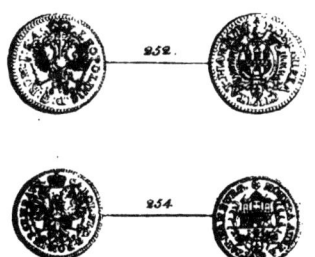

Viertel Ducat von 1680.

252. **A.:** Der Reichsadler; die Jahreszahl 16 — 80 am Schwanze. Umschrift: LEO-
POLDUS. D: G: ROM: J: S: A:

    R.: Die Burg im ovalen Schilde mit einem geflügelten Engelskopfe und zwei
Palmzweigen. Darunter im Medaillon ¼ und daneben die Chiffer H. L.
Umschrift: ✠ MON: AUREA CIVITAT: HAMBURG.

        Dm. = 0,64 Z.   Gew. = 0,058 L.   S. die Abbildung.

Viertel Ducat ohne Jahr (1692—1704).

253. **A.:** Der Reichsadler. Umschrift: LEOPOLDUS. D: G: ROM: J: S: A:

    R.: Die Burg zwischen zwei Palmzweigen. Unten die Chiffer J. R. Umschrift:
⊕ MON: AUREA CIVITAT: HAMBURG.

        Dm. = 0,64 Z.   Gew. = 0,058 L.   Eine verkleinerte Nachbildung des
Ducaten No. 117 und des halben Ducaten No. 251.

Viertel Ducat von 1729.

254. **A.:** Der Reichsadler, die Jahreszahl 17 — 29 neben dem Schwanze. Umschrift:
CAROL. VI. D. G. ROM. IMP. SEMP. AVG.

    R.: Die Burg zwischen zwei Palmzweigen; unter derselben die Chiffer J. H. L.
und unter den Zweigen im Oval: ¼. Umschrift: ⊕ MONETA AUREA
CIVITAT. HAMBURG.   Dm. = 0,60 Z.   Gew. = 0,058 L.   S. die Abbild.

F. Goldgulden.

    Die Goldgulden sind unter den Hamburgischen Goldmünzen die ältesten und wurde
das Prägen derselben der Stadt im Jahre 1435 vom Kaiser *Sigismund* zuerst gestattet.
Die eigentlichen Goldgulden stammen von den Ducaten her und sind eigentlich nur eine
verringerte Sorte derselben, die vorzüglich von den Kurfürsten am Rhein geschlagen
wurden und deshalb auch den Namen Rheinische Gulden erhielten. Auch die Hamburgischen Goldgulden wurden in älterer Zeit Hamburgische Rheinische Gulden genannt,
zum Unterschied von den Hamburgischen Gulden oder Ducaten. Das Gepräge der Goldgulden war für Hamburg, ähnlich wie für andere Münzstände, vom Kaiser vorgeschrieben,
und sollte auf der einen Seite den Reichsapfel mit dem Namen des jederzeit regierenden
Kaisers, auf der andern einen stehenden Sankt Petrus mit der Umschrift: MONETA
AUREA HAMBURGENSIS führen, wovon auch nur der letzte vom Jahre 1675 eine
Ausnahme macht. Die Ausschmückung des Gepräges der Hamburgischen Goldgulden ist
die bei fast allen Goldgulden gebräuchliche. Der Reichsapfel ist von einer Einfassung
umgeben, die aus einem Dreieck mit in den Mitten halbkreisförmig ausgebogenen Seiten

besteht, und gewöhnlich Dreipass genannt wird. Zu den Füssen des Petrus, an welcher Stelle auch andere Münzstände ihr Wappen anbrachten, findet sich bis zum Jahre 1617 das Nesselblatt.

Der Gehalt der Goldgulden wurde vielfach geändert und durch Reichstags-Satzungen festgestellt, nach denen sich Hamburg mit seinen Goldgulden genau richtete. Wir stellen die verschiedenen Bestimmungen zur Uebersicht unten tabellarisch zusammen und fügen auch die vor 1435 bekannten Gehalte hinzu. Die Goldgulden hatten aber nicht, wie die Ducaten, nur einen Zusatz von Kupfer, sondern auch von Silber, und bestanden von 1490 an aus 18 Karat 6 Grän Gold, 3 Karat 6 Grän Silber und 2 Karat Kupfer. Dies Verhältniss wurde 1669 dahin geändert, dass man 3 Karat 8 Grän Silber und nur 1 Karat 10 Grän Kupfer als Zusatz brauchen sollte.

Der Gehalt und das Gewicht der Goldgulden war:

	Stück auf die Mark Brutto	Feingehalt Karat Grän		Stück auf die Mark fein Gold	Gewicht das Stück in Loth Köln.
1386	66	23	—	$68\frac{19}{18}$	0,242
1399	66	22	6	$70\frac{3}{8}$	0,242
1409	66	22	—	72	0,242
1417	66	20	—	$79\frac{1}{5}$	0,242
1425	$66\frac{3}{4}$	19	—	$84\frac{4}{15}$	0,240
1437	68	19	—	$85\frac{11}{13}$	0,235
1464	$68\frac{3}{4}$	19	—	$86\frac{11}{14}$	0,233
1490	$71\frac{1}{3}$	18	6	$92\frac{12}{19}$	0,224
1511	$71\frac{3}{4}$	18	6	$93\frac{1}{37}$	0,223
1559 und später	72	18	6	$93\frac{44}{111}$	0,222

Der Goldgulden diente lange Zeit als Maasstab für die übrigen Münzen, und als Basis des Deutschen Münzwesens, bis der an Werth ihm gleiche Thaler seine Stelle einnahm. Den Werth der Goldgulden für verschiedene Jahre haben wir in eine Tabelle zusammengestellt und der Münzgeschichte angehängt, da er für die Zeitbestimmung von Angaben über Münzen, die keine Jahreszahl führen, von grossem Nutzen ist, und manche Berechnung wesentlich erleichtert.

Obgleich Hamburg viele Goldgulden ausmünzte, so sind uns doch nur wenige Angaben und eine sehr geringe Stückzahl aufbehalten. In den Münzkabinetten sind dieselben nur schwach vertreten, und wohl sämmtlich für selten zu erklären, da sie überdies schon seit mehr als einem Jahrhundert aus dem Verkehr verschwunden sind. Ueber den Umfang der Ausmünzungen von Goldgulden in Hamburg finden sich nur folgende wenige Angaben in den Papieren des Wardeins *Widemann*. Er wardirte 1580 874 Stück, 1581 3529 Stück, 1582 2142 Stück, 1583 1520 Stück, 1584 144 Stück, 1586 1602 Stück und 1587 9719 Stück, die alle nach Vorschrift und einige Werke selbst 1 Gran zu fein befunden wurden.

Es giebt auch Goldgulden von doppelter und dreifacher Schwere, denen wir aber keinen besonderen Werth beilegen, da sie das Gepräge der einfachen ohne Abänderung tragen.

Goldgulden ohne Jahr.

(1435 —`1437 und später geprägt.)

255. A.: Im Perlkreise der Reichsapfel in einem Dreipass, dessen eine Spitze nach
unten. Umschrift: ✠ SI6ISMV'D: ROMÄΠO'. IMPÄTOR.

R.: Im Perlkreise von einer Linie begleitet der heilige Petrus, in der rechten
Hand den Schlüssel, in der linken das Buch. Auf seinen Füssen ein Nesselblatt. Umschrift: ✱₀MOΠETÄ ✱ IΠO — ҺÄMBVR6'.

Dm. = 0,97 Z.   Gew. = 0,222 L.   S. oben die Abbildung.

256. A.: Wie der Vorige. Umschr.: ✠ SI6ISMV'D' RO'ΠORV' IMP'ÄTOR.

R.: Wie der Vorige. Umschr.: o MOΠET' o ΠO' — ҺÄMBVR6Є'.

Dm. = 0,97 Z.   Gew. = 0,235 L.

257. A.: Wie der Vorige. Umschr.: ✠ SI6ISMV'D' RO'ΠORV' IMP'ÄTOR.

R.: Wie der Vorige. Umschr.: MOΠET. ΠO — ҺÄMBVR6Є.

L. S. 354 No. 2. Der daselbst abgebildete Goldgulden ist mit einem Nesselblatt
übergestempelt, wodurch die Zeichnung unverständlich wird.

258. A.: Wie der Vorige, Umschr.: ✠ SI6ISMV'D RO'ΠO' IMPÄTOR.

R.: Wie der Vorige. Umschr.: MOΠET. ΠO — ҺÄMBVR6.   *P. A.* S. 9 No. 4.

259. A.: Wie der Vorige. Umschr.: ✠ SI6ISM'D'. ROΠ'ORV'. IMP'ÄTOR.

R.: Wie der Vorige. Umschr.: MOΠET. ΠO. — ҺÄMBVR6Є'.   *Sievers* No. 1.

260. A.: Wie der Vorige. Umschr.: ✠ SI6ISMV'D'. RO'ΠORV'. IMPÄTOR.

R.: ?

Von dem Avers besitzt die Stadtbibliothek zwei sehr ähnliche Stempel.

261. **A.:** Wie der Vorige, mit einem Punkt an der linken Seite der Dreipass-Spitze. Umschrift: ✠ SI6ISMV'D' ⊛ RO'ΠORV' ⊛ IMPᴬTOR.

  R.: ?

   Von dem Avers besitzt die Stadtbibliothek zwei sehr ähnliche Stempel.

262. **A.:** Im Perlkreise der Reichsapfel im Dreipass. Umschrift: ✠ SI6ISMV'D'. RO'ΠORV'. IMPᴬTOR.

  R.: Im Perlkreise der heilige Petrus mit rechtsgewandtem Haupt und einem Schild mit dem Nesselblatt auf den Füssen. Umschr.: MOΠЄT' ΠO' — hᴬM-BVR6Є. **Dm. = 0,95 Z.** Den Stempel besitzt die Stadtbibliothek.

Goldgulden ohne Jahr (1440—1493).

263. **A.:** Im Perlkreise der Reichsapfel im Dreipass. Umschrift: ✠ FRIDЄRIᴄVS ○ RO'ΠOR' ○ RЄX.

  R.: Im Perlkreise der heilige Petrus mit dem Nesselblatt zu seinen Füssen, der Zeichnung oben ähnlich. Umschrift: MOΠЄT? ΠO' — hᴬMB. **Dm. = 0,96 Z. Gew. = 0,220 L.**

264. **A.:** Wie der Vorige. Umschr.: ✠ FRIDЄRIᴄVS ⸸ RO'ΠOR' ○ RЄX.

  R.: Wie der Vorige. Umschr.: MOΠЄT'. ΠO — hᴬMBVR6'. *L. S. 355 No. 3, mit dem Nesselblatt übergestempelt.*

265. **A.:** Wie der Vorige. Umschr.: ✠ FRIDЄRIᴄVS ⸸ RO'ΠOR' ○ RЄX.

  R.: Wie der Vorige. Umschr.: MOΠЄTᴬ ⊛ ΠO' — hᴬMBVR6'. **Dm. = 0,94 Z. Gew. = 0,226 L.**

266. **A.:** Wie der Vorige. Umschr.: ✠ FRIDЄRIᴄVS ⸸ RO'ΠOR' ○ RЄX.

  R.: Im Perlkreise der heilige Petrus mit rechtsgewandtem Kopf und dem Nessel-blatte im Schilde zu den Füssen. Umschr.: MOΠЄTᴬ ○ ΠO' — hᴬM-BVR6Є'. **Dm. = 0,94 Z. Gew. = 0,225 u. 0,231 L.**

Goldgulden ohne Jahr (1493—1519).

267. **A.:** Im Perlkreise der Reichsapfel im Dreipass. Umschr.: ♡ ᠍ᛞᴹᴬXIᛞᛉIᴧᴧVS × ROᛞᴧᴬ' × RЄX × ᛉ

  R.: Im Perlkreise der heilige Petrus mit wenig links gewandtem Kopfe. Die Figur reicht unten nicht durch den Schriftrand, dafür aber der Schild mit dem Nesselblatt. Umschr.: ᛞᛉOΠЄTᴬ ΠO' — hᴬᛞᛉBVR6Є'. **Dm. = 0,95 Z. Gew. = 0,222 L.** *L. S. 563 No. 3.*

Goldgulden mit der Jahreszahl 1553 (1553—56).

268. **A.:** Im Perlkreise der Reichsapfel im Dreipass. Umschrift: ⸸ CAROLVS ○ V ○ ROMA ○ IMPER ○ 1553.

  R.: Im Perlkreise der heilige Petrus ohne Heiligenschein mit dem durch den Schriftrand reichenden Schilde mit dem Nesselblatte. Umschr.: MONETA ○ NO ○ — ○ AVRE ○ HAMB. **Dm. = 0,97 Z. Gew. = 0,218 u. 0,221 L.**

269. A.: Wie der Vorige. Umschr.: 𝕽 CAROLVS. V. ROMANO. IMP 1553.
    R.: Wie der Vorige.

P. 𝐴. S. 10 No. 10. Den Stempel des Averses besitzt die Stadtbibliothek.

270. A.: Wie der Vorige. Umschr.: 𝕽 CAROLVS. V. ROMAN. IMPE 1553.
    R.: Wie der Vorige.   Numoph. Mol. Bohm. P. III. S. 753 No. 167.

Den Stempel des Averses besitzt die Stadtbibliothek.

270a. A.: Wie der Vorige. Umschr.: 𝕽 CAROLVS. V. ROMA. IMPER. 1553.
     R.: Wie der Vorige. Umschr.: MONE. NOVA. — .AVREA. HAMB.

Dm. = 0,96 Z.   Gew. = 0,22 L.

Goldgulden mit der Jahreszahl 1553 (1556—64).

271. A.: Im Perlkreise der Reichsapfel im Dreipass. Umschr.: FERDINANDVS ×
        I × ROMA × IM 1553.
    R.: ?

Den Stempel des Averses besitzt die Stadtbibliothek.

Goldgulden von 1561.

272. A.: Im Perlkreise der Reichsapfel im Dreipass. Umschr.: 𝕽 FERDINA × I ×
        ROMA × IMP 1561.
    R.: ?

Den Stempel des Averses besitzt die Stadtbibliothek.

Goldgulden von 1581.

273. A.: ?
    R.: Im Perlkreise der heilige Petrus .en face ohne Heiligenschein, in der rechten
        Hand das Buch, in der linken den Schlüssel. Zu seinen Füssen durch den
        Schriftrand reichend ein Schild mit dem Nesselblatt. Umschrift: MONE.
        NOV. — .AVRE. HAM. 81.

Den Stempel des Reverses besitzt die Stadtbibliothek.

Goldgulden von 1589.

274. A.: Der Reichsapfel im Dreipass, dessen eine Spitze nach oben steht. Neben
        dem Kreuze die Jahreszahl 8 — 9 (1589). Umschrift: ✚ RVDOL. II. D:
        G. ROM. IM. SEM. AV.
    R.: Im Kreise der heilige Petrus mit theilweise durch den Rand gebildeten dop-
        peltem Heiligenschein, in der rechten Hand das Buch, in der linken den
        Schlüssel haltend. Zu den Füssen ein Schild mit dem Nesselblatt. Umschr.:
        MON. NO. AV — CIV. HAMB. 𝕰.

Dm. = 1,00 Z.   Gew. = 0,667 L.   (Ist ein dreifacher Gulden.)

Goldgulden ohne Jahr (1576—93).

275. A.: Im Perlkreise der Reichsapfel im Dreipass, dessen eine Spitze nach unten
        steht. Umschr.: 𝕰 RVDOLPHVS. II. R. O. IM. SE. A.
    R.: ?

Den Stempel des Averses besitzt die Stadtbibliothek.

Goldgulden ohne Jahr (1606—1612).

276. A.: Wie der Vorige. Umschr.: RVDOLP. II. D. G. RO. I. SE: AVG. P. F. D.
R.: Im Perlkreise der heilige Petrus mit Heiligenschein, in der linken Hand das Buch, in der rechten den Schlüssel. Die Figur reicht oben und unten durch den Schriftrand und hat zwischen den Füssen das Nesselblatt im Schilde. Umschr.: MONE. AVR. — HAMBVRG ☾ Dm. = 0,94 Z. Gew. = 0,219 L.

277. A.: Wie der Vorige. Umschr.: RVDOLP. II. D. G. RO. IM. SE. AU: P. F. D.
R.: Wie der Vorige. Umschr.: ·MONE. AUR. — HAMBURG. ☾· L. S. 18 No. 1.

278. A.: Wie der Vorige. Umschr.: ☾ RUDOL: II: D: G: RO: I: S: AUGU: P: F: D.
R.: Dem Vorigen ähnlich, mit gefälligerer Zeichnung. Umschr: ·MONE: AURE — HAMBURGE. Dm. = 1,01 Z. Gew. = 0,440 L. (Ist ein doppelter.)

Goldgulden von 1617.

279. A.: Im Perlkreise der Reichsapfel im Dreipass. Umschr.: ☾ MATTHIAS. D: G: RO: IM: S: A: 1617.
R.: Im Perlkreise der heilige Petrus mit sehr faltenreichem Gewande und Mantel, in der rechten Hand das Buch und in der linken den Schlüssel. Zwischen den Füssen das Nesselblatt. Umschr.: MONET: NOV: — AUR: C: HAMB: Dm. = 0,94 Z. Gew. = 0,220 L.

Goldgulden von 1619.

280. A.: Im Perlkreise der Reichsapfel im Dreipass. Umschr.: MATTHIAS. D. G. ROM. IMP. SA. 1619.
R.: Im Perlkreise der heilige Petrus. Umschr.: MONETA. NO. AVR. HAMB. Auctions-Catalog vom 3. Aug. 1750. Hamburg. S. 349 No. 1793.

Goldgulden von 1637.

281. A.: Im Perlkreise der Reichsapfel im Dreipass, dessen eine Spitze nach oben steht. Umschr.: ✳ ·FERDINANDVS. II. D: G: ROMA: I: S: A: 1637.
R.: Im Perlkreise der heilige Petrus mit Heiligenschein, in der rechten Hand das Buch, in der linken den Schlüssel. Umschr.: MON. AURE. CIV. — HAMBURGENSIS. Dm. = 0,97 Z. Gew. = 0,223 L. S. die Abbildung.

Goldgulden von 1675.

282. A.: Der Reichsadler. Umschr.: LEOPOLDUS. D: G: ROM: I: S: A: 1675.
R.: Die Burg im ovalen Schilde mit Helm und Helmdecke. Neben dem Helme die Münzmeister-Chiffer H — L. Umschr.: ⊛ MON: AUR: CIVIT: HAMBURGENSIS. Dm. = 0,97 Z. Gew. = 0,219 L.
L. S. 3 No. 4. In der Abbildung fehlt die Münzmeister-Chiffer.

II. SILBERMÜNZEN.

Die zweiseitigen Silbermünzen sind, soviel uns bekannt, um die Mitte des 14ten Jahrhunderts zuerst in Hamburg geschlagen. Wir lassen sie, mit Ausnahme der Thaler, die mit ihren Unterabtheilungen ein geschlossenes Ganze bilden und nicht füglich von einander getrennt werden können, ihrem Werthe nach folgen. Die alten Markstücke, die mit ihren Theilen, mit demselben Anrecht wie die Thaler, einen besondern Abschnitt verlangen könnten, haben wir ihrer geringeren Anzahl und ihres Zusammenhanges mit den neuern Münzen wegen, nicht besonders abgetheilt. Die kleinen Münzen sind nicht als Scheidemünzen abgesondert, weil diese Bezeichnung für die ältere Zeit nicht zutreffend ist, wo selbst die Vierpfennigstücke lange Zeit die gröbste Münzsorte waren, und die Stelle des jetzigen Courantgeldes vertraten. Die Münzsorten folgen in nachstehender Ordnung:

A. Thaler.
B. Halbe Thaler.
C. Viertel Thaler.
D. Achtel Thaler.
E. Doppelmarkstücke.
F. Markstücke.
G. Zweidrittel Markstück.
H. Halbe Mark- oder Achtschillingstücke.
I. Drittel Markstück.

K. Viertel Mark- oder Vierschillingstücke.
L. Doppelschillinge.
M. Schillinge.
N. Sechslinge.
O. Vierpfennigstücke oder Witten.
P. Dreilinge.
Q. Zweipfennigstücke oder Blafferte.
R. Pfennige.

A. Thaler.

Der erste Thaler, den Hamburg schlug, ist wohl der vom Jahre 1547, doch fehlen darüber bestimmte Nachrichten, und werden auch ältere angeführt. Das von *Langermann*, S. 418, für einen Thaler von 1505 gegebene Stück, ist ein Zweidrittel Markstück (siehe unten No. 698). Der daselbst nach dem *Arndt'schen* Münzbuch angeführte Thaler von 1512 ist eine Erfindung, die in fast alle neuere Werke übergegangen ist. Die Thaler fingen überhaupt erst 1519 an in Hamburg zu den gangbaren Münzen gerechnet zu werden, und selbst 1537 gab es noch keine Hamburgische Thaler, sonst hätte *Rentzel* in seinem um diese Zeit verfassten Aufsatze deren gewiss erwähnt. Der älteste Thaler, den *Langermann* kannte, war von 1547; es ist aber jetzt kein Exemplar mehr aufzufinden. Die nächsten sind von 1553 und den folgenden Jahren bis 1566, während welcher Zeit man dieselbe Jahreszahl 1553 beibehielt. Von 1572 an erscheint mit wenigen Ausnahmen jede Jahreszahl auf den Thalern. Das Gepräge der ältesten ist auf der einen Seite die Madonna mit dem Kinde auf dem rechten Arm und dem Nesselblatt zu ihren Füssen; auf der andern Seite die Burg. Von 1572 an tritt der Reichsadler mit dem Namen des regierenden Kaisers an die Stelle der Madonna, und das Nesselblatt verschwindet auf dem von nun an als Reichsmünze bezeichneten Thaler. Da derselbe derzeit 32 Schillinge galt, so findet sich im Reichsapfel die Ziffer 32, die auch dann beibehalten ward, als der Thaler 48 und selbst 54 Schillinge werth war. Wir liefern von den vielen Thalern nur die Zeichnung eines der ältesten von 1553, da *Langermann* eine sehr grosse Zahl von Abbildungen gegeben hat, und die von uns gezeichneten Halben, Viertel und Achtelthaler, die den Ganzen nachgebildet sind, bei entsprechender Vergrösserung das Bild der gleichzeitigen Letzteren leicht entwerfen lassen. — Der Durchmesser der Thaler schwankt zwischen 1,65 und 1,90 Zoll. — Die verschiedenen Jahrgänge unterscheiden sich ausser durch die Jahreszahl hauptsächlich durch verschiedene Umschriften, weshalb wir zur Abkürzung der Beschreibungen in den meisten Fällen nur die Umschriften anführen. Wie bei den Goldmünzen findet man auch bei den Thalern Stücke von doppeltem Gewicht und zuweilen Klippen mit dem Thalergepräge, die wir nur als Spielereien betrachten, da die auf solche Münzen geprägte Ziffer immer einen viel geringeren Werth angiebt, als das Stück wirklich hat.

Der Feingehalt der ältesten Hamburger Thaler ist nicht bekannt, doch wird er wohl, wie bei den übrigen Münzständen Deutschlands, 14 Loth 6 Grän gewesen sein, und das Gewicht 2 Loth, so dass 8$\frac{11}{12}$ Stück aus der feinen Mark kamen. Auf dem Reichstage zu Regensburg wurde 1566 festgestellt, dass die Thaler 14 Loth 4 Grän fein sein sollten, wodurch 9 Stück auf die Mark fein gingen. Nach diesem Münzfuss schlug Hamburg seine Thaler bis zum Jahre 1764, wo das Prägen dieser Münzsorte eingestellt wurde. — Es sind im Laufe der Zeit bedeutende Summen von Thalern ausgeprägt, die von 1619 bis 1750 den Hauptfond der Bank bildeten.

Der Werth der Thaler war im Anfang des 16ten Jahrhunderts der eines Goldguldens oder 24 Schillinge; er stieg 1571 auf 32 β und wurde, nachdem er 1621 auf 54$\frac{1}{2}$ β gestiegen war, 1622 auf 48 β festgesetzt und in den folgenden Zeiten dabei erhalten. Durch die Einführung des 34 Markfusses mit dem festen Agio von 16 pCt. erhielt er 1726 den Preis von 55$\frac{3}{4}$ β. Nach Aufhebung der Courantbank, 1736, ist der Werth eines solchen Thalers nach dem 34 Markfusse 60$\frac{1}{4}$ β, nach dem Preussischen Thaler, zu 40 β gerechnet, 62$\frac{1}{4}$ β, und nach dem Fuss der Einschillingstücke 64 β. Eine ausführliche Tabelle über den Werth der Thaler in den Jahren von 1519 bis 1622 findet sich in der ersten Abtheilung dieses Werks, Seite 130.

Thaler von 1512?

283. **A.**: Die Burg im Schilde auf einem durch den Schriftrand reichenden Lilienkreuze. Umschr.: ·ΜΟΝ· — ΝΟVΆ. — .ΗΆΜ — BVR6.

R.: Die Madonna, das Kind auf dem rechten Arme, auf der Mondsichel stehend, im geflammten Strahlengrunde. Zu ihren Füssen ein Schild mit dem Nesselblatt. Umschr.: CONSQRVΆ. 15—12. ΝOS. DOΜIN.

> *Langermann* giebt diesen Thaler S. 419 No. 3, hat ihn aber nicht gesehen. Es muss überhaupt sein Vorhandensein bezweifelt werden. Zeichnung und Umschrift erinnern an die Doppelschillinge dieser Zeit.

Thaler von 1547.

284. **A.**: In einem Rande von Glöckchen die Burg mit einem Nesselblatt im Thore. Umschr.: MO + NO + CIVITATIS + HAMBORGENCIS + 1547.

R.: Im gleichen Rande die Madonna, das Kind auf dem rechten Arme. Zu ihren Füssen ein links gelehnter Schild mit dem Nesselblatte. Umschr.: STATE + ET + VIDETE + — MAGNALIA + DNI —

> *Langermann* S. 282 No. 2 glaubt, dass dieser Thaler auf den Schmalkaldischen Bund geprägt sei, was aber wenig wahrscheinlich ist. Wir haben weder ein Exemplar gesehen, noch ihn sonst irgendwo aufgeführt gefunden.

Thaler mit der Jahreszahl 1553 (1553—62).

285. **A.**: Im Perlkreise die Burg. Umschr.: ℞ MO + NO + CIVITATIS + HAMBVGENS + 1553.

R.: Im Perlkreise die Madonna, das Kind auf dem rechten Arme. Zu ihren Füssen das Nesselblatt im Schilde. Umschrift: FIAT + MIHI + SEC — VDV + VERB + TVV +   Siehe oben die Abbildung.

286. **A.**: Wie der Vorige. Umschr.: ℞ MO + NO + CIVITATIS + HAMBVGENC + 1553.

R.: Wie der Vorige. Umschrift: FIAT + MIHI + SEC — VDV + VERB + TVV +

287. **A.:** Wie der Vorige, mit einer Schnur am Perlrande. Umschr.: ꝗ MO 8 NO 8 CIVITATIS 8 HAMBVRG 8 1553.

    R.: Dem Vorigen sehr ähnlich, mit einer Bogenverzierung am Perlrande. Umschr.: FIAT ○ MIHI ○ SE △○ — ○△ CVN VERB 8 TVV 8

L. S. 426 No. 1.

288. **A.:** Wie der Vorige. Umschr.: ꝗ MON 8 NO 8 CIVITATIS 8 HAMBVR 8 1553.

    R.: Wie der Vorige. Umschr.: FIAT ○ MIHI ○ SE △○ — ○△ CVN VERB 8 TVV 8

        Die folgenden Thaler mit den Jahreszahlen 1553 und 1566 haben alle eine ähnliche und nur wenig von einander abweichende Zeichnung. Sie sind weniger verziert, aber besser gezeichnet als die Vorigen, ihnen aber im Ganzen ähnlich. Der Hauptunterschied liegt in den Umschriften, die wir daher allein folgen lassen. Die Jahreszahl steht bei den folgenden Thalern im Reverse unten zu beiden Seiten des Nesselblatts.

289. **A.:** ꝗ MONETA ○ NOVA ○ CIVITATIS ○ HAMBVRGENS.

    R.: FIAT MIHI ○ SECVN — DVM ○ VERBVM ○ TVV.

290. **A.:** ꝗ MONETA ○ NOVA ○ CIVITATIS ○ HAMBVRG.

    R.: FIAT . MIHI . SECV — NDVM . VERB . TVV.

291. **A.:** ꝗ MONETA × NOVA × CIVITATIS × HAMBVRGENS.

    R.: FIAT . MIHI . SECV — NDUM . VERB . TVV.

292. **A.:** ꝗ MONETA × NOVA × CIVITATIS × HAMBVRGENS.

    R.: FIAT × MIHI × SECV × — × NDVM × VER × TVVM.

293. **A.:** ꝗ MONETA × NOVA × CIVITATIS × HAMBVRGENS.

    R.: FIAT × MIHI × SECV — VERBVM × TVVM ✳

294. **A.:** ꝗ MONETA . NOVA . CIVITATIS . HAMBVRGNS.

    R.: FIAT × MIHI × SEC × — × VND × VERBVM × TV.

295. **A.:** ꝗ MONETA × NOVA × CIVITATIS × HAMBVRGEN.

    R.: FIAT × MIHI × SECV — VERBVM × TVVM ✳

296. **A.:** ꝗ MONETA × NOVA × CIVITATIS × HAMBVRGEN.

    R.: FIAT MIHI SECVN — DVM × VERBVM × TVV.

297. **A.:** ꝗ MONETA × NOVA × CIVITATIS × HAMBVRGEN.

    R.: FIAT . MIHI . SECV — NDVM . VERBV . TVV.

298. **A.:** ꝗ MONETA × NOVA × CIVITATIS × HAMBVRGEN.

    R.: FIAT × MIHI × SECV — NDVM × VERBV × TVV.

298 a. **A.:** ꝗ MONETA × NOVA × CIVITATIS × HAMBVRGEN.

    R.: FIAT × MIHI × SECV × — × NDVM × VERBV × TVV.

299. A.: ℞ MONETA × NOVA × CIVITATIS × HAMBVRGEN.
R.: FIAT × MIHI × SECVN — DVM × VERBVM × TV.

300. A.: ℞ MONETA × NOVA × CIVITATIS × HAMBVRGEN.
R.: FIAT . MIHI . SECV — . NDVM . VERB . TVV.

301. A.: ℞ MONETA × NOVA × CIVITATIS × HAMBVRGEN.
R.: FIAT MIHI SECV — NDVM VERBVM TVV.   *P. A. S. 66 No. 7.*

302. A.: ℞ MONETA × NOVA × CIVITATIS × HAMBVRGEN.
R.: FIAT × MIHI × SECV — NDVM × VER × TVVM.

303. A.: MONETA × NOVA × CIVITÆTIS × HAMBVRGEN.
R.: FIAT × MIHI × SECV — VERBVM × TVVM ×

304. A.: ℞ MONETA × NOVA × CIVITATIS × HAMBVRGEN.
R.: FIAT MIHI SECV — NDVM VERBV TVV 1553.   *P. A. S. 67 No. 12.*

305. A.: MONETA × NOVA × CIVITATIS × HAMBVRGE.
R.: FIAT × MIHI × SECVN — DVM × VERB × TVVM.

306. A.: ℞ MONETA × NOVA × CIVITATIS × HAMBVRGE.
R.: FIAT o MIHI o SECVN — DVM o VERBVM o TVV ×

307. A.: ℞ MONETA × NOVA × CIVITATIS × HAMBVRGE.
R.: FIAT × MIHI o SECVN — DVM × VERBVM o TV.

308. A.: ℞ MONETA × NOVA × CIVITATIS × HAMBVRGE.
R.: FIAT MIHI SECV — NDVM VERBVM TVV.   *P. A. S. 66 No. 4.*

309. A.: ℞ MONETA × NOVA × CIVITATIS × HAMBVRGE.
R.: FIAT × MIHI × SECVN — × VERBVM × TVVM.   *L. S. 419 No. 4.*

310. A.: ?
R.: FIAT . MIHI . SECV — NDVM . VERB . TVVM.   *L. S. 419.*

311. A.: MONETA NOVA CIVITATIS HAMBVRG.
R.: FIAT MIHI SECV — NDVM VERBVM TV.   *P. A. S. 67 No. 9.*

312. A.: MONETA × NOVA × CIVITATIS × HAMBVR.
R.: FIAT o MIHI o SECV — NDVM o VERBV o TVV.

Thaler mit der Jahreszahl 1553 (1562—66).

313. A.: Die Burg ganz wie oben. Umschr.: 甲 MONETA × NOVA × CIVITATIS × HAMBVR.
R.: Die Madonna wie oben, mit der Jahreszahl 15 — 53. Umschr.: FIAT × MIHI × SECV — NDVM × VERB × TVV.

Thaler mit der Jahreszahl 1566 (1566—68).

314. A.: Die Burg wie die letzten Gepräge von 1553. Umschrift: ⊞ MONETA × NOVA × CIVITATIS × HAMBVR.

R.: Die Madonna wie 1553, doch mit Heiligenschein. Unten neben dem Wappenschilde die Jahreszahl 15 — 66. Umschr.: FIAT × MIHI × SEC — VN × VERBVM × TVV.   *L.* S. 426 No. 4.

315. A.: ⊞ MONETA × NOVA × CIVITATIS × HAMBVR.

R.: FIAT × MIHI × SEC — VND × VERB × TVVM.

> Den Stempel des Averses besitzt die Stadtbibliothek. Die Zeichnung aller Thaler mit der Jahreszahl 1566 ist gleich.

316. A.: MONET NOVA CIVITATIS HAMBVR.

R.: FIAT MIHI SEC — VN VERBVM TVV.   *P. A.* S. 68 No. 18.

317. A.: ℞ MONETA × NOVA × CIVITATIS × HAMBVRG.

R.: FIAT × MIHI × SEC — VND × VERB × TVVM.

> Zum Avers ist hier, wie das Münzmeister-Zeichen ausweist, ein alter Stempel von 1553—62 benutzt.

318. A.: ⊞ MONETA NOVA CIVITATIS HAMBVRGE

R.: FIAT MIHI SEC — VND VERB TVVM.   *P. A.* S. 68 No. 20.

319. A.: ⊞ MONE × NOVA × CIVITATIS × HAMBVRGE.

R.: ?

> Den Stempel des Averses besitzt die Stadtbibliothek.

320. A.: ⊞ MONE × NOVA × CIVITATIS × HAMBVRGEN.

R.: FIAT × MIHI × SEC — VN × VERBVM × TVV.

321. A.: ⊞ MONETA × NOVA × CIVITATIS × HAMBVRGEN.

R.: ?

> Den Stempel des Averses besitzt die Stadtbibliothek.

322. A.: MONE NOVA CIVITATIS HAMBVRGENS.

R.: FIAT MIHI SEC — VN VERBVM TVV.   *P. A.* S. 68 No. 19.

323. A.: MONETA NOVA CIVITATIS HAMBVRGENS.

R.: FIAT MIHI SEC — VN VERBVM TVV.   *P. A.* S. 68 No. 17.

324. A.: MONETA NOVA CIVITATIS HAMBV.

R.: FIAT MIHI SECV — N VERBVM TVV.   *P. A.* S. 68 No. 16.

Thaler von 1572.

325. A.: Im Perlkreise der Reichsadler, auf der Brust den Reichsapfel mit der Ziffer 32. Umschr.: ·MAXIMILIA. II. IMP. AVG. P. F. DECRETO.

R.: Im Perlkreise die Burg. Umschrift: ⅜ MONETA. NOVA. CIVITATIS. HAMBVRG. 72.

Die folgenden Thaler führen alle im Avers den Reichsadler. Die Burg hat auf dem Vorigen und den Nächstfolgenden die Form der bei *Langermann* Seite 433 abgebildeten.

Thaler von 1574.

326. A.: MAXIMILIA. II. IM. AV. P. F. DECRETO.
R.: ✠ MONETA. NOVA. CIVITA. HAMBVR. 74.

Thaler ohne Jahr?

327. A.: ·RVDOL. II. IMP. AVG. P. F. DECRETO.
R.: ?

328. A.: RVDOL. II. IMP. AVG. P. F. DECRETO·
R.: ?

Beide Stempel besitzt die Stadtbibliothek.

Thaler von 1578.

329. A.: RVDOLPHVS. II. IMP. AVG. P. F. DECRET. 78.
R.: ✠ MONETA. NOVA. CIVITATIS. HAMBVRG.

Thaler von 1581.

330. A.: ·RVDOL. II. IMP. AVG. P. F. DECRETO.
R.: ✠ MONE. NOVA. CIVITA. HAMBVRG. 81.

Thaler von 1582.

331. A.: RVDOL. II. IMP. AVG. P. F. DECRETO ✠
R.: ✠ MONE. NOVA. CIVI. HAMBVRG. 82.

332. A.: RVDOL. II. IMP. AVG. P. F. DECRETO ✠
R.: ✠ MONE. NOVA. CIVITA. HAMBVRG. 82.

Thaler von 1583.

333. A.: RVDOL. II. IMP. AVG. P. F. DECRETO.
R.: ✠ MONE. NOVA. CIVITA. HAMBVRG. 83.   *P. A.* S. 69 No. 24.

Thaler von 1584.

334. A.: ·RVDOL. II. IMP. AVG. P. F. DECRET. ✠.
R.: ✠ ·MONE. NOVA. CIVI HAMBVRG. 84.   *L.* S. 434 No. 2.

335. A.: ·RVDOL. II. IMP. AVG. P. F. DECRET.
R.: MONE. NOVA. CIVI. HAMBVRGE. 84.   *P. A.* S. 69 No. 25.

336. A.: ·RVDOL. II. IMP. AVG. P. F. DECRETO. ✠.
R.: ✠ ·MONE. NOVA. CIVI. HAMBVRG. 84.

337. A.: ·RVDOL. II. IMP. AV. P. F. DECRETO
R.: ⚜ ·MONE. NOVA. CIVI. HAMBVRG. 84.

Thaler ohne Jahr.

338. A.: RVDOL. II. IMP. AVG. P. F. DECRETO. ⚜.
R.: ⚜ MONETA. NOVA. CIVI. HAMBVRGENSIS

Thaler von 1585.

339. A.: RVDOL. II. IM. AV. P. F. DECRETO. 85.
R.: ⚜ MONE. NOVA. CIVI. HAMBVRGENS

Thaler von 1586.

340. A.: ·RVDOL. II. IM. AV. P. F. DECRE. 86.
R.: ⚜ MONE. NOVA. CIVI. HAMBVRGENS   *L. S. 434 No. 3.*

341. A.: ·RVDOL. II. IM. AVG. P. F. DECRETO. 86.
R.: ⚜ MONE. NOVA. CIVI. HAMBVRGENS.

Thaler von 1588.

342. A.: RVDOL. II. IMP. AVG. P. F. DECRETO. 88
R.: ⚜ MONETA. NOVA. CIVI. HAMBVRGENSIS.   *L. S. 435 No. 4.*

343. A.: RVDOL. II. IMP. AVG. P. F. DECRETO. 88
R.: ⚜ MONE. NOVA. CIVITA. HAMBVRG 88

344. A.: Der Adler, die Jahreszahl 8—8 neben den Hälsen. Umschr.: RVDOL. II.
IMP. AVG. P. F. DECRETO
R.: ⚜ MONETA. NOVA. CIVITAT. HAMBVRGEN

345. A.: Wie der Vorige. RVDOL. II. IMP. AVG. P. F. DECRETO.
R.: ⚜ MONE. NOVA. CIVI. HAMBVRGENS   *P. A. S. 69 No. 30.*

Thaler von 1589.

346. A.: Der Adler, die Jahreszahl 8—9 neben dem Halse. Umschr.: ·RVDOL. II.
D. G. RO. IM. SE. AV. P. F. DEC.
R.: Die Burg mit birnförmigen Thurmkuppeln. Umschrift: ·MONETA. NOVA.
CIVIT. HAMBVRGEN ⚜.

347. A.: ·RVDOL. II. D: G. RO. IM. SE. AV. P. F. DE:
R.: ·MONETA. NOVA. CIVIT. HAMBVRGEN ⚜.

348. A.: ·RVDOL. II. D: G. RO. IM. SE. AV. P. F. DEC
R.: ⚜ MONETA. NOVA. CIVITAT. HAMBVRGEN

Thaler von 1590.

349. **A.:** Der Reichsadler, die Jahreszahl 9—0 neben den Hälsen. Umschr.: ·RVDOL. II. D: G ☉ — RO. IM. S. A. P. F. D.

R.: ·MONETA. NOVA. CIVIT. HAMBVRGEN ⚜.   *L. S. 442 No. 1.*

350. **A.:** RVDOL. II. D: G: — .RO. IM. S. A. P. F. D.

R.: ⚜ MONETA. NOVA. CIVITAT. HAMBVRGEN

351. **A.:** RVDOL. II. D: G: — .RO. IM. S. A. P. F. D.

R.: ᴶ⚜ˢ MONETA. NOVA. CIVITA. HAMBVRG.

Thaler von 1603.

352. **A.:** Der Reichsadler. Umschrift: ·RUDOLP. II. D: G: ROM. I. SE. AUG. P. F. D. 1603.

R.: Die Burg mit birnförmigen Kuppeln. Umschr.: ? MONETA. NOVA. CIVITA. HAMBVRGEN

Thaler von 1605.

353. **A.:** ·RUDOLP. II. D. G. RO. IM. SE. AUG. P. F. D. 1. 6. 0. 5.

R.: ✠ MONETA. NOVA: CIVITA. HAMBVRGEN.

Thaler von 1606.

354. **A.:** RUDOLP. II. D: G: ROM. IM. SEM. AUGUST. P. F. D.

R.: ☉ .MONETA. NOUA CIUITATIS. HAMBURGENSIS. 606.

Thaler mit den Jahreszahlen 1606 und 1607.

355. **A.:** .RUDOLP. II. D. G. ROM. IMP. SEMP. AUG. P. F. D. 1607·

R.: ☉ .MONETA. NOUA. CIUITATIS. HAMBURGENSIS. 1606·

356. **A.:** RUDOLP. II. D. G. ROM. IMP. SEM. AUG. P. F. D. 607

R.: ☉ ·MONETA. NOUA. CIUITATIS. HAMBURGENSIS. 1606·

Thaler von 1607.

357. **A.:** RUDOLP. II. D. G. ROM. IMP. SEMP. AUG. P. F. D. 607.

R.: ☉ ·MONETA NOUA CIUITATIS. HAMBURGENSIS. 607

358. **A.:** ·RUDOLP. II. D: G. ROM. IMP. SEMP. AUGU. P. F. D. 607.

R.: ☉ ·MONETA. NOUA CIUITATIS. HAMBURGENSIS. 607

359. **A.:** RUDOLP. II. D. G. ROM. IMP. SEM. AUG. P. F. D. 607

R.: ☉ ·MONETA. NOUA CIUITATIS. HAMBURGENSIS —:

Thaler von 1608.

360. A.: ·RVDOL. II. D: G: RO. IM. SEM. AV. P. F. D. 1608
R.: ☾ ·MON. NOVA. CIVITAT. HAMBVRGENSIS 608

361. A.: ·RVDOL. II. D: G. RO: IM: SEM. AVGVST. P. E. D·
R.: ☾ MON. NOVA. CIVITAT. HAMBVRGENSIS 608

362. A.: RVDOL. II. D: G. ROM. IM. S. AVGVSTV. P. F. D ☾
R.: ☾ MON. NOVA. CIVITAT. HAMBVRGENSIS 608

363. A.: ·RVDOL. II: RO: IM: SEM: AVGVSTVS. P: F: D.
R.: ☾ MON. NOVA. CIVITAT. HAMBVRGENSIS 608

364. A.: RVDOL: II. D: G. RO: IM. SEM: AV: P. F. D. 1608
R.: ☾ MON: NOVA. CIVITATIS. HAMBVRGENSIS.

365. A.: ·RVDOL. II. D: G. RO: IM. SEM. AVGVST. P. F. D.
R.: Die Burg in veränderter Form, und zwischen den Thürmen die Jahreszahl
1—6—0—8 im Bogen. Umschrift: ☾ MON. NOVA. CIVITATIS. HAM-
BVRGENSIS   L. S. 442 No. 3.

366. A.: ·RVDOL. II. D: G. RO: IM. SEM. AVGVST. P. F. D.
R.: Die Jahreszahl 1—6—0—8 in einer Linie zwischen den Thürmen. Umschr.:
☾ :MON. NOVA: CIVITATIS. HAMBVRGENSIS:

Thaler ohne Jahr.

367. A.: ·RVDOL. II. D: G: RO. IM. ŚEM. AVGVST: P: F: D:
R.: ☾ MON: NOVA. CIVITATIS. HAMBVRGENSIS

Thaler von 1610.

368. A.: ·RVDOL. II. D: G. RO. IM. SE. AVGVSTI: P. F. D.
R.: Die Jahreszahl 1—6—1—0 zwischen den Thürmen. Umschr.: ☾: MONE.
NO: CIVITATIS. HAMBVRGENSIS: L. S. 450 No. 1.

369. A.: ·RVDOL. II. D: G. RO. IM. SE. AVGVSTI: P. F. D.
R.: ☾ ·MON. NOV CIVITATIS. HAMBVRGENSIS::

370. A.: RVDOL. II. D: G. RO. IM. SEM. AVGVST. P. F. D.
R.: ☾ :MONE. NO: CIVITATIS. HAMBVRGENSIS:

371. A.: RVDOL. II. ROM. IM. SEM. AVGVSTV. P. F. D.
R.: ☾ :MONETA. NOVA. CIVI. HAMBVRGENSIS:

372. A.: ·RVDOL. II. D: G: ROM. IM. SEM. AVGVS: P. F. D. ☾
R.: ☾ :MONETA. NOVA. CIVI. HAMBVRGENSIS:

Thaler von 1611.

373. A.: RVDOL: II. D: G. ROM: IMP: SEM: AVGVSTI. P: F: D.
R.: ☾ MON. NOVA. CIVITATIS. HAMBVRGENSIS. Zwischen den Thürmen
1—6—1—1.   L. S. 450 No. 2.

374. A.: RVDOL: II. D: G. ROM: IMP: SEM: AVGVSTI. P: F: D.
R.: ☾ ·MONETA. NOVA. CIVITATIS. HAMBVRGENSIS

375. A.: RVDOL. II. D. G. ROMA IMP. SEM. AVGVSTI P. F. D.
R.: ·MONETA NOVA CIVITA HAMBVRGENSI   P. A. S. 71 No. 46.

376. A.: .RVDOL: II. D: G: ROMA: IMP: SEM: AVGVS: P: F: D:
R.: ☾ MON. NOVA. CIVITATIS. HAMBVRGENSIS.

Thaler von 1613.

377. A.: MATTH: D: G: ROMAN: IMP SEM AVGVST: P: F: D:
R.: MON NOVA CIVITATIS HAMBVRGENSIS. Zwischen den Thürmen
1—6—1—3.   Madai 7179.

Thaler von 1616.

378. A.: ·MATTH: D: G: ROMA: IMP: SEM: AVGVST: P: F: D:
R.: ☾ MONETA. NOVA. CIVITATIS. HAMBVRGENS: Zwischen den Thürmen
1—6—1—6.

Thaler von 1619.

379. A.: MATTHIAS. D: G: ROMA: IMP: SEMP: AVGV:
R.: ✗ MONETA. NOVA. CIVITATI: HAMBURGENSIS.

380. A.: MATTHIAS. D: G: ROM: IMPE: SEMPER. AVG:
R.: ✗ MONETA. NOVA. CIVITATI: HAMBURGENSIS.

381. A.: MATTHIAS. D: G: ROM: IMPE: SEMPER. AVG:
R.: ✗ MONETA. NOVA. CIVITAT: HAMBURGENSIS.

382. A.: MATTHIAS. D. G. RO. IMPE SEM AUGUG.
R.: MONETA. NOVA. CIVITATIS. HAMBURGENSIS.   P. A. S. 72 No. 49.

383. A.: MATTHIAS. D. G. ROMA IMPE SEM AUGU
R.: MONETA. NOVA. CIVITATIS. HAMBURGENSIS.   P. A. S. 72 No. 50.

384. A.: MATTHIAS. D: G: ROMA: IMP: SEMP: AUGU:
R.: MONETA. NOVA. CIVITATIS. HAMBURGENSIS.   P. A. S. 71 No. 48.

385. A.: ·MATTHIAS. D. G. RO — M. IM. SEM. AUGUST:
R.: ✗ MONETA. NOVA. CIVITATIS. HAMBURGENSIS.

Thaler von 1620.

386. A.: FERDINANDUS. II. D. G. ROM. IMPERA. SEMP. AUG.
R.: ⌂ MONETA. NOVA. CIVITATIS. HAMBVRGENSIS. Zwischen den
Thürmen 1—6—2—0. *P. A.* S. 72 No. 53.

387. A.: FERDINANDUS. II. D. G. ROMA IMP. SEM. AU
R.: ⌂ MONETA. NOVA. CIVITATIS. HAMBURGENSIS.

388. A.: FERDINANDUS. II. D: G: ROMA: IMP: SE: AU:
R.: ⌂ MONETA. NOVA. CIVITATIS. HAMBURGENSIS. *L.* S. 450 No. 3.

389. A.: ·FERDINANDUS. II. D. G. ROMA. IMP. SE. AU.
R.: ⌂ MONETA. NOVA. CIVITATIS. HAMBURGENSIS.

390. A.: FERDINANDUS. II. D. G. ROMÅ. IMP. SEM. A.
R.: ⌂ MONETA. NOVA. CIVITATIS. HAMBVRGENSIS *P. A.* S. 72 No. 52.

391. A.: FERDINANDUS. II. D. G. ROMA. IMP. S. AU
R.: ⌂ MONETA. NOVA. CIVITATIS. HAMBVRGENSIS *P. A.* S. 72 No. 55.

392. A.: FERDINANDUS. II. D: G: ROM: IMP: SE: AU:
R.: ☾ MONETA. NOVA. CIVITATIS. HAMBURGENSIS

393. A.: FERDINANDUS. II. D: G: ROMA: IMP: SEM: AU:
R.: ☾ MONETA. NOVA. CIVITATIS. HAMBURGENSIS.

Thaler von 1621.

394. A.: FERDINANDUS. II. D. G. ROMA. IMP. SE. AU.
R.: ⌂ MONETA. NOVA. CIVITATIS. HAMBURGENSIS. Zwischen den
Thürmen 1.6.2.1.

395. A.: FERDINANDUS. II. D: G: ROMA: IMP: S: AU:
R.: ⌂ MONE: NOVA. CIVITATIS. HAMBURGENSIS. *L.* S. 450 No. 4.

396. A.: FERDINANDUS. II. D. G. ROMA. IMP. S. AU.
R.: ⌂ MONETA. NOVA. CIVITATIS. HAMBVRGENSIS.

397. A.: FERDINANDUS. II. D: G: ROM: IMP: S: AU:
R.: ⌂ MONETA. NOVA. CIVITA: HAMBURGENSIS. *L.* S. 450.

398. A.: FERDINANDUS. II. D. G. ROMA IMP. S. A.
R.: ⌂ MONETA. NOVA. CIVITA: HAMBURGENSIS. *P. A.* S. 73 No. 59.

399. A.: FERDINANDUS. II. D. G. ROMA. IMP. SE. A.
R.: ⌂ MONETA. NOVA. CIVITATIS. HAMBURGENSIS.

400. A.: FERDINANDUS. II. D: G. RO. IM. S. AU.
R.: ⌂ MONETA. NOVA. CIVITAT: HAMBURGENSIS

401. A.: FERDINANDUS. II. D: G: ROM: IMP: S: AU:
R.: Im Perlkreise die Burg. Umschrift: ⚜ MONET: NOVA. CIVITA: HAM-
BURGENSIS. 1621

402. A.: FERDINANDUS. II. D: G: ROMA: IM: S: A:
R.: ⚜ MONET: NOV: CIVITAT: HAMBURGENSIS. 1621

403. A.: FERDINANDUS. II. D: G: ROMA: IMP: S: AU:
R.: ⚜ MONET. NOVA. CIVITA. HAMBURGENSIS. 621

404. A.: FERDINANDUS. II. D: G: ROMA: IM: S: AU:
R.: ⚜ MONET: NOV: CIVITA: HAMBURGENSIS: 621

405. A.: FERDINANDUS. II. D: G: ROMA: IMP: S: A:
R.: ⚜ MONET: NOVA. CIVITA. HAMBURGENSIS. 1621   *L. S. 458 No. 1.*

406. A.: FERDINANDUS. II. D: G: ROMA: IMP: S: A:
R.: ⚜ MONET: NOV: CIVITA: HAMBURGENSIS: 621

407. A.: FERDINANDUS. II. D: G: ROMA: IM: S: AU:
R.: ⚜ MONET. NOV. CIVITAT. HAMBURGENSIS. 21   *P. A. S. 72 No. 56.*

408. A.: FERDINANDUS. II. D. G. ROM. IMP. SE. A.
R.: ⚜ MONET: NOV: CIVITA: HAMBURGENSIS: 621

Thaler ohne Jahr.

409. A.: FERDINANDUS. II. D: G: ROMA. IM. S. AVGVS
R.: ⚜ MONET. NOVA. CIVITATIS. HAMBURGENSIS.

410. A.: FERDINANDUS. II. D. G. ROM. IMP. SE. AU.
R.: ⚜ MONET. NOVA. CIVITATIS. HAMBURGENSIS.

Thaler von 1622.

411. A.: FERDINANDUS. II. D: G: ROMA: IMP: S. AU:
R.: ⚜ ·MONET: NOV: CIVIT: HAMBVRGENSIS. 622   *L. S. 458 No. 3.*
Es giebt noch ein Gepräge ohne wesentlichen Unterschied.

412. A.: FERDINANDUS. II. D: G: ROMA: IMP: S: A:
R.: ⚜ MONETA. NOVA. CIVITAT. HAMBURGENSIS.   Die Jahreszahl
1—6—2—2 zwischen den Thürmen.

413. A.: FERDINANDUS. II. D: G. RO. IM. S. AU:
R.: ⚜ MONETA. NOVA. CIVITAT. HAMBURGENSIS.   Die Jahreszahl
1—6—2—2 zwischen den Thürmen.

Thaler von 1623.

414. A.: FERDINANDVS. II. D: G: ROMA: IMP: S: AV:
R.: ⚜ MONET. NOVA: CIVITA. HAMBURGENSIS. 1623   *L. S. 458 No. 4.*

415. A.: FERDINANDVS. II. D: G: ROMA: IMP: S: AVG:
R.: ♉ MONET: NOV: CIVITA: HAMBURGENSIS 623.

416. A.: FERDINANDVS. II. D: G: ROMA: IMP: SE: AV:
R.: ♉ MONET: NOV: CIVITA: HAMBURGENSIS 623.

417. A.: FERDINANDUS. II. D: G: ROMA: IM: S: AUG:
R.: ♉ MONET: NOV: CIVITAT: HAMBURGENSIS 23

418. A.: FERDINANDUS. II. D. G. ROMA. IM. S. AU.
R.: ♉ MONET: NOVA: CIVITA: HAMBURGENSIS. 1623

419. A.: FERDINANDUS. II: D: G: ROMA: IM: S: AU:
R.: ♉ MONET: NOV: CIVITAT: HAMBURGENSIS 23

420. A.: FERDINANDUS. II: D: G: ROMA: IMP: S: AU:
R.: ♉ MONET: NOVA: CIVITA: HAMBURGENSIS. 623

421. A.: FERDINANDUS. II. D: G: ROMA: IMP: SE: AU:
R.: ♉ MONET: NOV: CIVITA: HAMBURGENSIS 623

422. A.: FERDINANDUS. II. D. G. ROMA. IMP. S. AU.
R.: ♉ MONET. NOVA: CIVITA. HAMBURGENSIS. 1623

423. A.: FERDINANDUS. II. D. G. ROMA. IMP. S. AU.
R.: ♉ ·MONET. NOVA. CIVIT. HAMBURGENSIS. 1623

424. A.: FERDINANDUS. II. D: G: ROMA: IMP: SE: A:
R.: ♉ MONET: NOV: CIVITA: HAMBURGENSIS. 623

Thaler von 1624.

425. A.: FERDINANDUS. II. D: G: ROMA: IMP: S: A:
R.: ♉ MONET: NOVA. CIVIT: HAMBURGENSIS. 1624   *L. S. 466 No. 1.*

426. A.: FERDINANDUS. II. D: G: ROMA: IMP: S: AU:
R.: ♉ MONET: NOVA: CIVITA: HAMBURGENSIS. 1624

427. A.: FERDINANDUS. II. D: G: ROMA: IMP: S: AU:
R.: ♉ MONET. NOV. CIVITAT. HAMBURGENSIS. 624

428. A.: FERDINANDUS. II. D: G: ROMA: IMP: S: AU:
R.: ♉ MONET: NOVA. CIVITAT HAMBURGENSIS 624

429. A.: FERDINANDUS. II. D: G: ROMA: IMP: S: A:
R.: ♉ MONET. NOV. CIVITAT. HAMBURGENSIS. 624

Thaler von 1625.

430. A.: FERDINANDVS. II. D. G. ROMA. IMP. S. AU
R.: MONET NOVA CIVITATIS HAMBURGENSIS 625.   *P. A. S. 74 No. 74.*

431. A.: FERDINANDVS. II. D. G. ROMA. IMP. SE: A.
R.: MONETA NOVA CIVITATIS HAMBURGENSIS. Die Jahreszahl
1—6—2—5 zwischen den Thürmen. P. A. S. 74 No. 75.

Thaler von 1626.

432. A.: FERDINANDUS. II. D: G: ROMA: IMP: S: AU:
R.: ⚓ MONETA. NOVA. CIVI: HAMBURGENSIS. 1626. L. S. 330 No. 2.

433. A.: FERDINANDUS. II. D: G: ROMA: IM: S: AU:
R.: ⚓ MONETA. NOVA. CIVI: HAMBURGENSIS. 1626

434. A.: FERDINANDUS. II. D. G. ROMA. IMP. S. A.
R.: ⚓ MONETA NOVA CIVI HAMBURGENSIS 1626 P. A. S. 74 No. 76.

435. A.: FERDINANDUS. II. D. G. ROMA. IMP. S. AVG.
R.: ⚓ MONETA NOVA CIVI HAMBURGENSIS 1626 P. A. S. 75 No. 77.

436. A.: FERDINANDUS. II. D: G: ROMA: IMP: S: AU:
R.: ⚓ MONETA. NOV. CIVIT. HAMBURGENSIS 1626 P. A. S. 75 No. 79.

437. A.: FERDINANDUS. II: D: G: ROM: IMP: S: AU:
R.: ⚓ MONETA. NOVA. CIVI: HAMBURGENSIS. 1626.

Thaler von 1628.

438. A.: FERDINANDUS: II. D: G: ROM: IMP: S: AU:
R.: ⚓ MONETA. NOV: CIVI: HAMBURGENSIS. 1628

439. A.: FERDINANDUS. II. D: G: ROM: IMP: S: AU:
R.: ⚓ MONETA. NOV: CIVI: HAMBURGENSIS. 1628

440. A.: FERDINANDUS. II. D: G: ROMA: IMP: S: AU
R.: ⚓ MONETA. NOVA: CIVI: HAMBURGENSIS. 1628

Thaler von 1629.

441. A.: FERDINANDUS. II. D: G: ROMA: IMP: S: AU:
R.: ⚓ MONETA. NOV: CIVI: HAMBURGENSIS. 1629 L. S. 466 No. 2.

442. A.: FERDINANDUS. II. D: G: ROMA: IM: SE: A:
R.: ⚓ MONETA. NOVA. CIVI. HAMBURGENSIS. 1629

443. A.: FERDINANDUS. II. D: G: ROMA: IMP: S: A:
R.: ⚓ MONETA. NOV: CIVI: HAMBURGENSIS. 1629 P. A. S. 75 No. 82.

444. A.: FERDINANDUS. II. D: G: ROMA: IM: SE: AU:
R.: ⚓ MONETA. NOVA. CIVI. HAMBURGENSIS. 1629

Thaler von 1630.

445. A.: FERDINANDUS. II. D: G: ROMA: IMP: S: AU:
R.: ♑ ·MONETA. NOVA. CIVI: HAMBURGENSIS. 1630.   *L. S. 474.* No. 1.

446. A.: FERDINANDUS. II. D: G: ROM. IMP: SE: A:
R.: ♑ MONET: NOVA: CIVITA: HAMBURGENSIS. 1630

447. A.: FERDINANDUS. II. D: G: ROMA: IM: SE: A.
R.: ♑ MONET: NOVA: CIVITA: HAMBURGENSIS. 1630.

448. A.: FERDINANDUS. II. D: G: ROMA: IMP: S: AU:
R.: ♑ MONETA. NOV. CIVI HAMBURGENSIS. 1630   *P. A.* S. 75 No. 83.

449. A.: FERDINANDUS. II. D: G: ROMA. IMP. S. A.
R.: ♑ MONET: NOVA. CIVITA. HAMBURGENSIS. 1630   *P. A.* S. 75 No. 84.

449a. A.: FERDINANDUS. II. D: G. ROMA. IMP. S. A.
R.: ♑ MONETA. NOVA. CIVIT: HAMBURGENSIS. 1630

Thaler von 1631.

450. A.: FERDINANDUS. II. D: G: ROM: IMP: SE: A:
R.: ♑ MONET: NOVA. CIVIT: HAMBURGENSIS. 1631   *L. S. 474* No. 2.

451. A.: FERDINANDUS. II. D: G: ROMA: IMP: S: AU.
R.: ♑ MONET: NOVA. CIVIT: HAMBURGENSIS. 1631

452. A.: FERDINANDUS. II. D: G: ROMA. IMP. S. A.
R.: ♑ MONETA: NOVA. CIVI. HAMBURGENSIS. 1631.

453. A.: FERDINANDUS. II. D: G: ROMA. IMP. S. A.
R.: ♑ MONET: NOVA. CIVIT: HAMBURGENSIS. 1631

454. A.: FERDINANDUS. II. D: G: ROM: IMP: SE: A:
R.: ♑ MONETA: NOVA. CIVI. HAMBURGENSIS. 1631

Thaler von 1632.

455. A.: FERDINANDUS. II. D: G: ROMA: IMP: S: AU:
R.: ♑ MONETA. NOVA. CIVIT: HAMBURGENSIS. 1632.   *L.* S. 474 No. 3.

456. A.: FERDINANDUS. II. D: G: ROMA: IM: SE: A:
R.: ♑ MONETA. NOVA. CIVIT: HAMBURGENSIS. 1632

457. A.: FERDINANDUS. II. D: G: ROMA: IMP: SE: A:
R.: ♑ MON: NOVA. CIVIT: HAMBURGENSIS. 1632

458. A.: FERDINANDUS. II. D. G. ROMA. IMP. S. A.
R.: ♑ MON: NOVA. CIVIT: HAMBURGENSIS. 1632

459. A.: FERDINANDUS. II. D: G: ROMA: IMP: S: AU:
R.: ♆ MON: NOVA. CIVIT: HAMBURGENSIS. 1632

460. A.: FERDINANDUS. II. D. G. ROMA. IMP. S. AUG.
R.: ♆ MONETA. NOVA. CIVIT. HAMBURGENSIS. 1632   *S. S.8 No. 17.*

461. A.: FERDINANDUS. II. D. G. ROMA. IMP. S. A.
R.: ♆ MON. NOVA. CIVITA. HAMBURGENSIS. 1632   *S. S.8 No. 18.*

462. A.: FERDINANDUS. II. D: G: ROMA: IMP: S: AU:
R.: ♆ MONETA NOVA CIVT. HAMBURGENSIS 1632   *P. A. S.76 No.91.*

Thaler von 1634.

463. A.: FERDINANDUS. II. D: G: ROMA: IMP: S: AU:
R.: ♆ MONETA: NOUA: CIUIT. HAMBURGENSIS: 1634   *L. S. 492 No. 1.*

464. A.: FERDINANDUS. II. D: G: ROMA: IMP: S: AU:
R.: ♆ MONETA: NOVA: CIVIT. HAMBURGENSIS. 1634

Thaler von 1635.

465. A.: FERDINANDUS. II. D: G: ROMA: IMP: SE: AU:
R.: ✕ MONETA. NOUA. CIUIT. HAMBURGENSIS: 1635   *L. S. 480 No. 2.*

466. A.: FERDINANDUS. II. D: G: ROMA. IMP: SE. AU.
R.: ✕ MONETA. NOUA. CIUIT. HAMBURGENSIS: 1635

Thaler von 1636.

467. A.: FERDINANDUS. II. D: G: ROMA: IMP: SE: AUG:
R.: ᴹ✕ᶠ MONET. NOVA. CIVIT: HAMBURGENSIS. 1636.   *L. S.480 No. 3.*

468. A.: FERDINANDUS. II. D: G: ROMA. IMP. SE. AU:
R.: ᴹ✕ᶠ MONET. NOVA. CIVIT: HAMBURGENSIS. 1636.

469. A.: FERDINANDUS. II. D. G. ROMA. IMP. SE. AU.
R.: ᴹ✕ᶠ MONET. NOVA CIVIT: HAMBURGENSIS. 1636.

470. A.: FERDINANDUS. II. D: G: ROMA: IMP: SEM: AUG:
R.: ᴹ✕ᶠ MONETA. NOVA. CIVIT. HAMBURGENSIS. 1636

471. A.: FERDINANDUS. II. D. G. ROMA. IMP. SE AU.
R.: ✕ MONETA. NOUA. CIUIT. HAMBURGENSIS. 1636.

472. A.: FERDINANDUS. II. D. G. ROMA. IMP. SEM. AU.
R.: MONETA. NOVA. CIVITA. HAMBURGENSIS. 1636.   *S. S.8 No. 19.*

473. A.: FERDINANDUS. II. D: G: ROMA: IMP: SE: AUG:
R.: ᴹ✕ᶠ MONETA. NOVA. CIVIT. HAMBURGENSIS. 1636

474. A.: FERDINANDUS. II. D. G. ROMA. IMP. S. AU.
R.: ᴹ✕ᶠ MONETA. NOVA. CIVIT. HAMBURGENSIS. 1636
P. A. S. 77 No. 97.

475. A.: FERDINANDUS. II. D. G. ROMA. IMP. S. AU.
R.: ᴹ✕ᶠ MONET. NOVA. CIVIT. HAMBURGENSIS. 1636
P. A. S. 77 No. 98.

Thaler von 1637.

476. A.: FERDINANDUS. II. D: G: ROMA: IMP: S: A:
R.: ✴ MONETA NOVA: CIVIT: HAMBURGENSIS. 1637 *P. A.* S. 77 No. 102.

477. A.: FERDINANDUS. II. D: G: ROMA: IMP: SE: AU:
R.: ✴ MONET: NOV: CIVIT: HAMBURGENSIS. 1637

478. A.: FERDINANDUS. III. D: G: ROMA: IMP: S: A:
R.: ✴ MONET: NOVA: CIVIT: HAMBURGENSIS. 1637. *L.* S. 482 No. 4.

479. A.: FERDINANDUS. III. D: G: ROMA: IM: SE: AU:
R.: ✴ MONET: NOV: CIVIT: HAMBURGENSIS. 1637

480. A.: FERDINANDUS. III: D: G: ROMA: IMP: SE: A:
R.: ✴ MONET: NOV: CIVIT: HAMBURGENSIS. 1637

481. A.: FERDINANDUS. III. D: G: ROMA: IMP: S: A:
R.: ✴ MONET: NOV: CIVIT: HAMBURGENSIS. 1637

482. A.: FERDINANDUS. III. D: G: ROM: IM: S: A:
R.: ✴ MONET: NOV: CIVIT: HAMBURGENSIS. 1637

Thaler von 1638.

483. A.: FERDINANDUS. III. D: G: ROM: IMP: S: A:
R.: ✴ MONE: NOVA: CIVIT: HAMBURGENSIS. 1638 *L.* S. 490 No. 1.

484. A.: FERDINANDUS. III. D: G: ROM: IM: S: A:
R.: ✴ MONE: NOVA. CIVIT: HAMBURGENSIS. 1638 *P. A.* S. 78 No. 105.

485. A.: FERDINANDUS. III. D: G: ROMA: IM: SE: A:
R.: ✴ MONE: NOVA. CIVIT: HAMBURGENSIS. 1638

486. A.: FERDINANDUS. III. D. G. ROMA: IMP: SE. A
R:: ✴ MONE: NOVA. CIVIT: HAMBURGENSIS. 1638

487. A.: FERDINANDUS. III: D: G: ROMÀ: IMP: S: A:
R.: ✕ MONE: NOVA. CIVIT: HAMBURGENSIS. 1638

488. A.: FERDINANDUS. III. D: G: ROMA: IM: S: A:
R.: ✴ MONE: NOVA. CIVIT: HAMBURGENSIS. 1638.

489. A.: FERDINANDUS. III. D: G: ROMA: IM: SE: AU:
R.: ✴ MONE: NOVA. CIVIT: HAMBURGENSIS. 1638 *L.* S. 490.

Thaler von 1640.

490. A.: FERDINANDUS. III. D. G. ROMA. IMP. SE. A.
R.: ✳ MON. NOV: CIVIT: HAMBURGENSIS.] 1640.

491. A.: FERDINANDUS. III. D: G: ROMA: IM: S: A:
R.: ✳ MON: NOV: CIVIT. HAMBURGENSIS. 1640

492. A.:. FERDINANDUS. III. D: G: ROMA: IMP: S: A:
R.: ✳ MON: NOV: CIVIT: HAMBURGENSIS.' 1640

Thaler von 1641.

493. A.: FERDINANDUS. III: D: G: ROMA: IMP: S: A:
R.: ✳ MONET: NOVA: CIVIT: HAMBURGENSIS. 1641.   *L. S. 490 No. 2.*

494. A.: FERDINANDUS. III. D: G: ROM: IMP: S: A:
R.: ✳ MONET: NOVA: CIVIT: HAMBURGENSIS. 1641.

495. A.: FERDINANDUS. III. D: G: ROM: IMP: S: A:
R.: ✳ MONETA. NOVA. CIVIT: HAMBURGENSIS. 1641.

496. A.: FERDINANDUS. III. D. G. ROM. IM. S. A.
R.: ✳ MONET. NOVA. CIVIT. HAMBURGENSIS. 1641   *P. A. S. 78 No. 109.*

Thaler von 1642.

497. A.: FERDINANDUS. III. D: G: ROMA: IM: S: A:
R.: ✳ MONETA. NOV: CIVI: HAMBURGENSIS. 1642.

498. A.: FERDINANDUS III. D: G: ROM: IMP: S: A:
R.: ✳ MONETA. NOVA. CIVIT.' HAMBURGENSIS. 1642.

Thaler von 1643.

499. A.: FERDINANDUS. III. D: G: ROM: IMP. S. A:
R.: 16 ✳ 43. MONETA NOVA CIVITA: HAMBURGEN:

500. A.: ·FERDINANDUS. — .III: D: G: ROM: I: S: A:
R.: 16 ✳ 43. MONETA NOVA CIVITA: HAMBURGEN:

501. A.: FERDINANDUS — :III: D: G: ROMA: I: S: A:
R.: 16 ✳ 43. MONETA NOVA CIVITA HAMBURGEN.

Thaler von 1644.

502. A.: FERDINANDUS. III. D: G: ROMA: IMP: S: A:
R.: ✳ MONETA. NOVA. CIV: HAMBURGENSIS. 1644.   *L. S. 490 No. 4.*

503. A.: FERDINANDUS. — .III. D: G: ROM: I: S: A:
R.: ✳ MONETA. NOVA. CIVIT: HAMBURGENSIS. 1644

504. A.: .FERDINANDUS.. III. D: G: ROM: I: S: A:
R.: ✲ MONETA. NOVA. CIVIT: HAMBURGENSIS. 1644

505. A.: FERDINANDUS. III. D G ROM I S A
R.: ✲ MONETA NOVA CIVI HAMBURGENSIS. 1644

Thaler von 1645.

506. A.: FERDINANDUS. III. D: G: ROM: I: S: A:
R.: 16 ✲ 45. MONET: NOVA: CIVIT: HAMBURGENSIS *L.* S. 498 No. 2.

507. A.: FERDINANDUS. III. D: G: ROM: I: S: A:
R.: 16 ✲ 45. MONET: NOVA. CIVIT: HAMBURGENSI:

Thaler von 1646.

508. A.: FERDINANDUS. III. D: G: ROM: I: S: A:
R.: ✲ MONET: NOVA: CIVIT: HAMBURGENSIS. 1646.

Thaler von 1647.

509. A.: FERDINANDUS. III. D: G: ROM: I: S: A:
R.: 16 ✲ 47 MONE: NOVA· CIVIT: HAMBURGENSIS. *L.* S. 498 No. 3.

510. A.: FERDINANDUS. III. D: G: ROM: I: S: A:
R.: 16 ✲ 47. MONET: NOVA: CIVIT: HAMBURGENSIS.
Die 7 ist über eine 5 gravirt, und scheint hier der Stempel von No. 506 benutzt zu sein.

Thaler von 1648.

511. A.: ·FERDINANDUS. III. D: G: ROM: I: S: A:
R.: 16 ✲ 48. MONE NOVA. CIVIT: HAMBURGENSIS.

Thaler von 1649.

512. Wie der von 1648, nur 1649.

Thaler von 1650.

513. Ebenso, nur 1650.

Thaler von 1651.

514. Ebenso, nur 1651.

Thaler von 1673.

515. A.: ·LEOPOLDUS. D: G: ROMA: IMP: SEM: AUG:
R.: M♧F MONET: NOVA. CIVIT: HAMBURGENSIS. 1673
Dm. = 1,77 Z. *L.* S. 498 No. 4.

516. Ebenso, nur etwas grösser.   Dm. = 1,80 Z.

517. Ebenso, nur noch grösser.   Dm. = 1,97 Z.

518. Ebenso, nur der Adler etwas höher.   Dm. = 1,95 Z.

519. Ebenso, nur der Adler etwas tiefer.   Dm. = 1,93 Z.

Thaler von 1680.

520. A.: Der Reichsadler mit Krone, Scepter und Schwert, auf der Brust den Reichsapfel mit der Ziffer 48. Neben dem Schwanz 16 — 80. Umschrift: LEO-
POLDUS. D: G: ROMA: IMP: SEM: AUG:

R.: Auf einem Postament sitzt ein Frauenzimmer mit einem Palmzweige in der
linken Hand (der Friede) und in der rechten das Wappenschild. Unten: H—L.
Umschr.: DA PACEM DOMINE IN DIEBUS NOSTRIS   L. S. 506 No. 1.
    Kommt oft als doppelter vor.

521. Dem Vorigen völlig gleich, nur mit der Randschrift: SIC TUTUS VERSOR
VBIQUE.   P. A. S. 80 No. 126.

Thaler von 1687.

522. A.: Der Reichsadler. Umschr.: LEOPOLDUS. D: G: ROMA: IMP: SEM: AUG:

R.: Die Burg zwischen zwei Palmzweigen, neben den kleinen Thürmen. 16 — 87;
unten im Kranz: H—L. Umschr.: ❀ MONETA NOVA CIVITATIS HAM-
BURGENSIS.   L. S. 506 No. 2. Daselbst S. 302 No. 3 ist dasselbe Gepräge in
Gold angeführt. — Kommt oft als doppelter vor.

Thaler von 1694.

523. A.: Der Reichsadler. Umschr.: LEOPOLDUS. D: G: ROMA: IMP: SEM: AUG:

R.: Die Burg in einem mit barocken Verzierungen und einem Engelskopf geschmückten Schilde. Unten im Medaillon J—R—1694. Umschr.: ❀ MO-
NETA NOVA CIVITATIS HAMBURGENSIS   L. S. 506 No. 3.
    Kommt oft als doppelter vor.

Thaler von 1730.

524. A.: Im Kreise der Reichsadler mit Scepter und Schwert, den Reichsapfel auf
der Brust. Umschr.: CAROLVS. VI. D. G. ROM. — IMP. SEMP. AVGVST.

R.: Im Kreise die Burg im Schilde mit Helm und Helmdecke. Neben demselben
J. H. — L. Umschrift: MONET. NOV. CIVITAT. HAMBVRG. ANNO
IVBIL. II. 1730.   L. S. 282 No. 1.

Thaler von 1735.

525. A.: Der Reichsadler; am Schwanze 17—35. Umschr.: CAROLVS. VI. D. G.
ROM. IMP. SEMP. AVGVST.

R.: Das Wappen, ähnlich wie vorhin, daneben J. H. — L. Umschr.: MONETA.
NOVA. CIVITATIS. HAMBVRGENSIS. *L.* S. 514 No. 1.

Thaler von 1748.

526. A.: Der Reichsadler, am Schwanze J. H. — L. Umschr.: ⊕ FRANCISCVS D.
G. ROM. IMP. SEMP. AVGVST.

R.: Die Burg im Schilde mit Helm, von zwei Löwen gehalten, darunter 1748 in
der Verzierung. Umschr.: SAECVLO A PACE WESTPHALICA EXACTO.
L. S. 299 No. 4.

In neuerer Zeit sind nur noch drei Thaler geprägt, No. 527, 528 und 529, von
den Jahren 1761, 63 und 64, die sich in der ersten Abtheilung S. 155 finden.

B. Halbe Thaler.

Was im Allgemeinen oben von den Thalern gesagt ist, gilt auch von den halben
Thalern. Sie sind von demselben Gehalt, wiegen 1 Loth das Stück, haben im Reichs-
apfel die Ziffer 16, und sind etwas kleiner als die Thaler. Der Durchmesser ist 1,45 Zoll.
Das Gepräge ist immer eine verkleinerte Nachbildung der gleichzeitigen Thaler.

Halbe Thaler mit der Jahreszahl 1553 (1553—62).

530. A.: Im Perlkreise die Burg. Umschrift: ꝗ MO + NO + CIVITATIS + HAM-
BVRG + 1553

R.: Im Perlkreise die Madonna, auf dem rechten Arm das Kind; zu ihren Füssen das
Nesselblatt im Schilde. Umschr.: DEVM + SVPER + — + OIA + TIME —
Siehe die ähnliche Abbildung des Viertelthalers bei *Langermann* S. 425 No. 3.

531. A.: ℞ MONETA × NOVA × CIVITATIS × HAMBVRG
R.: DEVM × SVPER — OMNIA × TIME ×. Die Jahreszahl 15 — 53 am
Nesselblattschilde.   *L. S. 426 No. 2.*

532. A.: ℞ MONETA· NOVA· CIVITATIS· HAMBVRG
R.: DEVM × SVPER — OMNIA × TIME

533. A.: ℞ MONETA × NOVA × CIVITATIS × HAMBVRGE
R.: DEVM × SVPER × — OMNIA × TIME

Halber Thaler mit der Jahreszahl 1553 (1562—66).

534. A.: ⊕ MONETA × NOVA × CIVITATIS × HAMBVR
R.: DEVM × SVPER × — × OMNIA × TIME

Halbe Thaler mit der Jahreszahl 1566 (1566—68).

535. A.: Die Burg wie 1553. Umschrift: ⊕ MONETA × NOVA × CIVITATIS ×
HAMBVRG
R.: Die Madonna wie 1553, mit Heiligenschein, und am Schilde 15 — 66. Umschr.:
DEVM × SVPER — OMNIA· TIME
Den Stempel des Reverses besitzt die Stadtbibliothek.

536. A.: ⊕ MONETA × NOVA × CIVITATIS × HAMBV
R.: DEVM × SVPER — OMNIA × TIMEBO

537. A.: ⊕ MONETA × NOVA × CIVITATIS × HAMBVR
R.: DEVM × SVPER — OMNIA × TIMEBO

538. A.: ℞ MONETA × NOVA × CIVITATIS × HAMBVRG
R.: DEVM ✿ SVPER — OMNIA ✿ TIME

Halber Thaler von 1581.

539. A.: ?
R.: ℞ MONETA· NOVA· CIVITA· HAMB· 81
Den Stempel des Reverses besitzt die Stadtbibliothek.

Halber Thaler von 1582.

540. A.: Im Perlkreise der Reichsadler, auf der Brust den Reichsapfel mit der Ziffer 16.
Umschr.: ·RVDOL· II· IM· AV· P· F· DECRETO·
R.: Im Perlkreise die Burg. Umschr.: ℞ MONETA· NOVA· CIVI· HAMBV· 82

Halbe Thaler von 1585.

541. A.: ·RVDOL· II· IM· A· P· F· DECRETO: 85
R.: ℞ MONETA· NOVA· CIVI· HAMBVRG

542. A.: Der Adler grösser, die Jahreszahl 8 — 5 oben neben der Krone. Umschrift:
RVDOL· II· IM· AV· P· F· DECRETO
R.: ℀ MONETA· NOVA· CIVI· HAMBVRG

Halber Thaler von 1586.

543. Aufgeführt bei *Wellenheim*. II, 2 S. 233.

Halber Thaler von 1605.

544. A.: RVDOL· II· D: G: RO· I· S· AV· P· F· D 16—05
R.: ✠ ·MONETA· NOUA· CIUI· HAMBURGENS·

Halbe Thaler ohne Jahr.

545. A.: RVDOL· II· D: G· ROM· IM· SE· AVG· P· F· D ☺
R.: ☺ ·MONETA· NOUA· CIUITA· HAMBURGENSI·
  Wiegt als Klippe geprägt fast 2 Loth.

546. A.: RVDOL· II· D: G· RO· IM· AVGVST· P· F· D
R.: ☺ ·MONETA· NOUA· CIUITA· HAMBURGENSI·

Halbe Thaler von 1607.

547. A.: RUDOL· II· D· G· ROM· IM· SEM· AU· P· F· D· 607·
R.: MONETA NOUA CIUITA HAMBURGENSI   P. A. S. 83 No. 144.

548. A.: RUDOL· II· D· G· ROM· IM· SEM· AUG· P· F· D· 607.
R.: MONETA NOUA CIUITA HAMBURGENSI

Halber Thaler von 1608.

549. A.: RUDOL· II· D: G· ROM· IM· SEM· AU· P· F· D 608
R.: ☺ ·MONETA· NOUA· CIUITA· HAMBURGENSI.
  L. S. 442 No. 4 hat ihn als Klippe geprägt.

Halber Thaler von 1610.

550. A.: RVDOL· II· D: G· RO· I· AVGVSTI ·:· P· F· D
R.: MO· NOV· CI· HAMBVRGENSIS· 16·☺10·

Halber Thaler von 1611.

551. A.: RVDOL: II: D: G: ROM: IM: SE: AUGUS: P: F: D:
R.: ☺ MONETA· NOVA· CIVITA: HAMBVRGENS: Die Jahreszahl 1—6—
1—1 zwischen den Thürmen.

Halber Thaler von 1620.

552. A.: FERDINAND· II· D· G· ROMA· IM· SE· AU
R.: MONE· NOVA· CIVIT· HAMBURGENSIS· Zwischen den Thürmen
1—6—2—0· P. A. S. 84 No. 147.

Halbe Thaler von 1621.

553. A.: FERDINANDUS· II· D: G: ROM: IM: S: AU·
R.: ♏ MONE· NOVA· CIVITA: HAMBURGENSIS: Zwischen den Thürmen
1—6—2—1· L. S. 458 No. 2.

554. A.: FERDINANDUS· II· D· G· RO· IM· S· A·
R.: MONET· NOV· CIVI· HAMBURGENSIS P. A. S. 84 No. 150.

555. A.: FERDINAND· II· D: G: ROM: IM· SE· AU
R.: ♏ MON: NOVA: CIVITA: HAMBURGENSIS

556. A.: FERDINANDUS· II· D· G: ROM: IM: S: AU·
R.: ♏ MONE· NOVA· CIVIT· HAMBURGENSIS·

557. A.: FERDINANDUS· II· D· G: ROM: IM. S: AV·
R.: ♏ MO: NOVA: CIVITA: HAMBURGENSIS·

558. A.: FERDINANDUS· II· D· G: ROM: I: S: A:
R.: ♏ MON: NOV: CIV: HAMBURGENSIS· 621

559. A.: FERDINANDUS· II· D· G: RO: I: S: AU:
R.: ♏ MON: NOV: CIV: HAMBURGENSIS· 621

560. A.: FERDINANDUS. II. D: G: ROM: I: S: A:
R.: ♏ MONE: NOV: CI· HAMBURGENSIS 621

561. A.: FERDINANDUS· II· D· G: RO: IM: S: A:
R.: ♏ MONE· NOV: CI: HAMBURGENSIS 621

562. A.: FERDINANDUS· II· D· G: RO IM: S: A:
R.: ♏ MON NOV: CIV: HAMBURGENSIS 621

Halber Thaler von 1622.

563. A.: FERDINANDUS II· D· G· ROMA· IM· S· AU·
R.: ♏ MONE· NOV CIVIT HAMBURGENSIS. P. A. S. 84 No. 151.

Halbe Thaler von 1623.

564. A.: FERDINANDUS· II· D· G· ROM· I· S· A·
R.: ♏ MON: NOV: CIVI: HAMBURGENSIS· 623·

565. A.: FERDINANDUS· II· D· G· ROM· IM· SE· AU·
R.: ♏ MON· NOVA· CIVI· HAMBURGENSIS· 623

566. A.: FERDINANDUS· II· D· G· ROM· IM· SE· AU·
R.: ⚓ MON· NOV· CIVI· HAMBURGENSIS· 623·

567. A.: FERDINANDUS· II· D: G: ROMA: IMP: S: AU
R.: ⚓ MON: NOV: CIVI: HAMBURGENSIS· 623   Siehe die Abbildung.

568. A.: FERDINANDUS· II· D· G· ROM· IM· S: A:
R.: ⚓ MON· NOV· CIVI· HAMBURGENSIS· 623·

Halber Thaler von 1624.

569. A.: ·FERDINANDUS· II· D: G· ROM· IM· SE· AU·
R.: ⚓ MONET· NOVA· CIVIT· HAMBURGENSIS 1624·

Halber Thaler von 1625.

570. A.: FERDINANDUS· II· D: G: ROMA: IMP: S: AU·
R.: ⚓ MON: NOV: CIVI: HAMBURGENSIS 625

Halbe Thaler von 1629.

571. A.: FERDINANDVS· II· D· G· R· IM· S· AV·
R.: ⚓ MONE· NOV· CIVIT: HAMBURGENSIS.   Zwischen den Thürmen
1—6—2—9.

572. A.: FERDINANDUS· II· D· G· ROM· I· S. A·
R.: ⚓ MONE· NOV· CIVIT: HAMBURGENSIS·

573. A.: FERDINANDUS· II· D: G: ROMA: IMP: SE: AU:
R.: ⚓ MONET· NOVA· CIVITA: HAMBURGENSIS· 1629   L. S. 466 No. 3.

574. A.: FERDINANDUS· II· D: G: ROMA· IMP· S: A:
R.: ⚓ MONETA· NOV· CIVITA: HAMBURGENSIS· 1629

Halbe Thaler von 1632.

575. A.: FERDINANDUS· II: D: G: ROMA: IM: SE: AUGU:
R.: ⚓ MONET: NOVA: CIVIT: HAMBURGENSIS. 1632   L. S. 474 No. 4.

576. A.: FERDINANDUS· II· D: G: ROMA: IMP: SE: AU:
R.: ⚓ MONET: NOVA: CIVIT: HAMBURGENSIS· 1632

Halber Thaler von 1634.

577. A.: FERDINANDUS· II· D· G· ROMA IM· SE· AUGU
R.: MONET: NOVA: CIVIT: HAMBURGENSIS· 1634   P. A. S. 86 No. 160.

Halber Thaler von 1636.

578. A.: FERDINANDUS· II· D: G: ROM: IM: SE: AU:
R.: ✗ MONET: NOV: CIVIT: HAMBURGENSIS 1636

Halber Thaler von 1638.

579. A.: FERDINANDUS· III· D· G· ROM· IM· S· A·
R.: MONET· NOV· CIVI· HAMBURGENSIS· 1638   *P. A.* S. 86 No. 162.

Halber Thaler von 1640.

580. A.: FERDINANDUS· III· D· G· ROM· IM· S· A·
R.: MON· NOV· CIVI· HAMBURGENSIS· 1640   *P. A.* S. 86 No. 163.

Halber Thaler von 1641.

581. A.: FERDINANDUS· III· D: G: ROM: IMP: S: A:
R.: ✳ MON: NOV: CIVI: HAMBURGENSIS: 1641:   *L.* S. 490 No. 3.

Halber Thaler von 1642.

582. Wie der Vorige, nur 1642.   *P. A.* S. 86 No. 165.

Halber Thaler von 1644.

583. A.: ·FERDINANDUS· III· D: G: ROM: IM: S: A:
R.: ✳ MON: NOV: CIVI: HAMBURGENSIS· 1644   *L.* S. 498 No. 1.

Halber Thaler von 1645.

584. A.: FERDINANDUS III· D· G· ROM· IM· S· AU·
R.: MON NOV CIVI HAMBURGENSIS· 1645   *P. A.* S. 86 No. 167.

Halber Thaler von 1673.

585. A.: ·LEOPOLDUS· D: G: ROMA· IMP: SEM: AUG:
R.: M♧F MONET: NOVA· CIVI: HAMBURGENSIS· 1673·

In neuerer Zeit ist nur ein halber Thaler, No. 586, vom Jahre 1762 geschlagen, der sich in der ersten Abtheilung S. 156 findet.

C. Viertelthaler.

Die Viertelthaler sind, wie die halben, verkleinerte Nachbildungen der Thaler. Sie führen im Reichsapfel die Ziffer 8 und haben 1,20 Zoll im Durchmesser. Der Gehalt ist dem der Thaler gleich und das Gewicht soll ½ Loth sein. Ihr eigentlicher Werth sollte acht Schillinge sein, doch galten sie von 1622 an zwölf Schillinge. Im gewöhnlichen Leben nannte man die Viertelthaler auch Ohrtsthaler.

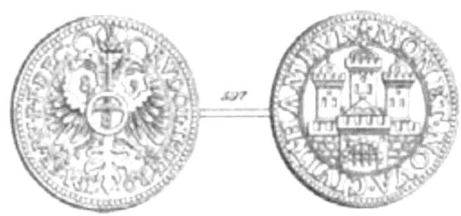

Viertelthaler mit der Jahreszahl 1553 (1553—62).

588. **A.:** Im Perlkreise die Burg. Umschr.: ☙ MO + NO + CIVIT + HAMBVRG
+ 1553

R.: Im Perlkreise die Madonna, das Kind auf dem rechten Arm; zu den Füssen
das Nesselblatt im Schilde. Umschrift: DEVM + SVPER + — + OIA +
TIME +   *L. S.* 426 No. 3.

589. **A.:** ☙ MO + NO + CIVIT + HAMBVRG + 1553

R.: DEVM × SVPER — OMNIA × TIME × — Die Jahreszahl 15—53 am
Nesselblattschilde.

Mit der Jahreszahl 1566 scheinen keine Viertelthaler mit besonderem
Stempel geprägt zu sein. Man benutzte dazu das Gepräge der Doppelschillinge,
siehe No. 762 und *Langermann* S. 427 No. 5 und das der Schillinge, daselbst
S. 434 No. 1.

Viertelthaler von 157?

590. **A.:** Im Perlkreise der Reichsadler, den Reichsapfel auf der Brust, worin die
Ziffer 8. Umschr.: RVDOL· II· IM· AV· P· F· DEC· 7?

R.: ?
Den Stempel des Averses besitzt die Stadtbibliothek.

Viertelthaler von 1582.

591. **A.:** Im Perlkreise der Reichsadler, den Reichsapfel auf der Brust, worin die
Ziffer 8. Umschr.: RVDOL· II· IM· A· P· F· DECRE·

R.: Im Perlkreise die Burg. Umschr.: ⊠ MONE· NO· CIVI· HAMBVR· 82

592. **A.:** RVDOL· II· IM· AV· P· F· DECR·

R.: ⊠ MONE· NO· CIVI· HAMBVR· 82

Viertelthaler ohne Jahr.

593. **A.:** RVDOL· II· IM· A· P· F· DECRE·

R.: ⊠ MONE· NO· CIVI· HAMBVRG·

Viertelthaler von 1585.

594. A.: ·RVDOL· II· IM· AV· P· F· DECR· 85·
    R.: ⅍ MONE· NO· CIVI· HAMBVRG

Viertelthaler von 1586.

595. A.: ·RVDOL· II· IM· AV· P· F· DE· 86·
    R.: ⅍ MONE· NO· CIVI: HAMBVRG·

Viertelthaler von 1588.

596. A.: ·RVDOL· II· IM· AV· P· F· DECR· 88·
    R.: ⅍ MONET· NOVA· CIVIT· HAMBVR

Viertelthaler von 1589.

597. A.: RVDOL· II· D· G· RO· — ·IM· SE· AV· P· F· DEC·
    R.: MONET· NOVA· CIVIT· HAMBVR

      Ein zweites Gepräge unterscheidet sich nur durch die veränderte Stellung der Schrift. — Siehe die Abbildung.

Viertelthaler von 1592.

598. A.: RVDOL· II· D: G: — ·RO· IM· S· A· P· F· D·
    R.: ᴶ⅍ˢ ·MONE· NOVA· CIVI· HAMBVR· P· F· D·

Viertelthaler von 1606.

599. A.: ·RUDOL· II· D· G· — R· I· S· A· P·̇ F· D· 606·
    R.: ☉ ·MONET· NOU. CIU· HAMBURGEN·

600. A.: RUDOL· II· D: G: R· — IM· SE· A· P· F· D· 606
    R.: ☉ ·MONET· NOU· CIU· HAMBURGEN·

Viertelthaler ohne Jahr.

601. A.: RVDOL· II· D: G· RO· IM· SE· AV· P· F· D·
    R.: ☉ MONETA· NOU· CIUI: HAMBURGENS·

Viertelthaler von 1608.

602. A.: RUDOL· II· D: G· RO: I: S· AU· P· F· D: 1608
    R.: ☉ MONETA· NOU· CIUI· HAMBURGENS·

      L. S. 443 No. 5 hat ihn als Klippe.

603. A.: RUDOL· II· D· G· R — ·I· S· AU· P· F· D· 608·
    R.: ☉ MONETA· NOU· CIUI· HAMBURGENS·

      Dieser kommt auch als Klippe vor.

Viertelthaler von 1620.

604. A.: FERDINAND: II· D: G: ROM: IM: S: A:
R.: ♖ ·MONETA· NOVA· CIVIT· HAMBURG·

Viertelthaler von 1621.

605. A.: FERDINANDUS· D· G· R· IM· S: A·
R.: ♖ MO: NOV: CIV: HAMBURGENSIS 621

Viertelthaler von 1622.

606. A.: FERDINAND: II· D: G: ROM: IM: S: A:
R.: ♖ MON: NOV: CIVIT: HAMBURGENSIS.   Zwischen den Thürmen
1 — 6 — 2 — 2.

607. A.: FERDINAND: II· D· G· ROM: IM: S: AU
R.: ♖ MON: NO: CIVIT: HAMBURGENSIS·

608. A.: FERDINAND: II· D: G· ROM: IM: S: AU:
R.: ♖ MON: NO: CI: HAMBURGENSIS: 1622

Viertelthaler von 1653.

609. A.: ?
R.: 16 ✳ 53 MONETA NOVA CIVITA HAMBURGEN   *P. A.* S. 88 No. 174.

Viertelthaler von 1659.

610. A.: LEOPOLDUS· I· D: G: ROM: IMP: S: A:
R.: ✕ MONE· NOVA· CIVIT· HAMBURG: 1659

Viertelthaler von 1668.

611. A.: LEOPOLDUS· D: G: ROM: IM: S: A: 1668
R.: ♣ MONETA· NOVA· CIVITA· HAMBVRGE

Viertelthaler ohne Jahr (1687).

612. A.: Der Reichsadler mit Scepter und Schwert, auf der Brust im Reichsapfel die
Ziffer 4. Umschr.: LEOPOLDUS· D: G: ROMA: IMP: SEM: AUG·
R.: Die Burg zwischen zwei Palmzweigen, unten H.—L. Umschr.: ⊗ MONETA
NOVA CIVITATIS HAMBURGEN:

> *L.* S. 578 No. 2 führt ihn als Zwölfschillingstück auf, das bei der Beerdigung des
> Bürgermeisters *Dietrich Möller* J. V. L. 1687 ausgetheilt worden sei.

In neuerer Zeit ist nur ein Viertelthaler, No. 613, im Jahre 1762 geschlagen.
Siehe die erste Abtheilung S. 156.

———

D. Achtelthaler.

Achtelthaler sind erst seit 1621 geschlagen, als der Thaler 48 Schillinge galt, doch ist ihre Zahl sehr geringe. Sie haben, wie die Viertelthaler, ein dem Thaler ähnliches Gepräge mit der Ziffer 4. Der Durchmesser ist 1,11 Zoll und das Gewicht soll ¼ Loth sein. Sie galten 6 Schillinge.

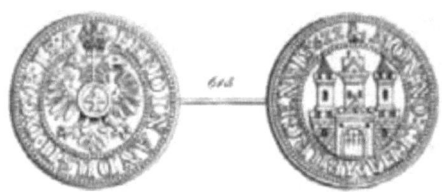

Achtelthaler von 1621.

614. A.: Im Perlkreise der Reichsadler, auf der Brust den Reichsapfel mit der Ziffer 4. Umschr.: FERDINANDUS· II· D· G· RO· I· S· A· 21
R.: Im Perlkreise die Burg; zwischen den Thürmen 1—6—2—1. Umschrift: ⚓ MON· NOV· CIV· HAMBURGENSIS·

Achtelthaler von 1622.

615. A.: FERDINANDUS· II· D· G· R· I· S· A·
R.: ⚓ MON: NO: CI: HAMBURGENSIS· 622·

Ein zweiter Stempel unterscheidet sich nur durch die veränderte Schriftstellung. Siehe oben die Abbildung.

616. A.: FERDINAND: II· D: G: ROM: I: S: A:
R.: ⚓ MON: NO: CI: HAMBURGENSIS· 622·

617. A.: FERDINAND: II· D: G: RO: I: S: AU·
R.: ⚓ MON: NO: CI: HAMBURGENSIS· 622·

618. A.: FERDINAND· II· D· G· RO: I· S· A:
R.: ⚓ MON: NO: CI: HAMBURGENSIS· 622·

619. A.: FERDINAN: II· D: G: ROM: I: S: A:
R.: ⚓ MON: NO: CI: HAMBURGENSIS· 622·

620. A.: FERDINAN: II· D: G: ROM: IM: S: A:
R.: ⚓ MON: NO: CI: HAMBURGENSIS· 622.

Achtelthaler von 1642.

621. **A.:** FERDINAND: III: D: G: RO: I: S: A:
     R.: �֍ MON: NO: Cl: HAMBURGENSIS 1642

In neuerer Zeit ist nur 1762 ein Achtelthaler geprägt, No. 622. Siehe die erste Abtheilung S. 156.

E. Zweimarkstücke.

Zweimarkstücke oder 32 Schillingstücke, auch Doppelmarken genannt, wurden in Hamburg 1672 zuerst geschlagen. Veranlassung dazu gaben die von Sachsen und Brandenburg nach dem sogenannten Zinnaischen Fuss ausgeprägten Zweidrittelthaler oder Gulden, denen sie nachgebildet wurden. Mit Annahme des 34 Markfusses, im Jahre 1725, verloren sie die Beziehung zu den auswärtigen Ausmünzungen und wurden dann bis zum Jahre 1808 zu 12 Loth fein und 12⅔ Stück auf die Mark Brutto ausgemünzt; die letzten, in der Französischen Zeit geprägten, Stücke sind von feinerem Silber. Das Gepräge der Doppelmarken ist bis zum Jahre 1808 durchgängig auf der einen Seite der Adler und auf der andern das Stadtwappen mit verschiedenen Umgebungen, doch nie mit Schildhaltern.

Zweimarkstück von 1672.

623. **A.:** Im Perlkreise der Reichsadler ohne Scepter und Schwert, auf der Brust: 32 — S. (Schilling). Umschr.: LEOPOLDUS· D: G: RO: I: S: A: 1672
     R.: Im Perlkreise die Burg. Umschr.: ⚜ HAMBURGER· STADT· GELDT

   ·Dm. = 1,67 Z.   Gew. = 1,46 L.   *L.* S. 546 No. 3.

Zweimarkstücke ohne Jahr (1675).

624. A.: Der Reichsadler mit Scepter und Schwert, den Reichsapfel auf der Brust. Umschr.: LEOPOLDUS· D· G· ROMA· IMP· SEM· AUG·

R.: Die Burg im Schilde mit Helm und Helmdecke. Unten im Medaillon ⅛. Neben demselben die Chiffer H—L. Umschr.: HAMBURGER· — STADT· GELDT·   Dm. =˙ 1,57 Z.   F. = 12 L.   Gew. = 1,318 L.

625. Wie das Vorige, nur fehlt die Chiffer.

Zweimarkstück von 1679.

626. Wie das Vorige. Im Revers neben dem Wappenschilde die Jahreszahl 16—79 und darunter die Chiffer H—L.

    Dm. = 1,57 Z.   F. = 12 L.   Gew. = 1,319 L.   L. S. 546 No. 4.

Es giebt einen zweiten Stempel ohne wesentlichen Unterschied.

Zweimarkstück von 1694.

627. A.: Der vollständige Reichsadler, auf der Brust die Ziffer 2. Umschr.: LEO-POLDUS· D: G: ROMA: IMP: SEM: AUG:

R.: Die Burg in einem runden Schilde, das mit barocken Schnörkeln, Guirlanden und oben mit einem geflügelten Engelskopf verziert ist. Unten im Medaillon die Chiffer J. R. und die Jahreszahl 1694. Umschr.: ✿ HAMBURGER — STADT GELDT·   Dm. = 1,66 Z. F. = 10 L. Gew. = 1,545 L. L. S. 554 No. 1.

Eine verkleinerte Nachbildung des Thalers von demselben Jahr, No. 523. — Es giebt einen zweiten Stempel ohne wesentlichen Unterschied.

Zweimarkstück von 1726.

628. A.: Der vollständige Reichsadler, den Reichsapfel auf der Brust. Umschrift: CAROLVS. VI. D. G. ROM. IMP. SEMP. AVG.

R.: Die Burg im ausgeschweiften Schilde mit Helm und Helmdecke, unten neben demselben die Jahreszahl 17—26, und unter dem Schilde im Medaillon in zwei Zeilen: 32· SCHILL· — J·H·L· Umschr.: HAMBURGER. — CUR-RENT. GELDT.   Dm. = 1,64 Z. F. = 12 L. Gew. = 1,254 L. L. S. 554.

Von diesem wie von den Folgenden giebt es verschiedene Stempel, die sich jedoch so sehr gleichen, dass sie kaum zu unterscheiden sind. Die Zeichnung gleicht dem Achtschillingstück von demselben Jahr, No. 710, weshalb wir auf jene verweisen können.

Zweimarkstück von 1727.

629. Gleicht bis auf die Jahreszahl vollkommen dem Vorigen.   Dm. = 1,66 Z.

Zweimarkstück von 1728.

630. Gleicht bis auf die Jahreszahl, einen etwas schlankeren Adler und breiteres Medaillon ganz dem Vorigen.   Dm. = 1,64 Z.

Zweimarkstück von 1731.

631. A.: Der vollständige Reichsadler, gefälliger gezeichnet als der Vorige. Neben dem Schwanze die Chiffer J. H. — L. Umschr.: CAROLVS· VI· D· G· ROM· — IMP· SEMP· AVGVST·

R.: Die Burg in einem vierseitigen unten ausgeschweiften Schilde, mit Helm und reicher, blattförmiger Helmdecke. Unten neben dem Schilde die Jahreszahl 17—31· und darunter im verzierten Medaillon: 32· SCHIL — Umschrift: HAMBURGER· — CURRENT· GELDT·   Dm. = 1,64 Z.

Die sehr ähnliche Zeichnung siehe beim Markstück No. 692.

Zweimarkstück von 1733.

632. Wie das Vorige, mit etwas kleinerer Zeichnung, wodurch im Avers die Umschrift nicht getheilt ist.

Zweimarkstück von 1734.

633. Dem Vorigen bis auf die Jahreszahl fast ganz gleich.

Zweimarkstück von 1737.

634. A.: Der vollständige Reichsadler mit der Chiffer J. H. — L am Schwanz. Umschrift wie die Vorigen.

R.: Die Burg im ausgeschweiften Schilde mit Helm und geschmackvoller, blätterartiger Helmdecke. Das Uebrige wie der Vorige.   Dm. = 1,60 Z.

Siehe die Abbildung.

Zweimarkstück von 1748.

635. A.: Der· Reichsadler, grösser als der Vorige, am Schwanze die Chiffer J. H. — L. Umschr.: ✿ FRANCISCVS· D· G· ROM. IMP· SEMP· AVGVST

R.: Die Burg im geradlinigen Schilde mit Helm und Helmdecke, mehr dem Zweimarkstück von 1731 gleichend. Unten neben dem Wappen 17—48, und in dem, wie die früheren verzierten, Medaillon: 32· SCHILL. Umschrift: HAMBVRGER· CVRRENT· GELD·   Dm. = 1,63 Z.

Zweimarkstück von 1751.

636. Wie das Vorige, mit etwas kleinerer Zeichnung und 17—51.

Zweimarkstück von 1752.

637. Wie das Vorige, nur 1752.

Die hierauf folgenden Jahrgänge, No. 638 bis 657, von 1754, 55, 57, 58, 59, 61, 62, 63, 65, 66, 67, 88, 89, 94, 95, 96, 97, 1808 und 1809, finden sich in der ersten Abtheilung S. 158 ff.

F. Markstücke.

Die Einführung der Thaler in den meisten Deutschen Ländern veranlasste die Städte Hamburg, Lübeck, Wismar und Lüneburg, auch grössere Silber-Münzen zu schlagen. Sie zogen es aber, nach einem Versuch Stücke, die für die Thaler- und Mark-Rechnung passend wären, zu schaffen, vor, Münzen vom Werthe der bei allen Rechnungen gebräuchlichen Mark Lübisch, 13 Stück auf die Mark fein, auszumünzen und begannen damit im Jahre 1506. Es wurden nach und nach bedeutende Summen in Umlauf gesetzt und erst in der zweiten Hälfte des 16ten Jahrhunderts das Schlagen eingestellt, als die Reichsmünz-Vorschriften auch im nördlichen Deutschland Eingang fanden. Die Markstücke blieben aber in Hamburg noch lange in Umlauf und kommen noch spät bei Hypotheken vor, die vorzüglich in denselben belegt waren. Die vier Städte gaben ihren Markstücken wie ihren früheren Witten ein gleichgeordnetes Gepräge, und zwar auf der einen Seite den Schutzheiligen oder das Wappen der Stadt, welche die Münze schlug, für Hamburg die Madonna mit der Umschrift: MONETA NOVA HAMBVRGENSIS, und auf der andern die Wappen der drei übrigen Städte mit der sich gleichbleibenden Umschrift: STATVS MARCE LVBICENSIS. Hamburg veränderte die Jahreszahl 1506 auf den Markstücken nicht, dagegen setzten die übrigen Städte auch 1546, 1550 u. s. w. darauf. Von den entsprechenden Geprägen der andern drei Städte hat *Langermann* mehrere Seite 385 u. s. w. gegeben.

Im Jahre 1669 fing Hamburg nach längerer Pause und nachdem kürzere Zeit hindurch, von 1560 bis etwa 1600, die halben Thaler, welche 16 Schillinge gelten sollten, die eigentlichen Markstücke ersetzt hatten, wieder an, Mark- oder Sechszehnschillingstücke zu schlagen. Diesen folgten Dritteltthaler nach dem Zinnaischen Fusse, die Eindrittelstücke, und endlich die Markstücke nach dem 34 Markfuss. Das letzte wurde 1789 geprägt. Die Markstücke von 1726 an, die noch in Umlauf sind, haben alle das etwas verkleinerte Gepräge der gleichzeitigen Zweimarkstücke, die früheren dagegen ein den Thalern nachgebildetes. Von den ältesten Markstücken fügen wir keine Zeichnung bei, da *Langermann* deren mehrere giebt, und eine ähnliche, wenn auch kleinere, sich bei den Viertelmarkstücken No. 724 findet.

Markstücke mit der Jahreszahl 1506 (1506—52).

658. A.: In einer aus zwei Kreisbogen gebildeten ovalen Einfassung, auf geradlinigem Strahlengrunde, die gekrönte Madonna mit einem Heiligenschein und Stern darüber, das Kind auf dem linken Arm haltend. Zu ihren Füssen, die Einfassung deckend, ein Schild mit der Burg in deren Thor ein linksgelehntes Schild mit dem Nesselblatte. Auf der Brust der Madonna ein Stern. Die Einfassung liegt auf einem Perlkreise. Umschr.: ○ MONETA ○ NOVA' — ○ HAMBVRGEN ○'

R.: Die drei Wappenschilde von Lübeck (Adler), Lüneburg (Burg mit Löwen im Thor) und Wismar (gespaltener Schild, rechts ein halber Büffelkopf, links in vier getheilt), mit den Haupträndern zu einem Dreieck vereinigt, so dass der Lübecker Schild gestürzt, der Lüneburger gegen die rechte und der Wismarer gegen die linke Seite gelehnt erscheint. Die Schilde liegen auf einem Perlkreise, der von einer Bogenverzierung begleitet wird. Im Dreieck steht die Jahreszahl 17○6 (1506). Umschrift: ✳ STATVS ✳ — ✳ MARCE — ✳ LVB'CE'   Dm. = 1,54 Z.   F. = 15 L.   Gew. = 1,33 L.

> Anmerkung. Wir rechnen die Reihefolge der Wappen immer mit der Schrift gleichlaufend. Lübeck behält immer den obern Platz, während Lüneburg und Wismar wechseln.

659. A.: Wie der Vorige.

R.: Wie der Vorige. In der Mitte 176. Umschr.: ·STATVS· — ✼ MARCE· — ✼ LVB'CE'   Dm. = 1,51 Z.   Gew. = 1,32 L.

660. **A.:** Wie der Vorige; das Nesselblatt nach rechts gekehrt. Umschr.: ○ MONETA NOV' ○ — ○ HAMBVRGEN ○

R.: Wie der Vorige, nur 17○6. Umschr.: ᶜSTATVS ᶜ — ✱ MARDᴐ ✱ — ✱ LVB'Dᴐ ⊛ L. S. 378.

661. **A.:** Wie der Vorige. Umschr.: ○ MONETA NOV ○' — ○ HAMBVRGEN' ○

R.: Wie der Vorige, nur 176. Umschr.: ·STATVS· — ✱ MARDᴐ· — ✱ LVB'Dᴐ' Dm. = 1,52 Z. Gew. = 1,32 L.

662. **A.:** Wie der Vorige, auf der Brust statt des Sterns eine Blume. Umschrift: ○ MONETA NOVA ○ — ○ HAMBVRGEN' ○

R.: Die Wappen von Lübeck, Wismar und Lüneburg, dazwischen 1706. Umschr.: ✱ STATVS ○ — ✱ MARDᴐ ○ — ✱ LVB'Dᴐ' ○ ✱ Dm. = 1,33 Z. Gew. = 1,35 L.

663. **A.:** Wie der Vorige, ohne Stern oder Blume auf der Brust. Umschrift: ○ MONETA ○ NOV ○' — ○ HAMBVRGEN ○

R.: Die Wappen von Lübeck, Lüneburg und Wismar, dazwischen 17○6. Umschr.: ·STATVS· — ⊛ MARDᴐ· — ⊛ LVB'Dᴐ' Dm. = 1,46 Z. Gew. = 1,32 L.

664. **A.:** Wie der Vorige. Umschrift: ○ MONETA NOVA ○ — ○ HAM-BVRGEN' ○

R.: Die Wappen von Lübeck, Wismar und Lüneburg; dazwischen 17○6. Umschr.: ⊛ STATVS ⊛ — ⊛ MARDᴐ ᶜ — ⊛ LVB'Dᴐ' ○ Dm. = 1,47 Z. . Gew. = 1,31 L.

665. **A.:** Wie der Vorige. Umschrift: ○ MONETA ○ NOV' ○ — ○ HAM-BVRGEN ○

R.: Wie der Vorige, nur 17.6. Umschrift: ⊛ STATVS ᴐ — ⊛ MARDᴐ ᶜ — ᴐ LVB'Dᴐ ⊛ Dm. = 1,47 Z. Gew. = 1,31 L.

666. **A.:** Wie der Vorige. Umschr.: ○ MONETA NOV' ○ — ○ HAMBVRGEN ○

R.: Die Wappen von Lübeck, Lüneburg und Wismar, dazwischen 17○6. Umschr.: ᶜSTATVS ✱ — ᴐ MARDᴐ ✱ — ᴐ LVB'Dᴐ' Dm. = 1,53 Z. Gew. = 1,32 L.

667. **A.:** Wie der Vorige. Umschrift: ○ MONETA NOVA ○ — ○ HAM-BVRGEN' ○

R.: Die Wappen von Lübeck, Wismar und Lüneburg, dazwischen 17○6. Umschr.: ✱ STATVS ○ — ✱ MARDᴐ ✱ — ○ LVB'Dᴐ' ✱ Dm. = 1,47 Z. Gew. = 1,31 L.

668. **A.:** Wie der Vorige. Umschrift: ○ MONETA NOV ○' — ○ HAM-BVRGEN' ○

R.: Die Wappen von Lübeck, Lüneburg und Wismar, dazwischen 17○6. Umschr.:
○ STATVS ᶜ — ○ ΠARCE * — * LVB'CE' ᵓ
Dm. = 1,50 Z.   Gew. = 1,33 L.

669. A.: Wie der Vorige, mit linksgelehntem Nesselblatte. Auf der Brust der Madonna
scheint eine Blume zu sein. Umschrift: ○ ΠOΠETA ○ ΠOVA' — ○
hAΠBVR6EΠ ○'

R.: Wie der Vorige, nur 176. Umschr.: ·STATVS· — ⊛ ΠAΠCE· —
⊛ LVB'CE'   Dm. = 1,50 Z.   Gew. = 1,33 L.

670. A.: Wie der Vorige.
R.: Wie der Vorige, nur 17○6. Umschr.: * STATVS * — * ΠARCE —
* LVB'CE'   Dm. = 1,50 Z.   Gew. = 1,32 L.

671. A.: In der ovalen Einfassung, auf geradlinigem Strahlengrunde, die gekrönte
Madonna mit einem Heiligenschein und Stern darüber, das Kind auf dem
linken Arm haltend. Zu ihren Füssen, die Einfassung deckend, ein Schild
mit der Burg in deren Thor ein rechtsgelehnter Schild mit Nesselblatt. Die
Einfassung liegt auf einem Perlkreise. Umschr.: ○ ΠOΠETA ΠOVA ○
— ○ hAΠBVR6EΠ'

R.: Im Perlkreise, von einer Bogenverzierung begleitet, die Wappenschilde von
Lübeck, Wismar und Lüneburg. In der Mitte die Jahreszahl 15○6. Umschr.:
✠ STATVS ⤙⊛ ΠARCE ⤙⊛ LVBICEΠSIS ⤙⊛   L. S. 555 No. 4.

672. A.: Wie der Vorige.
R.: Wie der Vorige. In der Mitte 156. Umschr.: ✠ STATVS ⊛⤛ ΠARCE
⊛⤛ LVBICEΠSIS ⤙⊛

673. A.: Wie der Vorige, ohne Stern über dem Heiligenschein. Umschr.: ○ ΠOΠETA
ΠOVA ○ — ○ hAΠBVR6EΠ ○

R.: Wie No. 671.   Dm. = 1,47 Z.   Gew. = 1,35 L.

674. A.: In der ovalen Einfassung, auf geradlinigem Strahlengrunde, die gekrönte
Madonna ohne Heiligenschein und Stern, das Kind auf dem linken Arm
haltend. Zu ihren Füssen innerhalb der Einfassung, die auf einem Perlkreise
liegt, ein Schild mit der Burg in deren Thor ein linksgelehnter Schild mit
Nesselblatt. Unter dem Schilde ein Ring. Auf der Brust der Madonna eine
Blume. Umschr.: ○ ΠOΠETA ΠOVA ○ — ○ hAΠBVR6EΠ' ○

R.: Wie No. 671.   Dm. = 1,47 Z.   Gew. = 1,30 L.

675. A.: Wie der Vorige, ohne Blume auf der Brust und ohne Ring unten.
R.: Wie No. 671. Umschr.: ✠ STATVS ⤙⊛ ΠARCE ⤙⊛ LVBICEΠSIS ⊛⤛
Dm. = 1,48 Z.   Gew. = 1,32 L. ,

676. A.: Wie der Vorige. Umschrift: ○ ΠOΠETA ΠOVA ○ — ○ hAΠ-
BVR6EΠ' ○

R.: Wie No. 671.   Dm. = 1,44 Z.   Gew. = 1,29 L.

677. A.: Wie No. 674, mit rechtsgelehntem Nesselblatte.
R.: Die Wappen von Lübeck, Lüneburg und Wismar im Perlkreise; in der Mitte 15o6. Umschr.: ✠ STATVS ⌒❀ MARCE ⌒❀ LVBICENSIS 8
Dm. = 1,46 Z.   Gew. = 1,29 L.

678. A.: Wie der Vorige, unter dem Wappen ein Ring. Das Nesselblatt rechts gelehnt.
R.: Die Wappen von Lübeck, Lüneburg und Wismar auf einem Perlkreis von Bögen begleitet. In der Mitte 17o6. Umschr.: ✳STATVS ✳ — ✳ MARCE ✳ — ✳ LUB'CE'
Dm. = 1,46 Z.   Gew. = 1,29 L.

679. A.: In einer aus zwei Kreisbögen gebildeten ovalen Einfassung, auf flammigem Strahlengrunde, die gekrönte Madonna ohne Heiligenschein, das Kind auf dem linken Arm haltend. Zu ihren Füssen innerhalb der Einfassung ein Schild mit der Burg mit spitzen Thürmen, in deren Thor ein rechtsgelehnter Schild mit Nesselblatt. Die Einfassung ruht auf einem von einer Bogenverzierung begleiteten Perlkreise. Umschr.: ✳ MONETA NOVA ✳ — ✳ HAM-BVRGEN' ✳
R.: Die Wappenschilde von Lübeck, Wismar und Lüneburg auf einem von einer Bogenverzierung begleiteten Perlkreise. In der Mitte 17o6. Umschrift:
✳ STATVS ✳ — ✳ MARCE ✳ — ✳ LVB'CE ✳   L. S. 554 No. 3.

680. A.: Wie das Vorige.
R.: Die Wappen von Lübeck, Lüneburg und Wismar, dazwischen 1706. Umschr.:
✳ STATVS ✳ — ✳ MARCE ✳ — ✳ LVB'CE' ✳
Dm. = 1,48 Z.   Gew. = 1,27 L.

681. A.: Wie der Vorige, nur unter dem Wappen ein Stern.
R.: Wie der Vorige. Umschr.: ❀STATVS ✳ — ✳ MARCE ✳ — ✳LVB'CE'
Dm. = 1,46 Z.   Gew. = 1,29 L.

682. A.: Wie der Vorige. Umschr.: ✳MONETA NOVA ⚹ — ˟ HAMBVRGEN' ⚹
R.: Wie No. 618. Umschr.: ❀ STATVS ˟ — ❀ MARCE — ❀ LVB'CE'
Dm. = 1,44 Z.   Gew. = 1,28 L.

683. Wie No. 679, nur unter dem Wappen im Avers ein Stern.
Dm. = 1,46 Z.   Gew. = 1,27 L.

Markstück von 1669.

684. A.: Im Perlkreise die Burg. Umschr.: ♧ HAMBURGER· STADT· GELDT
R.: Im Perlkreise: ··· — ·XVI · — SCHIL — LING — ❀✠❀ Umschr.:
❀ LEOPOLDUS· D: G: RO: I: S: A: 1669
Dm. = 1,45 Z.   F. = 8 L.   Gew. = 1,01 L.   S. die Abbildung.

Markstück von 1672.

685. **A.:** Im Perlkreise der Reichsadler ohne Scepter und Schwert, auf der Brust $\frac{16}{8}$.
Umschr.: LEOPOLDUS· D: G: ROM: I: S: A: 1672·

R.: Im Perlkreise die Burg. Umschr.: ♣ HAMBURGER· STADT· GELDT

Dm. = 1,33 Z.   F. = 11 L.   Gew. = 0,72 L.

Eine verkleinerte Nachbildung des Zweimarkstücks No. 623.

Markstück von 1679.

686. **A.:** Der Reichsadler mit Scepter und Schwert, den Reichsapfel auf der Brust.
Umschr.: LEOPOLDUS· D· G· ROMA· IMP· SEM· AUG·

R.: Die Burg im Schilde mit Helm und Helmdecke. Unten im Medaillon: $\frac{1}{3}$
($\frac{1}{3}$ Thaler = 16 β). Neben dem Wappenschilde die Jahreszahl 16—79 und
darunter die Chiffer H·—L· Umschr.: HAMBURGER — STADT· GELDT·

Dm. = 1,32 Z.   F. = 12 L.   Gew. = 0,776 L.

Eine verkleinerte Nachbildung des Zweimarkstücks No. 624. Es giebt noch einen
sehr ähnlichen Stempel ohne wesentlichen Unterschied.

Markstück ohne Jahr (1675).

687. Wie das Vorige ohne Jahreszahl.

Markstück von 1694.

688. **A.:** Der vollständige Reichsadler, auf der Brust die Ziffer 1. Umschr.: LEO-
POLDUS. D: G: ROMA: IMP: SEM: AUG:

R.: Die Burg in einem runden Schilde, das mit barocken Schnörkeln, Guirlanden
und einem Engelskopf verziert ist. Unten im Medaillon die Chiffer: J·R· und
die Jahreszahl 1694. Umschr.: ⊗ HAMBURGER — STADT — GELDT.

Dm. = 1,34 Z.   F. = 10 L.   Gew. = 0,782 L.

Eine verkleinerte Nachbildung des Zweimarkstücks No. 627.

Markstück von 1726.

689. **A.:** Der vollständige Reichsadler. Umschr.: CAROLVS. VI. D. G. ROM.
IMP. SEMP. AVG.

R.: Die Burg im ausgeschweiften Schilde mit Helm und Helmdecke. Unten neben
dem Schilde die Jahreszahl 17—26, und unter demselben im Medaillon in
zwei Zeilen: 16· SCHILL· — J·H·L· Umschrift: HAMBURGER. —
CURRENT. GELDT.   Dm. = 1,42 Z.   F. = 12 L.   Gew. = 0,627 L.

Eine verkleinerte Nachbildung des Zweimarkstücks No. 628. Siehe auch die
gleiche nur kleinere Zeichnung von No. 710.

Markstück von 1727.

690. Ganz wie das Vorige, mit veränderter Jahreszahl.

Markstück von 1728.

691. Ganz wie das Vorige, mit veränderter Jahreszahl.

Markstücke von 1731.

692. A.: Der Reichsadler, gefälliger gezeichnet als die Vorigen. Neben dem Schwanze die Chiffer: J· H· — L· Umschr.: CAROLVS· VI· D· G· ROM· IMP· SEMP· AVGVST·

R.: Die Burg in einem vierseitigen, unten ausgeschweiften Schilde, mit Helm und reicher blattförmiger Helmdecke. Unten neben dem Schilde die Jahreszahl 17—31 und unter demselben im verzierten Medaillon: 16· SCHIL· Umschr.: HAMBURGER· — CURRENT· GELDT·

Dm. = 1,40 Z.   F. = 12 L.   Gew. = 0,627 L.

Eine verkleinerte Nachbildung des Zweimarkstücks No. 631.   S. die Abbild.

693. Ein sehr ähnliches Gepräge mit etwas grösserer Zeichnung.   Dm. = 1,42 Z.

694. Ein sehr ähnliches Gepräge mit etwas breiterem Wappenschilde.   Dm. = 1,45 Z.

Später wurden nur noch in den Jahren 1762, 1764 und 1789 Markstücke geschlagen, No. 695, 696 und 697, die sich in der ersten Abtheilung S. 163 finden.

G. Zweidrittel Markstück von 1505.

Nur im Jahre 1505 sind Zweidrittel Markstücke geschlagen, die zugleich einem halben Goldgulden oder Thaler an Werth gleich sein sollten. — *Langermann* führt Seite 419 No. 2 dieses Stück als halben Thaler auf, wohin es des Gewichts wegen auch wohl zu rechnen wäre; doch wurden hier damals noch keine Thaler geprägt. Es wird daselbst No. 1 ein Stück von demselben Gepräge, aber über 2 Loth schwer, aufgeführt. Wir haben nur Exemplare von dem obigen Gewicht aufgefunden, die nicht selten sind. Mit einem sehr ähnlichen Gepräge existirt ein Goldstück von 1,35 Loth schwer. Die Abweichung liegt in der Umschrift des Averses, welche lautet: ✠ MONETA 8 NOVA 8 HAMBVRGENS 8 17∘7. *Langermann* giebt dies Stück S. 10 No. 4.

698. A.: Im Perlkreise auf einem ausgeschweiften Kreuze die Burg im Schilde, mit dem Nesselblatt im Thor. Umschrift: ✠ MONETA: NOVA: HAMBVR-GENSIS: 17∘7 (1505).

R.: Im Perlkreise auf Strahlengrund die gekrönte Madonna mit Heiligenschein, auf der Mondsichel stehend, das Kind auf dem linken Arm haltend. Umschr.: ✶ SPES ⊕ NOSTR ✶ — ✶ VIRGO ⊕ MAR' ✶

Dm. = 1,50 Z.   F. = 15—16 L.   Gew. = 0,98 L.

H. Halbe Markstücke oder Achtschillingstücke.

Wie die Markstücke zum grössten Theil Nachbildungen der Zweimarkstücke, so sind die halben Mark- oder Achtschillingstücke Nachahmungen der Markstücke und meistens von demselben Feingehalt. Ihre Zahl ist nicht gross. Die neueren Jahrgänge sind mit verschiedenen Stempeln geprägt, die aber so wenig abweichen, dass wir ihrer nicht besonders erwähnen.

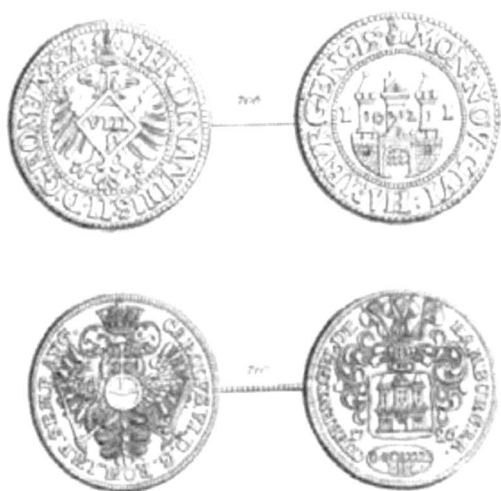

Halbe Markstücke mit der Jahreszahl 1506 (1506—52).

699. **A.:** Auf einem Perlkreise eine aus zwei Kreisbögen gebildete ovale Einfassung, worin auf geradlinigem Strahlengrunde eine gekrönte Madonna mit Heiligenschein, das Kind auf dem linken Arm. Zu ihren Füssen ein Schild mit der Burg, in deren Thor das Nesselblatt auf einem nach rechts gelehnten Schild. Umschr.: ΜΟΝΕΤΑ ΝΟV' — ΗΑΜΒVΡGΕΝ'

R.: Die Wappenschilde von Lübeck, Lüneburg und Wismar in ein Dreieck gestellt, mit den Schildesfüssen den von einer Bogenverzierung begleiteten Perlkreis deckend. In der Mitte ein kleiner Schild mit dem Nesselblatt. Umschr.: ✠ SΕΜIS ○ ΜΑRCΕ ○ LVBICΕΝSIS 15○6

Dm. = 1,26 Z.   Gew. = 0,641 L.   *L. S. 379 No. 2.*

700. **A.:** Wie der Vorige. Umschr.: ○ ΜΟΝΕΤΑ ΝΟV'○ — ○ ΗΑΜΒVΡGΕΝ'
R.: Wie der Vorige. Umschr.: ✠ SΕΜIS ○ ΜΑRCΕ ○ LVBICΕΝSIS 15○6

Dm. = 1,28 Z.   Gew. = 0,63 L.

701. Ein sehr ähnliches Gepräge, mit dem Unterschiede, dass im Revers der Schild des Nesselblatts nach links gelehnt erscheint. Gew. = 0,646 L.

702. A.: Umschr.: ϾΟΠΕΤΆ ΠΟV' — ○ ҺΆϾΒVRϬΕΠ'
R.: Umschr.: ✠ SΕϾΠIS ○ ϾΠΆRϬΕ ○ LVBIϬΕΠSIS 15○6
Dm. = 1,29 Z. Gew. = 0,63 L.

703. A.: Umschr.: ϾΟΠΕΤΆ ΠΟV' — ҺΆϾΒVRϬΕΠ'
R.: Die Wappen von Lübeck, Wismar und Lüneburg in dem von einer Bogen-verzierung begleiteten Perlkreise. In der Mitte 15.6. Umschr.: ✠ SΕϾΠIS ⊛ ϾΠΆRϬΕ ⊛ LVBIϬΕΠSIS Dm. = 1,29 Z. Gew. = 0,63 L.

704. A.: In einer aus zwei Kreisbögen gebildeten ovalen Einfassung die gekrönte Madonna, das Kind auf dem linken Arme, auf flammigem Strahlengrunde. Zu den Füssen die Burg im Schilde mit spitzen Thürmen. Vor dem Thor das Nesselblatt im rechtsgelehnten Schilde. Die Einfassung liegt auf einem Perlkreise, der von einer Bogenverzierung begleitet wird. Umschr.: ✲ ϾΟ-ΠΕΤΆ ΠΟVΆ ✲ — ✲ ҺΆϾΒVRϬΕΠ' ✲
R.: Die drei Wappen von Lübeck, Wismar und Lüneburg in ein Dreieck gestellt, auf einem von einer Bogenverzierung begleiteten Perlkreise ruhend. In der Mitte die Jahreszahl 17○6. Umschr.: ○ SΕϾΠIS3 ○ — ○ ϾΠΆRϬΕ ○ — ○ LVB'ϬΕ' ○ Gew. = 0,646 L.

Eine verkleinerte Nachbildung des Markstücks No. 679.

705. A.: Die Madonna ohne Heiligenschein. Umschr.: ϾΟΠΕΤΆ · ΠΟVΆ · — ҺΆϾΒVRϬΕΠ ✲
R.: Die Wappen von Lübeck, Lüneburg und Wismar, in der Mitte 17○6. Umschr.: SΕϾΠIS ○ — ○ ϾΠΆRϬΕ ○ — LVB'ϬΕ c

Evers, Mecklenb. Münz-Verf. Th. II. S. 450.

Achtschillingstück von 1621.

706. A.: Im Perlkreise der Reichsadler, auf der Brust eine Raute, worin: VIII — ſ. Umschr.: FERDINANDUS· II· D: G: ROM: IM: S: A:
R.: Im Perlkreise die Burg. Zwischen den Thürmen die Jahreszahl 1—6—2—1. Umschr.: ☖ MON: NOV: CIVI: HAMBVRGENSIS·
Dm. = 1,34 Z. F. = 8 L. Gew. = 0,593 L. S. die Abbildung.

Achtschillingstück von 1669.

707. A.: Im Perlkreise in drei Zeilen: · · · — VIII· — SCHIL — LING — · ⊛· Umschr.: ✠ LEOPOLDUS· D· G: ROM: IM: S: A: 1669
R.: Im Perlkreise die Burg. Umschr.: ♄ HAMBURGER· STADT· GELDT
Dm. = 1,34 Z. F. = 7—8 L. Gew. = 0,519 L.

Eine verkleinerte Nachbildung des Markstücks von 1669, No. 684, welches oben abgebildet.

Achtschillingstück von 1672.

708. **A.:** Im Perlkreise der Reichsadler, auf dessen Brust: $\frac{8}{8}$ Umschr.: LEOPOLDUS·
D: G: ROM: I: S: A: 1672·

R.: Im Perlkreise die Burg. Umschr.: ♧ HAMBURGER· STADT· GELDT

Dm. = 1,20 Z.   Gew. = 0,368 L.

Eine verkleinerte Nachbildung des Zweimarkstücks No. 623 und des Markstücks No. 685.

Achtschillingstück von 1694.

709. **A.:** Der Reichsadler, im Reichsapfel: $\frac{1}{2}$. Umschrift: LEOPOLDUS: D: G:
ROMA: IMP: SEM: AUG:

R.: Die Burg in einem runden Schilde, das mit barocken Schnörkeln, Guirlanden
und einem Engelskopf verziert ist. Unten im Medaillon die Chiffer: J. R.
und die Jahreszahl 1694. Umschr.: ❀ HAMBURGER — STADT GELDT

Dm. = 1,15 Z.   F. = 10 L.   Gew. = 0,382 L.

Eine verkleinerte Nachbildung des Zweimarkstücks No. 627 und des Markstücks No. 688.

Achtschillingstück von 1726.

710. **A.:** Der vollständige Reichsadler. Umschr.: CAROLVS. VI. D. G. ROM.
IMP. SEMP. AVG.

R.: Die Burg im ausgeschweiften Schilde mit Helm und Helmdecke. Unten neben
dem Schilde die Jahreszahl 17 — 26, und unter demselben im Medaillon in
zwei Zeilen: 8· SCHILL· — J· H· L· Umschr.: HAMBURGER. —
CURRENT. GELDT.   Dm. = 1,22 Z.   F. = 10 L.   Gew. = 0,376 L.

Eine genau verkleinerte Nachbildung des Zweimarkstücks No. 628 und des Markstücks No. 689. Die Abbildung siehe oben.

Achtschillingstück von 1727.

711. Wie das Vorige, nur mit veränderter Jahreszahl.   Dm. = 1,27 Z.

Achtschillingstück von 1728.

712. Wie das Vorige.   Dm. = 1,28 Z.

Achtschillingstück von 1738.

713. **A.:** Der Reichsadler, kleiner und moderner als der Vorige. Unten um den Schwanz
die Chiffer: J. — H. — L. Umschr.: ❀ CAROLVS· VI· D· G· ROM·
IMP· SEMP· AVGVST

R.: Die Burg im ausgeschweiften Schilde mit Helm und blattartiger Helmdecke. Unten neben dem Schilde die Jahreszahl 17 — 38, unter demselben ein verziertes Medaillon, worin: 8·SCHIL· Umschr.: HAMBURGER·— CURRENT· GELDT· Eine verkleinerte Nachbildung des Zweimarkstücks No. 616.

Die neueren Jahrgänge von 1761, 1764 und 1797 in zwei Geprägen, No. 714 bis 717, finden sich in der ersten Abtheilung S. 164.

I. Drittelmarkstück von 1505.

Drittelmarkstücke sind nur im Jahre 1505 geprägt, und sollten gleichzeitig für die Mark- und für die Goldgulden- oder Thaler-Rechnung gebraucht werden. Vier Stück galten einen Goldgulden, drei eine Mark Lübisch und eins 5⅓ Schillinge.

718. A.: Im Perlkreise auf einem ausgeschweiften Kreuze die Burg im Schilde. Im Thor ein rechtsgelehnter Schild mit Nesselblatt. Umschr.: ✠ TERNARIVS 8 MARCE 8 HAMBVRG' 17c7 (1505).

R.: Im Perlkreise die Wappenschilder von Lüneburg, Lübeck und Wismar mit den obern Schildrändern zu einem Dreieck verbunden, worin das Nesselblatt. Umschr.: + OMNE 8 PERFECTV' o SVPER TRIA 8 PONIM'

Dm. = 1,33 Z.   F. = 15 — 16 L.   Gew. = 0,49 L.

Das Münz-Cabinet der Bank besitzt ein Stück von doppelter Dicke, welches 0,98 Loth wiegt.

K. Viertelmarkstücke oder Vierschillingstücke.

Die Vierschillingstücke oder Viertelmarkstücke sind grösstentheils Nachbildungen der Achtschillingstücke, bis auf die Neueren, die ein besonderes Gepräge haben. Ihre Zahl ist nur gering. Sie entstanden mit den Markstücken.

Viertelmarkstücke mit der Jahreszahl 1506 (1506—52).

719. A.: In einer aus zwei Kreisbögen gebildeten ovalen Einfassung auf geradlinigem Strahlengrunde die gekrönte Madonna ohne Heiligenschein, das Kind auf dem linken Arm. Zu den Füssen die Burg im Schilde, in deren Thor ein rechtsgelehnter Schild mit Nesselblatt. Die Einfassung liegt auf einem Perlkreise.
Umschr.: ○ MONETA NOV' — ○ HAMBVRGEN'

R.: Die Wappenschilde von Wismar gestürzt, Lübeck rechtsgelehnt und Lüneburg linksgelehnt mit den Haupträndern zu einem Dreieck vereinigt, worin die Jahreszahl 1506. Die Schilde liegen auf einem Perlkreise. Umschrift: ○ QVADR' — ○ MARCE ○ — ○ LVB'CE'

Dm. = 1,13 Z.　　　Gew. = 0,321 L.　　　*L. S. 379.*

Eine Nachbildung des Markstücks No. 658.

720. A.: Dem Vorigen sehr ähnlich. Umschrift: ○ MONETA NOV' — HAMBVRGEN'

R.: Wie der Vorige ohne Trennungszeichen. In der Mitte 156.

Dm. = 1,08 Z.　　　Gew. = 0,32 L.

721. A.: Wie der Vorige.

R.: Wie der Vorige, in der Mitte 1506. Umschr.: QVADR' — MARCE' — LVB'CE'

Dm. = 1,12 Z.　　　Gew. = 0,32 L.

722. A.: Wie der Vorige.

R.: Wie der Vorige; in der Mitte 15o6. Umschr.: QVÄDR' — ΜΆRCE — LVB'CE'   Dm. = 1,09 Z.   Gew. = 0,32 L.

723. A.: Wie der Vorige.

R.: Wie der Vorige; in der Mitte 15o6. Umschr.: o QVÄDR' — o ΜΆRCE o — o LVBCE'   Dm. = 1,10 Z.

724. A.: In einer aus zwei Kreisbögen gebildeten ovalen Einfassung auf geflammtem Strahlengrunde die gekrönte Madonna ohne Heiligenschein, das Kind auf dem linken Arm. Zu den Füssen die Burg im Schilde, in deren Thor ein rechtsgelehnter Schild mit Nesselblatt. Die Einfassung liegt auf einem Perlkreise. Umschr.: o ΜΟΝΕΤΆ ΠOV' o — o hΆΜBVRϬΕΠ'

R.: Die Wappenschilde von Lübeck, Lüneburg und Wismar, in der Mitte die Jahreszahl 17o6 (1506) auf dem von einer Bogenverzierung begleiteten Perlrand. Umschr.: o QVÄDR' · — ΜΆRCE o — o LVB'CEΠ'

Dm. = 1,12 Z.   Gew. = 0,312 L.   Siehe die Abbildung.

725. A.: Wie der Vorige.

R.: Wie der Vorige. Umschr.: o QVÄϴR' — o ΜΆRCE — LVB'CE'

Gew. = 0,315 L.

726. A.: Wie der Vorige, doch ohne Nesselblatt.

R.: Wie der Vorige.   Dm. = 1,10 Z.   Gew. = 0,33 L.

727. A.: Wie die Vorigen, aber mit Nesselblatt.

R.: Wie die Vorigen, ohne Bogenverzierung am Perlrand. Umschr.: o QVÄER' — o ΜΆRCE — o LVB'CE'   Dm. = 1,13 Z.   Gew. = 0,31 L.

Vierschillingstücke von 1620.

728. A.: Im Perlkreise der Reichsadler ohne Scepter und Schwert, auf der Brust eine Raute, worin: IIII — ſ. Umschr.: FERDINANDVS · II · D : G : RO : IM : S : A :

R.: Im Perlkreise die Burg und zwischen deren Thürmen die Jahreszahl 1—6—2—0 in einer Linie. Umschr.: ⊙ MONETA : NOVA : CIVIT : HAMBU :

Dm. = 1,14 Z.   F. = 8 L.   Gew. = 0,28 L.

729. A.: Wie der Vorige.

R.: Die Schrift etwas kleiner. Umschr.: ⊙ MONE : NOVA · CIVI : HAMBVRGENSIS ·   Dm. = 1,14 Z.   F. = 8 L.   Gew. = 0,273 L.

Vierschillingstücke von 1669.

730. A.: Im Kreise in drei Zeilen: · · · — · IIII · — SCHIL — LING — · ⊛ · Umschr.: ✠ LEOPOLDUS · D : G : RO : I : S : A : 1669

R.: Im Kreise die Burg. Umschr.: ♧ HAMBURGER · STADT · GELDT

Dm. = 1,16 Z.   F. = 7½ L.   Gew. = 0,252 L.

731. Wie das Vorige, im Avers die drei Punkte dicht auf die IIII und die Schrift
etwas anders gestellt.

732. Wie das Vorige, im Avers fehlen die Punkte über der IIII und unten ist die
fünfblättrige Blume durch eine lilienkreuzähnliche ersetzt.

Dm. = 1,16 Z.   F. = 7½ L.   Gew. = 0,246 L.

Vierschillingstück von 1702.

733. **A.:** Der vollständige Reichsadler, auf der Brust die Ziffer 4. Umschr.: LEO-
POLDUS · D · G · ROMA · IMP: SEM: AU

R.: Zwischen zwei Zweigen in drei Zeilen: 4 — SCHIL — LING, darunter im
ausgeschweiften Schilde die Burg. Zu beiden Seiten die getheilte Chiffer:
J — R. Umschr.: 1702. HAM — BURGER ⊗

Dm. = 0,89 Z.   F. = 9 L.   Gew. = 0,205 L.

S. die Abbildung.   Es giebt noch einen Stempel ohne wesentlichen Unterschied.

Vierschillingstück von 1703.

734. Ganz wie das Vorige, nur 1703.

Vierschillingstück von 1705.

735. Wie die Vorigen, nur nicht so sauber gearbeitet und 1705.

Vierschillingstück von 1725.

736. **A.:** Der vollständige Reichsadler, den Reichsapfel auf der Brust. Unten neben
dem Schwanze die Chiffer J · H · — L · Umschr.: CAROLVS · VI · D · G ·
ROM · IMP · SEMP · AVG ·

R.: Die Burg zwischen zwei Lorbeerzweigen und darunter im ovalen, barock-
verzierten Medaillon ⊗ IIII ⊗ — SCHILL · — ⊗ . Umschr.: ⊗ HAM-
BURGER · — CURRENT · 1725 ·   Dm. = 1 Z.   F. = 9 L.   Gew. = 0,209 L.

Von diesem wie von den folgenden giebt es mehrere Stempel, die aber kaum zu
unterscheiden sind.

Vierschillingstück von 1727.

737. Wie das Vorige, nur 1727.

Vierschillingstück von 1728.

738. Wie das Vorige, nur 1728.

Vierschillingstücke von 1738.

739. Dem Vorigen sehr ähnlich, doch gefälliger gezeichnet. Die Münzmeister - Chiffer J · H · L · steht unten um den Schwanz, und im Reverse steht im Medaillon nur IIII — SCHIL ·   Dm. = 1,04 Z.   Siehe die Abbildung.

739 a. Ein zweites Gepräge von demselben Jahre. Die Münzmeister - Chiffer steht unter dem Schwanz in einer Linie, und die Burg ist bedeutend kleiner.

Vierschillingstück von 1749.

740. A.: Der Reichsadler wie der Vorige, nur zierlicher. Umschr.: FRANCISCVS D · G · ROM · IMP · SEMP · AVG ·

    R.: Die Burg mit Medaillon und Verzierungen wie die Vorigen, nur breiter. Umschr.: ✿ HAMBVRGER — CVRRENT · 1749   Dm. = 1,02 Z.

Der Jahrgang von 1761, No. 741, gleicht dem von 1749, hat aber im Avers die Chiffer O. H. K. Die dann folgenden von 1762, 65 und 97, No. 742 bis 744, enthält die erste Abtheilung S. 167.

L. Doppelschillinge.

Die Doppelschillinge oder Zweischillingstücke wurden 1463 zuerst in Hamburg geschlagen und blieben längere Zeit hindurch die grösste Silbermünze. Sie wurden in grosser Menge und im Laufe der Zeit unter den verschiedenartigsten Geprägen ausgegeben. Die älteren führen auf der einen Seite die Burg auf einem Lilienkreuze, auf der andern die Madonna; die dann folgenden statt der Letzteren den Reichsadler, und die späteren grösstentheils statt des Adlers die Werthbezeichnung. Im 18ten Jahrhundert wurden nur selten Doppelschillinge geschlagen, und zwar nur in den Jahren 1725, 26 und 27, und zuletzt 1762 und 63. — Wie bei den Thalern und Markstücken tragen auch bei den Doppelschillingen der älteren Zeit mehrere Jahrgänge dieselben Jahreszahlen, und unterscheiden sich nur durch die veränderten Umschriften, die bei denen mit der Jahreszahl 1524 dadurch besonders auffallen, dass sie aus einem Gemisch von lateinischen und gothischen Buchstaben bestehen. Dasselbe Gemisch findet sich auf den gleichzeitigen Lübecker Doppelschillingen.

Doppelschillinge ohne Jahr (1463—68).

745. **A.:** Im Perlkreise, auf einem durch den Schriftrand reichenden Lilienkreuze, die Burg im Schilde. Umschr.: MONE — NOVA — hΛMB — VRGG'

R.: Im Perlkreise die Madonna, das Kind auf dem linken Arme, beide mit einem Heiligenscheine. Das Gewand der Madonna fällt in geraden Falten vom Gürtel herab. Zu ihren Füssen ein Abschnitt, worin ein Schild mit dem Nesselblatte, mit einem Art Gitter verziert, und zu beiden Seiten eine Säule und ein Ring. Umschr.: CONSERVΛ — NOS ❦ DNΛ'

Dm. = 1,23 Z.   F. = 14 L.   Gew. = 0,211 L.   S. die Abbild.

746. Ein gleiches Gepräge mit anders vertheilten Mauerfugen.

Dm. = 1,23 Z.   F. = 14 L.   Gew. = 0,225 L.

747. Ein sehr ähnliches Gepräge. Im Reverse fehlt neben dem Schilde die Gitterverzierung und steht dafür an den Säulen an jeder Seite ein Ring.

Dm. = 1,21 Z.   F. = 13 L.   Gew. = 0,223 L.

748. Ein dem Vorigen ähnliches Gepräge, worauf die Madonna ein gefälliger gefaltetes Gewand trägt.   Dm. = 1,22 Z.   Gew. = 0,238 L.

749. Ein dem Vorigen ähnliches Gepräge. Die Madonna hat ein mehr gebeugtes Haupt und in der Umschrift steht statt der Lilie ein Stern.

Dm. = 1,26 Z.   F. = 13 L.   Gew. = 0,207 L.

Doppelschilling ohne Jahr (? 1492).

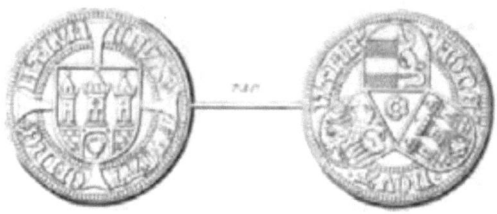

750. A.: Im Perlkreise auf einem durch den Schriftrand reichenden ausgebogenen Kreuze ein Schild mit der Burg, in dessen Thor das Nesselblatt. Umschr.: CRVX ✠ — FV6ÄT — OMNE ✠ — MÄLVM

R.: Auf einem Perlkreise die Wappenschilde von Wismar, Lüneburg und Lübeck mit den oberen Schildrändern zu einem Dreieck verbunden, worin eine sechs-blättrige Blume. Umschr.: ·MONE' — ·NOVÄ· — ħÄMB'

Dm. = 1,24 Z.   F. = 14—15 L.   Gew. = 0,234 L.   S. die Abbild.

Mit demselben Gepräge kommen Stücke von der sechsfachen Schwere, 1,48 Loth, vor, die also Markstücke sein sollen. Die entsprechenden Stücke für Lübeck und Lüneburg führt *Schnobel* in *Müller's* Münz- und Med.-Cab. an, er fand sie ½ Loth schwer.

Doppelschillinge mit der Jahreszahl 1524 (1524—52).

Avers:	Revers:
Im Perlkreise die Burg im Schilde auf einem durch den Schriftrand reichenden Lilienkreuze.	Im Perlkreise die gekrönte Madonna mit Heiligenschein, das Kind auf dem linken Arme. Unten ein Schild mit dem Nesselblatte, und daneben die getheilte Jahreszahl 15 — 24.

751.	·MON' — ·NOVA' — ·ħAM — ·BVR'	CONSERVÄ — NOS ✿ DNÄ'
752.	MON' ⊢ NOVA — ħÄM' — BVR'	CONSERVA — NOS ✿ DNÄ'
753.	MON' — NOVA — ħÄM' — BVR'	CONSERVÄ — NOS ✿ DNA'
754.	MON — NOVA' — ħAM — BVR'	CONSERVA — NOS ✿ DNÄ 8
755.	MON — °NOVA' — ħAM — °BVR°	CONSERVA — NOS ✿ DNÄ 8
756.	MON — NOVA — ħAM — BVR	CONSERVA — NOS ✿ DNÄ °'
757.	MON'° — NOVA — ħÄM' — BVR'°	CONSERVA — NOS ✿ DNA'

Avers:	Revers:
758. MON' — NOVA — ħAM — BVR	CONSERVA — NOS ✵ DNA'
759. MON' — NOVA' — ħAM' — BVR'	CONSERVA — NOS ✵ DNA'
760. MON' — NOVA — ħAM — BVR'	CONSERVA — NOS ✵ DNA'∘
761. ∘MON' — ∘NOVA — ∘ħAM' — ∘BVR'	CONSERVA — NOS ✵ DNA'
762. ∘MON' — NOVA' — ħAM' — ∘BIIR'	CONSERVA — NOS ✵ DNA'
763. ·MON' — ·NOVA — ·ħAM' — ·BVR'	CONSERVA — NOS ✵ DNA'
764. ∘MON' — ∘NOVA' — ħAM — ᵈBOR'	CONSERVA∘ — NOS ✵ DNA∘'
765. ·MON' — ·NOVA' — ·ħAM' — ·BVR'	CONSERVA — NOS ✵ DNA'
766. MON' — ∘NOVA' — ħAM' — ∘BVR'	CONSERVA — NOS ✵ DNA
767. MON' — NOVA' — ħAM' — BVR'	CONSERVA — NOS ✵ DNÁ'
768. MON' — NOVA — ħAM — BVR'	CONSERVA — NOS ✵ ƆNA'
769. MON — NOVA — ħAM' — BVR	CONSERVA — NOS ✵ ƆNA'
770. MON — NOVA — ħAM — BVR'	CONSERVA — NOS ✵ ƆNA'
771. ·MON' — ·NOVA' — ·HAM' — ·BVR'	CONSERVA' — NOS ✵ DNA'
772. MON' — NOVA' — HAM' — BVR'	CONSERVA — NOS ✵ DNA∘'
773. MON' — NOVA' — HAM' — BVR'	CONSERVA — NOS ✵ DNA'
774. MON' — ·NOVA — HAM' — ·BVR'	CONSERVA — NOS ✵ DNA∘'
775. ·MON' — NOVA' — HAM' — ·BVR'	CONSERVA — NOS ✵ DNA'
776. ·MON' — NOVA — ħAM' — ·BVR'	CONSERVA — NOS ✵ DNA'
777. MON' — NOVA — ħAM' — BVR'	CONSERVA — NOS ✵ DNA'
778. MON — NOVA — ħAM — BVR'	CONSERVA — NOS ✵ DNA'
779. MON' — NOVA — ħAM — BVR'	CONSERVA — NOS ✵ ƆNA'
780. MON — NOVA — NAM' — BVR'	CONSERVA — NOS ✵ ƆNA'
781. MON — NOVA — NAM' — BVR	CONSERVA — NOS ✵ ƆNA∘'
782. MON — NOVA — HAM' — BVR'	CONSERVA — NOS ✵ ƆNA'
783. MON — NOVA — HAM — BVR'	CONSERVA — NOS ✵ ƆNA'
784. MON — NOVA — HAM — BVR	CONSERVA — NOS ✵ ƆNA'
785. MON — NOVA — HAM — BVR	CONSERVA — NOS ✵ ƆNA
786. ∘MON — ∘NOVA — HAM' — ∘BVR'	CONSERVA — NOS ✵ ƆNA
787. MON — NOVA — HAM' — ∘BVR'	CONSERVA — NOS ✵ ƆNA
788. ·MON — ·NOVA — HAM· — BVR	CONSERVA — NOS ✵ ƆNA
789. MON' — NOVA' — HAM' — BVR'	CONSERVA — NOS ✵ ƆNA∘
790. MON — NOVA — HAM — BVR'	CONSERVA — NOS ✵ ƆNA'
791. MON — NOVA — HAM — BVR	CONSERVA — NOS ✵ ƆNA'
792. MON — NOV' — HAM — BVR	CONSERVA — NOS ✵ ƆNA'
793. MON — NOV' — HAM — BVR	CONSERVA — NOS ✵ ƆNA ᶜ'
794. ∘MON' — ∘NOVA' — ∘HAM' — ∘BVRG'	CONSERVA — NOS ✵ ƆNA'
795. ∘MON' — NOVA' — ∘HAM' — ∘BVRG'	CONSERVA — NOS ✵ ƆNA'

Dm. = 1,27 Z.   F. = 8 L.   Gew. = 0,248—0,289 L.

Doppelschillinge mit der Jahreszahl 1553 (1553—66).

796. A.: Im Perlkreise die Burg auf einem Lilienkreuze, wie die Vorigen. Umschr.:
MONE — NOVA — HAM — BVRG

R.: Im Perlkreise die gekrönte Madonna mit Heiligenschein, das Kind ohne Heiligenschein auf dem linken Arme. Unten im Abschnitte ein Schild mit dem Nesselblatte, und zu jeder Seite das Münzmeister-Zeichen ☙ und die Jahreszahl 5 — 3 (1553). Umschr.: DOMI × FIAT — VOLVN × TVA

Dm. = 1,26 Z.   F. = 7—8 L.   Gew. = 0,246 L.

Den Stempel des Averses besitzt die Stadtbibliothek.

797. Ein ähnliches Gepräge, auf dem die Schrift durch Punkte getheilt ist.

798. Ein ähnliches Gepräge. Die Madonna im anders gefalteten Gewande.

F. = 7—8 L.   Gew. = 0,239 L.

799. A.: Wie die Vorigen. Umschr.: MON — NOV — HAM — BVR

R.: Im Perlkreise die Madonna mit an der rechten Seite aufgenommenem Mantel. Umschr.: FIAT· VOL — VN· DOMIN·   Gew. = 0,216 L.

Den Stempel des Averses besitzt die Stadtbibliothek.

800. A.: Wie der Vorige.

R.: Die Madonna ganz en face, wie die Zeichnung bei *Langermann* S. 425 No. 5. Umschr.: DOMI· FIAT — VOLVN TV·   Gew. = 0,227 L.

801. A.: Wie die Vorigen.

R.: Die Madonna mit abweichendem Gewande. Umschr.: DOMI × FIAT — VOLVN × TV   F. = 15 L.   Gew. = 0,637 L.

Dieses Stück ist als halbes Markstück geprägt und vermuthlich nur eine anderweitige Nebenbenutzung des Doppelschillingstempels.

Doppelschillinge mit der Jahreszahl 1566.

802. A.: Die Burg auf dem Lilienkreuze wie die Vorigen. Umschr.: MON — NOV — HAM — BVR 甲

R.: Im Perlkreise die gekrönte Madonna mit Heiligenschein, das Kind ohne Heiligenschein auf dem linken Arm, den Mantel mit der rechten Hand aufgenommen. Unten im Abschnitt ein Schild mit dem Nesselblatte, zu dessen Seiten zwei liegende Roste und die Jahreszahl 6—6 (1566). Umschrift: DOMI × FIAT — VOLVN × TV·

Dm. = 1,17 Z.   F. = 7—8 L.   Gew. = 0,213 L.   L. S. 427.

Mit demselben Stempel sind Viertelthaler geprägt, die etwa 15 Loth fein sind und 0,487 Loth wiegen.

Doppelschillinge von 1592.

803. **A.:** Im Perlkreise ein Schild mit dem Reichsadler auf einem Lilienkreuze, das durch den Schriftrand reicht. Auf der Brust des Adlers der Reichsapfel mit der Ziffer 16 (16 Stück gleich einem Thaler). Ueber dem Schilde die Jahreszahl 9—2 (1592). Umschr.: RVDOL· — II· D· G· R — O· IM· S· — AV· P· F· D

    R.: Im Perlkreise die Burg mit birnförmigen Kuppeln. Umschr.: ⌘ S MONE· NOV· CIVITA· HAMBVRGE ○

        Dm. = 1,26 Z.   F. = 7—8 L.   Gew. = 0,216 L.   S. die Abbildung.

804. **A.:** Wie der Vorige mit kleinerem Perlkreise und Punkten zu beiden Seiten der Lilien. Umschr.: RVDOL· — II· D· G· R — O· I· S· A — V· P· F· D

    R.: Wie der Vorige mit kleinerem Perlkreise.   Gew. = 0,200 L.

805. **A.:** Wie der Vorige. Umschr.: RVDOL — II· D· G· R — O ○ IM ○ S 8 — A· P· F· D

    R.: Wie der Vorige, nur kleiner von Zeichnung.   Gew. = 0,211 L.

806. **A.:** Wie der Vorige, nur noch kleiner von Perlrand, so dass das Wappenschild so viel Raum einnimmt, dass die Jahreszahl auf den Perlrand kommt. Umschr.: RVDOL — II ○ D ○ G — R ○ IM ○ S — AV ○ P·· F· D

    R.: Dem Vorigen ähnlich, doch reicht die Burg oben in den Schriftrand. Umschr.: ⌘ ·MONETA ○ NOV ○ CIVITA ○ HAMBV ○

Doppelschillinge von 1593.

807. **A.:** Wie der Vorige, nur 9—3. Umschr.: RVDO — II· D: G — R· I· M· S — A· P· F· D·

    R.: Wie der Vorige. Umschr.: ⌘ MONE· NOV· CIVITA· HAMBVRG

        F. = 7—8 L.   Gew. = 0,202 L.

808. **A.:** Wie der Vorige. Umschr.: RVDO — L· II· D 8 — ○ G· R· I· S· — ·A P F D

    R.: Wie der Vorige.   Dm. = 1,22 Z.   F. = 7—8 L.   Gew. = 0,201 L.

Doppelschillinge von 1594.

809. **A.:** Dem Vorigen sehr ähnlich. Die Jahreszahl 9—4 mit verkehrter 4. Umschr.: RVDO — II· D: G — R· IM· S — A· P· F· D

    R.: Im Perlkreise, auf einem durch den Schriftrand reichenden Lilienkreuze, die Burg im Schilde. Umschr.: MON — NOVA — HAMB — VRG ⌘

        Dm. = 1,18 Z.   F. = 9 L.   Gew. = 0,182 L.   S. die Abbildung.

810. Ein dem Vorigen sehr ähnliches Gepräge mit etwas kleinerer Zeichnung und richtig gestellter 4.   Dm. = 1,16 Z.   F. = 8 L.   Gew. = 0,175 L.

811. A.: Wie der Vorige. Umschr.: RVDO — II · D: G — R · I · SE — A · P · F · D
R.: Wie der Vorige und die Jahreszahl 9—4 über dem Schilde. Umschrift:
MONE — NOVA — HAMB — VRG ·

                             F. = 9 L.   Gew. = 0,232 L.

812. A.: Wie der Vorige.
R.: Dem Vorigen ähnlich mit etwas grösserem Schilde und verändertem Wappen.
Die Lilien haben an der rechten Seite einen Punkt. Umschr.: MONE —
NOVA — CI· HAM — BVRG   F. = 9 L.   Gew. = 0,248 L.

Doppelschillinge von 1595.

813. A.: Dem Vorigen ähnlich, ohne Jahreszahl. Der untere Rand des Schildes wird
durch den Perlkreis gebildet. Umschr.: RVDO· — II· D: G· — R· I· SE·
— A· P· F· D·
R.: Dem Vorigen ähnlich, über dem Schilde die Jahreszahl 9—5. Umschrift:
MONE — NOVA — HAMB — VRG   Gew. = 0,186 L.

814. A.: Dem Vorigen ähnlich. Der Schild ganz innerhalb des Perlkreises. Darüber
die Jahreszahl 9—5.
R.: Wie der Vorige, doch steht die Jahreszahl 9—5 zu beiden Seiten des
Schildes unter dem Querbalken des Kreuzes.

Doppelschillinge von 1596.

815. A.: Dem Vorigen ähnlich, doch fehlt die Jahreszahl und der untere Schildrand.
Umschr.: RVDO — II· D: G — R· IM· — ·A· F· P· D
R.: Wie der Vorige, die Jahreszahl 9—6 über dem Schilde. Umschr.: MONE —
NOVA — HAMB — VRG ·   L. S. 442 No. 2 hat ihn als Klippe.

816. A.: Umschr.: RVDO· — II· D: G· — RO· I· S· — A· P· F· D·
R.: Umschr.: MON — NOVA — HAMB — VRG &

817. A.: Umschr.: RVDO· — II· D: G· — RO· I· S· — A· P· F· D·
R.: Umschr.: MON· — NOVA· — HAMB· — VRG &· Die Jahreszahl 96
am Wappen.

818. A.: Umschr.: MON — NOVA — HAMB — VRG
R.: Umschr.: MON — NOVA — HAM — BVRG & Die Jahreszahl 96 über
dem Schilde.

Doppelschillinge von 1597.

819. A.: Wie die Vorigen. Umschr.: RVDO — II· D: G· — RO· I· S· — A· P· F· D·
R.: Wie die Vorigen, mit der Jahreszahl 9—7 auf dem obern Schildrand.
Umschr.: MON — NOVA — HAMB — VRG &·

                         F. = 9 L.   Gew. = 0,184 L.

820. A.: Umschr.: RVDO — II· D: G· — RO· I· S· — A· P· F· D
     R.: Umschr.: MON — NOV — HAMB — URG ⚭

821. A.: Umschr.: RVDO — II· D· G — R· IM· S· — A· P· F· D·
     R.: Umschr.: MON — NOVA — HAMB — VRG ⚭   Gew. = 0,172 L.

822. A.: Umschr.: RVDO — II D G — R· I· SE — A· P· F· D
     R.: Umschr.: MON — NOVA — HAMB — VRG ⚭
               Dm. = 1,13 Z.   Gew. = 0,173 L.

823. A.: Umschr.: RVDO — II· D· G — R· I· SE — A· P: F· D
     R.: Umschr.: MONE — NOVA — HAMB — VRG ⚭
         Dm. = 1,12 Z.   F. = 9 L.   Gew. = 0,214 L.

Doppelschillinge von 1598.

824. A.: Der Adler im Schilde wie oben, doch so gross, dass sehr wenig Raum bis
     zum Perlrande bleibt. Umschrift: RVDO — II· D: G· — R· I· S· —
     A· P· F· D·
     R.: Die Burg in einem so grossen Schilde, dass die Ecken fortfallen und die
     Jahreszahl 98 in denselben gerückt ist. Umschr.: MON — NOV — HAMB
     — VRG ⚭   F. = 9 L.   Gew. = 0,243 L.

825. A.: Umschr.: RVDO — II· D: G — R· I· SE — A· P· F· D
     R.: Umschr.: ·MON· — ·NOVA· — HAMB· — ·VRG ⚭· Die 9 steht verkehrt.
               F. = 8 L.   Gew. = 0,27 L.

826. Wie No. 824, doch sind im Avers der obere Schildrand, die Scheine und Krone
     des Adlers weggefallen.   F. = 9 L.   Gew. = 0,184 L.

827. A.: Wie der Vorige. Umschr.: RVD — II· D G — R· I· S — A· P· F· D
     R.: Umschr.: MON — NOV — HAMB — VRG ⚭
         Dm. = 1,17 Z.   F. = 9 L.   Gew. = 0,198 L.

Doppelschillinge von 1599.

828. A.: Den Vorigen ähnlich, doch ist der Schild so gross, dass die Ecken und der
     Fuss wegfallen. Umschr.: RVD — II· D: G· — R· I· S· — ·A· P· F· D·
     R.: Wie der Vorige, nur 99. Umschr.: MON — NOVA — HAMB — VRG ✠
         Dm. = 1,14 Z.   F. = 8 L.   Gew. = 0,233 L.

829. A.: Wie der Vorige. Umschr.: RVDO — II D: G — R· I· SE — A· P· F· D
     R.: Wie der Vorige. Umschr.: ·MONE· — NOVA· — HAMB — VRG ✠·

Doppelschilling von 1600.

830. A.: Im Perlkreise der Adler im Schilde ohne Fussrand. Die Krone oben im
     Schriftrand. Umschr.: RVDO — II: D: G — R· I: S· A — :P: F: D

R.: Im Perlkreise die Burg von einem durch ersteren fast ganz verdeckten Schild-
rand umgeben. Oben halb im Schilde die Jahreszahl 6—00. Umschr.: MON
— NOV — HAMB — VRG ✠   F. = 8 L.   Gew. = 0,201 L.
Ein zweiter Stempel weicht nur unwesentlich ab.

Doppelschilling von 1601.

831. A.: Im Perlkreise der Adler, auf der Brust die Ziffer 16, in einem viereckigen
oben und unten in der Mitte ausgebogenen Schilde. Der Schriftrand wird
durch ein Lilienkreuz getheilt. Die Krone vertritt die obere Lilie. Umschr.:
RVDO — II: D: G — R: I: S: A — P: F· D

R.: Wie der Vorige, nur 6—01.

Doppelschillinge von 1602.

832. A.: Im Perlkreise der Reichsadler, auf der Brust die Ziffer 16. Der Schriftrand
durch ein Lilienkreuz getheilt. Die obere Lilie wird durch die Krone ersetzt.
Umschr.: RVD — II· D · G — RO: I: S — A: P: F: D.

R.: Im Perlkreise auf einem Lilienkreuze die Burg, zu deren Seiten die Reste
des Schildrandes. Ueber dem mittleren Thurme die Jahreszahl 6°2· Umschr.:
MON· — NOV· — HAMB· — VRG· ✠
F. = 9 L.   Gew. = 0,205 L.

833. A.: Wie der Vorige. Umschr.: RUDO — II· D · G — RO: I· S — A · P· F· D·

R.: Wie der Vorige, mit plumperem Wappen ohne Schildrand. Umschr.: MON
— NOU — ·HAM — BURG ✠   F. = 8 L.   Gew. = 0,182 L.

Doppelschillinge von 1603.

834. A.: Im Perlkreise der Reichsadler, die Ziffer 16 auf der Brust. Der Schriftrand
ist durch ein Lilienkreuz und die Krone getheilt. Umschr.: RUDO — II·
D: G· — RO· I· S — A · P· F· D:

R.: Im Perlkreise die Burg. Oben die Jahreszahl 603. Umschr.: MON —
NOU — HAMB — URG ✠   F. = 10 L.   Gew. = 0,216 L.

835. A.: Wie der Vorige. Umschr.: RUDO — II: D: G — RO· I· A· — ·P· F· D:
R.: Wie der Vorige.   F. = 10 L.   Gew. = 0,196 L.

836. A.: Wie der Vorige. Umschr.: RUD — II· D · G — RO· I· S· — A · P· F· D
R.: Wie der Vorige. Umschr.: MON — NOU — HAMB — URG ✠

Doppelschilling von 1604.

837. A.: Wie der Vorige. Umschr.: RUD — II· D: G· — R: I: A: — P: F· D:
R.: Wie der Vorige, nur 604. Umschr.: ✠ MON — NOU — HAM — BURG
F. = 10 L.   Gew. = 0,153 L.

Doppelschillinge von 1607.

838. A.: Wie der Vorige. Umschr.: RUD — ll · D : G — R · I · S · A — P · F · D ☾
R.: Wie der Vorige, über der Burg 607. Umschr.: MON — NOU — HAMB — URG · ∴

839. A.: Wie der Vorige. Umschr.: RUD · — ll · D · G · — R · I · S · A · — P · F · D ·
R.: Wie der Vorige. Umschr.: · MON · — · NOU · — HAMB · — · URG ☾ ·
F. = 8 L.   Gew. = 0,20 L.

Doppelschillinge von 1608.

840. A.: Wie der Vorige. Umschr.: ☾ · RUD · — ll · D · G — R · I · S · A · — P · F · D
R.: Wie der Vorige, nur 608. Umschr.: MON — NOU — HAMB — URG
F. = 8 L.   Gew. = 0,178 L.

841. A.: Wie der . Vorige. Umschr.: RUD — ll D G — R · I · S · A · — P · F · D ☾
R.: Wie der Vorige. Umschr.: MON — NOU — HAM — BURG
F. = 8 L.   Gew. = 0,225 L.   S. die Abbildung.

842. A.: Wie der Vorige. Umschr.: RUD — ll · D · G — RO · I · S — A · P · F · D
R.: Wie der Vorige. Umschr.: MON — NOU — HAMB — URG:
Gew. = 0,212 L.

843. A.: Wie der Vorige. Umschr.: MON — NOU — HAMB — URG ☾
R.: Wie der Vorige. Umschr.: MON — NOU — HAMB — URG

Doppelschillinge von 1614.

844. A.: Im Perlkreise der Reichsadler, auf der Brust die Ziffer 16. Der Schriftrand
ist durch ein Lilienkreuz und die Krone getheilt. Umschr.: · MATT: — D:
G: R: — IM: S: A: — P: F: D·
R.: Im Perlkreise auf einem Lilienkreuze, in einem ausgeschweiften Schilde die
Burg. Zwischen den Thürmen die Jahreszahl 1—6—1—4. Umschr.: MONE
— NO: CI: — HAMB — VRG · ☾   Dm. = 1,03 Z.   S. die Abbild.

845. A.: Wie der Vorige.
R.: Im Perlkreise die Burg. Der Schriftrand durch drei Lilien und den Kopf
getheilt. (Wie die Zeichnung von No. 849.) Umschr.: ☾ MON — NO: C:
HAM — B· 1614·   Dm. = 1,05 Z.   F. = 10 L.   Gew. = 0,153 L.

846. A.: Wie der Vorige. Umschr.: MATT — D: G: R: — IM: S: A: — P; F: D:
R.: Wie der Vorige. Umschr.: ☾ MONE· — NO: CI — HAMB — V: 1614·
Dm. = 1,05 Z.   F. = 10 L.   Gew. = 0,162 L.

Doppelschilling von 1615.

847. A.: Wie der Vorige. Umschr.: MAT: — D: G: R: — I: S: A: — P · F · D·
R.: Wie der Vorige. Umschr., ☾ MON: — NO: C: — HAM — B: 1615
Dm. = 1,07 Z.   F. = 7 L. 10 Gr.   Gew. = 0,177 L.
Es giebt einen zweiten Stempel ohne besondere Abweichung.

Doppelschillinge von 1616.

848. Wie der Vorige, nur 1616.   F. = 7 L. 10 Gr.   Gew. = 0,161 L.

849. ·A.: Wie der Vorige.   Umschr.: MAT· — D: G̶: R: — IM S A — P: F: D:

    R.: Wie der Vorige.   Umschr.: ☊ MO: N: — NO: C: — HAMB — V: 1616

         Dm. = 1,05 Z.   F. = 7 L. 10 Gr.   Gew. = 0,161 L.   S. die Abbildung.˙

Doppelschilling von 1617.

850. A.: Wie der Vorige.   Umschr.: MAT: — D: G: R· — IM: S: A: — P· F· D·

    R.: Wie der Vorige.   Umschr.: ☊ MON: — NO: C: — HAM — B: 1617

                     F. = 7 L. 10 Gr.   Gew. = 0,151 L.

      Es giebt mehrere Stempel mit unwesentlichen Abweichungen.

Doppelschilling von 1619.

851. A.: Im Perlkreise der Reichsadler.   Der Schriftrand ist wie bei den Vorigen

       durch die Krone und drei Lilien getheilt. Umschr.: MATT· — D: G· R· —

       IM: SE — AVG: ☊

    R.: Im Perlkreise die Wappenschilder von Lübeck und Hamburg zusammen-

       geschoben. Darüber: (DALER) — A· — 20··STVC und darunter: 24·♐·

       Umschr.: MONETA· HANBVRGENSIS· 1619

           Dm. = 1,7 Z.   F. = 10 L.   Gew. = 0,206 L.

      L. S. 411 No. 5, wo aber HAM statt HAN steht.

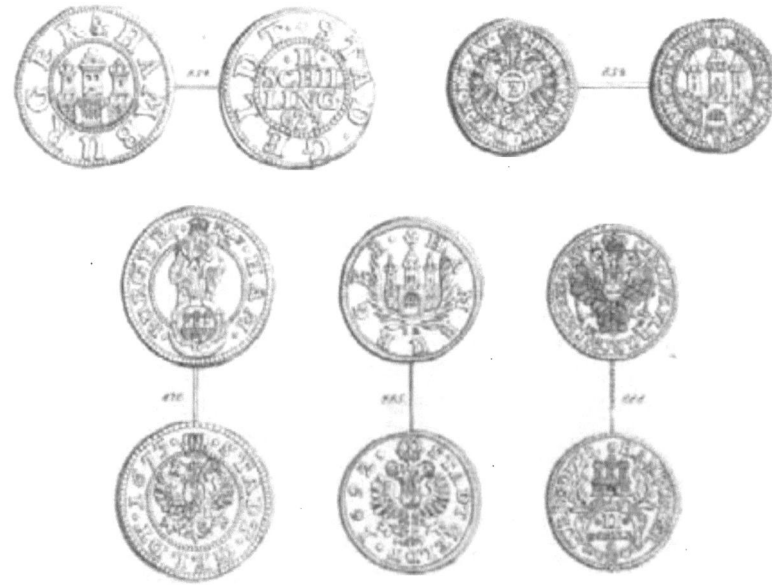

Doppelschillinge ohne Jahr (1620 oder 21).

852. A.: Im Perlkreise der Reichsadler, den Reichsapfel auf der Brust, worin die
Ziffer 2. Umschr.: FERDINAN · II · D · G · R · I · S · AV ·

    R.: Im Perlkreise die Burg. Umschr.: ⚏ MO · NOV · CI · HAMBVRGENSIS

        Dm. = 0,86 Z.   F. = 15 L.   Gew. = 0,119 L.   S. die Abbildung.

853. A.: Der Adler wie der Vorige, mit längerem Schwanze, so dass er den Schriftrand theilt. Umschr.: FERDINAND · — II · D: G · R · I · S · A ·

    R.: Wie der Vorige.

Doppelschillinge von 1623.

854. A.: Im Perlkreise die Burg. Umschr.: ⚏ HAMBURGER

    R.: Im Perlkreise in vier Zeilen: ·II· — SCHIL — LING — 623   Umschr.:
✠ STAD · GELDT

        Dm. = 1,07 Z.   F. = 8 L.   Gew. = 0,137 L.   S. die Abbildung.

855. Ein gleiches Gepräge, jedoch STADT für STAD.

Doppelschillinge von 1624.

856. A.: Wie der Vorige. ·Umschr.: Γ· HAMBURGER·

    R.: Wie der Vorige, nur 624. Umschr.: Γ STAD · GELDT ·

857. A.: Wie der Vorige.

    R.: Im Perlkreise: ·II· — SCHIL — LING — ···   Umschr.: Γ STAD · GELDT ·
1624 ·

858. A.: Wie der Vorige. Umschr.: Γ HAMBURGER?

    R.: Wie der Vorige. Umschr.: Γ STADT GELDT · 1624 ·

           F. = 8 L.   Gew. = 0,132 L.

    Es giebt noch ein Gepräge ohne wesentliche Abweichungen, die vorzüglich in der
Stellung der Schrift liegen.

Doppelschillinge von 1628.

859. A.: Im Perlkreise die Burg. Umschr.: Γ HAMBURGER

    R.: Im Perlkreise: ·II· — SCHIL — LING — ···   Umschr.: Γ STAD GELDT·
1628 ·   Dm. = 0,94 Z.   F. = 8 L.   Gew. = 0,138 L.

860. Wie der Vorige, jedoch unter LING nur ein Punkt.

861. Wie No. 859, nur mit zwei Punkten neben dem Zainhaken im Avers.

    Auch von diesem giebt es noch Stempel, die sich vorzüglich durch die verschieden
geformte Zwei unterscheiden.

Doppelschilling von 1631.

862. Wie No. 859, nur 1631.   F. = 8 L.   Gew. = 0,120 L.

Doppelschilling von 1636.

863. A.: Im Perlkreise die Burg. Umschr.: ✗ HAMBURGER
R.: Im Perlkreise: · II · — SCHIL — LING — · ⊛ · Umschr.: ⊛ STAD·
GELDT · 1636   F. = 8 L.   Gew. = 0,137 L.

Doppelschilling von 1637.

864. A.: Im Perlkreise die Burg. Umschr.: ⊛ ✗ ⊛ HAMBURGER·
R.: Im Perlkreise: · II · — SCHIL — LING — · ⊛ · Umschr.: ⊛ STAD GELDT·
1637·

Doppelschilling von 1639.

865. A.: Im Perlkreise die Burg. Umschr.: ✵ HAMBURGER·
R.: Im Perlkreise: · II · — SCHIL — LING — ··· Umschr.: ⊛ STAD· GELDT
1639   Dm. = 1 Z.   F. = 8 L.   Gew. = 0,112 L.   L. S. 330 No. 3.

Doppelschilling von 1641.

866. A.: Im Perlkreise die Burg. Umschr.: ✵ HAMBURGER·
R.: Im Perlkreise: · II · — SCHIL — LING — · ⊛ · Umschr.: ⊛ STAD·
GELDT· 1641   F. = 8 L.   Gew. = 0,128 L.

867. A.: Wie der Vorige. Umschr: ⊛ ✵ ⊛ HAMBURGER
R.: Wie der Vorige.

Doppelschillinge von 1646.

868. A.: Im Perlkreise die Burg. Umschr.: ✵ ✢ HAMBURGER ✢
R.: Im Perlkreise: · II · — SCHIL — LING — · ✢ · Umschr.: ⊛ STAD·
GELDT· 1646·   Dm. = 0,97 Z.   F. = 8 L.   Gew. = 0,119 L.

869. A.: Wie der Vorige. Umschr.: ✵ ⊛ HAMBURGER ⊛
R.: Im Perlkreise: · II · — SCHIL — LING — · ⊛ · Umschr.: ⊛ STADT·
GELDT· 1646

869a. A.: Wie der Vorige. Umschr.: ✵ ⊛ HAMBURGER· ⊛
R.: Wie der Vorige. Umschr.: ⊛ STAD· GELDT· 1646   Gew. = 0,134 L.

Doppelschilling von 1647.

870. A.: Wie der Vorige. Umschr.: ✵ HAMBURGER
R.: Wie No. 869, nur 1647   F. = 8 L.   Gew. = 0,114 L.

Doppelschilling von 1659.

871. A.: Wie der Vorige. Umschr.: ⊛ ✵ ⊛ HAMBURGER
R.: Im Perlkreise: · II · — SCHIL — LING — · ⊛ · Umschr.: ⊛ STADT·
GELDT· 1659

Doppelschillinge von 1660.

872. A.: Im Perlkreise die Burg. Umschr.: ✳ ⊛ HAMBURGER ⊛

R.: Im Perlkreise: ·II· — SCHIL — LING — ··· Umschrift: ⊛ STADT· GELDT· 1660.   F. = 8 L.   Gew. = 0,138 L.

'873. A.: Wie der Vorige. Im Revers statt der drei Punkte: ·⊛·

Dm. = 0,94 Z.   Gew. = 0,15 L.

Doppelschilling von 1669.

874. A.: Im Perlkreise die Burg. Umschr.: ♧ ✛ HAMBURGER· ✛

R.: Im Perlkreise: ·II· — SCHIL — LING — ·⊛· Umschr.: ⊛ STADT· GELDT· 1669   F. = 8 L.   Gew. = 0,130 L.

Doppelschilling von 1670.

875. Wie der Vorige, nur 1670.   Gew. = 0,125 L.

Doppelschillinge von 1673.

876. A.: Im Perlkreise der Reichsadler, auf der Brust: $\frac{2}{8}$. Umschrift: ·STADT· GELDT· 1673·

R.: Im Perlkreise die gekrönte Madonna, das Kind im linken Arme, in der rechten Hand das Scepter. Zu ihren Füssen die Burg im verzierten Schilde, das auf der Mondsichel ruht. Umschr.: M·♧F· HAM· — ·BURGER

Dm. = 1,02 Z.   F. = 8 L.   Gew. = 0,150 L.   S. die Abbild.

877. Wie der Vorige, nur im Revers in der Umschrift unten zwei Blumen.

Doppelschilling von 1674.

878. A.: Der Reichsadler, auf der Brust die Ziffer 2. Umschr.: ·STADT· GELDT· 1674·

R.: Die Madonna wie beim Vorigen. Umschr.: ᴴᴸ· HAM ⊛ — ⊛ BURGER

Dm. = 0,91 Z.   F. = 8 L.   Gew. = 0,143 L.

Doppelschilling von 1675.

879. Wie der Vorige, nur 1675.   F. = 8 L.   Gew. = 0,143 L.

Doppelschilling von 1677.

880. Wie der Vorige, nur 1677. Zwei verschiedene Stempel ohne wesentliche Abweichung.   F. = 8 L.   Gew. = 0,142 L.

Doppelschilling von 1678.

881. Wie der Vorige, nur 1678. Zwei Stempel.   F. = 8 L.   Gew. = 0,145 L.

Doppelschilling von 1687.

882. Wie die Vorigen, nur 1687 und anders gestellte Schrift.

F. = 7 L.   Gew. = 0,120 L.

Doppelschilling von 1688.

883. Wie die Vorigen, nur 1688 und statt des Reichsapfels ein unten zugespitztes Oval, worin die Ziffer 2. Oben fehlen die beiden Punkte in der Umschrift. Drei ganz ähnliche Stempel.   Dm. = 0,91 Z.   F. = 7 L.   Gew. = 0,130 L.

Doppelschilling von 1689.

884. Wie der Vorige, nur 1689.   F. = 7 L.   Gew. = 0,123 L.

Doppelschilling von 1692.

885. A.: Der Reichsadler, auf der Brust den Reichsapfel, worin die Ziffer 2. Umschr.: STADT GELDT · 1692

     R.: Die Burg zwischen zwei Palmzweigen, darunter die Chiffer J R. Umschr.: ⊛ HAMBURGER ·   F. = 7 L.   Gew. = 0,135 L.   S. die Abbild.

Doppelschilling von 1693.

886. Wie der Vorige, nur 1693.   F. = 7 L.   Gew. = 0,135 L.

Doppelschilling von 1695.

887. Wie der Vorige, nur 1695 und Punkte neben der Krone und der Münzmeister-Chiffer.   F. = 7 L.   Gew. = 0,140 L.

Doppelschilling von 1725.

888. A.: Der vollständige Reichsadler, neben dem Schwanz die Chiffer J · H · — L · Umschr.: CAROLVS · VI · D · G · ROM IMP · SEMP. AVG ·

     R.: Die Burg zwischen zwei Lorbeerzweigen, darunter in einem verzierten runden Medaillon: ⊛ II ⊛ — SCHILL — ⊛. Umschr.: ⊛ HAMBURGER · — CURRENT · 1725 ·   Dm. = 0,88 Z.   F. = 7 L.   Gew. = 0,134 L.   S. die Abbild.

Doppelschilling von 1726.

889. Wie der Vorige, nur 1726.

Doppelschilling von 1727.

890. Wie der Vorige, nur 1727.

     Diese drei Letzten sind verkleinerte Nachbildungen der Vierschillingstücke No. 736 u. 737.

     Später wurden nur noch 1762 und 1763 Doppelschillinge, No. 891, 892 und 893, geschlagen, die sich in der ersten Abtheilung S. 169 finden.

M. Schillinge.

Die Schillinge werden als geprägte Münze erst 1432 aufgeführt und sind wahrscheinlich zu Anfang des 15ten Jahrhunderts in Hamburg zuerst geschlagen. Sie sind eine der wenigen Münzsorten, die bis in die neueste Zeit, wenn auch bei bedeutend vermindertem Werth, fast ununterbrochen geprägt wurden. Im Jahre 1432 gab eine feine Mark 147 Stück, von 1725 an wurden 576, also mehr als dreimal so viel aus derselben bereitet. Das ursprüngliche Gepräge, auf der einen Seite die Burg, auf der andern ein Kreuz mit dem Nesselblatt, wurde mit geringen Veränderungen bis 1572 beibehalten. Von 1572 bis 76 ist das Kreuz durch den Reichsapfel mit der Ziffer 32 ($\frac{1}{32}$ Thaler) ersetzt, der 1577 mit dem Reichsadler vertauscht wurde, um die Verwechslung der Schillinge mit den auswärtigen Groschen zu vermeiden. Später liess man auch den Reichsadler fort und brachte dafür die Ziffer 48 mit verschiedenen Umgebungen an, da von 1622 an 48 Schillinge auf den Thaler gerechnet wurden. Die Münzregulirung von 1725, die das Markstück als Hauptmünze hinstellte, brachte dem Schilling die Inschrift: „1 Schilling“, die sich mit verschiedenen Zusätzen bis auf die heutige Zeit erhalten hat. Die Burg befindet sich auf allen Geprägen, mit verschiedenen Umschriften.

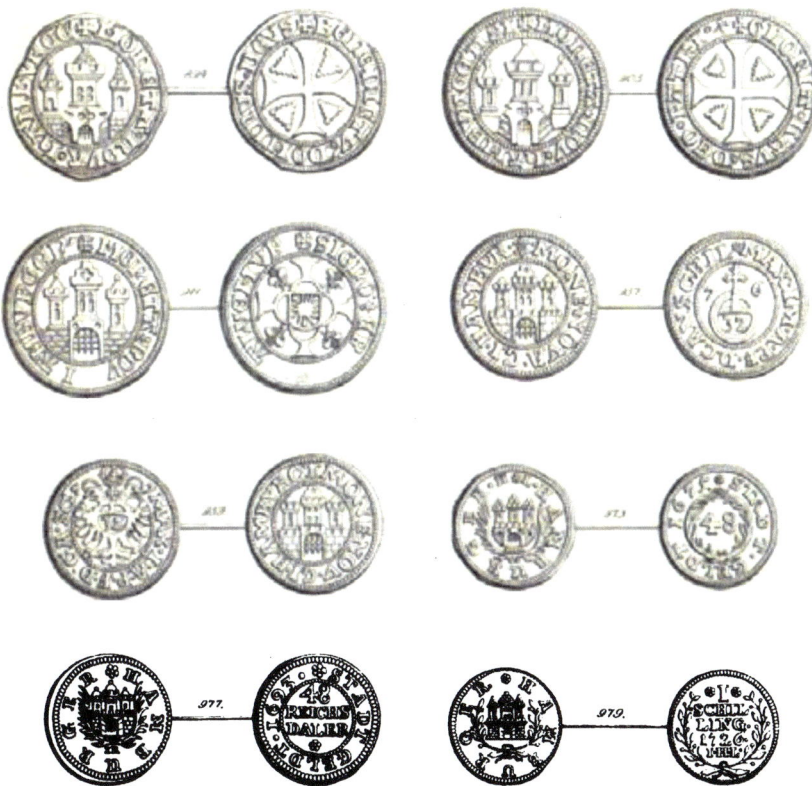

Schillinge ohne Jahr aus der ersten Hälfte des 15ten Jahrhunderts.

Avers:	Revers:
Im Perlkreise die Burg.	Im Perlkreise ein ausgebogenes Kreuz von Nesselblättern begleitet.

894. ✠ MONETA o NOVA o hAMBVRGE' ✠ BENEDICTV' o DOMINVS o DEVS
895. ✠ MONETA · NOVA o hAMBVRGE' ✠ BENEDICTV' · DOMINVS o DEVS
896. ✠ MONETA o NOVA o hAMBVRGE' ✠ BENEDICTV' DOMINVS o DEVS
897. ✠ MONETA ✳ NOVA ✳ hAMBVRGE' ✠ BENEDICTV' ? DOMINVS ? DEVS
898. ✠ MONETA · NOVA · hAMBVRGE' ✠ BENEDICTV' · DOMINVS · DEVS
899. ✠ MONETA · NOVA . hAMBVRGEN' ✠ BENEDICTV' · DOMINVS · DEVS
900. ✠ MONETA o NOVA o hAMBVRGES ✠ BENEDICTV' ✳ DOMIVS ✳ DEVS?
901. ✠ MONETA o NOVA o hAMBVRGES ✠ BENEDICTVS DOMIVS ✳ DEVS?
902. ✠ MONETA o NOVA o hAMBVRGES ✠ BENEDITV o DOMIVS DEVS
903. ✠ MONETA o NOVA o hAMBVRGENS ✠ BENEDICTVS ✳ DOMINVS o DEVS
904. ✠ MONETA o NOVA o hAMBVRGENSI ✠ BENEDICTVS o·· DOMINV o DEVS

Dm. = 1,08 Z.   F. = 12 L.   Gew. = 0,145 bis 0,175 L.   S. die Abbild.

Drei Stempel des Reverses von No. 899, sehr wenig verschieden, aber mit schlankerem Kreuz, ähnlich No. 905, besitzt die Stadtbibliothek.

Schilling ohne Jahr aus der Mitte des 15ten Jahrhunderts.

905. A.: Im Perlkreise die Burg. Umschr.: ✠ MONETA ✳ NOV ✳ hAMBVRGENSI
R.: Im Perlkreise ein schlankes ausgebogenes Kreuz, in den Winkeln von Nesselblättern begleitet. Umschr.: GLORIA o LAVS o DEO o PATRI o ÷

Dm. = 1,07 Z.   F. = 10 L.   Gew. = 0,154 L.   S. die Abbild.

Schilling ohne Jahr aus der letzten Hälfte des 15ten Jahrhunderts.

Avers:	Revers:
Im Perlkreise die Burg.	Im Perlkreise ein eingebogenes Kreuz, in dessen Mitte ein Schild mit dem Nesselblatt, der mit vier Bögen und vier mit Kleeblättern verzierten Spitzen geschmückt ist.

906. ✠ MONETA o NOVA ⚹ hAMBVRGEN' ✠ SIGNO ⚹ CRVCIS ✳ SALVEMVR
907. ✠ MONETA o NOVA ⚹ hAMBVRGEN' ✠ SIGNO ⚹ CRVCIS ⚹ SALVEMVR
908. ✠ MONETA o NOVA ⚹ hAMBVRGEN' ✠ SIGNO ⚹ CRVCIS o SALVEMVR
909. ✠ MONETA o NOVA + hAMBVRGEN' ✠ SIGNO + CRVCIS + SALVEMVR o
910. + MONETA o NOVA o hAMBVRGEN' o ✠ SIGNO + CRVCIS + SALVEMVR o

Dm. = 1,04 Z.   F. = 10 L.   Gew. bis 0,158 L.

Siehe oben die ähnliche Zeichnung von No. 911.

Schilling ohne Jahr aus der letzten Hälfte des 15ten Jahrhunderts.

911. A.: Im Perlkreise die Burg. Umschr.: ✠ MONETA § NOV . . hAMBVRGEN'
   R.: Im Perlkreise das Kreuz mit dem Nesselblatte in der Mitte. Der Schild mit vier
   Bögen und vier mit Lilien gezierten Spitzen geschmückt. Umschr.: ✠ SIGNO · §
   GR...S. SÆLVGMVR   Dm. = 1,08 Z.   F. = 10 L.   Gew. = 0,144 L.   S. die Abbild.

912. A.: Wie der Vorige. Umschr.: ✠ MONETA § NOVÆ § hAMBVRGG'
   R.: ?

Den Stempel des Averses besitzt die Stadtbibliothek.

Schillinge mit der Jahreszahl 1553 (1553—65).

Avers:	Revers:
Im Perlkreise die Burg. Bei den verschiedenen Geprägen verschieden, mit spitzen Dächern, ausgeschweiften und runden Kuppeln auf den Thürmen, erhabenen und vertieften Mauerfugen.	Im Perlkreise das ausgeschweifte Kreuz, in dessen Mitte ein Schild mit Nesselblatt, der mit vier Bögen und vier mit Kleeblättern verzierten Spitzen geschmückt ist.

	Avers	Revers
913.	⚜ MONE + NOV + HAMBVRGENS 1553	⚜ CRVX + CHRI + GLORIATIO + NRA
914.	⚜ MONE○NOV○HAMBVRGENS○1553	+ CRVX + CHRI + GLORIATIO + NRA
915.	⚜ MON + NOV + HAMBVRGENS + 1553	+ CRVX ○ CHRI ○ GLORIATIO ○ NRA
916.	⚜ MON + NO + HAMBVRGENS + 1553	· CRVX ○ CRISTI ○ GLORIA ○ NOS · 1553
917.	⚜ MONETA ○ NO ○ HAMBVRGENS	× CRVX ○ CHRIS · ○ GLORIA ○ NO 1553
918.	⚜ MONETA ○ NO ○ HAMBVRGENSI	× CRVX × CHRIS × GLORIA × NO 1553
919.	⚜ MONETA ○ NO ○ HAMBVRGENSI	○ CRVX ○ CHRIS ○ GLORIA ○ NO 1553
920.	⚜ MONETA · NOVA · HAMBVRGE	· CRVX · CHRIS · GLORIA · NO 1553
921.	⚜ MONETA NOVA HAMBVRGE	. CRVX . CHRIS . GLORIA · NOS 1553
922.	⚜ MONETA NOVA · HAMBVRGEN	× CRVX ○ CHRIS ○ GLORIA ○ NO 1553
923.	⚜ MONE · NOVA · HAMBVRGEN	· CRVX · CHRIS · GLORIA · NO 1553
924.	⚜ MONE · NOVA · HAMBVRGEN	○ CRVX · CHRIS · GLORIA · NO 1553
925.	⚜ MONE · NOVA · HAMBVRGEN	× CRVX · CHRIS · GLORIA · NO 1553
926.	⚜ MONE · NOVA · HAMBVRGEN .	× CRVX ○ CHRIS ○ GLORIA ○ NO · 1553
927.	⚜ MONE · NOVA · HAMBVRGEN	CRVX · CHRIS · GLORIA · NOS 1553
928.	⚜ MONE · NOVA · HAMBVRGEN	× CRVX · CRIS · GLORIA · NOS 1553
929.	⚜ MONE ○ NOVA ○ HAMBVRGEN	⊛CRVX ○ CHRIS ○ GLORI ○ NOS 1553
930.	⚜ MONE ○ NOVA ○ HAMBVRGEN	× CRVX ○ CHRIS ○ GLORIA ○ NO 1553
931.	⚜ MONE ○ NOVA ○ HAMBVRGEN	○ CRVX ○ CHRISTI ○ GLORIA ○ NOS 1553
932.	⚜ MONE ○ NOVA ○ HAMBVRGEN	· CRVX · CHRIS · GLORIA · NO 1553
933.	⚜ MONE · NOVA · HAMBVRGENS	⊛CRVX ○ CHRIS ○ GLORIA NOS 1553
934.	⚜ MONE · NOVA · HAMBVRGENS	. CRVX · CHRIS · GLORIA · NOS 1553
935.	⚜ MONE · NOVA · HAMBVRGENS	× CRVX · CHRISTI · GLORI · NO 1553
936.	⚜ MONE ○ NOVA ○ HAMBVRGENS	? CRVX · CHRIS · GLOR · NOS 1553

Avers:	Revers:
937. ♃ MONE ○ NOVA ○ HAMBVRGENS	. CRVX · CHRIS · GLORIA · NO 1553
938. ♃ MONE ○ NOVA ○ HAMBVRGENS	CRVX · CHRIS · GLORIA · NO 1553
939. ♃ MONE ○ NOVA ○ HAMBVRGENS	× CRVX ○ CHRIS ○ GLORIA ○ NO 1553
940. ♃ MONE NOVA HAMBVRGENSI	CRVX CHRISTI GLORI · NO 1553
941. ♃ MONE NOVA HAMBVRGENSI	× CRVX ○ CHRISTI ○ GLORI ○ NO 1553
942. ♃ MONE ○ NOVA ○ HAMBVRGENSI	× CRVX ○ CHRISTI ○ GLORI ○ NO 1553
943. ♃ MONE × NOVA × HAMBVRGENSI	× CRVX · CHRISTI · GLORI · NO 1553
944. ♃ MONE × NOV × HAMBVRGENSI	× CRVX ○ CHRIS ○ GLORIA NO 1553
945. ♃ MONE · NOVA · HAMBVRGENSIS	× CRVX CHRIS GLORIA · NO 1553
946. ♃ MONE . NOVA · HAMBVRGENSIS	× CRVX · CHRIS · GLORIA · NOS 1553
947. ♃ MONE · NOVA · HAMBVRGENSIS	· CRVX · CHRIS · GLORIA · NO 1553
948. ♃ MONE · NOV · HAMBVRGENSIS	CRVX CHRIS · GLORI · NOS 1553

Dm. = 0,97 Z.   F. = 7 L.   Gew. = 0,132 L.   L. S. 433 No. 1.

Siehe die sehr ähnliche Abbildung des Folgenden.   Die Stempel der Reverse von No. 946 und 948 besitzt die Stadtbibliothek.

Schillinge mit der Jahreszahl 1566 (1566—68).

Avers:	Revers:
Im Perlkreise die Burg.	Im Perlkreise das Kreuz mit dem Nesselblatt wie die Vorigen.
949. ⊞ MONE NOVA · HAMBVRGENSI	CRVX · CHRISTI · GLORI NO 1566
950. ⊞ MONE · NOVA · HAMBVRGENSI	⊞ CRVX · CHRISTI · GLOR · NOS 1566
951. ⊞ MONE · NOVA ○ HAMBVRGENSI	⊞ CRVX CHRIS ○ GLORI ○ NOS ○ 1566
952. ⊞ MONE · NOVA · HAMBVRGENSI	⊞ CRVX ○ CRIS ○ GLORI ○ NOST 1566
953. ⊞ MONE · NOV · HAMBVRGENSIS	⊞ CRVX · CHRISTI · GLOR · NO 1566
954. ⊞ MONE · NOV · HAMBVRGENSIS	CRVX ○ CHRISTI GLORI ○ NO 1566

Dm. = 0,95 Z.   F. = 7 L.   Gew. = 0,123 L.   L. S. 434 No. 1.

Dasselbe Gepräge ist auch zu Viertelthalern benutzt, die ¼ Loth wiegen, weshalb auch *Langermann* es als Viertelthaler aufführt.

Schilling von 1572.

955. A.: Im Perlkreise ein Reichsapfel, worin die Ziffer 32 (gleich einem Thaler). Zu beiden Seiten des Kreuzes die Jahreszahl 7 — 2 (1572). Umschr.: ⊕ MAX · IM · A · P · F · D · GAN · SCHIL (Ganzer Schilling).

R.: Im Perlkreise die Burg. Umschr.: ⊠ · MONE · NOVA · CI · HAMBVR

Dm. = 1,95 Z.   F. = 8 L.   Gew. = 0,10 L.

Siehe die sehr ähnliche Zeichnung von No. 957.

Schilling von 1575.

956. A.: Wie der Vorige, nur 75. Umschr.: ❀ MAX· IM· A· P· F· D· GAN· SCHIL
R.: Wie der Vorige. Umschr.: ❀ MONE· NOV· CI· HAMBVR

Schilling von 1576.

957. A.: Wie der Vorige, nur 76. Umschr.: ❀ MAX· IM· A· P· F· D· GAN SCHIL
R.: Wie der Vorige. Umschr.: ❀ ·MONE· NOVA· CI· HAMBVR·

Dm. = 0,95 Z. F. = 8 L. Gew. = 0,087 L. S. die Abbild.

Schillinge von 1577.

958. A.: Im Perlkreise der Reichsadler, auf der Brust die Ziffer 32. Neben den
Köpfen die Jahreszahl 7—7 (1577). Umschr.: MAX· I· A· P· F· D· GA· SG
R.: Im Perlkreise die Burg. Umschr.: ❀ MONE· NOV· CI· HAMBVRG

959. A.: Wie der Vorige. Umschr.: MAX· I· A· P· F· D· GA· SCH·
R.: Wie der Vorige. Umschr.: ❀ MONE· NOV· CI· HAMBVR·

Dm. = 0,90 Z. F. = 9 L. Gew. = 0,118 L. S. die Abbild.

Schilling von 1582.

960. A.: Wie der Vorige. Umschr.: ·RV II· I· A· P· F· D· G· SC· 82·
R.: Wie der Vorige. Umschr.: ❀ MONE· NOV· CI· HAMBVRG·

Dm. = 0,90 Z. Den Stempel besitzt die Stadtbibliothek.

Schilling von 1592.

961. A.: Wie der Vorige, ohne Jahreszahl. Umschr.: MAX· I· A· P· F· D· GA· SCH?.
R.: Wie der Vorige. Umschr.: ❀ MONE· NO: CI: HAMBOR ○92

Schillinge ohne Jahr (1620 oder 21).

962. A.: Im Perlkreise der Reichsadler, auf dessen Brust die Ziffer I. Umschrift:
FERDIN· II· D· G· R· I· S· A
R.: Im Perlkreise die Burg. Umschr.: 🜚 MO· NO· CI· HAMBVR·

963. A.: Wie der Vorige. Umschr.: FERDIN: II· D: G: R: I: S: A·
R.: Wie der Vorige. Dm. = 0,67 Z. F. = 15 L. Gew. = 0,065 L.
Verkleinerte Nachbildung des Doppelschillings No. 852.

Schilling von 1639.

964. A.: Im Perlkreise die Burg. Umschr.: ✳ HAMBURG: STADT· GELD
R.: Im Perlkreise die Ziffer 48 in einem Schilde, der mit vier grossen und vier
kleinen Bögen u. s. w., ähnlich wie auf den alten Schillingen aus dem Ende
des 15ten Jahrhunderts verziert ist. Umschr.: CRUX: CHRIS: GLOR·
NO: 1639: Dm. = 0,82 Z. F. = 8 L. Gew. = 0,073 L.
Siehe die ähnliche Zeichnung von No. 968 bei L. S. 329 No. 4.

Schillinge von 1641.

965. A.: Wie der Vorige. Umschr.: ✻ HAMBVR: STAD· GELDT·
R.: Wie der Vorige. Umschr.: ·CRUX: CHRIS: GLO: NO: 1641
F. = 7 L. Gew. = 0,084 L.

966. A.: Wie der Vorige.
R.: Wie der Vorige. Umschr.: CRUX CHRIS GLORI NO 1641 Gew. = 0,080 L.

Schilling von 1646.

967. A.: Wie der Vorige. Umschr.: ✻ HAMBURG: STAD· GELD
R.: Wie der Vorige. Umschr.: ·CRUX· CHRIS: GLORI: NO: 1646
Dm. = 0,82 Z. F. = 6 L. Gew. = 0,069 L.

967a. A.: Wie der Vorige.
R.: Wie der Vorige. Umschr.: ·CRUX: CHRIS: GLORI· N: 1646 Gew. = 0,065 L.

Schilling von 1659.

968. A.: Wie der Vorige. Umschr.: ✻ HAMBURG STADT· GELDT
R.: Wie der Vorige. Umschr.: ❀ CRUX: CHRIS: GLO: NO: 1659
Dm. = 0,84 Z. F. = 8 L. Gew. = 0,145 L. *L.* S. 331 No. 4.

Schillinge von 1660.

969. A.: Wie die Vorigen. Umschr.: ✻ HAMBURG: STADT· GELDT
R.: Wie die Vorigen. Umschr.: ❀ CRUX: CHRIS: GLO: NO: 1660

970. A.: Wie die Vorigen. Umschr.: ✻ HAMBUR: STAD· GELDT
R.: Wie die Vorigen. Umschr.: ❀ CRUX· CHRIS: GLORI: NO: 1660
Dm. = 0,84 Z. F. = 7 L. Gew. = 0,051 L.

Schilling von 1669.

971. A.: Im Perlkreise die Burg. Umschr.: ✠ ♧ ✠ HAMBURGER·
R.: Im Perlkreise in drei Zeilen: ·I· — SCHIL — LING — ·❀· Umschr.: ❀ STADT· GELDT· 1669 Dm. = 0,79 Z. F. = 7 L. Gew. = 0,072 L.

Es giebt noch mehrere Stempel ohne wesentliche Abweichungen. Die Zeichnung ist den 16, 8, 4 und 2 Schillingstücken desselben Jahres nachgebildet. S. No. 684 u. s. w.

Schilling von 1670.

972. Wie der Vorige, nur 1670. Gew. = 0,073 L.

Schilling von 1675.

973. A.: Die Burg zwischen zwei Palmzweigen. - Umschr.: HAMBURGER· ᴴ⊛ᴸ

R.: Die Ziffer 48 zwischen zwei zu einem Kranze vereinigten Palmzweigen. Umschr.:
⊛ STADT· GELDT 1675   Dm. = 0,79 Z.   F. = 7 L.   Gew. = 0,06 L.

Es giebt verschiedene Stempel ohne wesentlichen Unterschied, z. B. im Wappen
und in Stellung der Schrift. Siehe die Abbildung.

Schilling von 1676.

974. Wie der Vorige, nur 1676. Zwei Stempel.

Schilling von 1680.

975. Wie der Vorige, nur 1680.

Schilling von 1687.

976. Den Vorigen sehr ähnlich, nur 1687.   F. = 7 L.   Gew. = 0,056 L.

Schilling von 1693.

977. A.: Die Burg zwischen zwei Palmzweigen. Darunter die Chiffer J R. Umschr.:
⊛ HAMBURGER

R.: Im Perlkreise in drei Zeilen: 48 — REICHS — DALER — ⊛ — Umschr.:
⊛ STADT GELDT · 1693·   Dm. = 0,83 Z.   Gew. = 0,076 L.   S. d. Abbild.

Schilling von 1726.

978. A.: Die Burg zwischen zwei Oelzweigen. Umschr.: ⊛ HAMBURGER.

R.: Zwischen zwei Oelzweigen in fünf Zeilen: ⊛ I ⊛ — SCHIL — LING· —
1726· — J· H· L·
Dm. = 0,74 Z.   F. = 6 L.   Normal-Gew. = 0,065 L.   S. d. Zeichnung No. 979.

Schilling von 1727.

979. Wie die Vorigen, nur 1727.

Schillinge von 1738.

980. Wie der Vorige, nur 1738 und ein kleineres anders geformtes Wappen. Von
diesen giebt es verschiedene Stempel.

981. A.: Die Burg ähnlich aber grösser wie der Vorige zwischen zwei Eichenzweigen.
Umschr.: ⊛ HAMBURGER

R.: Zwichen zwei Eichenzweigen in fünf Zeilen: ✢ I ✢ — SCHIL — LING· —
1738· — J· H· L· Auch von diesem giebt es verschiedene Stempel.
Dm. = 0,75 Z.   Gew. = 0,063 L. Durchschnitt von 7 Stück.

Schilling von 1749.

982. A.: Die Burg zwischen zwei Eichenzweigen. Umschr.: ✿ HAMBURGER
R.: Zwischen zwei Oelzweigen in fünf Zeilen: ✠ I ✠ — SCHIL — LING· — 1749· — J· H· L·   Dm. = 0,75 Z.

Schilling von 1750.

983. A.: Die Burg zwischen zwei Oelzweigen. Umschr.: ✿ HAMBVRGER
R.: Zwischen zwei Eichenzweigen in fünf Zeilen: ✿ I ✿ — SCHIL — LING· — 1750· — J· H· L· Es giebt verschiedene Stempel.   Dm. = 0,78 Z.

Schilling von 1752.

984. Wie der Vorige, nur 1752.

Schilling von 1753.

985. Wie der Vorige, nur 1753.

> Die Zeichnung der drei letzten ist wie die des Schillings von 1754 in der ersten Abtheilung dieses Werkes S. 171.

Von den folgenden finden sich die Jahrgänge 1754, 57, 58, 59, 62, 63, 65, 68, 78, 90, 94, 95, 1817, 18, 19, 23, 28, 32 (fehlt dort) 37, 40 und 41 in der ersten Abtheilung S. 171 No. 986 bis 1008. Später wurden ausgegeben No. 1009 und 1010 von 1846 und 1851.

N. Sechslinge.

Die Sechslinge oder Sechspfennigstücke wurden im ersten Viertel des 15ten Jahrhunderts in Hamburg zuerst geprägt, und haben sich wie die Schillinge bis auf die heutige Zeit erhalten. Ihr Gepräge ist in der Regel eine verkleinerte Nachbildung der gleichzeitigen Schillinge. Auch bei diesen haben wir keine vollständige Reihe erzielen können, doch glauben wir, dass alle Arten Gepräge vertreten sind. Von 1502 bis 1511 scheinen keine Sechslinge geprägt zu sein, indem man wieder Vierpfennigstücke schlug.

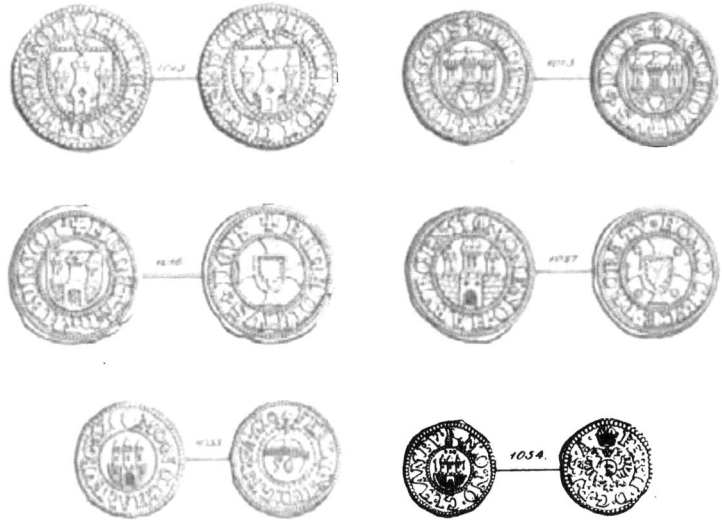

Sechslinge ohne Jahr aus dem ersten Viertel des 15ten Jahrhunderts.

Avers:	**Revers:**
Im Perlkreise in einem von Perlen eingefassten Schilde die Burg. Ueber dem Schilde zwei Punkte.	Im Perlkreise in einem von Perlen eingefassten Schilde die Burg. Ueber dem Schilde zwei Punkte.
1013. ▽ MONETA ❀ ҺAMBVRGEN	▽ BENEDICTVS ❀ DEVS
1014. ▽ MONETA ❀ ҺAMBORGEN	▽ BENEDICTVS ❀ DEVS

Dm. = 0,93 Z.   F. = 12 L.   Gew. = 0,082 L.   S. die Abbild.

Sechsling ohne Jahr aus der Mitte des 15ten Jahrhunderts.

Avers:	**Revers:**
Im Perlkreise in einem Schilde die Burg, in deren Thor das Nesselblatt.	Im Perlkreise in einem Schilde die Burg, in deren Thor das Nesselblatt.
1015. ⚜ MONETA · ҺAMBVRGENS	⚜ BENEDICTVS ⚜ DEVS

Dm. = 0,84 Z.   F. = 12 L.   Gew. = 0,078 L.   S. die Abbild.

Sechsling ohne Jahr aus dem letzten Viertel des 15ten Jahrhunderts.

Avers:	**Revers:**
Im Perlkreise die Burg im Schilde.	Im Perlkreise ein eingebogenes Kreuz, auf dessen Mitte ein Schild mit dem Nesselblatt.
1016. ✠ MONETA ∘ ҺAMBVRGEN'	✠ BENEDICTVS ⚜ DEVS

Dm. = 0,88 Z.   F. = 9—10 L.   Gew. = 0,079 L.   S. die Abbild.

Sechslinge von 1512.

Avers:	Revers:
Im Perlkreise ein Schild mit dem Nesselblatt.	Auf einem Perlkreise die Wappenschilde von Lübeck, Lüneburg und Wismar mit den obern Schildrändern zu einem Dreiecke vereinigt, worin ein Kreuz.

1017.	+ MONE' ○ HAMBVRG' ○ 1512	CRX — FOE — MAR
1018.	✚ MONE' ○ HAMBVRG' ○ 1512	CRX — FOE — MAL
1019.	MONE' ○ HAMBVRG' 1512	CRX — FOE — MAL
1020.	MONE' ⚑ HAMBVRG' 1712	CRX — FOE — MAL
1021.	MONE' HAMBVRG' 1712	CRX — FOE — MAL
	Wie die Vorigen.	Wie die Vorigen, ohne Kreuz in der Mitte.
1022.	MONE' ○ HAMBVRG' 1512	CRX — F · OE — MAL
1023.	MONE' ○ HAMBVRG' 1712	CRX — FOE — MAL

Dm. = 0,75—0,80 Z.   F. = 6 L.   Gew. = 0,065—0,087 L.

Siehe die Abbildung von No. 1017 in L. S. 410 No. 4.

Sechslinge mit der Jahreszahl 1553 (1553—66).

Avers:	Revers:
Im Perlkreise die Burg. (Bei den verschiedenen Stempeln verschieden geformt.)	Im Perlkreise ein eingebogenes Kreuz, auf dessen Mitte ein Schild mit dem Nesselblatt. In den vier Winkeln Ringe.

1024.	⚜ MO + NO + HAMBORG + 1553	+ HOMO + CRVC + PROBATVR
1025.	⚜ MO + NO + HAMBVRG + 1553	+ HOMO + CRVC + PROBATVR
1026.	⚜ MO ○ NO ○ HAMBORG ○ 1553	+ HOMO + CRVC + PROBATVR
		(2 Stempel.)
1027.	⚜ MONE · NO · HAMBVRGEN · 53	× HOMO CRVCE · PROBATV
1028.	⚜ MONE · NO · HAMBVRGEN · 53	+ HOMO + CRVC + PROBATVR
1029.	⚜ MONE · NO · HAMBVRG · 53	+ HOMO + CRVC + PROBATVR
1030.	⚜ MONE · NO · HAMBVRG · 1553	× HOMO · CRVCE · PROBATV
1031.	⚜ MONE · NO ○ HAMBVRG 1553	· HOMO · CRVCE · PROBATVR
1032.	⚜ MONE · NO · HAMBVR · 1553	· HOMO · CRVCE · PROBATVR
1033.	⚜ MONE ○ NOVA ○ HAMBVR ○ 1553	× HOMO CRVCE ○ PROBATVR
1034.	⚜ MONE ○ NOVA ○ HAMBVR ○ 53	HOMO · CRVCE · PROBATVR
1035.	⚜ MONE · NOVA · HAMBV · 1553	· HOMO · CRVCE · PROBATVR
1036.	⚜ MONE · NOVA · HAMBV · 1553	+ HOMO CRVCE ·PROBATV
1037.	⚜ MONE ○ NOVA ○ HAMBV 1553	○ HOMO CRVCE ○ PROBATVR
1038.	?	× HOMO · CRVCE · PROBATVR
1039.	?	× HOMO CRVCE · PROBATVR

Dm. = 0,84 Z.   F. = 6 L.   Gew. = 0,080 L.   S. d. Abbild. v. No. 1027.

Acht Reversstempel besitzt die Stadtbibliothek.

Sechsling von 1575.

1040. A.: Im Perlkreise der Reichsapfel worin die Ziffer 64. Zu beiden Seiten des Kreuzes die Jahreszahl 7—5. Umschr.: MAX· I· A· P· F· D· HALB· SCHIL

R.: ?   Dm. = 0,77 Z.

   Den Stempel des Averses besitzt die Stadtbibliothek.

Sechsling von 1583.

1041. A.: Im Perlkreise der Reichsapfel, worin die Ziffer 64 ($\frac{1}{64}$ Thaler). Zu beiden Seiten des Kreuzes die Jahreszahl 8—3 (1583). Umschr.: RVDOL· Z' I· A· P· F· D·

R.: Im Perlkreise die Burg. Umschr.: 🏵 MONE ○ NOVA ○ CIVI ○ HAMBVR

   Dm. = 0,84 Z.   F. = 7 L.   Gew. = 0,063 L.

   Eine verkleinerte Nachbildung des Schillings No. 957.

Sechsling von 1593.

1042. A.: Wie der Vorige, nur 9—3. Umschr.: RVDOL· II . . . D· HA· S (Halber Schilling).

R.: Im Perlkreise die Burg mit sehr spitzen Thürmen. Umschr.: MON· NO: CIV· HAMBVR

Sechsling von 1594.

1043. A.: Wie der Vorige, nur 9—4. Umschr.: ᒫ ·RVDOL· II· D: G· RO· IM· S· A·

R.: Im Perlkreise die Burg mit birnförmigen Kuppeln. Umschr.: ᒫ MONE· NO· CIV· HAMBVRG·   Dm. = 0,83 Z.   F. = 7 L.   Gew. = 0,063 L.

Sechslinge von 1596.

Avers:	Revers:
Im Perlkreise der Reichsapfel worin die Ziffer 64. Neben dem Kreuze die Jahreszahl 9—4.	Im Perlkreise die Burg.

1044. ·RVDOL· II· D: G· RO· IM· S· A· ᒫ	ᒫ ·MON· NOVA HAMBVRGE
1045. ⸪RVDOL· II· D: G· RO· IM· S· A	ᒫ MON· NOVA· HAMBVRGE
1046.· RVDOL· II· D: G· RO· I· SE· AV·	ᒫ MON· NOVA· CIVI HAMBVR

Sechsling von 1597.

1047. A.: Im Perlkreise der Reichsapfel mit der Ziffer 64. Umschr.: ᒫ RVDO: II· D: G· RO· I· S· A· 9· 7

R.: Im Perlkreise die Burg. Umschr.: ᒫ MONE· NO: CIVI· HAMBVR

   Dm. = 0,81 Z.   Gew. = 0,084 L.

Sechsling von 1598.

1048. A.: Im Perlkreise der Reichsapfel mit der Ziffer 64. Neben dem Kreuze die
Jahreszahl 9—8. Umschr.: ꝗ ·RVDOL· II· D: G· RO: IM· S· AV·
R.: Im Perlkreise die Burg. Umschr.: ꝗ MO· NO: CIVI· HAMBVRG·

Sechslinge von 1601.

1049. A.: Im Perlkreise der Reichsapfel mit der Ziffer 64. Zu beiden Seiten des
Kreuzes ein Punkt. Umschr.: ✠ RVDOL· II· D: G· RO: I: A: 601·
R.: Im Perlkreise die Burg. Umschr.: ✠ MON· NO· CIVI· HAMBVRG

1050. A.: Wie der Vorige. Umschr.: ⊙⊙ RVDOL· II· D: G: RO: I: S· A·
R.: Wie der Vorige. Umschr.: ✠ MON· NOVA· CI HAMBVRG·
F. = 5 L.   Gew. = 0,075 L.

Sechsling von 1603.

1051. A.: Wie der Vorige. Umschr.: ✠ RVDOL· II· D· G· RO· I· S· A 603
R.: Wie der Vorige. Umschr.: ✠ MON· NOVA· HAMBVRGEN

Sechsling von 1605.

1052. A.: Wie die Vorigen. Umschr.: RVDOL· II· D: G· RO· IM· S· AVG 605
R.: Wie die Vorigen. Umschr.: ✠ :MON· NOV· HAMBVRGENSIS:
F. = 8 L.   Gew. = 0,070 L.

Sechsling von 1620.

1053. A.: Im Perlkreise der Reichsapfel mit der Ziffer 96 ($\frac{1}{8}$ Thaler). Umschrift:
FERDIN: II: D: G R: I: S: A: 620
R.: Im Perlkreise die Burg. Umschr.: ☯ MO: NO: C: HAMBVRG: 620
Dm. = 0,74 Z.   F. = 6 à 7 L.   Gew. = 0,060 L.   S. die Abbild.

Sechsling ohne Jahr.

1054. A.: Der Reichsadler, auf der Brust die Ziffer $\frac{1}{8}$. Umschr.: FER· II· D· G·
R· I· S· A·
R.: Im Perlkreise die Burg, darüber drei Punkte. Umschr.: ⬡ MO· NO· CI·
HAMBV·   Dm. = 0,61 Z.   F. = 15 L.   Gew. = 0,032 L.   S. d. Abbild.

Sechslinge von 1621.

1055. A.: Im Perlkreise die Burg. Umschr.: ⬡ HAMBVRGER·
R.: Im Perlkreise in drei Zeilen: I — SOES — LING — Umschr.: STAD·
GELDT· ANO· 621·
2 Stempel.

1056. A.: Wie der Vorige. Umschr.: ⬡ HAMBURGER·
R.: Im Perlkreise: I — SOES — LIN — Umschr.: STAD· GELDT· AN· 621·

1057. A.: Wie die Vorigen. Umschr.: MON: NO: CIV — HAMBVR:
R.: Im Perlkreise: I — SOES — LING — Umschr.: STAD · GELDT · ANO · 621 ·
Dm. = 0,68 Z. F. = 6 L. Gew. = 0,048 L.
Siehe die ähnliche Zeichnung des Sechslings von 1660. *L.* S. 331 No. 5.

Sechsling von 1624.

1058. A.: Im Perlkreise die Burg. Umschr.: ᚴ HAMBVRGER ·
R.: Im Perlkreise: I — SOES — LIN — Umschr.: STAD · GELDT · 1624 ·
F. = 6 L. Gew. = 0,048 L.

Sechsling von 1636.

1059. A.: Im Perlkreise die Burg. Umschr.: ⚒ HAMBVRGER
R.: Im Perlkreise: ·I· — SOES — LIN — Umschr.: ❁ STAD · GELDT · 1636 ·

Sechsling von 1646.

1060. Wie der Vorige, nur 1646.

Sechsling von 1659.

1061. A.: Wie der Vorige.
R.: Im Perlkreise: ·I· — SOES — LIN — . . . Umschr.: ❁ STADT · GELDT · 1659
F. = 6 L. Gew. = 0,043 L.

Sechsling von 1660.

1062. Wie der Vorige, nur 1660. Dm. = 0,71 Z. *L.* S. 331 No. 5.

Sechsling von 1669.

1063. A.: Im Perlkreise die Burg. Umschr.: ✠ ♧ ✠ HAMBURGER
R.: Im Perlkreise: ·I· — SOES — LIN — . . . Umschr.: ❁ STADT · GELDT · 1669
Dm. = 0,64 Z. F. = 6 L. Gew. = 0,037 L.

Sechsling von 1670.

1064. Wie der Vorige, nur 1670. F. = 6 L. Gew. = 0,030 L.

Sechsling von 1675.

1065. A.: Die Burg zwischen zwei Palmzweigen. Umschr.: H ❁ L · HAMBURGER ·
R.: Die Ziffer 96 zwischen zwei Palmzweigen. Umschr.: ❁ STADT · GELDT : 1675
Dm. = 0,63 Z. F. = 6 L. Gew. = 0,043 L. *L.* S. 339 No. 4.
Es giebt einen zweiten Stempel mit kleinerem Wappen.

Sechsling von 1726.

1066. A.: Die Burg zwischen zwei Oelzweigen. Umschr.: ✿ HAMBURGER·
R.: Zwischen zwei Oelzweigen in fünf Zeilen: ✿ I ✿ — SECHS — LING·
— 1726· — J· H· L·

> Dm. = 0,66 Z.   F. = 4 L.   Normal-Gew. = 0,0526 L.
> Eine verkleinerte Nachbildung des Schillings No. 935.

Sechsling von 1727.

1067. Wie der Vorige, nur 1727.

Sechsling von 1731.

1068. A.: Die Burg zwischen zwei Oelzweigen. Umschr.: ·HAMBURGER
R.: Zwischen zwei Oelzweigen: ·I· — SECHS — LING· — 1731· — J· H· L·

Sechsling von 1751.

1069. Dem Vorigen ähnlich, nur 1751 und HAMBVRGER·

Sechsling von 1752.

1070. Wie der Vorige, nur 1752.

Die neueren Jahrgänge 1756, 57, 59, 61, 62, 63, 64, 78, 83, 94, 97, 1800, 3, 7, 9, 17, 23, 32, 33, 36, 39 und 41, No. 1071—1090, 1090a. und b. finden sich grösstentheils in der ersten Abtheilung S. 173. Später erschienen No. 1090c. und 1090d. von 1846 und 51.

O. Vierpfennigstücke oder Witten.

Das Vierpfennigstück, gewöhnlich Witten, Wittenpfennig, albus, zuweilen Veerling genannt, war die erste von Hamburg geschlagene zweiseitige Münze. Die Witten bildeten von ihrem ersten Erscheinen um 1334 bis zur Mitte des 15ten Jahrhunderts die hauptsächlichste Münze, und in ihnen wurden oft Geldsummen angegeben. Durch die Schillinge und Sechslinge verdrängt, wurden 1502 die Vierpfennigstücke für einige Zeit wieder eingeführt, mussten aber 1512 den Sechslingen weichen. Das Gepräge der älteren Witten ist durch die Recesse der Wendischen Städte bestimmt, und findet sich von den meisten auch auf den in Lübeck, Wismar und Lüneburg geschlagenen, nur mit verändertem Wappen und anderer Umschrift. Die Stempel wurden von demselben Künstler, gewöhnlich in Lübeck geschnitten. Da man mit demselben Gepräge längere Zeit hintereinander fort schlug, so mussten eine Menge verschiedene Stempel entstehen, und wir finden bei den Hamburgischen verschiedene ähnliche Zeichnungen, z. B. dickere und schlankere Kreuze, schräg und horizontal gekreuzte Mauern u. s. w.; auch ist bei einigen das Thor mit einem feinen schrägen Gitter versehen, wodurch wohl die geschlossene Thür angedeutet werden soll. Der Hauptunterschied liegt in den veränderten Umschriften und deren Trennungszeichen, womit vielleicht die verschiedenen Jahrgänge bezeichnet wurden. Wir lassen nur die verschiedenen Umschriften folgen, und übergehen die andern kleinen Abweichungen und die durch veränderte Buchstabenstellung verschiedenen Stempel, von denen wir vier bei gleicher Umschrift fanden. Zur Vervollständigung benutzten wir ausser den uns zu Gebote stehenden Münzen die Jahrbücher des Vereins für Mecklenburgische Geschichte.

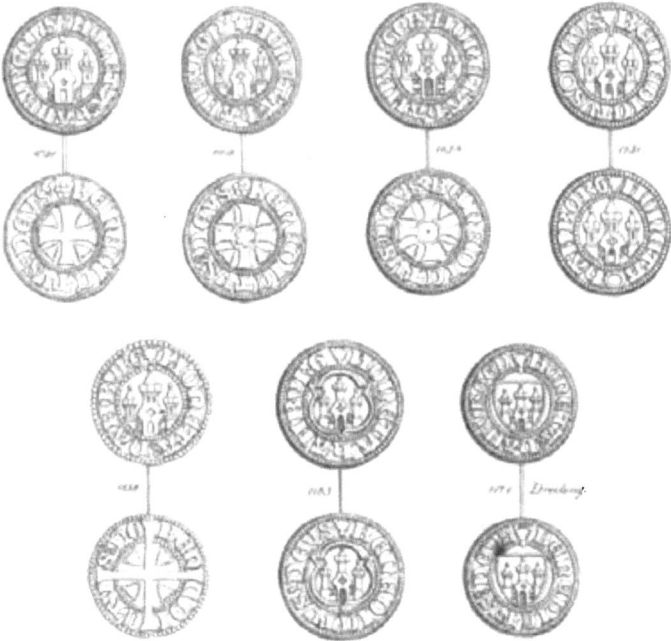

Witten ohne Jahr (1334—78).

Avers:	Revers:
Im Perlkreise die Burg.	Im Perlkreise ein eingebogenes Kreuz, in den Winkeln von vier Nesselblättern begleitet.

1091. ⚹ MONETA ○ hAMBVRGENS'   ✤ BENEDICTVS ⚹ DEVS'
1092. ⚹ MONETA ○ hAMBVRGENS'   ✤ BENEDICTVS : DEVS'
1093. ⚹ MONETA 8 hAMBVRGENS'   ✤ BENEDICTVS ⚹ DEVS'
1094. ⚹ MONETA , hAMBVRGENS'   ✤ BENEDICTVS ⚹ DEVS'
1095. ⚹ MONETA · hAMBVRGENS'   ✤ BENEDICTVS ⚹ DEVS'
1096. ⚹ MONETA × hAMBVRGENS'   ✤ BENEDICTVS ⚹ DEVS'
1097. ⚹ MONETA ⚹ hAMBVRGENS'   ✤ BENEDICTVS ⚹ DEVS'
1098. ⚹ MONETA hAMBVRGENS'   ✤ BENEDICTVS ⚹ DEVS'
1099. ⚹ MONETA ○ hAMBVRGENS'   ✤ BENEDICTVS ⚹ DEVS'
1100. ⚹ MONETA · hAMBVRGENS'   ✤ BENEDICTVS ⚹ DEVS'
1101. ⚹ MONETA · hAMBVR . .   ✤ BENEDICTVS DEVS'

Dm. = 0,83 Z.   F. = 14 L   Gew. der guterhaltenen 0,089 — 0,097 L.
Siehe die Abbildung No. 1091.

Witten nach dem Recesse von 1379.

Avers:	Revers:
Im Perlkreise die Burg.	Im Perlkreise ein eingebogenes Kreuz, in dessen Mitte ein Kreis mit einem sechsstrahligen Stern; in jedem Winkel des Kreuzes ein Nesselblatt.

1102. ✱ MONETA 8 hAMBVRGENS   ✤ BENEDICTVS ⚹ DEVS
1103. ✱ MONETA 8 hAMBVRGENS   ✤ BENEDICTVS 8 DEVS
1104. ✱ MONETA ○ hAMBVRGENS   ✤ BENEDICTVS 8 DEVS
1105. ✱ MONETA ○ hAMBVRGENS   ✤ BENEDICTVS ⚹ DEVS
1106. ○ MONETA ○ hAMBVRGENS   ✤ BENEDICTVS 8 DEVS
1107. ✱ MONETA ·· hAMBVRGENS   + BENEDICTVS ⚹ DEVS
1108. ✱ MONETA 8 hAMBVRGN'   ✤ BENEDICTVS 8 DEVS
1109. ✱ MONETA 8 hAMBVRGN'   ✤ BENEDICTVS ⚹ DEVS
1110. ✱ MONETA 8 hAMRVRGN'   ✤ BENEDICTVS × DEVS
1111. ✱ MONETA 8 hAMBVRGN'   ✤ BENEDICTVS : DEVS
1112. ✱ MONETA 8 hAMBVRGN'   ✤ BENEDICTVS · DEVS
1113. ✱ MONETA 8 hAMBVRGN'   ✤ BENEDICTVS 8 DEV
1114. ✱ MONETA 8 hAMBVRGN'   ✤ BENEDICTVS : DEV :
1115. ✱ MONETA 8 hAMBVRGN'   ✤ BENEDICTS 8 DEVS
1116. ✱ MONETA 8 hAMBVRGN'   ○ BENEDICTS 8 DEVS

Avers:	Revers:
1117. ✳ MONETA 8 ҺAMBVREꞆ	⊛ BEꞆEDICTVS 8 DEVS
1118. ✳ MONETA 8 ҺAMBVREꞆ	⊛ BEꞆEDICTVS · DEVS
1119. ✳ MONETA : ҺAMBVREꞆ	⊛ BEꞆEDICTVS : DEVS!
1120. ✳ MONETA : ҺAMBVREꞆ	⊛ BEꞆEDICTVS 8 DEVS:
1121. ✳ MONETA : ҺAMBVREꞆ	⊛ BEꞆEDICTVS : DEVS
1122. ✳ MONETA ∘ ҺAMBVREꞆ	⊛ BEꞆEDICTVS ∘ DEVS
1123. ✳ MONETA ҺAMBVREꞆ	⊛ BEꞆEDICTVS 8 DEVS
1124. ✳ MONETA 8 ҺAMBVRE'	⊛ BEꞆEDICTVS : DEV'
1125. ✳ MONETA 8 ҺAMRVRE	⊛ BEꞆEDICTVS 8 DEVS
1126. ✳ MONETA 8 ҺAMBVRE	⊛ BEꞆEDICTVS 8 DEV:
1127. ✳ MONETA · ҺAMBVRE	⊛ BEꞆEDICTVS 8 DEVS
1128. ✳ MONETA · ҺAMBVRE	✱ BEꞆEDICTVS · DEVS
1129. ✳ MONETA ⁑ ҺAMBVRE	⁂ BEꞆEDICTVS ⁑ DEVS

Wie die Vorigen, nur zu beiden Seiten des mittleren Thurms ein sechsstrahliger Stern.

Wie die Vorigen.

1130. ✳ MONETA ∘ ҺAMBVREꞆS	⊛ BEꞆEDICTVS ⁑ DEVS
1131. ✳ MONETA 8 ҺAMBVREꞆ'	⊛ BEꞆEDICTVS 8 DEVS

Dm. = 0,82 Z.   F. = 14 L.   Gew. = 0,085—0,090 L.

Siehe die Abbildung No. 1108.

Witten nach dem Recesse von 1387.

Avers:	Revers:
Im Perlkreise die Burg.	Im Perlkreise ein eingebogenes Kreuz, in dessen Mitte ein Kreis mit einem Punkt im Centrum, in jedem Winkel des Kreuzes ein Nesselblatt.
1132. ⤬ MONETA ⁑ ҺAMBVREꞆS	⤬ BEꞆEDICTVS ⁑ DEVS
1133. ⤬ MONETA ∘ ҺAMBVREꞆS	⤬ BEꞆEDICTVS ⁑ DEVS
1134. ⤬ MONETA : ҺAMBVREꞆS	⤬ BEꞆEDICTVS ⁑ DEVS
1135. ⠀⠀MONETA 8 ҺAMBVREꞆS	⤬ BEꞆEDICTVS ⁑ DEVS
1136. + MONETA ⁑ ҺAMBVREꞆS	+ BEꞆEDICTVS ⁑ DEVS
1137. + MONETA : ҺAMBVREꞆS	+ BEꞆEDICTVS + DEVS
1138. + MONETA · ҺAMBVREꞆS	+ BEꞆEDICTVS ⁑ DEVS
1139. + MONETA · ҺAMBVREꞆS	+ BEꞆEDICTVS : DEVS
1140. 8 MONETA ҺAMBVREꞆS	⁑ BEꞆEDICTVS ⁑ DEVS

Dm. = 0,82 Z.   F. = 13 L.   Gew. = 0,084—0,091 L.

Siehe die Abbildung No. 1134.

Witten nach dem Recesse von 1403.

Avers:	Revers:
Im Perlkreise die Burg.	Im Perlkreise die Burg.
1141. ᐁ MONETA ⁝ hAMBVRGE	ᐁ BENEDICTVS ⁝ DEVS
1142. ᐁ MONETA ⁝ hAMBVRGE	ᐁ BENEDICTVS ○ DEVS
1143. ᐁ MONETA 8 hAMBVRGE	ᐁ MONETA 8 hAMBVRG
1144. ᐁ MONETA ⁝ hAMBVRG	ᐁ BENEDICTVS ⁝ DEVS
1145. ᐁ MONETA ○ hAMBVRG	ᐁ BENEDICTVS ○ DEVS
1146. ᐁ MONETA ⊙ hAMBVRG	ᐁ BENEDICTVS ⊙ DEVS
1147. ᐁ MONETA ⊗ hAMBVRG	ᐁ BENEDICTVS ⊗ DEVS
1148. ᐁ MONETA 8 hAMBVRG	ᐁ BENEDICTVS ⊗ DEVS
1149. ᐁ MONETA 8 hAMBVRG	ᐁ MONETA 8 hAMBVRG
1150. ᐁ MONETA 8 hAMBVRG	ᐁ MONETA 8 hAMBVR
1151. ᐁ MONETA ○ hAMBORG	ᐁ BENEDICTVS ○ DEVS
1152. ᐁ MONETA ○ hAMBVR	ᐁ BENEDICTVS ○ DEVS
1153. ᐁ MONETA ○ hAMBVR	ᐁ BENEDICTS ○ DEVS
1154. ᐁ MONETA ⊗ hAMBVR	ᐁ BENEDICTVS ⊗ DEVS
1155. ᐁ MONETA ⁝ hAMBVR	ᐁ BENEDICTVS ⁝ DEVS
1156. ᐁ BENEDICTVS ⊗ DEVS	ᐁ BENEDICTVS ⊗ DEVS
1157. ᐁ BENEDICTVS ⊙ DEVS	ᐁ BENEDICTVS ⊙ DEVS

Dm. = 0,82 Z. F. = 13 L. Gew. = 0,056—0,078 L. S. d. Abbild. No. 1151.

Witten nach dem Recesse von 1410.

Avers:	Revers:
Im Perlkreise die Burg.	Auf einem Perlkreise ein Kreuz, dessen Enden durch den Schriftrand reichen; in den Winkeln des Kreuzes vier Nesselblätter.
1158. ᐁ MONETA 8 hAMBVRG	BEN — EDI — CTV — S 8 DE
1159. ᐁ MONETA ? hAMBVRG	BEN — EDI — CTV — S 8 ED
1160. ᐁ MONETA hAMBVR	BEN — EDI — CTV — S 8 DE
1161. ᐁ MONETA ⊗ hAMBVR	BEN — EDI — CTV — S 8 DE
1162. ᐁ MONETA 8 hAMBV	BEN — EDII — CTV — S 8 DE

Dm. = 0,80 Z. F. = 12 L. Gew. = 0,069—0,072 L. S. d. Abbild. No. 1158.

Witten aus dem Anfang des 15ten Jahrhunderts.

Avers:	Revers:
Im Perlkreise die Burg, in einem dreiseitigen in den Mitten halbkreisförmig ausgebogenem Schilde.	Wie der Avers.
1163. ᐁ MONETA ? hAMBVRG	ᐁ BENEDICTVS ⁝ DEVS
1164. ᐁ MONETA ⁝ hAMBVRGE	ᐁ BENEDICTVS ⁝ DEVS

Dm. = 0,82 Z. F. = 12 L. Gew. = 0,066—0,077 L. S. d. Abbild. No. 1163.

Witten von 1502.

Avers:	**Revers:**
Im Perlkreise die Burg, in deren Thor das Nesselblatt.	Im Perlkreise ein eingebogenes Kreuz.

1165. ꟼꙨꟼꟻ' + ꕹꗱ꓿ꓐꓦꓣꟻ' 1502 ○ | ✠ ꗱꓦꟻ ✠ SꟼꟻS ✠ ꓦꟻꟷꕹꓕ ✠

Dm. = 0,78 Z.	F. = 5¼ L.	Gew. = 0,061 L.

Siehe die Abbildung bei *Langermann* S. 410 No. 3.

Witten von 1506.

Avers:	**Revers:**
Wie der Vorige.	Wie der Vorige.

1166. ꟼꙨꟼꟻ' ○ ꕹꗱꟼꓐꓦꓣꟻꟻ' 1706 | ✠ ꗱꓦꟻ ✠ SꓦꟻS ✠ ꓦꓣꟷꟻꓕ ✠ ○
1167. ꟼꙨꟼꟻ' ○ ꕹꗱꟼꓐꓦꓣꟻꟻ' 1706 ○ | ✠ ꗱꓦꟻ ✠ SꟼꟻS ✠ ꓦꓣꟷꓕꕹ ✠ ○

Dm. = 0,78 Z.	F. = 5¼ L.	Gew. = 0,067 L.

P. Dreilinge.

Die Dreilinge oder Dreipfennigstücke werden schon im Anfange des 15ten Jahrhunderts mit den Sechslingen zusammen aufgeführt, und sind gleich alt. Sie haben sich ebenfalls bis auf die neueste Zeit erhalten, und haben fast immer ein den Sechslingen ähnliches Gepräge, nur kleiner, geführt. Seit dem Anfange des 17ten Jahrhunderts sind die Dreilinge die geringste Hamburgische Münzsorte geworden. Die älteren Gepräge sind durchweg als selten anzusehen, und von den zwischen 1632 und 1725 ausgemünzten Stücken ist keins mehr aufzufinden.

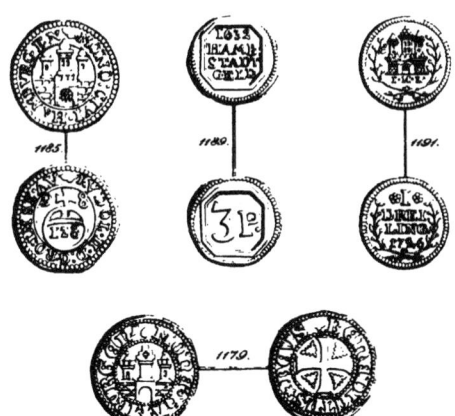

Dreilinge aus der ersten Hälfte des 15ten Jahrhunderts.

	Avers: Im Perlkreise die Burg in einem dreiseitigen Schilde.	Revers: Im Perlkreise die Burg in einem dreiseitigen Schilde.
1168.	∇ MOnETA 8 hAMBVRGEnS	∇ BEnEDICTVS 8 DEVS
1169.	∇ MOnETA 8 hAMBVRGEnS	∇ BEnEDICTVS 8 DEVS
1170.	∇ MOnETA 8 hAMBVRGEnS	∇ BEnEDICTVS 8 DEVS
1171.	∇ MOnETA 8 hAMBVRGEn	∇ BEnEDICTVS 8 DEVS
1172.	∇ MOnETA 8 hAMBVRGEn	∇ BEnEDICTVS 8 DEVS
1173.	∇ MOnETA 8 hAMBVRGEn	∇ BEnEDICTVS 8 DEVS
1174.	∇ MOnETA 8 hAMBVRGEn	∇ BEnEDICTVS 8 DEVS
1175.	∇ MOnETA 8 hAMBVRGES	∇ BEnEDICTVS 8 DEVS
1176.	∇ MOnETA 8 hAMBVRGE	∇ BEnEDICTVS 8 DEVS I
1177.	∇ MOnETA 8 hAMBVRGE	∇ BEnEDICTVS 8 DEVS
1178.	∇ MOnETA 8 hAMBVRGE	∇ BEnEDICTVS 8 DEVS

Dm. = 0,76 Z. F. = 11—12 L. Gew. = 0,048—0,065 L.

S. d. Abbild. bei den Witten S. 313 No. 1171, wohin sie irrthümlich gesetzt wurde.

Dreiling aus dem Ende des 15ten oder Anfang des 16ten Jahrhunderts.

1179. A.: Im Perlkreise die Burg. Umschr.: ? MOnE' ○ hAMBVRGEn'

R.: Im Perlkreise ein ausgebogenes Kreuz, in den Winkeln von Nesselblättern begleitet. Umschr.: ? BEnEDICTVS ✱ DEVS

Dm. = 0,72 Z. F. = 6 L. Gew. = 0,045 L. S. die Abbild.

Dreiling von 1574.

1180. A.: Im Perlkreise ein Reichsapfel, worin die Ziffer 128 ($\frac{1}{128}$ Thaler). Zu beiden Seiten des Kreuzes die Jahreszahl 7—4 (1574).

R.: ? Dm. = 0,73 Z.

Den Stempel des Averses besitzt die Stadtbibliothek.

Dreiling von 1594.

1181. A.: Im Perlkreise der Reichsapfel, worin die Ziffer 821 (128), neben dem Kreuze die Jahreszahl 9—4 (1594). Umschr.: ❀ MO· NO· CIVI· HAMBVRG·

R.: Im Perlkreise die Burg. Umschr.: ? MO· NO· CIVI· HAMBVRGEN

Dm. = 0,72 Z. F. = 5 L. Gew. = 0,051 L.

Eine verkleinerte Nachbildung des Sechslings siehe No. 1042.

Dreiling von 1596.

1182. A.: Im Perlkreise der Reichsapfel, worin die Ziffer 128, neben dem Kreuze die Jahreszahl 9—6 (1596). Umschr.: ⚘ RVDOL· II· D· G: ROM· IM· S· A·

R.: Im Perlkreise die Burg. Umschr.: ⚘ MO· NOV· CIVI· HAMBVRG:

Dreiling von 1597.

1183. A.: Wie der Vorige, nur 97. Umschr.: ℞ RVDOL· II· D· ꓛ· ROM· IM· S· AV·
R.: Wie der Vorige. Umschr.: ℞ MO· NOV· CIVI· HAMBVRG·

F. = 3—4 L.   Gew. = 0,058 L.

Dreilinge von 1598.

1184. A.: Wie der Vorige, nur 98. Umschr.: ℞ RVDOL· II· D: G· RO: IM· SE· AV
R.: Wie der Vorige. Umschr.: ℞ MO: NO: CIVI· HAMBVRGEN

Dm. = 0,72 Z.   F. = 4 L.   Gew. = 0,057 L.

1185. A.: Wie der Vorige. Umschr.: RVDOL· II· D: G· ROM· IM· S· AV·
R.: Wie der Vorige. Umschr.: ℞ MO· NOV· CIVI· HAMBVRG

Gew. = 0,060 L.   Siehe die Abbildung.

Dreilinge ohne Jahr (1602—5).

1186. A.: Wie die Vorigen, ohne Jahreszahl. Umschr.: ..RVDOL II· D: G· RO·
IM· SE· AV
R.: Wie die Vorigen. Umschr.: ✠ MO· NO· HAMBVRGENSIS:

1187. A.: Wie der Vorige. Umschr.: ✠ ·RVDOL· II· D: G· RO· IM· S· AV:
R.: Wie der Vorige. Umschr.: ✠ MON· NO· ·HAMBVRGENSIS

1188. A.: Wie der Vorige, nur 821 statt 128. Umschr.: ..RVDOL· II· D· G· RO·
IM· S· AVG
R.: Wie der Vorige. Umschr.: ✠ MO· NO· HAMBVRGENSIS

F. = 3—4 L.   Gew. = 0,061 L.

Dreilinge von 1632.

1189. A.: Im Perlkreise ein Achteck, worin in vier Zeilen: 1632 — HAMB: —
STADT — GELD
R.: Im Perlkreise ein Achteck, worin 3 P·

1190. A.: Wie der Vorige.
R.: Wie der Vorige, nur ·3· P

Dm. = 0,60 Z.   F. = 3 L.   Gew. = 0,041 L.   S. die Abbildung.

Dreiling von 1726.

1191. A.: Die Burg zwischen zwei Oelzweigen, unter derselben die Chiffer J·°H· L
R.: Zwischen zwei Oelzweigen in vier Zeilen: ✿I✿ — DREI — LING· — 1726

Dm. = 0,60 Z.   F. = 3 L.   Gew. = 0,035 L.   S. die Abbildung.

Dreiling von 1727.

1192. Wie der Vorige, nur 1727.

Dreiling von 1728.

1193. Wie der Vorige, nur 1728.

Dreiling von 1731.

1194. Wie der Vorige, nur 1731, mit etwas verändertem Wappen und Punkten neben der I.
Dm. = 0,53 Z.

1195. *Dreiling von 1734*
1196. *Dreiling von 1737*
1197. *Dreiling von 1742*
1198. *Dreiling von 1745*   sind mit geringen Abweichungen in der Zeichnung
1199. *Dreiling von 1746*   gleich, mit jedesmal veränderter Jahreszahl.
1200. *Dreiling von 1750*
1201. *Dreiling von 1752*

Die nächstfolgenden Jahrgänge von 1756, 58, 59, 61, 62, 63, 65, 66, 83, 86, 94, 96, 97, 98, 1800, 3, 7, 9, 23, 32, 33, 36, 39 und 41, No. 1202 bis 1219 und 1219a. bis f., finden sich grösstentheils in der ersten Abtheilung S. 174. Später erschienen 1846 und 51 No. 1220 und 1221.

Q. Blafferte.

Die Blafferte oder Zweipfennigstücke gehören zu den ältesten Hamburgischen Münzsorten und kamen mit den Witten in Gebrauch. Wir unterscheiden zwei Arten, nämlich die zweiseitigen, dem 14ten und 16ten Jahrhundert angehörend, und die hohlen Blafferte aus dem 15ten Jahrhundert. Hier beschäftigen wir uns nur mit den ersteren, von denen die ältesten verkleinerte Nachbildungen der gleichzeitigen Witten sind. Aus dem 16ten Jahrhundert sind uns nur zwei Jahrgänge vorgekommen. Später als 1570 sind wohl keine Zweipfennigstücke geprägt. Die hohlen Blafferte finden sich bei den Hohlpfennigen.

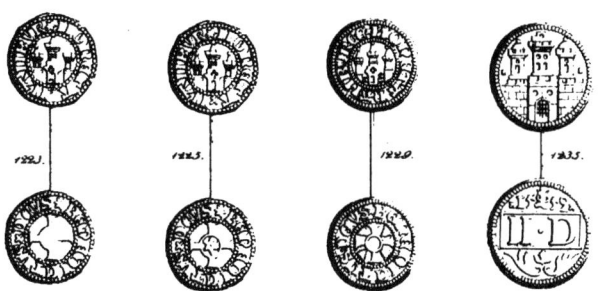

Blafferte ohne Jahr (1334—79).

Avers:	Revers:
Im Perlkreise die Burg.	Im Perlkreise ein eingebogenes Kreuz.
1222. × MORETA × hAMBVRGERS'	× BEREDICTS ⁚ GDVS
1223. × MORETA × hAMBVRGERS	× BEREDICTVS ⁚ DEVS

Dm. = 0,60 Z.   F. = 14 L.   Gew. = 0,027 L.   S. d. Abbild. No. 1223.

Blafferte ohne Jahr nach dem Recesse von 1379.

Avers:	Revers:
Im Perlkreise die Burg.	Im Perlkreise ein eingebogenes Kreuz, in dessen Mitte ein Kreis mit einem sechsstrahligen Sterne.
1224. ✱ MORETA ○ hAMBVR	× DEVS ? BEREDICTVS
1225. ✱ MORETA × hAMBVR	✱ BEREDICTVS × DEVS
1226. ✱ MORETA ○ hAMBVR	× BEREDICTVS ○ DEVS
1227. ✱ MORETA ○ hAMBVRGR	✸ BEREDICTVS ○ DEVS
1228. ✱ MORETA ○ hAMBVRGE	× BEREDICTVS ○ DEVS

Dm. = 0,60 Z.   F. = 14 L.   Gew. = 0,025—0,032 L.   S. d. Abbild. No. 1225.

Blafferte nach dem Recesse von 1387.

Avers:	Revers:
Im Perlkreise die Burg.	Im Perlkreise ein eingebogenes Kreuz, in dessen Mitte ein schlichter Kreis, in den Winkeln von Nesselblättern begleitet.
1229. × MORETA hAMBVRGE	× BEREDICTVS : DEVS
1230. MORETA hAMBVRGES	BEREDICTVS DEVS
1231. MORETA : hAMBVRGERS	⁚ BEREDICTVS DEVS
1231a. ⁚ MORETA ⁚ hAMBVRRS	⁚ BEREDICTVS DEVS

Dm. = 0,60 Z.   F. = 13—14 L.   Gew. = 0,025—0,032 L.
Siehe die Abbildung No. 1229.

Blafferte von 1557.

1232. A.: Im Perlkreise die Burg, in deren Thor das Nesselblatt.
R.: Im Perlkreise drei waagerechte Abtheilungen, in denen oben die Jahreszahl 1557, in der Mitte II · D (2 denarii, Pfennige) und unten ein Hülsenblatt mit Schnörkeln zu beiden Seiten.

Dm. = 0,69 Z.   F. = 3 L.   Gew. = 0,044 L.

1233. A.: Im Perlkreise die Burg ohne Nesselblatt.
R.: Im Perlkreise ein länglich viereckiger Schild, worin II · D, darüber 1557 und darunter ein Hülsenblatt mit Schnörkeln.

Dm. = 0,69 Z.   F. = 2 L.   Gew. = 0,040 L.

Siehe die ähnliche Abbildung von No. 1235. Den Stempel von No. 1233 besitzt die Stadtbibliothek.

Blaffert von 1558.

1234. A.: Im Perlkreise die Burg.
R.: Im Perlkreise ein länglich viereckiger Schild, worin II · D, darüber × 1558 × und darunter eine blätterartige Verzierung.   Dm. = 0,67 Z.

Siehe die ähnliche Zeichnung von No. 1235. Den Stempel des Reverses besitzt die Stadtbibliothek.

Blafferte von 1559.

1235. A.: Im Perlkreise die Burg.
R.: Im Perlkreise ein länglich viereckiger Schild, worin II · D, darüber × 15 ℞ 59 × und darunter eine blattartige Verzierung.

1236. Wie der Vorige, nur im Reverse Punkte statt der Kreuze.

1237. Wie der Vorige, nur im Reverse Ringe statt der Kreuze.

Dm. = 0,69 Z.   F. = 2—3 L.   Gew. = 0,040 L.   S. die Abbild. No. 1235.

R. Pfennige.

Die Mehrzahl der Pfennige oder vielmehr Einpfennigstücke gehört unter die Hohlpfennige. Es sind uns nur zwei zweiseitige Pfennige aus dem 16ten Jahrhundert bekannt, von denen der eine nicht ganz sicher unter die Pfennige zu zählen ist.

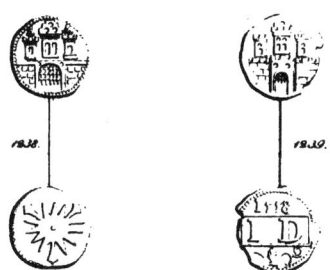

Pfennig aus dem Anfange des 16ten Jahrhunderts.

1238. A.: Im Perlkreise die Burg.

R.: Im Perlkreise das Nesselblatt, in dessen Mitte ein Punkt.

Dm. = 0,52 Z.   F. = 2 L.   Gew. = 0,050 L.   S. die Abbildung.

Pfennig von 1558.

1239. A.: Im Perlkreise die Burg.

R.: Im Perlkreise ein länglich viereckiger Schild, worin I · D, darüber × 1558 × und darunter ein Hülsenblatt mit Schnörkeln an den Seiten.

Dm. = 0,54 Z.   F. = 3 L.   Gew. = 0,014 L.   S. die Abbild.

Den Stempel des Reverses besitzt die Stadtbibliothek.

Einen kupfernen Pfennig von 1621 siehe auf Seite 325 No. 1248.

III. KUPFERMÜNZEN.

Hamburgische Kupfermünzen waren bisher wenig bekannt, und überhaupt auch wohl nie in grosser Zahl vorhanden. Man bediente sich des Kupfers nur zu den halben Pfennigen oder Scherfen im 16ten Jahrhundert und zu Pfennigen im Anfang des 17ten Jahrhunderts. Die älteren Scherfe sind von Silber, und im 17ten Jahrhundert wurden schon keine mehr geschlagen. Zwei kupferne Hohlpfennige haben wir in die Abtheilung der Hohlmünzen verwiesen.

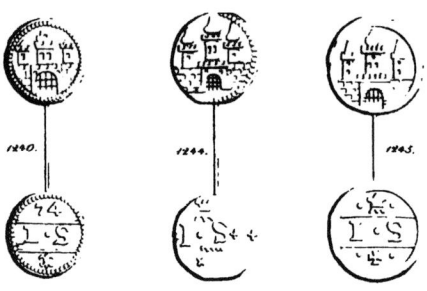

Scherf von 1574.

1240. A.: Im Perlkreise die Burg.

R.: Im Perlkreise drei durch waagrechte Doppellinien gebildete Abtheilungen. In der oberen 74 (1574), in der mittleren I · S (Ein Scherf) und in der unteren eine Lilie.   Dm. = 0,54 Z.   Gew. = 0,043 L.   S. die Abbild.

Scherfe ohne Jahr (1572—1605).

1241. Dem Vorigen sehr ähnlich, nur sind die Theilungslinien einfach und das obere Feld frei.   Dm. = 0,56 Z.   Gew. = 0,067 L.

1242. Ein sehr ähnliches Exemplar.   Dm. = 0,57 Z.   Gew. = 0,035 L.

1243. Dem Vorigen gleich, nur im oberen Felde eine fünfblättrige Blume.

Dm. = 0,55 Z.   Gew. = 0,045 L.

1244. A.: Im Perlkreise die Burg mit birnförmigen Kuppeln.

    R.: Oben eine Lilie, darunter + I · S + + und unter diesem ein Stück Perlschnur und ein Schräg-Kreuzchen.

        Dm. = 0,56 Z.   Gew. = 0,047 L.   Siehe die Abbildung.

1245. A.: Im glatten Kreise die Burg.

    R.: Im glatten Kreise drei Abtheilungen durch waagrechte Linien, und darin oben · ✠ ·, in der Mitte I · S und unten · ✠ ·

        Dm. = 0,64 Z.   Gew. = 0,052 L.   Siehe die Abbildung.

1246. Ein sehr ähnliches Gepräge mit Perlkreisen auf beiden Seiten.

        Dm. = 0,64 Z.   Gew. = 0,052 L.

Scherfe von 1589.

1247. A.: Im Perlkreise die Burg, wie der Vorige.

    R.: Im Perlkreise die drei Abtheilungen, worin · ✠ · — · I S · — · 89 ·

        Dm. = 0,60 Z.   Gew. = 0,047 L.

1247 a. Ein sehr ähnliches Gepräge. Revers: · ✠ · — · I · S · — · 8 · 9 ·

        Dm. = 0,59 Z.   Gew. = 0,044 L.

Pfennig von 1621.

1248. A.: Die Burg.

    R.: In vier Zeilen: · I · — PEN — NING — 1621   Dm. = 0,55 Z.

        Der Avers des einzigen uns vorgekommenen Stücks ist undeutlich, und könnte Zweifel erregen, ob die Burg wirklich die Hamburger ist, doch stimmt die Schrift und Anordnung des Reverses mit den gleichzeitigen Sechslingen No. 1055—57.

IV. HOHLPFENNIGE.

Die Hohlpfennige oder Bracteaten, in unseren alten Urkunden stets Hole penninge und Holgeld genannt, bildeten bis zur Mitte des 14ten Jahrhunderts die einzige oder doch hauptsächlichste Münzsorte Hamburgs und vieler anderer Norddeutscher Städte. Es sind dies aus Gold-, Silber- oder Kupferblech mit einem metallenen Stempel nur auf einer Seite geprägte und auf der andern entsprechend vertiefte Münzen. Die goldenen sind sehr selten und wurden von den Städten nicht geschlagen. Von den silbernen hat man zwei Sorten, und zwar grössere mit schönem Gepräge, zum Theil sehr dünne und flach und zuweilen mit Umschriften versehen, von denen schwerlich alle als Münzen, sondern wohl manche als Schaustücke gebraucht wurden, und kleinere Hohlpfennige mit grobem Gepräge in einem erhabenen Ringe, so dass sie die Form von umgekehrten Tellerchen oder Schälchen erhielten. Diese letzteren sind für Norddeutschland die eigentlichen Münzen, führen aber keine Werthangabe und Schrift, sondern höchstens einzelne Buchstaben. Der Umfang aller Hohlpfennige ist unregelmässig rund und oft eingerissen, und die Grösse sehr verschieden von ½ bis 2 Zoll Durchmesser. Die geringe Dicke des Metalls und die gebogene Form der Bracteaten giebt ihnen die Eigenschaft, dass sie auf dem Wasser schwimmen, macht sie aber auch sehr zerbrechlich und leicht zerschneidbar. Von solchen zerschnittenen Hohlpfennigen, und zwar regelmässig durch die Mitte getheilten, hat man mehrfach eine ziemlich grosse Anzahl bei einander vergraben gefunden, bis jetzt aber noch nicht ermittelt, ob dies nur getheilte oder abgesetzte sind, die gesetzlich zerschnitten werden mussten. — Wann zuerst Hohlpfennige geschlagen wurden, ist noch nicht bekannt, und wird ihre Entstehung gewöhnlich ins 12te Jahrhundert gesetzt, doch halten wir sie für älter und glauben, dass die Kleinheit und schlechte Handhabung der Sächsischen und Friesischen Pfennige die Veranlassung zu ihrer Einführung war, die im 10ten Jahrhundert stattgefunden haben mag. Norddeutschen Ursprungs sind sie gewiss, wenn sie nicht von den Slaven oder Dänen entnommen sind, denn der Fränkische Pfennig war zu schwer, um ihn in der hohlen Form darstellen zu können. Später verbreiteten sich die Hohlpfennige immer mehr und hielten sich, ihrer leichten Anfertigung wegen, bis ins 16te Jahrhundert neben den grösseren zweiseitigen Münzen. Die letzten Pfennige verloren endlich die Tellerform und wurden einseitige Münzen, die aber nicht lange in Gebrauch blieben.

Ueber die Bracteaten herrschte bisher viel Dunkel, und erst in neuester Zeit sind sie gründlicher und umfassender bearbeitet. Die nicht unbedeutende Zahl der Hamburgischen Hohlmünzen ist aber noch wenig beachtet, und das darüber Bekannte sehr mangelhaft. *Langermann* lieferte nur zwei Blafferte mit ungenauen nicht befriedigenden

Abbildungen (S. 10 No. 2), die er für Witten hält. *Lehmann*, im eylfertigen Bedenken über einige bei Rendsburg gefundene Naulis oder Danicis, führt vier Hamburgische Bracteaten an, von denen wir einen sub. Lit. D., der das übliche Zeichen in einer geschweiften Raute führt, nicht wieder aufgefunden haben. Dieselben finden sich auch in *Westphalen's* Monum. inedita., T. IV Tab. 30. Die besten Abbildungen, jedoch ohne weitere Bestimmung oder Nachweisung, finden sich in Danske Medailler og Mynter i det Kongelige Kabinet.

In Hamburg wurden nur silberne und wenige kupferne Bracteaten geschlagen, die alle der kleineren tellerförmigen Sorte angehören. Dem Werthe nach giebt es drei Arten, und zwar Zweipfennigstücke von durchschnittlich ⅞ Zoll Durchmesser, Einpfennigstücke von durchschnittlich ¾ Zoll Durchmesser und halbe Pfennige von ungefähr ½ Zoll Durchmesser. Die Zweipfennigstücke, die dem 15ten Jahrhundert angehören, sind von schönem Gepräge und zeigen entweder die ganze Burg oder die halbe Burg und ein halbes Nesselblatt im geriefeltem oder strabligem Rande. Die Einpfennigstücke und halben Pfennige, die zum Theil sehr alt sind, führen eine Art Portal oder Gebäude, wie es sich auf vielen alten Münzen anderer Städte, namentlich Kölns, findet, und in demselben das Nesselblatt. Sie haben entweder einen glatten Rand, oder einen Strahlrand, und einige einen Perlrand. Die Pfennige des 14ten Jahrhunderts haben ein der Burg mehr ähnliches Gepräge. Die älteren Hohlpfennige sind wohl als in Hamburg geprägte, aber nicht als städtische sondern als Holsteinische zu betrachten. Eine Verwechselung mit den späteren Kieler, Itzehoer und übrigen eigentlichen Holsteinischen Pfennigen, die ebenfalls als Hauptkennzeichen ein Nesselblatt führen, kann man nicht befürchten, da mit Ausnahme Rendsburgs alle ein dem Hamburgischen Stadtwappen nicht ähnliches Wappen führen, und jene Stadt ihre Münzen mit dem einfachen Nesselblatte stempelte. Zwei sehr alte Hohlpfennige, der eine mit zwei Nesselblättern, der andere mit einem Blatt und einem O, haben wir nicht gewagt, unbedingt unter die Hamburger zu setzen, und lassen daher die Zeichnungen dieser äusserst seltenen Stücke im Anhange folgen. Einige grössere Bracteaten werden auch den Hamburgischen Erzbischöfen zugeschrieben, ohne dafür aber bestimmte Gründe anzuführen, weshalb wir es unterlassen sie mit aufzunehmen.

Das Alter unserer Hohlpfennige lässt sich nur annähernd bestimmen, weil alle Nachrichten über das Gepräge fehlen. Es bleibt dazu nur das Gewicht und der Feingehalt der aufbewahrten Stücke, die aber beide nur annähernd die vorschriftsmässigen Grössen ergeben können, da zur Ermittelung des Gewichts selten viele Stücke von demselben Gepräge vorhanden sind, und der Feingehalt ohne Zerstörung der Münzen nur durch den Probirstein zu ermitteln ist.

Wir geben die Hohlpfennige in folgender Ordnung:

A. Hohle Blafferte oder Zweipfennigstücke.
B. Hohle Pfennige.
C. Hohle Scherfe.
D. Kupferne Hohlpfennige.

A. Hohle Blafferte.

Die ältesten Blafferte oder Zweipfennigstücke sind wie die neueren zweiseitige Münzen und bereits oben beschrieben. Die dazwischen liegenden hohlen Blafferte gehören dem 15ten und dem Anfange des 16ten Jahrhunderts an.

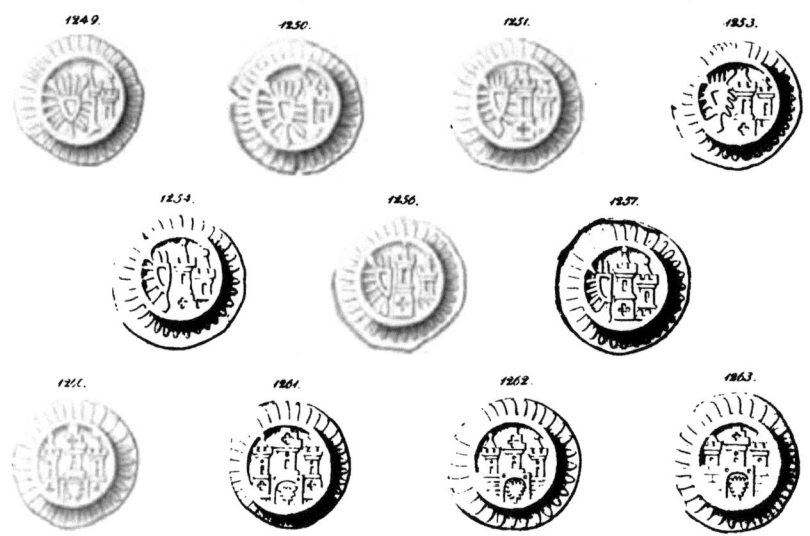

Blafferte aus dem ersten Drittheil des 15ten Jahrhunderts.

1249. Im Strahlenrande von 36 Strahlen nebeneinander das Nesselblatt, und von der Burg der halbe Mittel- und ein Nebenthurm.

        F. = 7 L.   Gew. = 0,034 L.   Siehe die Abbildung.

1250. Ein sehr ähnliches Gepräge mit höheren Thürmen.

        F. = 7 L.   Gew. = 0,046 L.   Siehe die Abbildung.

1251. Im Strahlenrande von 31 Strahlen das Nesselblatt, und daneben von der Burg zwei ganze Thürme.   F. = 7 L.   Gew. = 0,041 L.   S. die Abbild.

1252. Im Strahlenrande von 32 Strahlen das Nesselblatt, kleiner als das Vorige und von der Burg zwei Thürme.

1253. Im Strahlenrande von 36 Strahlen ein sehr massives Nesselblatt, und daneben von der Burg zwei Thürme.   F. = 7 L.   Gew. = 0,029 L.   S. d. Abbild.

1254. Im Strahlenrande von 32 Strahlen das halbe Nesselblatt, und daneben von der Burg zwei ganze Thürme mit schlanken Spitzen.

        F. = 7 L.   Gew. = 0,031 — 0,039 L.   S. die Abbild.

1255. Ein ähnliches Gepräge mit 34 Strahlen. Das Nesselblatt ist so geschnitten, dass die obere und untere Zacke und das Schild eine Linie bilden.   Gew. = 0,031 L.

1256. Im Strahlenrande von 32 Strahlen das halbe Nesselblatt, und daneben von der Burg zwei ganze Thürme mit kurzen Spitzen.
F. = 7 L.   Gew. = 0,044 L.   Siehe die Abbildung.

1257. Ein sehr ähnliches Gepräge mit breiteren gedrungeneren Thürmen, die nicht bis an den Rand reichen.   F. = 7 L.   Gew. = 0,036 L.   S. die Abbild.

1258. Ein sehr ähnliches Gepräge mit nagelförmigen Eckspitzen am Nesselblatt und schmalen langgestreckten Thürmen.   F. = 7 L.   Gew. = 0,036 L.

1259. Im Strahlenrande von 33 Strahlen das halbe Nesselblatt, kleiner als die Vorigen, und daneben zwei sehr breite Thürme.   F. = 7 L.   Gew. = 0,031 L.

> Von den entsprechenden Lüneburgischen Blafferten findet sich eine Abbildung in *Bode*, das ältere Münzwesen Niedersachsens Taf. V. No. 3. In der Beschreibung daselbst, S. 214, ist die Burg irrthümlich auf Hamburg bezogen. Statt des Nesselblatts steht dort der Löwe.

Blafferte aus der Mitte des 15ten Jahrhunderts.

1260. Im Strahlenrande von 29 Strahlen die Burg mit dem Nesselblatt im Thor. Die beiden Seitenthürme reichen bis in den untern Rand und haben eine vierblättrige Blume.   F. = 7 L.   Gew. = 0,035—0,038 L.   S. die Abbild.

1261. Im Strahlenrande von 34 Strahlen die Burg mit dem Nesselblatt im Thor. Die beiden Seitenthürme reichen nicht bis an den Rand, sondern sind kürzer als das Thor, welches wie der Mittelthurm breiter als beim Vorigen ist.
F. = 5—6 L.   Gew. = 0,036 L.   S. die Abbild.

Blafferte aus dem Ende des 15ten oder Anfange des 16ten Jahrhunderts.

1262. Im Strahlenrande von 30 Strahlen die Burg mit dem Nesselblatt im Thor. Die Thürme stehen auf der Mauer, deren Fugen erhaben sind.
F. = 7 L.   Gew. = 0,035 L.   Siehe die Abbildung.

1263. Im Strahlenrande von 28 Strahlen die Burg mit dem Nesselblatt im Thor. Die Thürme stehen auf der Mauer, deren Fugen fein vertieft liegen, und sind einfacher als die Vorigen. Auf den Spitzen der Seitenthürme fehlen die Kugeln.
F. = 5—6 L.   Gew. = 0,031—0,036 L.   S. die Abbild.

1264. Ein ganz ähnliches Gepräge mit 29 Strahlen.   Gew. = 0,034 L.

> Ein uns vorgekommenes ähnliches Lüneburger Zweipfennigstück führt den Schwan, das Münzmeister-Zeichen aus der Mitte des 16ten Jahrhunderts.

B. Hohle Pfennige.

Die hohlen Pfennige sind die ältesten bekannten Hamburgischen Münzen, und bilden den grössten Theil der Einpfennigstücke. Es sind uns sehr viele mitgetheilt worden, aber gewiss ist ihre Zahl noch weit grösser, und dieser Abschnitt einer bedeutenden Vervollkommnung fähig.

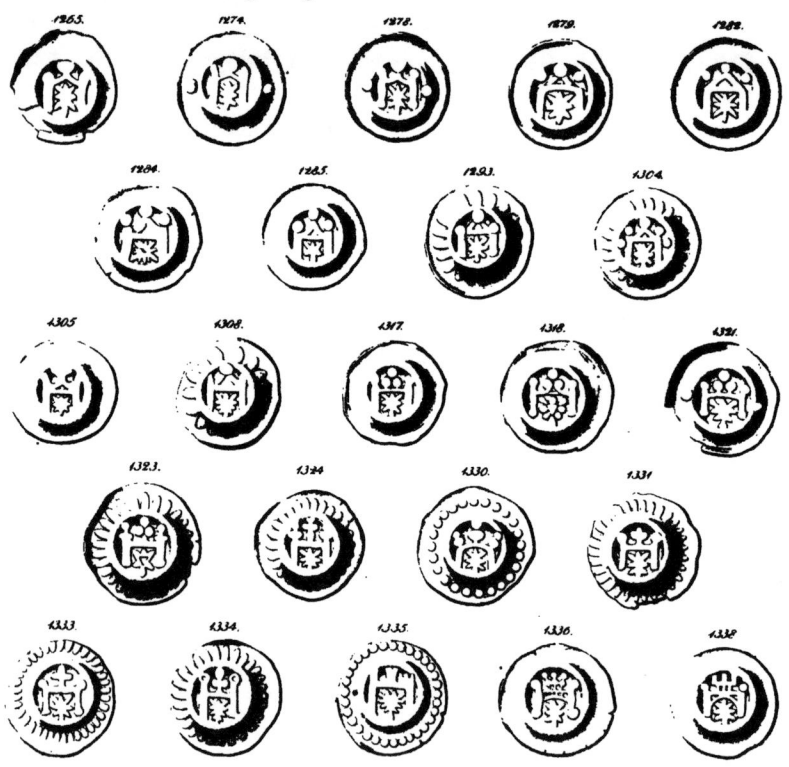

Pfennige aus dem 12ten und 13ten Jahrhundert.

1265. Im glatten Rande das achtzackige Nesselblatt in einem Portal, das aus zwei oben abgerundeten Säulen und einer dazwischen sich erhebenden Spitze mit Knopf besteht.   **F. = 16 L.**   Gew. = 0,031 L.   S. die Abbild.

1266. Ein ähnliches Gepräge, wo sich die Kugel fast ganz vom Rand scheidet.
         F. = 15 L.   Gew. 0,034 u. 0,036 L.

1267. Ein ähnliches Gepräge mit breiterem Thor und in Kugeln auslaufenden Seitenpfeilern. F. = 15 L. Gew. = 0,029 L.

1268. Ein ähnliches Gepräge mit spitzerem Giebel.
F. = 14—15 L. Gew. = 0,028—0,030 L. 5 Stück = 0,147 L.

1269. Ein ähnliches Gepräge mit höherem Thore. F. = 14—15 L. Gew. = 0,032 L.

1270. Ein ähnliches Gepräge mit breiterem und gedrückterem Thore.
F. = 14 L. Gew. = 0,025 L. (unvollständig).

1271. Ein ähnliches Gepräge, kleiner von Zeichnung mit stumpfer Giebelspitze, die
von den Kugeln der Pfeiler ausgeht.
F. = 15 L. Gew. = 0,028—0,034 L. 4 Stück = 0,134 L.

1272. Ein ähnliches Gepräge mit geschweiftem spitzen Giebel, scharfabgetheilten Kugeln
und tief eingezacktem Nesselblatt. F. = 15—16 L. Gew. = 0,031 L.

1273. Ein ähnliches Gepräge mit sehr spitzem Thore.
F. = 15 L. Gew. = 0,028—0,030 L. 4 Stück = 0,118 L.

1274. Im glatten Rande ein achtzackiges Nesselblatt in einem Thor, das aus zwei bis
an den obern Rand reichenden Säulen und einer dazwischenliegenden Spitze mit
Kugeln besteht. Am abfallenden Rande auf jeder Seite ein Knopf.
F. = 15 L. Gew. = 0,024—0,032 L. 7 Stück = 0,195 L. S. die Abbild.

1275. Ein ähnliches Gepräge mit spitzerer Thoröffnung und kleinerer Kugel, die nur
zur Hälfte sichtbar ist. F. = 15 L. Gew. = 0,028 u. 0,030 L.

1276. Ein ähnliches Gepräge mit ganz sichtbarer Giebelkugel und Seitenpfeilern, die
oben und unten kugelförmig nach Aussen gebogen sind. Auf dem Rande die
beiden Kugeln. Gew. = 0,027—0,030 L. 4 Stück = 0,119 L.

1277. Ein ähnliches Gepräge mit schmalen geraden Säulen und dicker halbverdeckter
Kugel. Das achtzackige Nesselblatt ist unten zugespitzt wie die Vorigen.
F. = 14—15 L. Gew. = 0,026 u. 0,027 L.

1278. Im glatten Rande das achtzackige Nesselblatt in einem Thore, dessen Seiten-
pfeiler sich oben und unten in einer Kugel enden. Zwischen diesen erhebt sich
eine geschweifte Spitze mit Kugel. Auf dem erhabenen Rande ist auf jeder
Seite ein Knopf. F. = 16 L. Gew. = 0,032 u. 0,034 L. S. die Abbild.
Es sind uns noch fünf andere Sorten vorgekommen, die alle verschieden, deren
Unterschiede aber nicht verständlich angegeben werden können.
Gew. = 0,022—0,030 L. 6 Stück = 0,176 L.

1279. Im glatten Rande das achtzackige Nesselblatt in einem hufeisenartigen Thor,
aus dem sich oben eine Spitze mit einer Kugel erhebt. Zu beiden Seiten der
Spitze schwebt eine Kugel.
F. = 15—16 L. Gew. = 0,026 u. 0,032 L. S. die Abbild.

1280. Ein sehr ähnliches Gepräge von kleinerer Zeichnung und fast auf dem Thore aufliegenden Kugeln.   F. = 15 L.   Gew. = 0,030, 0,034 u. 0,035 L.

1281. Ein ähnliches Gepräge, wo die Kugeln auf den Ecken liegen, und zwar die linke etwas niedriger als die rechte.   Gew. = 0,027 L.

1282. Im glatten Rande ein scharf gezacktes achtzackiges Nesselblatt in einem Thore wie die Vorigen, aus dessen Ecken sich ein Giebel mit einer kleinen Kugel erhebt. Neben dem Giebel schwebt auf jeder Seite eine Kugel.
F. = 14 L.   Gew. = 0,027—0,035 L.   6 Stück = 0,185 L.   S. die Abbild.

1283. Ein ähnliches Gepräge von massiverer Zeichnung, so dass die Seitenkugeln den Giebel berühren.   F. = 15 L.   Gew. = 0,025 L. (unvollständig).

1284. Im glatten Rande ein liegendes etwas verzerrtes Nesselblatt in einem Thore mit Giebel und drei scharf abgetheilten Kugeln geziert.
F. = 15 L.   Gew. = 0,032 L.   S. die Abbild.

1285. Im glatten Rande ein sechszackiges Nesselblatt in einem Thore mit spitzem geschweiften Giebel und drei Kugeln auf demselben.
F. = 14—15 L.   Gew. = 0,028 u. 0,029 L.   S. die Abbild.

1286. Ein ähnliches Gepräge mit sehr spitzem Giebel und mit den Thorpfeilern verschmolzenen Seitenkugeln.   F. = 15 L.   Gew. = 0,029 u. 0,030 L.

1287. Ein ähnliches Gepräge mit sechszackigem Nesselblatte.
F. = 14—15 L.   Gew. = 0,027, 0,030 u. 0,031 L.

1288. Ein ähnliches Gepräge mit sechszackigem Nesselblatt und von den Seitenkugeln nach dem obern Rand gehenden feinen Strichen.
F. = 15 L.   Gew. = 0,028—0,036 L.   6 Stück = 0,191 L.

1289. Im glatten Rande ein achtzackiges Nesselblatt in einem sehr regelmässigen Thore mit kleinem Giebel und drei Kugeln geziert. Kleinere aber bessere Zeichnung wie die Vorigen. Es giebt verschiedene Gepräge, deren Unterschiede schwer anzugeben sind.   F. = 15—16 L.   Gew. = 0,025—0,041 L.   13 Stück = 0,393 L.

1290. Ein ähnliches Gepräge, wo die Seitenkugeln die obern Thorecken bilden.
F. = 15 L.   Gew. = 0,027 L.

1291. Ein ähnliches Gepräge von derberer Zeichnung.
F. = 15 L.   Gew. = 0,027—0,041 L.   4 Stück = 0,132 L.

1292. Im glatten Rande ein achtzackiges Nesselblatt in einem Thore mit flachem Giebel mit Kugel, der sich aus den oben halbkugelförmig über die Thoröffnung hervorragenden Seitenpfeilern erhebt.   F. = 14—15 L.   Gew. = 0,037 L.

1293. Im Strahlenrande von 18 Strahlen ein achtzackiges Nesselblatt in einem Thor mit Giebel, dessen drei Ecken durch Kugeln gebildet werden.
F. = 15 L.   Gew. = 0,023—0,039 L.   25 Stück = 0,750 L.   S. die Abbild.

1294. Ein ähnliches Gepräge mit 19 Strahlen und spitzer zulaufendem Giebel.
F. = 14 L.   Gew. = 0,028—0,032 L.   5 Stück = 0,147 L.

1295. Ein ähnliches Gepräge mit 21 Strahlen.   Gew. = 0,034 L.

1296. Ein ähnliches Gepräge mit 22 Strahlen.
F. = 15 L.   Gew. = 0,027—0,030 L.   4 Stück = 0,113 L.

1297. Ein ähnliches Gepräge mit 23 Strahlen. 2 Sorten.
Gew. = 0,027—0,031 L.   4 Stück = 0,117 L.

1298. Ein ähnliches Gepräge mit 25 Strahlen.   Gew. = 0,027 u. 0,028 L.

1299. Ein ähnliches Gepräge mit 26 Strahlen.   F. = 15 L.   Gew. = 0,030 u. 0,031 L.

1300. Ein ähnliches Gepräge mit 27 Strahlen.   Gew. = 0,027, 0,029 u. 0,033 L.

1301. Ein ähnliches Gepräge mit 31 Strahlen.   Gew. = 0,028 L.

1302. Im Strahlenrande von 16 Strahlen ein achtzackiges Nesselblatt in einem dem Vorigen ähnlichen Thore. Zu jeder Seite des Thors eine Kugel.
Gew. = 0,025, 0,027 u. 0,032 L.

1303. Ein ähnliches Gepräge mit 18 Strahlen.   Gew. = 0,030 L.

1304. Ein ähnliches Gepräge mit 22 Strahlen.
F. = 16 L.   Gew. = 0,029—0,034 L.   5 Stück = 0,160 L.   S. die Abbild.

1305. Im glatten Rande ein achtzackiges sternartiges Nesselblatt in einem Thore, dessen Seitenpfeiler etwas nach aussen gebogen sind und in den obern Rand reichen. Aus denselben erhebt sich ein geschweifter Giebel mit grosser halbsichtbarer Kugel.   F. = 14 L.   Gew. = 0,032 u. 0,039 L.   S. die Abbild.

1306. Ein ähnliches Gepräge mit spitzerem Giebel und kleinerer Kugel.
F. = 15 L.   Gew. = 0,022—0,032 L.   5 Stück = 0,142 L.

1307. Im Strahlenrande von 14 Strahlen das achtzackige Nesselblatt in einem Thor mit geraden bis in den obern Rand reichenden Seitenpfeilern, zwischen denen sich oben ein Giebel mit einer Kugel erhebt.   Gew. = 0,027 L.

1308. Ein ähnliches Gepräge mit 15 Strahlen und zehnzackigem Nesselblatte.
F. = 15 L.   Gew. = 0,025—0,032 L.   6 Stück = 0,167 L.   S. die Abbild.

1309. Ein ähnliches Gepräge mit 16 Strahlen, zehnzackigem Nesselblatte und breitem Thore.   F. = 13—14 L.   Gew. = 0,025—0,035 L.   6 Stück = 0,180 L.

1310. Ein ähnliches Gepräge mit 17 Strahlen und achtzackigem Nesselblatte.
F. = 15 L.   Gew. = 0,027—0,037 L.   9 Stück = 0,274 L.

1311. Ein ähnliches Gepräge mit schmälerem Thore.
Gew. = 0,023—0,033 L.   19 Stück = 0,527 L.

1312. Ein ähnliches Gepräge mit sehr gedehnter Zeichnung und breitem Thore.
Gew. = 0,025 u. 0,033 L.

1313. Ein No. 1310 ähnliches Gepräge mit 18 Strahlen. Es giebt auch hiervon mehrere Sorten, die sich durch kaum zu beschreibende Abweichungen unterscheiden.
F. = 14—15 L.　　　Gew. = 0,024—0,035 L.　　　39 Stück = 0,951 L.

1314. Ein ähnliches Gepräge mit 19 Strahlen und breitem niedrigen Thore.
Gew. = 0,023 L.

1315. Ein ähnliches Gepräge mit 21 Strahlen und mehr hohem Thore.
F. = 14—15 L.　　　Gew. = 0,026—0,029 L.　　　4 Stück = 0,107 L.

1316. Ein ähnliches Gepräge mit 23 Strahlen.　　F. = 15 L.　　　Gew. = 0,027 L.

1317. Im glatten Rande ein achtzackiges Nesselblatt in einem Thore, dessen Seitenpfeiler mit Kugeln geziert sind. Statt des Giebels liegen auf dem Thore drei Kugeln in Pyramidenform. Es giebt verschiedene Sorten mit kaum zu bezeichnenden Abweichungen.
F. = 15 L.　　Gew. = 0,026—0,031 L.　　4 Stück = 0,116 L.　　S.˙ die Abbild.

1318. Ein ähnliches Gepräge mit einem Schilde im Nesselblatt und oben und unten in Kugeln sich endenden Seitenpfeilern.
F. = 14—15 L.　　Gew. = 0,025—0,035 L.　　6 Stück = 0,175 L.　　S. die Abbild.

1319. Ein ähnliches Gepräge mit einem Knopf auf dem abfallenden Rande zur rechten Seite des Thors.　　F. = 15 L.　　　Gew. = 0,024 L.

1320. Ein ähnliches Gepräge mit einwärts gebogenen Seitenpfeilern und grossem Nesselblatt ohne Schild. Die beiden Kugeln, die bei den beiden Vorigen mit gebogenen Verbindungsstrichen am Thor befestigt sind, stehen hier auf geraden Stielen.
F. = 14—15 L.　　　Gew. = 0,030 L.

1321. Ein dem Vorigen sehr ähnliches Gepräge mit einem Knopf auf jeder Seite des Thors auf dem erhabenen Rande.
F. = 14—15 L.　　Gew. = 0,034—0,047 L.　　3 Stück = 0,100 L.　　S. die Abbild.

1322. Im Strahlenrande von 17 Strahlen ein achtzackiges Nesselblatt in einem Thore, das wie ein H geformt ist. Der obere Theil wird durch drei Kugeln ausgefüllt, wie die Vorigen.　　Gew. = 0,029—0,033 L.　　　4 Stück = 0,122 L.

1323. Im Strahlenrande von 25 Strahlen ein sechszackiges Nesselblatt mit Schild in einem Thore, dessen Seitenpfeiler wie Thürme mit einem Dach und einer Kugel gedeckt sind. In der Mitte auf dem Thore stehen drei zu einem Kleeblatt vereinigte Kugeln auf einem Stängel.
F. = 14—15 L.　　Gew. = 0,029 L.　　S. die Abbild.

1324. Im Strahlenrande von 26 Strahlen ein achtzackiges Nesselblatt in einem Thor mit drei thurmartigen Aufsätzen.
F. = 15 L.　　　Gew. = 0,027 u. 0,036 L.　　S. die Abbild.

1325. Ein ähnliches Gepräge mit 24 Strahlen.　　Gew. = 0,028 L.

1326. Ein ähnliches Gepräge mit 28 Strahlen, die fast ovalen Perlen gleichen.

Gew. = 0,028 L.

1327. Im glatten Rande das achtzackige Nesselblatt in einem dem Vorigen ähnlichen Thore. Zwei Sorten, von denen eine ein niedrigeres Thor hat.   Gew. = 0,027 L.

1328. Im Strahlenrande von 24 Strahlen das achtzackige Nesselblatt in einem Thore, das den Vorigen ähnlich, wo aber die obere Verbindung von den Dächern der Seitenthürme ausgeht.   Gew. = 0,029 L.

1329. Im Strahlenrande von circa 28 Strahlen das achtzackige Nesselblatt in einem gewölbten Thore, auf dem drei thurmartige Aufsätze, wie bei den Vorigen stehen.

Gew. = 0,029 L.

1330. Im Perlkreise von 24 Perlen ein achtzackiges Nesselblatt in einem oben gewölbten Thore, das mit drei Doppelkugeln geziert ist.

F. = 15 L.   Gew. = 0,031 L.   S. die Abbild.

1331. Im Strahlenrande von 31 Strahlen ein achtzackiges Nesselblatt in einem Thore, das oben mit einem Kleeblatt und zwei Kugeln geziert ist.

F. = 15 L.   Gew. = 0,032 L.   S. die Abbild.

1332. Im glatten Rande ein ähnliches Gepräge mit Doppelkugeln auf den Ecken.

Gew. = 0,022 L.

1333. In einem Perlkreise von 37 ovalen Perlen ein achtzackiges Nesselblatt in einem Thore, das oben mit einem Kleeblatte und zwei Kugeln geziert ist.

F. = 15 L.   Gew. = 0,038 L.   S. die Abbild.

1334. Im Strahlenrande von 27 Strahlen ein zehnzackiges Nesselblatt in einem Thore mit hohen Seitenpfeilern, die oben in eine durchbohrte Kugel enden. Zwischen diesen ein Kleeblatt.   F. = 15 L.   Gew. = 0,036 u. 0,039 L.   S. die Abbild.

1335. Im Perlkreise von 32 Perlen ein elfzackiges Nesselblatt in einem Thore mit drei Thürmen.   F. = 15 L.   Gew. = 0,029 L.   S. die Abbild.

1336. Im glatten Rande ein achtzackiges Nesselblatt in einem Thore, dessen Seitenpfeiler oben und unten mit nach auswärts gebogenen Kugeln verziert sind. Der Bogen des Thors ist unten gewölbt und oben gerade und mit einer Art dreizackigen Krone, aus sechs Kugeln zusammengesetzt, verziert.

F. = 15 L.   Gew. = 0,023—0,037 L.   4 Stück = 0,122 L.   S. die Abbild.

1337. Im glatten Rande ein achtzackiges Nesselblatt in einem unten gewölbten, oben geraden Thor, dem vorigen Gewölbe ähnlich, aber mit geraden Seitenpfeilern mit Dach und Knopf und ähnlichem Mittelthurm, in der Art wie No. 1324.

Gew. = 0,028, 0,030 u. 0,034 L.

1338. Im glatten Rande ein achtzackiges Nesselblatt in einem geradlinigen, hufeisenartigen Thore, dass innen gewölbt ist. Oben darauf steht ein Dreizack auf drei
Stielen und auf jeder Ecke eine Kugel.

F. = 14—15 L.   Gew. = 0,033 L.   S. die Abbild.

1339. Ein ähnliches Gepräge mit breiterem Thore.   F. = 15 L.   Gew. = 0,034 L.

1340. Ein ähnliches Gepräge mit höherem Thor und abgegrenzten Seitenpfeilern.

Gew. = 0,032 u. 0,036 L.

1341. Im glatten Rahde ein achtzackiges Nesselblatt in einem Thore mit geraden hohen
Seitenpfeilern, zwischen denen ein aus sechs Kugeln bestehender Dreizack auf
drei Stielen steht, ähnlich dem von No. 1336.

Gew. = 0,028—0,034 L.   7 Stück = 0,214 L.

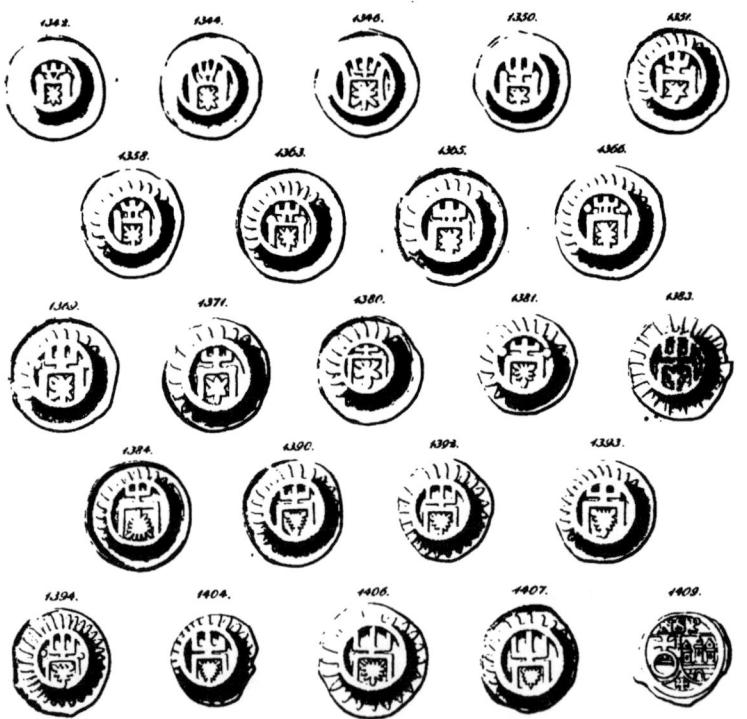

1342. Im glatten Rande ein achtzackiges Nesselblatt in einem Thore mit erhabenen
Seitenpfeilern, worauf ein Dreizack auf zwei auseinander laufenden Stielen.

F. = 15 L.   Gew. = 0,026, 0,029 u. 0,030 L.   S. die Abbild.

1343. Ein sehr ähnliches Gepräge, bei dem der Dreizack wie drei neben einander liegende Kugeln erscheint.   F. = 15 L.   Gew. = 0,028, 0,030 u. 0,035 L.

1344. Im glatten Rande ein achtzackiges Nesselblatt in einem Thore, dessen Seitenpfeiler oben bis an den Rand reichen mit dazwischen stehendem Dreizack auf zwei Stielen. Schlechte Zeichnung.
    F. = 15 L.   Gew. = 0,030—0,031 L.   3 Stück = 0,091 L.   S. die Abbild.

1345. Ein ähnliches Gepräge mit einem Knopfe auf dem Rande zu beiden Seiten des Thores. Der Dreizack ruht auf drei Stielen.
    F. = 15 L.   Gew. = 0,033 u. 0,036 L.

1346. Im glatten Rande ein achtzackiges Nesselblatt in einem Thore mit schmalen hohen Seitenpfeilern und einem grossen, oben breiten Dreizack auf einem Stiel.
    F. = 14—15 L.   Gew. = 0,030 u. 0,031 L.   S. die Abbild.

1347. Ein ähnliches Gepräge mit derberem Dreizack.
    F. = 14—15 L.   Gew. = 0,023 u. 0,029 L.

1348. Im glatten Rande ein achtzackiges, mehr blattförmiges Nesselblatt in einem Thore mit kurzen abgerundeten Seitenpfeilern und kurzem Dreizack auf breitem Stiel.
    F. = 15—16 L.   Gew. = 0,028 u. 0,033 L.

1349. Ein ähnliches Gepräge mit breiterem Dreizack.
    F. = 16 L.   Gew. = 0,025, 0,026 u. 0,031 L.

1350. Im glatten Rande ein Thor mit kurzen, oben abgerundeten Seitenpfeilern und breitem bis an dieselben reichenden Dreizack. Im Thor ein sechszackiges Nesselblatt.   F. = 14 L.   Gew. = 0,028 u. 0,029 L.   S. die Abbild.

Pfennige aus dem 14ten Jahrhundert.

1351. Im Strahlenrande von 26 Strahlen ein ganz ähnliches Gepräge.
    F. = 14 L.   Gew. = 0,029 L.   S. die Abbild.

1352. Ein sehr ähnliches Gepräge mit kleinerem Dreizack und unten abgerundeten Seitenpfeilern.   F. = 14—15 L.   Gew. = 0,021 L.

1353. Im Strahlenrande von 16 Strahlen ein Thor mit hohen Seitenpfeilern und einem Dreizack auf zwei Stielen. Im Thor ein achtzackiges Nesselblatt.
    Gew. = 0,025, 0,028 u. 0,036 L.   S. die sehr ähnliche Abbild. No. 1358.

1354. Ein ähnliches Gepräge mit 17 Strahlen.   Gew. = 0,022—0,034 L.   4 St. = 0,107 L.

1355. Ein ähnliches Gepräge mit 18 Strahlen.   Gew. = 0,022—0,031 L.   7 St. = 0,212 L.

1356. Ein ähnliches Gepräge mit 19 Strahlen.   Gew. = 0,025—0,044 L.   19 St. = 0,541 L.

1357. Ein ähnliches Gepräge mit 20 Strahlen.   Gew. = 0,025—0,028 u. 0,030 L.

1358. Ein ähnliches Gepräge mit 21 Strahlen.
    F. = 13—14 L.   Gew. = 0,022—0,041 L.   43 St. = 1,254 L.   S. die Abbild.

1359. Ein ähnliches Gepräge mit 22 Strahlen. Gew. = 0,026—0,037 L. 23 St. = 0,686 L.

1360. Ein ähnliches Gepräge mit 23 Strahlen.
F. = 14 L. Gew. = 0,024—0,034 L. 18 Stück = 0,537 L.

1361. Ein ähnliches Gepräge mit 24 Strahlen und sehr derbem Dreizack.
F. = 14 L. Gew. = 0,026 L.

1362. Im Strahlenrande von 19 Strahlen ein dem Vorigen ähnliches Gepräge mit einwärts gebogenen Seitenpfeilern, zierlichem Dreizack und sechszackigem Nesselblatt.
F. = 14 L. Gew. = 0,032 L.

1363. Im Strahlenrande von 23 Strahlen ein Thor, dessen beide Ecken kugelförmig verstärkt sind. In der Mitte ein Dreizack auf zwei Stielen. Im Thor ein achtzackiges Nesselblatt. F. = 15 L. Gew. = 0,027 L. S. die Abbild.

1364. Ein ähnliches Gepräge mit 19 Strahlen. Gew. = 0,028—0,034 L. 7 St. = 0,207 L.

1365. Im Strahlenrande von 20 Strahlen ein Thor mit auf drei Stielen stehendem Dreizack und achtzackigem Nesselblatt.
F. = 15 L. Gew. = 0,040 L. S. die Abbild.

1366. Im Strahlenrande von 27 Strahlen ein Thor mit auf drei Stielen stehendem Dreizack, einer Kugel auf jeder Ecke und achtzackigem Nesselblatt.
F. = 14—15 L. Gew. = 0,040 L. S. die Abbild.

1367. Ein ähnliches Gepräge mit 20 Strahlen, höherem Dreizack und freischwebenden Kugeln über den Ecken.
F. = 14—15 L. Gew. = 0,026—0,040 L. 5 Stück = 0,159 L.

1368. Im glatten Rande ein ähnliches Gepräge. Gew. = 0,036 L.

1369. Im Strahlenrande von 20 Strahlen ein derbes Thor mit einem Dreizack auf einem Stiel und zwei halb sichtbaren Kugeln auf den Ecken. Im Thore ein achtzackiges Nesselblatt. F. = 14 L. Gew. = 0,041 L. S. die Abbild.

1370. Ein ähnliches Gepräge mit 26 Strahlen, höherem Thor und kleinerem Dreizack.
F. = 15 L. Gew. = 0,031 L.

1371. Im Strahlenrande von 19 Strahlen ein Thor mit kugelförmigen Ecken, einem Dreizack auf einem Stiel und sechszackigem Nesselblatte.
F. = 13 L. Gew. = 0,026—0,028 L. 4 Stück = 0,110 L. S. die Abbild.

1372. Ein ähnliches Gepräge mit 20 Strahlen.
F. = 13—14 L. Gew. 0,027—0,033 L. 8 St. = 0,234 L.

1373. Ein ähnliches Gepräge mit 21 Strahlen.
F. = 14 L. Gew. = 0,023—0,035 L. 17 Stück = 0,506 L.

1374. Ein ähnliches Gepräge mit 22 Strahlen.
F. = 14 L. Gew. = 0,027—0,033 L. 8 St. = 0,239 L.

1375. Ein ähnliches Gepräge mit 26 Strahlen. F. = 14 L. Gew. = 0,031, 0,031 u. 0,037 L.

1376. Ein ähnliches Gepräge mit 27 Strahlen. Gew. = 0,029 u. 0,030 L.

1377. Ein ähnliches Gepräge mit 17 Strahlen, schmalem, etwas auseinandergehendem Dreizack und scharf eingezacktem sechszackigen Nesselblatte.

F. = 13—14 L.   Gew. = 0,025—0,036 L.   19 Stück = 0,562 L.

1378. Ein ähnliches Gepräge mit 18 Strahlen.

F. = 14 L.   Gew. = 0,025—0,036 L.   34 Stück = 1,032 L.

1379. Ein ähnliches Gepräge mit 19 Strahlen.

F. = 13—14 L.   Gew. = 0,024—0,041 L.   13 Stück = 0,379 L.

1380. Im Strahlenrande von 20 Strahlen ein Thor mit sehr kurzem Dreizack und scharfeingekerbtem sechszackigen Nesselblatte.

F. = 12—13 L.   Gew. = 0,027 L.   S. die Abbild.

Pfennige aus der zweiten Hälfte des 14ten und dem Anfange des 15ten Jahrhunderts.

1381. Im Strahlenrande von 21 spitzen Strahlen ein Thor mit einem Dreizack, und einer Kugel auf jeder Ecke. Das Nesselblatt ist neunzackig.

F. = 9—10 L.   Gew. = 0,018—0,025 L.   8 St. = 0,172 L.   S. die Abbild.

1382. Ein ähnliches Gepräge mit 26 Strahlen, höherem Dreizack und niedrigerem Thor.

Gew. = 0,011 L.

1383. Im Strahlenrande von 21 durch den ganzen Rand laufenden Strahlen ein Thor mit hohem Dreizack und sechszackigem Nesselblatte.

F. = 8 L.   Gew. = 0,021 L.   S. die Abbild.

1384. Im Strahlenrande von 24 Strahlen ein Thor mit kleinem Dreizack und mit der Spitze nach oben gekehrtem vierzehnzackigen Nesselblatte. *)

F. = 14—15 L.   Gew. = 0,023 u. 0,028 L.   S. die Abbildung.

1385. Ein ähnliches Gepräge mit 23 Strahlen.   F. = 13 L.   Gew. = 0,026 u. 0,028 L.

1386. Ein ähnliches Gepräge mit 22 Strahlen.

F. = 14 L.   Gew. = 0,024—0,037 L.   4 St. = 0,126 L.

1387. Ein ähnliches Gepräge mit 20 Strahlen.   Gew. = 0,025 L.

1388. Ein ähnliches Gepräge mit 18 Strahlen.   F. = 14 L.   Gew. = 0,026 u. 0,031 L.

1389. Ein ähnliches Gepräge mit 16 Strahlen.   F. = 10 L.   Gew. = 0,028 L.

1390. Im Strahlenrande von 23 Strahlen ein Thor mit Dreizack und zwölfzackigem Nesselblatte.   F. = 8—9 L.   Gew. = 0,022—0,033 L.   5 Stück = 0,130 L.

Siehe die Abbildung.

1391. Ein ähnliches Gepräge mit 20 Strahlen.   F. = 9—10 L.   Gew. = 0,019 L.

---

*) Ganz ähnliche Gepräge kommen mit einem Kreuz, mit den Oldenburgischen Balken und mit einem Kopfe im Thor statt des Nesselblattes vor.

Pfennige aus der Mitte des 15ten Jahrhunderts.

1392. Im Strahlenrande von 24 Strahlen ein Thor mit fast gleich breitem und hohen Dreizack und elfzackigem Nesselblatte.
F. = 7—8 L.   Gew. = 0,016, 0,018 u. 0,019 L.   S. die Abbildung.

1393. Im Strahlenrande von 27 Strahlen ein hohes breites Thor mit kurzem Dreizack und zwölfzackigem Nesselblatte.   F. = 8 L.   Gew. = 0,018 L.   S. die Abbild.

1394. Im Strahlenrande von 30 Strahlen ein Thor mit etwas schmälerem hohen Dreizack und scharfgekerbtem neunzackigen Nesselblatte. An jeder Ecke des Thores eine schwebende Kugel.   F. = 7—8 L.   Gew. = 0,016 u. 0,018 L.   S. die Abbild.

1395. Ein ähnliches Gepräge mit 33 Strahlen.   F. = 7—8 L.   Gew. = 0,019 L.

1396. Ein ähnliches Gepräge mit 34 Strahlen.   F. = 7—8 L.   Gew. = 0,018 L.

1397. Ein ähnliches Gepräge mit 36 Strahlen.   F. = 7—8 L.   Gew. = 0,018 L.

1398. Im Strahlenrande von 35 Strahlen ein dem Vorigen ähnliches Gepräge mit breitem Dreizack und zwölfzackigem Nesselblatte.   F. = 7—8 L.   Gew. = 0,019 L.

1399. Ein ähnliches Gepräge mit 34 Strahlen.   F. = 7—8 L.   Gew. = 0,014 L.

1400. Ein ähnliches Gepräge mit 31 Strahlen.   F. = 7—8 L.   Gew. = 0,016 L.

1401. Ein ähnliches Gepräge mit 26 Strahlen.   F. = 7—8 L.   Gew. = 0,021 L.

1402. Ein ähnliches Gepräge mit 21 Strahlen.   F. = 8 L.   Defect.

1403. Im Strahlenrande von 20 Strahlen ein sehr breites niedriges Thor mit breitem kurzen Dreizack und vielgezacktem Nesselblatte. (Unklar.)
F. = 7 L.   Gew. = 0,018 u. 0,018 L.

Pfennige aus dem Ende des 15ten Jahrhunderts.

1404. Im Strahlenrande von 25 Strahlen ein Thor mit gleich breitem dicht aufliegenden Dreizack und vierzehnzackigem Nesselblatte.
F. = 6—7 L.   Gew. = 0,013, 0,020 u. 0,021 L.   S. die Abbild.

1405. Ein ähnliches Gepräge mit 22 Strahlen.
F. = 6—7 L.   Gew. = 0,015—0,021 L.   5 Stück = 0,090 L.

1406. Im Strahlenrande von 21 Strahlen ein dem Vorigen ähnliches Gepräge mit zwölfzackigem Nesselblatte.   F. = 5 L.   Gew. = 0,022 L.   S. die Abbild.

1407. Im Strahlenrande von 22 kurzen Strahlen ein dem Vorigen ähnliches Gepräge mit hohem Dreizack und zwölfzackigem wenig eingekerbten Nesselblatte.
F. = 5 L.   Gew. = 0,020 L.   S. die Abbild.

Den Uebergang von den Hohlpfennigen zu den zweiseitigen Pfennigstücken bilden die einseitigen, die wir an die Ersteren anschliessen. Sie sind von grösserer Dicke als die Bracteaten, aber flach, und haben an der Rückseite nur geringe Vertiefungen. Von

diesen höchst seltenen Pfennigen haben wir nur die folgenden beiden Exemplare auf-
gefunden. Das erstere ward uns durch Herrn *A. B. Meyer,* das zweite durch Herrn
C. E. Schellhass in Bremen gütigst mitgetheilt. — In Lübeck schlug man ganz ähnliche
Pfennige in den Jahren 1574, 1582 und 1584, die *Schnobel* in *Müller's* Lübeckischem
Münz- und Madaillenkabinet Seite 33 und 34 beschreibt, und ihr Gewicht zu $\frac{1}{32}$ Loth
oder 0,031 angiebt.

Einseitiger Pfennig ohne Jahr (1594—98).

1408. In einem Ringe zwei nebeneinander stehende Schilde. Im ersten der Reichsapfel,
im zweiten die Burg mit birnförmigen Thurmkuppeln. Ueber den Schilden die
Buchstaben N S P (Neuer Stadt-Pfennig) und unter denselben eine Eichel.
Dm. = 0,54 Z.   F. = 3 L.   Gew. = 0,016 L.

Einseitiger Pfennig ohne Jahr (1599—1605).

1409. Ein ganz ähnliches Gepräge, mit dem Unterschiede, dass die Eichel durch ein
Kreuz ersetzt ist.   Dm. = 0,60 Z.   F. = 3 L.   Gew. = 0,025 L.   S. die Abbild.

C. Hohle Scherfe.

Die kleinste Sorte der silbernen Hohlpfennige sind die Scherfe oder halben
Pfennige, von denen aber verhältnissmässig nur wenige uns aufbewahrt sind. Sie
scheinen erst im 14ten Jahrhundert aufgekommen zu sein, während man sich früher
durch das Zerschneiden der Pfennige in zwei Hälften geholfen haben soll.

Halbe Pfennige aus der Mitte des 14ten Jahrhunderts.

1410. Im Strahlenrande von 22 Strahlen ein Thor mit einem hohen Dreizack und sechszackigem Nesselblatte.

     F. = 9 L.   Gew. = 0,017 u. 0,019 L.   S. die Abbild.

1411. Ein ähnliches Gepräge mit 20 Strahlen. F. = 8 L. Gew. = 0,014, 0,018 u. 0,018 L

Halbe Pfennige aus dem 15ten Jahrhundert.

1412. Im Strahlenrande von 18 Strahlen ein Thor mit kurzem Dreizack und elfzackigem Nesselblatte.

    F. = 8 L. Gew. = 0,008—0,012 L. 6 Stück = 0,065 L. S. die Abbild.

1413. Im Strahlenrande von 18 Strahlen ein ziemlich hohes Thor mit kurzem Dreizack und neunzackigem Nesselblatte.

     F. = 7—8 L.   Gew. = 0,012 L.   S. die Abbild.

1414. Im Strahlenrande von 24 Strahlen ein Thor mit Dreizack und sechszackigem Nesselblatte.

     F. = 7 L. Gew. = 0,009—0,014 L. 6 Stück = 0,064 L. S. die Abbild.

1415. Ein ähnliches Gepräge mit 23 Strahlen und niedrigem Thore.

    F. = 6—7 L.   Gew. = 0,010—0,011 L.   5 Stück = 0,052 L.

1416. Ein ähnliches Gepräge mit 25 Strahlen und etwas derberer Zeichnung.

         F. = 6 L.   Gew. = 0,010 L.

1417. Im Strahlenrande von 30 Strahlen ein Thor mit hohem Dreizack mit einer schwebenden Kugel zu beiden Seiten und einem elfzackigen Nesselblatte mit ausgeprägten Nägeln.

    F. = 7 L.   Gew. = 0,009, 0,010 u. 0,010 L.   S. die Abbild.

D. Kupferne Hohlpfennige.

Kupferne Hohlpfennige sind in Hamburg wohl nur wenig geschlagen. Wir kennen nur zwei Sorten, von denen die erste anscheinend unächt ist und die zweite wohl dem 16ten Jahrhunderte angehört. Die Abbildungen finden sich auf der Platte der halben Pfennige.

1418. Im glatten Rande ein Thor mit Giebel und drei Kugeln, worin ein sechszackiges Nesselblatt.

       Gew. = 0,013 L.   S. die Abbild.

1419. Im glatten Rande ein Thor mit kleinem Dreizack und sechszackigem Nesselblatte.

  Gew. = 0,014—0,025 L.   10 Stück = 0,189 L.   S. die Abbild.

Anhang.

1. Zwei nicht bestimmte silberne Hohlpfennige.

Als Anhang liefern wir noch zwei silberne Hohlpfennige, die wir nicht unbedingt zu den Hamburger Pfennigen zählen können. Sie sind sehr alt und können möglicher Weise auf besondere Ereignisse Bezug haben.

1420. Im glatten Rande ein H, in den von oben und unten zwei Nesselblätter eingeschoben sind, die sich mit den Spitzen begegnen.

F. = 15 L.   Gew. = 0,033 L.   S. die Abbild.

1421. Im Strahlenrande von 17 Strahlen ein H, worin unten ein achtzackiges Nesselblatt, oben der Buchstabe O.

F. = 11 L.   Gew. = 0,030 L.   S. die Abbild.

Dieser Pfennig könnte vielleicht in Oldesloe geschlagen sein.

2. Die unter Hamburgischer Oberherrschaft für Emden geschlagenen Münzen.

Die nachfolgenden interessanten und sehr seltenen Münzen sind in der ersten Hälfte des 15ten Jahrhunderts geschlagen, als Emden und ein Theil von Ostfriesland von den Hamburgern erobert war und als Hamburgische Provinz behandelt wurde. Veranlassung zu dieser Eroberung gaben die vielen Seeräubereien der Victualienbrüder, die nach ihrer Vertreibung aus der Ostsee Schutz bei den Häuptlingen an der Ostfriesischen Küste gefunden hatten. Hier suchte schon 1400 eine Hanseatische Flotte die Seeräuber auf, vertilgte viele, und zwang die Häuptlinge, den Schutz aufzugeben. Aber die Unsicherheit auf der Nordsee hörte nicht auf und selbst nach der Gefangennahme des berüchtigten *Störtebecker's* und seiner Genossen bei Helgoland im Jahre 1402, wurden Seeräubereien von Ostfriesland aus verübt. Die Hamburger beschuldigten derselben namentlich den Häuptling *Imel Abdena* von Emden, und benutzten die zwischen den Ostfriesischen Grossen ausgebrochenen Parteistreitigkeiten, sich seiner zu bemächtigen.

Sie schlossen 1431 mit dem ihm feindlich gesinnten Häuptlinge *Edgard Circsena* heimlich einen Vertrag, nahmen *Imel Abdena* durch List gefangen und führten ihn nach Hamburg, wo er 1455 in der Gefangenschaft starb. Emden und seine übrigen Besitzungen wurden von den Hamburgern erobert und besetzt gehalten, doch blieb die Burg und der Schein der Regierung der Mutter *Imel's*. Nach deren Tode im Jahre 1437 nahmen die Hamburger ihre Eroberungen völlig in Besitz, blieben aber nicht lange ungestört, da die vertriebenen Edelleute Versuche machten, sich ihrer verlornen Güter wieder zu bemächtigen. Der Herzog *Philipp* von Burgund und die Holländer nahmen sich der Ostfriesen an, worauf die Hamburger es gerathen fanden, im Jahre 1439 Emden an *Edgard Circsena* mit der geheimen Bedingung abzutreten, es ihnen später zurückzuliefern. Die Wiederherausgabe erfolgte 1448 durch *Edgard's* Bruder und Nachfolger *Ulrich*. Die bald darauf entstandenen endlosen Streitigkeiten mit *Ulrich* und den übrigen Ostfriesischen Grossen und die bedeutenden Kosten, welche die Behauptung Emdens erforderte, veranlasste endlich die Hamburger im April 1453 ihre Ostfriesischen Besitzungen pfandweise gegen 10,000 Mark Lübisch an *Ulrich* zu übertragen. Eine spätere Einlösung wurde mehrfach versucht, aber nicht zu Stande gebracht.

Die vorliegenden Münzen gehören nun entweder dem Zeitraume von 1437 bis 39 oder von 1448 bis 53 oder auch beiden an. Ihr Gepräge ist dem derzeit in Ostfriesland gebräuchlichen nachgebildet, und ihr Werth der der dort gangbaren Münzen. Sie sind wahrscheinlich in Hamburg geprägt, da die Stempel noch auf der Stadtbibliothek bewahrt werden.

Die ausführliche Beschreibung der oben kurz angeführten Begebenheit findet sich in *Wiarda's* Ostfriesische Geschichte, Bd. I. und II. und in *Jo. Arn. Amsinck*, Historiae Hamburgensis Particula ex nummo rarissimo illustrata, einer Broschüre, die durch die Münze No. 1423 hervorgerufen wurde, und die auch in der Sammlung der Hamb. Gesetze und Verf. Theil 12 S. 797 mit der Abbildung abgedruckt ist.

Halber Ostfriesischer Schilling, Flinderke?

1422. A.: Im Perlkreise ein springender Löwe, das alte Wappen von Emden. Umschr.:
✚ MONETA ✶ NOVA ✶ EMEDENSIS ✶ IC ✶ (Die beiden letzten
Buchstaben wissen wir nicht zu erklären.)

R.: Im Perlkreise ein kleiner Schild mit der Hamburgischen Burg, auf einem
durch den Schriftrand reichenden schmalen Kreuze. In den vier Winkeln
die Buchstaben h — A — M — B' (Hamburg). Umschr.: ✚ BENED —
ICTVS ✶ D — OMINV — S ✶ DEVS ✶   Dm. = 1,27 Z.   Gew. = 0,187 L.

> Siehe die Abbildung, die nach einem im Münz-Cabinet zu Hannover befindlichen
> Exemplar genommen ist. Die Stempel besitzt die Stadtbibliothek, und zwar
> vom Revers zwei sehr ähnliche.

1423. A.: Wie der Vorige. Umschr.: ✚ MONETA ✶ NOVA ✶ EMEDENSIS
R.: Wie der Vorige. Umschr.: ·BENE — DICTVS — DOMIN — DEVS

> Siehe die Abbildung nach *Amsinck*, Hist. Hamb. Part. ex num. rar. illust. Die
> Münze selbst erstand der Syndicus *Peter Amsinck* 1762 für 3 Ducaten in
> Emden. Sie ist jetzt nicht mehr zu finden.
> Der Werth der obigen Münzen ist ungefähr zwei Schillinge in derzeitigem
> Hamburger Gelde.

Kleinere Ostfriesische Münze, vermuthlich ein Syfers.

(6 Stück = 1 Flinderke.)

1424. A.: Im Perlkreise ein springender Löwe. Umschr.: ✚ MONETA ✶ NOVA ✶
EMED'SI'

R.: Im Perlkreise ein kleiner Schild mit der Hamburgischen Burg, auf einem
durch den Schriftrand reichenden Kreuze. In den vier Winkeln die Buchstaben: h — A — M — B'. Umschr.: ✚ BENE — DICTVS —
DOMIN — S DEVS   Dm. = 0,80 Z.

> Wir kennen von dieser Münze, die eine verkleinerte Nachbildung der Vorigen ist,
> nur die Stempel, von denen zwei Avers- und drei Reversstempel sich noch
> auf der Stadtbibliothek befinden. Die Letzteren haben verschiedene Umschriften,
> die aber leider nicht mehr zu entziffern sind.

Ganz kleine Ostfriesische Münze, vermuthlich ein Witten.

(5 = 1 Syfers.)

1425. Es ist noch ein kleinerer Stempel von 0,62 Zoll Durchmesser vorhanden, mit der
verkleinerten Zeichnung des obigen Reverses, doch ohne die vier Buchstaben
hAMB. Die Umschrift ist sehr undeutlich und scheint EM — ED — EN —
SI bedeuten zu sollen. Wahrscheinlich führte diese Münze im Averse den Löwen
mit der Umschrift: MONETA NOVA.

3. Ueber die angeblichen Dänischen Huldigungs-Münzen.

Einige Münzliebhaber bewahren unter der Benennung „Dänische Huldigungs-Münzen" Dänische 8 und 4 Schillingstücke vom Jahre 1603 mit einem Elephanten und der Inschrift: VIII und IIII Solidi, welche wir aber nicht als Huldigungs-Münzen für Hamburg anerkennen können. Der Grund, weshalb sie dafür gehalten werden, liegt wohl nur in der Bemerkung, welche in dem grossen Dänischen Münzwerke „Danske Medailler og Mynter i det Kongelige Kabinet" den unter König *Christian IV.* im Jahre 1603 geschlagenen Dänischen Portugalesern, Species, 8 und 4 Schillingstücken u. s. w. (Seite 257) hinzugefügt ist, dass nämlich alle diese Münzen zu der, von den Hamburgern dem Könige geleisteten Huldigung geschlagen und unter das Volk vertheilt seien. Die Vertheilung eines Theils dieser neugeschlagenen Münzen unter das Hamburgische Volk, bei der am 30. October 1603 begangenen sogenannten Annehmungs-Feierlichkeit mit dem Handschlag, die unter gewissen Vorbehalten statt der Huldigung erfolgte, mag allerdings stattgefunden haben, doch sind dieselben gewiss nicht in Beziehung auf Hamburg geschlagen, weil auf den Münzen selbst sich weder ein Zeichen noch ein Wort findet, welches irgend Bezug auf die Huldigung oder auf Hamburg haben könnte. In der Umschrift ist *Christian IV.* überdies nur König von Dänemark und Norwegen, der Wenden und Gothen, nicht aber auch Herzog von Holstein genannt, in welcher Eigenschaft allein er die Huldigung fordern konnte.

Schliesslich mag hier ein, noch ungedrucktes interessantes Actenstück vom Jahre 1447 Platz finden, von dem uns eine Abschrift durch die Gefälligkeit des Herrn Archivarius *Lappenberg* Dr. mitgetheilt ist.

Alerd van Bomel, anders genannt *de Goye*, Reversale bei seiner Entlassung von der Hamburgischen Stadt-Münze, Wechsel und Wardeinschaft.

Ik *Alerd van Bomel*, anders geheten *de Goye*, do witlik alle denghennen, de dessen bref seen edder horen lesen, dat de ersamen heren borgermestere vnde radmannen der stad Hamborgh in vorledenen jaren my vor enen munter vnde werdeynen to erer vnde erer stad behof hebben angenomen vnde entfangen vnde in welliker wise ik erer stad munte, wesselle vnde werdeynschop scholde vorwaren was in ichtes welken breuen uthgedrucket, de se my vnder erer stad vnde ik en wedderumme vnder myneme ingeseghelen hadden gegheuen vnde besegeld. Also bekenne ik, *Alerd van Bomel*, anders geheten *de Goye*, vorbenomet, in dessem suluen breue: Nachdeme de borgermeistere vnde radmannen der vorscreuenen stad Hamborgh van erer vnde erer stad wegene denstes vnde arbeides der munte, wesselle vnde werdeynschop my hebben vorkoren vnde vorlaten, so hebbe ik en darumme alle breue, de se my van erer munte, wesselle vnde werdeynschop vnde ienigerleie wis anders hadden gegheuen vnde besegeld, vngenodighet vnde ymbedwungheu, mit gudeme vrigen willen wedder geantwordet, vnde alle myne breue, de ik en vor desser tijd gifte desses breues wedderumme besegeld vnde gegheuen hadde, wedder to mynet gantzen genoghe van en entfanghen. Vnde ik will, dat sodanne vnde alle andere breue, de my de borgermeistere vnde radmannen der stad Hamborgh ter desser tijd hebben gegheuen vnde besegeld, vnde ok dersuluen breue trassumpte, oft der lenighe weren, gentzliken doet, machtlos vnde van nener werde wesen scholen. Vortmer alse ik van enes breues wegene, den ik deme erbaren heren, *Johanne Luneborghe*, radmannen to Lubeke, vnder myneme ingesegelle gescreuen vnde gesand hebbe, vnde ok van anderer stucke wegene de munte vnde wesselle andrepende in der Borgermeistere vnde radmannen der stad Hamborgh vngunst vnde vnwillen was gekomen, also hebben desuluen borgermeistere vnde radmannen der stad Hamborgh sodanne vngunst vnde vnwillen, also ik in sodannen scriften vnde anderen stucken tieghen se gedan hadde, my gudliken to gheuen vnde alle dingk dar ane gekert to dem besten, so dat ik en des vnde alle anderen vordernisse, gunst vnde vrundschop, de se my de tyd, dat ik ereme vnde erer stad denste byn gewesen, gedan hebben, vrundliken dancke, vnde ik vnde myne ernen effte iemand van vnsser wegene willen vnde schollen vppe sodanne vorgerorde breue vnde puncte vnde wes dar vurder ankleuen mach, nummermeer saken manen vnde spreken in ienigen tokomenden tijden, vnde ik schal vnde wil ere vnde erer stad beste weten vnde doen alleweghe vnde ok nene dingk suluen edder vormiddelst anderen vorhandelen vnde doen, de tieghen der stad Hamborgh munte vnde wesselle ienigerleie wis wesen moghen. Alle desse vorscreuen stucke samptliken vnde bisunderen loue ik, *Alerd van Bomel,* anders gebeten *de Goye,* vor my vnde vor myne eruen, den borgermeisteren vnde radmannen der stad Hamborgh vnde eren nakomelingben by myner eere vnde in guden truwen stede vnde vast sunder alle list vnde behelpingbe to holdende vnuorbroken. Vortmer so schal vnde wil ik alle suluerpennynge, de ik vppe der stad Hamborgh munthe vnde slach geslogen hebbe, nach ouerdrage der veer stede Lubeke, Hamborgh, Luneborgh vnde Wysmer, vnde dergeliken alle guldene pennynge, de ik uppe dersuluen stad Hamborgh munte hebbe gemaket, in erer gude, also sik dat geboret, vor-antworden, vnde oft de borgermeistere vnde radmannen der stad Hamborgh darumme angesproken worden vnde sullikes in last quemen (dat God afkeren mothe!) so schal vnde wil ik na gude vnde werde der proben, de de steken in eneme budelle, vnde by der stad Hamborgh kemerern liegben in vorwaringbe vnde mit myneme signete sin besegeld, darvor antworden vnde se van sodanner last entheuen; wellik ik den borger-meisteren vnde radmannen der stad Hamborgh vnde eren nakomelingben ok by myner eere in guden truwen to holdende hebbe gelouet.

Hijr hebben vordegedingeslude an vnde ouer gewesen de vorsichtighen *Tymme Bremer, Godke Thode* de eldere, *Godke Thode* de jungere, *Hans van Hildensem* vnde *Hinrik van Binghe,* burghere to Hamborgh, sik des to vordenckende.

To groterer witlicheid, bekandnisse vnde sekericheid alle desser vorscreuen stucke hebbe ik, *Alerd van Bomel,* anders gebeten *de Goye,* vorbenomet, myn ingesegel, des ik nv tor tijd bruke, mit gudeme willen hanghen heten to desseme breue.

Gheuen na Godes bord veerteynhundert jar, darna in deme souen vnde veer-tigesten jare, des midwekens na deme sondaghe, als men singbet Inuocauit in der hilgen kerken.

Ergänzungen und Berichtigungen.

Zur ersten Abtheilung.

S. 16. No. 6. Auf der Zeichnung des Averses fehlt unter der Urne die Chiffer $\frac{A}{S}$ *(Abramson)*, welche auch in der Beschreibung zu ergänzen ist.

„ 34. No. 4. In der Beschreibung des Reverses ist die Chiffer $\frac{A}{S}$ *(Abramson)* zu ergänzen.

„ 35. No. 5. Auf der Zeichnung des Averses fehlt auf dem erhabenen Rande unter der Jahreszahl der Name des Medailleurs *Abramson*.

„ 37. No. 7. Von dem **Halben Portugaleser von 1821 auf die 50jährige Dauer der zweiten Assecuranz-Compagnie** besitzt Herr Dr. *Lappenberg* ein Exemplar in Silber, welches statt des Averses den ähnlichen Revers des halben Portugalesers von 1791 derselben Compagnie (S. 34 No. 4) hat.

„ 143. In dem **Verzeichniss der seit der Befreiung stattgefundenen Ausmünzungen** sind folgende Ausmünzungen von Schillingen zu ergänzen: 1819 für 9300 ℳ, 1823 8649 ℳ, 1837 9539 ℳ 15 β und 1840 für 8991 ℳ 13 β. Die Totalsumme beträgt demnach nicht 30,000 sondern 66,480 ℳ 12 β.

„ 147. Ist zu ergänzen: IIIa. **Der Doppelducat von 1765,** welcher bis auf die Jahreszahl dem von 1764 gleicht.

„ 148. Am Schlusse ist **der Doppelducat von 1810** hinzuzufügen, mit dem unverändertem Gepräge von 1808 und 9, nur mit der Jahreszahl 1810.

„ 149. Fehlt **der Ducat von 1754** mit gleichem Gepräge wie der von 1755 und **der Ducat von 1767,** welcher bis auf die Jahreszahl dem von 1766 gleicht.

„ 150. Ist **der Ducat von 1785** zu ergänzen

S. 167. Zu ergänzen ist **das Vierschillingstück von 1761.**

     A.: Der Reichsadler, darunter die Chiffer O · H · K ·   Umschr.: ✵ FRAN-
CISCVS D · G · ROM · IMP · SEMP · AVG

     R.: Die Burg zwischen zwei Oelzweigen, darunter im verzierten Medaillon:
IIII SCHIL ·   Umschr.: ✵ HAMBVRGER — CVRRENT · 1761

„ 171. Sub III. ist zu ergänzen **der Schilling von 1832** und sind dagegen
die von 1836 und 39 zu tilgen. Die Jahrgänge 1832 und 37 haben im
Revers COUR: statt COVR:

„ 173. Sub II. sind zu ergänzen: **der Sechsling von 1794,** ähnlich wie
der von 1778, aber mit kleinerer Schrift und Zeichnung, **der Sechsling
von 1797** mit grösserem Wappen, **die Sechslinge von 1800
und 1803,** die dem von 1794 ähnlich sind, und sub III. **die Sechslinge von 1832 und 1833** mit dem Gepräge wie der von 1823.

„ 174. Sub III. sind zu ergänzen: **die Dreilinge von 1794, 96, 97, 98,
1800 und 1803** mit dem ähnlichen Gepräge wie 1783 und **die Dreilinge von 1832 und 33,** welche dem von 1807 ähnlich sind.

„ 193. No. 9. Von der **Denkmünze auf die 1000jährige Jubel-
feyer 1803** besitzt Herr Dr. *Lappenberg* einen zweiten Stempel. Die
Unterschiede sind sehr geringe und liegen vorzüglich im Averse, in den anders
geformten Bäumen und dem Geländer, welches bei dem zweiten Stempel aus
zwei Querstäben, bei dem ersten aber nur aus einem besteht.

„ 288. Von dem **grösseren Brabeon der St. Johannis-Schule
von 1764** ist ein zweiter Stempel im Besitz des Herrn Dr. *Lappenberg.*
Der Avers gleicht dem des kleinen Brabeon. Im Revers ist die Figur rechts-
gewandt, mit etwas gebeugtem Kopfe und niedriggehaltenem Kranze. Dm. = 1,68 Z.

Zur zweiten Abtheilung.

„ 12. Ist zu ergänzen No. 3a. **Gedächtnissmünze auf die Belagerung
Hamburgs 1686.**

     A.: Die Belagerung der Stadt Hamburg. Ueberschrift: HAMB · OBS · ET ·
LIB · A⁰ 1686 ·

     R.: Ein Lamm wird von einem kleinen Vogel vergebens zu heben versucht,
während ein Adler mit einem anderen davon fliegt. Ueberschrift:
TALIA RELINQUAS AQUILÆ

Diese Medaille ist aus der Zusammenstellung der Aversstempel der beiden bei
Langermann, S. 362 No. 1 und S. 83 No. 3, angeführten Medaillen auf dieselbe
Begebenheit entstanden. Herr Archivarius *Lappenberg* besitzt davon ein 5⅞ Loth
schweres Exemplar in Silber.

S. 77. Von der bei *Langermann* S. 202 No. 1 beschriebenen **Gedächtnissmünze mit den Namen derjenigen Personen, welche am zweiten Reformations-Jubelfest 1717 im Predigtamt gestanden,** besitzt Herr Dr. *Lappenberg* ein abweichendes Gepräge von gleicher Grösse, mit dem Hauptunterschiede, dass ein Theil der Schrift in liegenden Buchstaben besteht.

„ 111. Von dem **Bank-Portugaleser von 1691,** *Langermann* S. 219 No. 3, giebt es einen zweiten Stempel. Im Avers steht unten im Abschnitt D · HASLING FEC:, auf dem Revers fehlt der innere Rand und die Blumen der Umschrift, und unter der Jahreszahl ist die Chiffer J · R · durch D · H · F · ersetzt. Einen Zinnabguss von 1,85 Z. besitzt Herr Dr. *Lappenberg.*

„ 112. Ein zweites Gepräge von dem **Admiralitäts-Portugaleser auf das erste 100jährige Jubelfest derselben von 1728** in Silber, 2 Loth schwer, ist im Besitz des Herrn Dr. *Lappenberg,* welches hauptsächlich im Averse abweicht, wo die Figur sich rechts wendet und die ihr unterliegenden Waffen sehr verschieden geordnet sind.

Auch von dem **Bank-Portugaleser von 1729** besitzt Herr Dr. *Lappenberg* ein zweites kleineres, im Durchmesser nur 1,85 Zoll haltendes Gepräge in Zinn. Die Zeichnung des Averses ist viel kleiner und im Reverse erscheint der Baum stärker belaubt und das Wappen moderner.

„ 138. Zu dem von *Langermann* S. 522 aus *Jürgen Wolders* und *Jacob de Zetters* Münzbuche angeführten **doppelten Schauthaler** ist der Avers des Doppelthalers S. 522 No. 2 benutzt. Der Revers aber neu, dem grösseren sub No. 1 nachgebildet und mit einem dem Averse gleichen Blätterkranz umgeben. Es ist der S. 152 No. 11 angeführte **fünffache Thaler mit der Mutter Gottes und dem Reichsadler** von geringerem Gewicht.

„ 139. Von dem von *Langermann* S. 530 No. 2 gegebenen **Schauthaler mit dem Stadtwappen und der Madonna** besitzt Herr Dr. *Lappenberg* ein ähnliches abweichendes Gepräge. Im Avers ist der Wappenschild und die Helmdecke anders geformt und fehlen die beiden den Schild haltenden Frauenzimmer. Der Revers ist derselbe. Siehe auch S. 154.

„ 145. Der am Schlusse erwähnte **5 Loth schwere Schauthaler** des Herrn Archivarius *Lappenberg* mit der Umschr.: QUOS DEUS CONJUNXIT HOMO NON SEPARET, gleicht dem oben auf der Seite beschriebenen und ist der betreffende Satz, Zeile 6 v. o., hinter „das Münzzeichen" einzuschalten.

„ 154. In der Umschrift des Reverses ist JUNGFR in JUNGFRA zu verbessern.

„ 197. Zeile 14 v. o. ist zu berichtigen, dass das Prägen der Doppelducaten erst mit dem Jahre 1810 aufhörte.

S. 198. Ist zu ergänzen, dass die Ausmünzungen nach 1842 in der Altonaer Münze besorgt sind und zwar jährlich Ducaten (1852 9476 Stück) und in den Jahren 1846 und 1851 Schillinge, Sechslinge und Dreilinge, welche keine Münzmeister-Chiffer führen.

„ 202. **Das Münzhaus** ist erst im 17ten Jahrhundert bestimmt im Dornbusch nachzuweisen. Eine in Kupfer gestochene Abbildung befindet sich unter den, den Plan von *D. Lemkus* umgebenden Ansichten, etwa 1690 erschienen. Die Angabe, dass das Gebäude schon 1248 im Dornbusch gelegen, entstand durch eine fehlerhafte Abschrift einer Stelle des Stadt-Erbebuches von 1248 bis 1256, die juxta monetam statt juxta montem setzte.

„ 218. Zu ergänzen ist No. 18a. **der Doppelducat von 1717.**

    A.: Der Reichsadler, darunter die Jahreszahl 1717. Umschr.: ·CAROLUS· VI· D: G: ROMA: IMPE: SEM: AVG:

    R.: Die Burg im runden mit Schnörkeln, zwei Löwenköpfen und Guirlanden verzierten Schilde. Oben ein Palm- und ein Oelzweig und unten die Chiffer J· R· Umschr.: ⚜ MONETA AUREA CIVITATIS HAMBURGEN: Dm. = 1,24 Z.

„ 220. Am Schlusse ist der Doppelducat von 1810 hinzuzufügen.

„ 227. Einzuschalten ist No. 134a. **der Ducat von 1732** mit einem dem Ducaten von 1733 bis auf die Jahreszahl gleichem Gepräge.

„ 265. Bei No. 604 dem **Viertelthaler von 1620** ist zu ergänzen, dass die Jahreszahl zwischen den Thürmen steht. Ein zweiter Stempel hat im Avers AU: statt A:

I. Chronologisches Verzeichniss der in diesem Bande enthaltenen Medaillen.

Die nur beschriebenen, nicht aber abgebildeten Medaillen sind eingeklammert. Alle Medaillen, welche keine bestimmte Jahreszahl führen, sind bestmöglichst an den ihnen zukommenden Stellen eingeschaltet.

Die Münzen sind nicht mit aufgeführt, weil sie schon chronologisch nach den Münzsorten geordnet stehen und ihre Aufnahme dieses Verzeichniss, ohne viel zu nützen, übergebührlich verlängert haben würde.

II. Sachregister.

III. Namenregister.

IV. Spruchregister.

Die auf den Münzen vorkommenden Sprüche sind mit * bezeichnet. Die bei denselben angegebene Seitenzahl weist auf die Seite, wo die Verdeutschung und die Nummer der Münze zu finden ist.